国家社会科学基金重大项目（15ZDA022）最终成果

新型城镇化下农产品物流体系创新与发展战略

张明玉 等◎著

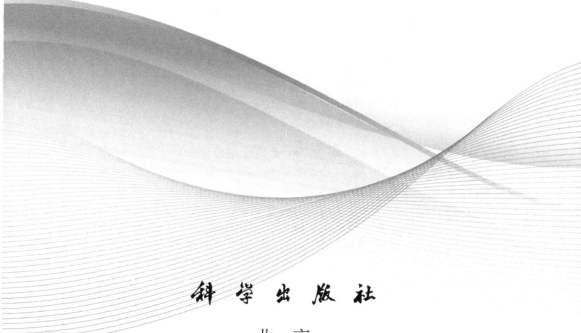

科学出版社

北　京

内 容 简 介

农产品物流着眼于解决农产品供需的时空矛盾，而新型城镇化建设的推进将打破我国长期稳定的城乡二元结构，从而改变农产品生产与消费空间矛盾的表现形式。本书将系统研究新型城镇化与农产品物流的协同与耦合，解析新型城镇化对我国农产品物流系统的作用机理，明确新型城镇化下我国农产品物流系统的宏观运行模式及微观运作体系，并以此为参照评估当前我国农产品物流的发展水平，对比分析现有发展的不足，继而确立新型城镇化下我国农产品物流的战略体系与政策体系。

本书可供广大的农产品物流研究人员、政府管理人员、企业管理人员和关心农产品物流发展的社会各界人士参考。

图书在版编目（CIP）数据

新型城镇化下农产品物流体系创新与发展战略 / 张明玉等著. —北京：科学出版社，2021.12

　　ISBN 978-7-03-070594-5

　　Ⅰ. ①新…　　Ⅱ. ①张…　　Ⅲ. ①农产品–物流管理–研究–中国
Ⅳ. ①F724.72

中国版本图书馆 CIP 数据核字（2021）第 228665 号

责任编辑：陈会迎 / 责任校对：贾娜娜
责任印制：张　伟 / 封面设计：有道设计

科学出版社 出版
北京东黄城根北街 16 号
邮政编码：100717
http://www.sciencep.com

北京中科印刷有限公司 印刷
科学出版社发行　各地新华书店经销

*

2021 年 12 月第 一 版　开本：720 × 1000　B5
2021 年 12 月第一次印刷　印张：28
字数：575 000

定价：298.00 元
（如有印装质量问题，我社负责调换）

作 者 简 介

张明玉，山东淄博人，工学博士、经济学博士后、管理学博士生导师，北京交通大学经济管理学院学术委员会主席，二级教授，发展战略研究所所长，国务院学位委员会第七届、第八届学科评议组成员，"万人计划"哲学社会科学领军人才，全国文化名家暨"四个一批"人才，北京市教学名师。中国企业管理研究会常务副理事长，全国经济管理院校工业技术学研究会副理事长。国家"十五""十一五"科技攻关项目"农产品现代物流"首席专家，国家"十二五"农村城镇化领域科技发展战略与规划总体专家，主持完成国家社会科学基金重大项目、国家科技支撑计划项目、国家自然科学基金项目等国家级课题10余项，发表论文100余篇，以第一获奖人获得北京市哲学社会科学优秀成果奖一等奖、二等奖，教育部高等学校科学研究优秀成果奖（人文社会科学）二等奖，北京市科学技术奖二等奖等省部级学术奖励10余项。

序　言

　　今年我已九十岁高龄，已经有几年不参加学院一般的学术活动了。这次明玉请我给他的新作写序，我还是爽快地答应了。原因有三，一是明玉是我调到北京交通大学以来重点培养的几个年轻人之一，他曾经在我的指导下研究过"管理"范畴的深层内涵，理工科博士的背景赋予了他特有的严谨及寻根问底的精神；二是他的上一本书，也是我写的序，那本书获得了教育部高等学校科学研究优秀成果奖（人文社会科学）二等奖；三是自2018年开始，我辞去了北京交通大学经济管理学院学术委员会主席的职务，明玉作为目前学院唯一的"万人计划"哲学社会科学领军人才、全国文化名家暨"四个一批"人才，接替了我经济管理学院学术委员会主席的职务，希望他能带领经济管理学院取得更好的成绩。

　　明玉给我的印象中，最深刻的莫过于他十年磨一剑的学术精神。他的两本著作均历时十年。上一本书《中国农产品现代物流发展研究——战略·模式·机制》，集中了他从2001年到2010年十年的成果；新作《新型城镇化下农产品物流体系创新与发展战略》，集中了他从2011年到2020年的成果，这在中国学术界是不多见的，也是难能可贵的。

　　令我印象深刻的是，明玉的研究多半具有明确的应用背景。此次出版的新作，其研究成果得到了全国政协领导及农业农村部主要领导的批示，将作为今后相关部门决策的重要依据。研究成果扎根于中国大地，才能具有永久的生命力。除了为政府决策提供支持外，明玉还积极地把自己的科研成果服务于企业的发展实践，体现了软科学也是生产力的重要论断。上海新时达电气股份有限公司，成立于1995年，目前是国家重点支持的高新技术企业和全国创新型企业，也是第一家生产过万台机器人的国内厂商，自1998年至今20多年，明玉的研究团队已经为该企业提供咨询服务十余次，见证并伴随了企业由小变大、由弱变强、由单一产品到多元产品、由产品运营到资本运营的全过程。在中国高校里，能够真正为企业的发展做出实质性贡献的学者还是不多见的。

明玉这次出版的著作是基于他完成的国家社会科学基金重大项目，我认为该书的最大特点是首次在国家新型城镇化大背景下，深入系统全面地研究农产品物流的发展问题；区别于目前相关文献主要从农产品物流的基础设施与消费规模方面研究新型城镇化对农产品物流的影响，该书从农产品物流的要素、功能、结构等物流系统的视角研究新型城镇化对农产品物流的影响，以及新型城镇化与农产品物流的耦合机制，即二者的相互影响。

我认为明玉的新作最具创新性的地方有三点。第一方面，成功回答了什么因素决定了农产品物流的发展方向，以及新型城镇化将在其中发挥什么作用的问题。该书首先识别出社会空间结构、农业生产经营方式和物流技术交替成为超序参量，引领我国农产品物流经历了五个阶段的变迁与发展；同时，揭示出新型城镇化通过推动社会空间结构由"城—乡"二元结构向"城—镇—村"三元结构变迁，形成新一轮的系统演变，小城镇将成为综合型农产品物流节点实现资源优化配置的良好空间载体。在"城—镇—村"三元协调的社会空间结构主导下、在新的农业生产经营方式影响下、在一体化物流技术的作用与支持下，以农产品物流园区为代表的综合型农产品物流节点，将转移到城市群内具备一定产业基础和区位优势的小城镇，从而实现可持续发展。

第二方面，成功地回答了在新型城镇化背景下农产品物流体系创新的突破口，以及其价值创造机理的问题。基于共享经济与信息平台带来的发展机遇，该书对农产品共享物流这一创新模式进行了深入研究，认为农产品共享物流可以作为新型城镇化背景下农产品物流体系创新的突破口。同时，提出了农产品共享物流平台创造价值的三大关键活动，即信息管理、激励约束与监控管理，弥补了当前学术界对于农产品共享物流平台价值创造活动认知的不足；同时，揭示了农产品共享物流平台进行价值创造的三大中介机制，即物流资源供需匹配、物流敏捷性与物流规范化，揭开了农产品共享物流平台价值创造机理研究的黑箱；构建并检验了农产品共享物流平台的价值创造模型，揭示了农产品共享物流平台价值创造的机理，填补了农产品共享物流价值创造研究的空白。

第三方面，该书的研究成果，为我国乡村振兴战略的实施提供了一条现实可行的途径。农产品共享物流，建立在大数据云计算等技术平台之上，而且与农户增收、农民就业及农村发展密切相关。通过农产品共享物流平台，依靠大数据、云计算，农产品可以迅速找到匹配的买主，因而大大减少因为找不到买主而产生的腐烂、贬值和损耗，从而增加农户收入。同时，农产品共享物流的运输、储存、装卸、加工等过程，大部分是由农民工完成的，因此，这又从产业空间和就业渠道增加了农民收入。此外，农产品共享物流企业与银行等金融机构合作，为司机、小规模农户提供信用担保，为其发放小额贷款，有助于促进农村金融与农业的健康发展。

我相信，这本书的出版，将对新时期我国农产品物流的发展起到积极的推动作用。

中国工程院院士

2021 年 7 月 7 日

前　言

　　本书是由我主持的国家社会科学基金重大项目"新型城镇化下农产品物流的体系创新与发展战略研究"的主要成果。该项目从 2015 年 7 月立项开始，经过课题组的艰苦努力，终于在 2020 年 1 月通过结题验收，历时四年半的时间。为了成果的出版，我又用了一年半的时间进行修改、完善、校对，如果再加上项目申请前的准备时间，整个过程大概就是十年，这正应验了十年磨一剑的古训。

　　记得我出版上一本书《中国农产品现代物流发展研究——战略·模式·机制》的时间是 2010 年，当时这本书也是耗费了我近十年的时间，通过主持完成国家科技攻关项目、国家科技支撑计划项目、国家自然科学基金项目，把研究成果进行集成出版。记得上一本书出版有一个重要背景，2002 年我作为国家重大科技专项"中国农产品加工"的总体专家，深刻认识到农产品加工必须有农产品物流的有力支撑，才能最后实现农产品的价值增值，农民收入才能切实提高。为此，我向科技部有关领导提出了在国家科技攻关项目中增设农产品物流专题的建议，科技部有关领导充分认识到了农产品物流的重要性，从 2003 年开始，农产品物流开始以独立的专题列入国家科技攻关项目，至今农产品物流领域的研究经费已经累计达到几十亿元，研究成果已为中国农产品现代物流的发展，提供了强有力的技术支撑。从这件事情中，我深切感受到了政策研究与智库工作的重要性。

　　新型城镇化作为新时期我国的重大战略，不仅关系到几亿农民的生活改善，还将对我国的农业生产、人口分布、产业格局产生重大影响，而农产品物流作为沟通农产品产销、解决农产品供需矛盾的关键环节，其发展与农产品生产、消费者分布、社会空间结构息息相关。因此，从新型城镇化的视角，深入系统地研究我国农产品物流的发展具有重大的现实意义。当前以新型城镇化为背景探讨我国农产品物流的发展，大多集中在分析新型城镇化对农产品物流基础设施及对农产品消费规模的影响。新型城镇化作为影响现代化全局的大战略，还将影响我国农产品物流系统内部的要素形态、要素结构及系统的功能实现等更深层面；同时，在新型城镇化的背景下，我国农产品物流系统的运行模式、运作体系及发展战略和政策保障均会发生重大变化，这些都是非常重要的研究主题，需要进行深入研究。

本书以研究新型城镇化下我国农产品物流发展为核心，从三个逐层深入的层面依次展开研究。第一个层面为理论问题研究，在解析我国新型城镇化本质内涵、我国农产品物流系统构成与系统演化规律的基础上，深入探讨新型城镇化与我国农产品物流发展的协同关系及耦合机制，深刻揭示新型城镇化对于农产品物流发展的作用机理；第二个层面是核心问题研究，重点研究新型城镇化下我国农产品物流系统在宏观层面的运行新模式，以及在微观层面的体系创新与价值创造，找准新型城镇化背景下我国农产品物流的发展定位；第三个层面为实践问题研究，重点开展新型城镇化下我国农产品物流发展评价研究，在此基础上确立我国农产品物流发展的战略体系，明确战略重点与难点，并给出战略重点实施的具体路径和有效方式，继而提出保障战略有效落实的政策建议。

本书是首次从新型城镇化视角深入系统全面地研究我国农产品物流的发展，试图构建一个宏观与微观、长期与短期相结合的新型城镇化下我国农产品物流发展的理论框架。由于很多内容是首次尝试，再加上作者水平有限，因此书中内容不完善的情况在所难免，希望广大读者提出宝贵意见，批评指正。

本书可以说是课题组集体研究成果的结晶，作为重大项目的首席专家，也是本书的主笔，我负责研究思路的设计、研究框架的构建及研究成果的审阅定稿；作为本书的副主笔，邬文兵教授、王树祥教授也参与了本书总体思路与框架的设计工作。参加书稿撰写的有张明玉、邬文兵、王树祥、王侯含、李爽、尹超、曹卫兵、武文、张文松、张菊亮、魏文超、王雅璨等，特别要感谢国务院发展研究中心市场经济研究所所长王微研究员，无论是在项目申请，还是在项目完成过程中，她都做出了重要贡献，在此表示衷心的感谢。

尽管书中所用的参考文献都在书末尽最大可能一一列举出来，但是，由于时间跨度较长，有一些重要参考文献可能未列入，在此也请各位同仁理解和谅解。

张明玉

2021 年 7 月 7 日

目　　录

第1章 绪 论

1.1 问题提出

1.1.1 城乡二元结构演变引发农产品物流变革

我国农学家王祯早在元代就曾在《农书》中指出"九州之内，田各有等，土各有产，山川阻隔，风气不同，凡物之种，各有所宜"，这深刻揭示了农业生产受自然变化规律的支配，具有强烈的季节性和地域性，因而农业生产的时空差异是农产品交换及农产品物流产生的最初根源。另外，人类社会的生产进步促进了社会分工，使城市这一特殊形态逐步从最初的广袤农村中孕育分离出来，进而形成了城乡二元的社会发展结构，从根本上导致了农产品生产与消费产生了时空矛盾，从而促进了真正意义上的农产品流通，并形成了农产品物流的最初形态[1]。因此，农业生产的时空差异与社会空间结构的变化是农产品物流产生的根本原因，农产品物流的发展也是围绕着解决农产品供需的时空矛盾而展开的。

长久以来，农业生产的自然属性未产生过根本性变化，人类的城乡居住格局未发生重大变迁，二者较为稳定，因此学者对农产品物流的研究主要聚焦在农产品物流的渠道、模式、组织等层面，以及研究某个企业或某个城市内部的农产品物流节点布局和配送线路优化，而从宏观角度探究农业生产与农产品物流空间结构变化一般性规律的研究却寥寥无几。诚然，在现有的科学技术水平下，农业生产的季节性和地域性限制在短时期内难以有革命性突破，农业生产的时空差异这一根本矛盾仍将长期而稳定地存在，但是，新型城镇化已成为我国经济社会发展的重要战略背景之一，新型城镇化建设的推进将会打破我国长期稳定的城乡二元结构，引起我国城乡人口格局、城乡经济格局、城乡产业格局、城乡社会格局等发生重大变动，从而改变农产品生产与消费空间矛盾的表现形式，使社会空间结构这个导致农产品物流产生的根本原因发生重大变革。那么，新型城镇化是否会再次引起农产品物流发生革命性变化，会通过什么途径变革农产品物流，会引起哪些方面发生变革，变革后形成的新形态会是什么样的，当前农产品物流的发展又与未来的新形态存在着哪些差距，如何去弥补这些差距，这些都是值得探讨的问题，也只有准确回答了这些问题，才能够准确判断新时期我国农产品物流的发展趋势，进而对其进行积极引导和扶持，充分发挥出农产品物流在增加农民收入、保障居民日常生活、沟通城乡、连接工业与农业等涉及"三农"问题方面的重要作用。

通过关键词检索发现目前国内外直接研究新型城镇化对农产品物流影响的论文及农产品物流在新型城镇化下发展的文章甚少，其原因一方面在于新型城镇化是我国特定历史背景下的特殊产物，新型城镇化建设涉及政治、社会、经济、文化、生态等方方面面，需要对我国国情有相当程度的了解才能够进行相关研究，这为国外学者开展研究带来一定困难，导致国外理论研究积累较少；另一方面，我国新型城镇化建设起步较晚，直至2011年新型城镇化战略才开始全面指导我国的城乡建设，目前仍处于初期的探索阶段，导致国内理论研究积累不足。此外，很大一部分学者在研究时并未严格区分新型城镇化与传统城镇化，而是统一用城镇化来表述，他们的研究具有一定的借鉴意义，但是现有的关于城镇化对农产品物流影响的研究大多都偏重微观层面，研究内容多集中在城镇化对农产品物流需求、农产品物流模式、农产品价格形成、农产品物流效率的影响，主要着眼于农产品物流过程的某一要素或某个环节，缺乏全局视角，加上我国长期处在稳定的城乡二元结构中，导致学者在分析城镇化对农产品物流的影响时，易于忽视社会空间结构变动对农产品物流的作用，难以有效解答新型城镇化对我国农产品物流的作用机理及作用效果。为了准确地回答这一问题，一是要对我国农产品物流的产生和发展进行系统分析，掌握其自身演化机理；二是要对新型城镇化内涵进行深入解析，深刻理解新型城镇化对我国经济社会发展带来的重要改变；三是要将新型城镇化内涵与我国农产品物流自身演化规律充分融合，解析我国农产品物流在新型城镇化影响下将发生的重大变革。然而，现有研究尚未能有效解决这些问题。

第一，现有的关于我国农产品物流演化的研究大多关注于流通渠道、流通模式、流通组织等具体环节的发展变化，缺乏对其演化规律的深入探讨，尤其是对农产品物流整体的演化规律缺乏认识。第二，现有的关于新型城镇化内涵的解析主要是基于生态、人口、产业等单一视角，所得结论缺乏全面性，需要结合本书的研究主题，以综合视角为基础，多角度、多维度剖析新型城镇化的特征。第三，现有的文献在分析新型城镇化对我国农产品物流的影响时，研究视角较为微观，研究内容主要集中于分析新型城镇化对基础设施建设、信息化建设、农产品消费的促进作用这些比较浅显的基本层面，或者利用统计数据，来研究二者在统计学上的因果关系，缺乏关于新型城镇化对我国农产品物流发展影响的深入探讨。

幸运的是，我国农产品物流半个多世纪的发展历程为研究其演化规律积累了丰富的素材，同时自组织理论富有解释力的分析框架和独特的系统简化思想为研究农产品物流演化规律及探究新型城镇化对农产品物流的影响提供了一种理论方法。自组织理论认为，对于一个复杂开放的系统而言，其发展动力来自系统内部，发展方向由一个或少数几个参量决定，称之为序参量。序参量在系统演化过程中从无到有地变化，通过支配系统其他参量进而主宰系统整体演化进程、指示系统新结构的形成、反映系统新结构的有序程度，可以说，掌握了序参量就掌握了系统演进规律。对于我国农产品物流而言，它是一个复杂开放的系统，处于远离平衡态，存在涨落，满足应用自组织理论研究的条件。

基于此，本书以自组织理论中有关序参量的核心观点为研究线索，揭示我国农产品物流自身的演化规律，结合对新型城镇化本质内涵的深入剖析，探索新型城镇化与农产品物流的协同及耦合，解析新型城镇化对我国农产品物流系统的作用机理，明确新型城镇化下我国农产品物流系统的宏观运行模式及微观运作体系，并以此为参照评估当前我国农产品物流的发展水平，对比分析现有发展的不足，继而确立新型城镇化下我国农产品物流的战略体系与政策体系。

1.1.2 研究贡献

农产品物流是农民增收的主要途径，是居民日常生活的重要保障，发挥着连接工业与农业、沟通城市和乡村的重要作用，对于城市的稳定和农村经济的繁荣具有重要意义。与此同时，新型城镇化作为当前我国经济社会发展的现实选择，其最终目标在于缩小城乡差距，实现城乡统筹和可持续发展，这将对城市和农村两个区域产生重要影响，因此，在新型城镇化的背景下研究我国农产品物流的发展具有重要的理论意义与现实意义。

1. 理论研究价值

（1）有助于完善农产品物流理论体系。相对而言，我国农产品物流起步较晚，但在半个多世纪的发展中表现出了与发达国家不同的特殊性，形成了统购统销、议购议销、市场化流通等多种典型模式，那么，它演化所遵循的规律是什么，又是什么因素主导着它的发展方向，这些都是值得探讨的问题。只有充分掌握了事物的发展规律才能够遵循并利用规律进而有效促进事物发展。因此，本书对农产品物流系统发展内在规律的揭示将完善农产品物流理论研究体系。

（2）有助于促进多学科交叉，实现协同创新。新型城镇化背景下的农产品物流体系创新与发展战略研究是结合发展经济学、社会经济学、战略管理、物流管理等多学科、多领域的交叉研究。从农产品物流发展战略的宏观规划层面来说，战略体系的构建是一个全方位、立体化的任务；从农产品物流体系创新的微观操作层面来讲，农产品物流体系的构建是一个多层次、多角度、多功能的系统工程；同时新型城镇化建设的背景进一步增加了研究的复杂性和综合性。因此，如何利用多种研究方法更好地融合这些不同的学科，将其有机整合，将是一项重大的理论任务，具有重要的学术研究价值。

2. 实践指导意义

（1）有助于明确新型城镇化与我国农产品物流的协同关系及耦合机制。新型城镇化涉及大量的空间变动和产业结构调整，同时农产品物流是一个融合了运输业、仓储业、货代业和信息业等的新兴复合型产业，其本质在于解决农产品生产与消费的时空矛盾，因而，空间与产业构成了二者相互联系的桥梁，那么新型城镇化与我国农产品物流之间具体的影响机制是什么样的，二者内在的耦合机制如何，二者的耦合程度是否是固定的，通过本书的分析，这些问题都将得到一一解答，继而清晰展现新型城镇化与我国农产品物流的协同关系及耦合机制。

（2）有助于深刻认识新型城镇化对农产品物流的作用机理和作用方式。新型城镇化是新时期我国最大的结构调整，不仅关系到几亿农民的生活改善，还将对我国的农业生产、人口分布、产业格局等一系列问题产生重大影响，从而改变我国农产品生产与消费的时空矛盾，而农产品生产与消费的时空矛盾是真正意义上农产品物流得以产生并发展的根本原因。那么，新型城镇化对我国农产品物流的影响不应该仅限于扩大农产品物流规模、完善物流基础设施建设等方面。本书将深入解析新型城镇化的本质内涵，并将其与我国农产品物流自身发展的内在规律相联系，深刻揭示新型城镇化对我国农产品物流系统的作用机理和作用方式。

（3）为新型城镇化背景下我国农产品物流的发展指明方向，提高资源配置的合理性和有效性。本书在揭示新型城镇化对我国农产品物流系统作用机理的基础上，将进一步以系统性思维，全面分析新型城镇化对我国农产品物流系统要素、结构和功能的影响，科学判断新型城镇化背景下我国农产品物流系统在宏观层面的运行模式，以及我国农产品物流体系在微观层面的运作方式，据此更准确地评估当前我国农产品物流的发展水平，分析其发展存在的问题，从而确立我国农产品物流的战略体系与政策保障体系，并推动已有政策进一步落实，为企业发展和政策制定提供前瞻性的指导，提高决策的科学性，降低试错成本。

（4）为实践中共享物流平台的推广应用提供指导，为我国农产品物流体系创新提供思路。本书通过对基于共享物流平台的农产品共享物流体系的运作特征，以及农产品共享物流平台的价值创造活动进行研究，明确了共享物流平台推动农产品共享物流发展所需要发挥的作用。这给当前企业利用共享物流平台创造价值提供了思路，指导企业通过采取共享物流平台的信息管理、激励约束和监控管理的活动，来促进价值创造。本书将共享物流平台与农产品物流体系进行融合研究，揭示了基于共享物流平台创新的农产品共享物流体系在整合分散资源、提升物流效率、降低车辆空驶率和资源空置率等方面的突出贡献，为推进我国农产品物流体系创新提供了思路。

（5）有助于提高农产品物流资源的利用效率，优化农产品物流配送体系，为农产品物流的供给侧结构性改革提供借鉴。我国农产品物流在经历了半个多世纪的发展后，正面临严重的流通资源结构性失调问题，突出表现为物流资源大量闲置与物流资源严重短缺并存，造成这一困境的主要原因在于对农产品运输模式选择、运输资源配置、农产品配送节点选址和配送路径设计等方面缺乏统筹规划。本书选取农产品物流中最复杂的配送环节，研究了农产品配送节点的选址问题和配送路径规划问题，提出并验证了混搭配送的可行性和有效性，同时重点研究了农超对接模式的资源整合方式，借助新一代信息技术（information technology，IT），构建了"互联网+"背景下农超对接模式的资源整合架构，为提高农产品物流资源利用效率、优化农产品物流配送体系、促进农产品物流供给侧结构性改革提供了有益参考。

1.2 内 容 安 排

1.2.1 本书重要概念界定

1. 农产品

国家规定的农产品是指来源于农业的初级产品，包括动植物、微生物及其产品，简单来说，经由农业生产出来的各种产品都可以称为农产品，如烟叶、粮油、瓜果蔬菜、各种家禽等，本书中的农产品主要是指含水量高、保鲜期短、易损坏、易腐烂、品种复杂的生鲜果蔬类农产品。

2. 农产品物流

首先，农产品物流不单是农业销售物流，中国物流与采购联合会在《中国物流发展报告（2016—2017）》中将农产品物流定义为农业销售物流，指出农产品物流是由农产品销售而引起的农产品在供方与需方之间的实体流动，仅是指物质的流通过程，而现代意义上的农产品物流广泛吸纳先进的物流理念与技术，既包括农产品从生产者到消费者之间的物质实体的流通过程，又包括伴随着实体流通的所有信息、货币的流通过程，是农产品的运输、加工、包装、仓储、装卸搬运、配送、信息处理等环节的综合一体化。其次，农产品物流是农业物流的重要组成部分，以农业生产为中心而发生的相关物质运动及与之相关的技术、组织、管理等内容称为农业物流，包括农业生产资料准备的产前物流、生产要素配置及运用的生产物流、农业产出物保值增值的流通物流和农业废弃物流四个环节，农产品物流主要涉及农业物流中间两个环节的部分内容。最后，农产品物流不同于农产品流通，从功能上看，农产品物流关注的重点在于物质实体和信息，主要功能是改变农产品空间位置和外表形态，而农产品流通在此基础上还重视商流，重视实体所有权的转移，重点考虑的是如何实现农产品的价值。

基于上述分析，本书以现代物流理论为基础，结合我国农产品物流发展的客观实践，对农产品物流概念的定义如下：以满足消费者需求为目标，实现农产品时间价值、空间价值和形态价值，使其从生产者到消费者高效率物理性转移而进行的一系列相关经济活动，这一过程包含了农产品的生产、运输、储藏、装卸搬运、加工、配送、信息管理等活动，即农产品物流是一个与农产品有关的若干经济活动系统化、集成化和一体化的现代概念。

3. 小城镇

小城镇是本书所涉及的重要概念。目前关于小城镇概念的界定尚未达成共识，不同的学科对小城镇概念的理解有狭义和广义两种。本书所指的小城镇是广义的小城镇概念，并不是一个行政区划，而是具有城市、农村二重性，不仅指农村中作为政权最基本单位的镇，而且泛指城市与农村之间的政权单位，可以是镇，可以是县，也可以是地级市和县级市，甚至是大城市区域内的城乡接合部、卫星城、新区或新城，根本点在于判断它们在连接农村与城市中是否起着纽带的作用，这也是与传统城镇化时期优先发展的乡镇的最大区别。

4. 农产品共享物流

根据 Rai 等关于共享物流的研究，本书认为，农产品共享物流是多方参与的行业模式，其参与者主要包括货主（农产品共享物流服务的发包方）、司机（农产品共享物流服务的接包方）、收货方（农产品接收方）和平台企业（协调货主、司机和收货方，管理整个物流服务流程）[2]。农产品共享物流是在共享物流平台和手机应用程序（application，APP）上面实现的，平台和手机 APP 可以连接货主和司机，从而实现分散的、空闲的物流资源和能力的最大化利用。农产品共享物流与传统物流在不同的层面显示出了不同的特征。

在战略层面，农产品共享物流可以在司机和货主之间建立联系，支持司机从事农产品物流服务。农产品共享物流能够为司机提供最为明显的、直接的经济效益，同时也可以创造其他方面的非经济的效益。农产品共享物流是环境友好型的物流模式，此外，还可以促进货主和司机之间的社会关系的建立。从整体上来讲，农产品共享物流的逻辑是可以将农产品物流资源和能力整合在一个网络中，进而将农产品物流需求和农产品物流资源、能力进行匹配。农产品共享物流能够尽可能地减少资源的浪费。

在组织层面上，农产品共享物流也有一些特殊的特征。农产品共享物流的人流、物流和信息流都是通过农产品共享物流平台而在货主和司机之间实现的。而且车货之间的匹配是通过货主的自主选择，或者平台的科学分配来实现。农产品共享物流平台在司机和货主之间的交易中起到了市场中介的作用。具体说来，作为服务中介，农产品共享物流平台分别提供了司机与货主信息的具体的描述、他们的地点，以及货主对于司机的评分。

在资源的所有权层面，农产品共享物流企业并不拥有农产品物流资源的所有权，只是可以将农产品物流资源匹配给有需求的农产品货主。使用了农产品共享物流服务之后，农产品货主不再需要投入大量的资产来获得农产品物流资源（司机、车辆）的所有权，而是仅仅需要自己购置一小部分资源，其余的大部分利用农产品共享物流平台来租用。

在实际运作层面，农产品共享物流服务是订单式的物流服务。具体说来，平台会根据物流运输的具体的要求及可提供服务的司机的能力与经验，来为货主进行匹配。在形成匹配之后，平台会通过 APP 告诉司机所要配送的货物、提货的地点、配送的目的地。与此同时，平台也会通知货主提供承运服务的司机的具体信息。在服务完成之后，农产品共享物流平台还会提供评价机制，货主可以通过打分的形式为司机进行打分，也可以在 APP 上留言，添加对于司机的可靠性和专业能力的评论，从而帮助其他的货主识别司机的能力和信誉。

综上所述，农产品共享物流是一种利用信息技术连接司机和货主，促进司机和货主之间实现精确的匹配，从而实现分散和闲置的农产品物流资源的有效配置的模式。农产品共享物流的发展离不开农产品共享物流平台的支持。在下一部分本书将进一步界定农产品共享物流平台。

5. 农产品共享物流平台

基于当前的文献，本书认为，农产品共享物流平台可以激活资源的使用，在农产品共享物流价值创造中能够发挥十分重要的支持作用。更进一步说来，农产品共享物流平台能够中介司机和货主之间的交易关系，被认为是农产品共享物流运作中关键的参与主体和重要的战略资源。

一方面，农产品共享物流平台能够利用信息技术实现货主与司机的精确匹配，同时为司机提供高效的物流服务方案，使得司机有能力为货主提供更优质的农产品物流服务。农产品共享物流平台支持农产品共享物流发展的能力主要体现在：撮合司机与货主之间的匹配，为司机提供科学合理的配送路线和配送安排，建立合理的评价体系，为司机和货主提供运费支付服务等[3]。在农产品共享物流平台的支持下，农产品共享物流不仅能够为货主提供优质的服务，实现物流行业的降本增效，而且能够为司机提供丰富的货源信息，为司机匹配适合的物流任务，从而提高司机的收入水平[4]。可见，在农产品共享物流平台的支持下，农产品共享物流能够满足司机寻找货物、提高收入的需求。

另一方面，农产品共享物流平台还会为司机和货主提供农产品物流交易支持，以保证货主和司机之间交易关系的安全性。农产品共享物流平台提供的物流交易支持包括提供保险合同、价格体系、税收计算体系等。此外，农产品共享物流平台还可以通过审核用户的资料，来构建用户的信用体系。具体来说，大部分农产品共享物流平台都会检查司机的驾驶证、司机是否购买保险，以及车辆的可靠性证据，并且会建议司机将自己在平台上的注册的账户与微信、支付宝、微博等账户进行连接，以便掌握司机的具体的社交信息和信用信息。

综上所述，农产品共享物流平台是支持农产品共享物流运作的战略资源。农产品共享物流平台能够通过为司机和货主提供信息支持及其他管理支持，来实现农产品共享物流的价值创造。

1.2.2　本书拟定目标及重点与难点

本书最终的研究目标是科学判断新型城镇化背景下我国农产品物流的发展变化，确立相应的战略体系并提出有针对性的对策建议，为我国农产品现代物流的科学发展提供决策支持。实现这个最终目标需要依次解决七个关键问题，也即本书的七个子目标：一是解析我国农产品物流系统特征及其演化机制；二是深刻揭示新型城镇化与我国农产品物流系统的协同关系及耦合机制；三是探讨新型城镇化对我国农产品物流系统要素、结构和功能的全面影响，明确系统宏观层面新的运行模式与微观层面新的运作方式；四是立足于新型城镇化农产品物流系统发展的新形态，评估当前我国农产品物流发展水平；五是基于当前农产品物流发展水平，以我国农产品物流系统在新型城镇化下的新形态为目标，制定战略体系，确立战略重点；六是指明我国农产品物流系统统筹优化与资源整合的实施重点和具体实施方式；七是以保障新型城镇化下我国农产品物流战略落实为目标，构建政策体系，明确政策保障重点。

其中，在解决各子目标时涉及的重点在于：①我国农产品物流系统的构成；②新型城镇化的本质内涵；③新型城镇化与农产品物流的协同关系；④新型城镇化对农产品物流系统的影响；⑤新型城镇化下农产品物流的战略体系制定；⑥新型城镇化下农产品物流发展的政策保障重点；⑦引入共享物流的运作思维，构建基于共享物流平台的农产品共享物流体系；⑧揭示农产品共享物流平台促进价值创造的理论机理；⑨揭示农产品共享物流平台吸引司机持续使用的作用机制；⑩农产品物流配送节点的选择和配送路径的规划；⑪农产品物流系统要素，尤其是针对农超对接模式下系统资源的整合优化。

在解决各子目标时涉及的难点在于：①我国农产品物流系统的演化规律；②新型城镇化与农产品物流的耦合机制；③新型城镇化下我国农产品物流系统的发展演化；④新型城镇化下我国农产品物流的发展评价；⑤新型城镇化下我国农产品物流系统的战略顺序选择；⑥分析农产品共享物流体系的运作特征与运作模式；⑦农产品共享物流平台支持价值创造的机理的实证检验；⑧构建符合农产品共享物流平台发展特征的司机持续使用意愿模型；⑨农产品混搭配送模式的统筹优化；⑩企业农产品物流资源的统筹优化。

1.2.3 本书主要内容及章节安排

本书以研究新型城镇化下我国农产品物流发展为核心，从三个逐层深入的层面依次展开研究，具体的框架见图 1-1。第一个层面为理论问题研究，在解析我国新型城镇化本质内涵、我国农产品物流系统构成与系统演化规律的基础上，深入探讨新型城镇化发展与我国农产品物流的协同关系及耦合机制，深刻揭示新型城镇化对于农产品物流发展的作用机理；第二个层面是核心问题研究，在全面分析新型城镇化对我国农产品物流系统要素、结构和功能影响的基础上，重点研究新型城镇化下我国农产品物流系统在宏观层面的运行新模式，以及系统在微观层面的体系创新与价值创造，找准新型城镇化背景下我国农产品物流的发展定位；第三个层面为实践问题研究，重点开展新型城镇化下我国农产品物流发展评价研究，在此基础上确立我国农产品物流发展的战略体系，明确战略重点与难点，并给出战略重点实施的具体路径和有效方式，继而提出保障战略有效落实的政策建议。

根据上述框架，本书共分为 10 章，各章的主要研究内容如下。

第 1 章是绪论。本章主要阐述本书的研究背景与研究意义，界定本书涉及的核心概念和研究范围，明确本书需要解决的关键问题及其中的重点和难点，介绍本书的主要内容及章节安排。

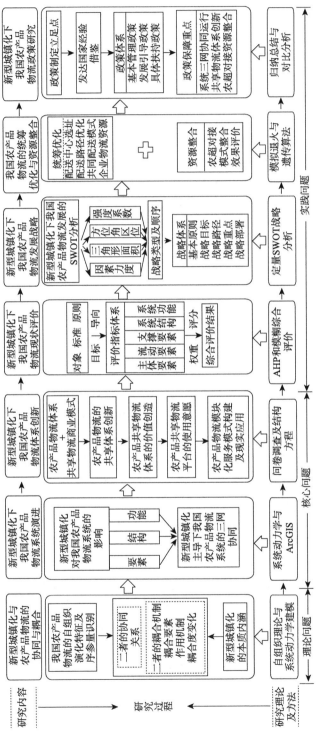

图1-1 本书主要内容及整体框架

第 2 章是理论依据与研究基础。本章介绍本书内容所依据的理论基础，包括系统理论、自组织理论、耦合理论、强化理论、模块化理论、委托—代理理论、组织信息处理理论等，在此基础上，回顾并梳理国内外学者关于农产品物流、新型城镇化及二者交叉研究的相关文献，挖掘出现有研究的局限与不足，确定研究的方向和拟解决的问题。

第 3 章是新型城镇化与农产品物流的协同及耦合。本章首先围绕研究主题剖析了新型城镇化的本质内涵；其次是基于系统理论，分析了我国农产品物流系统的要素、结构和功能；最后是基于自组织理论解析了系统的演化规律，求解得出主导我国农产品物流系统演化的序参量及它们的作用过程和作用特点。在此基础上，分析了新型城镇化与我国农产品物流的协同关系及二者的耦合机制，揭示出新型城镇化对我国农产品物流系统的作用机理。

第 4 章是新型城镇化下我国农产品物流系统演进。本章基于第 3 章所得结论，从系统构成的角度分析了新型城镇化对我国农产品物流系统要素、结构和功能的影响，在此基础上从宏观层面总结归纳了新型城镇化作用下我国农产品物流系统运作的新模式，并以北京地区为例从空间和时间两个维度上实证了农产品物流系统运作模式在新型城镇化背景下发生的变革。

第 5 章是新型城镇化下我国农产品物流体系创新。本章提出了新型城镇化下我国农产品物流体系创新的路径——农产品共享物流，以及农产品共享物流应对个性化物流需求的创新路径——模块化服务模式。第一，本章阐述了农产品共享物流的内容和特征；第二，通过访谈和文本资料收集，利用扎根理论，对农产品共享物流平台的价值创造活动及其价值创造机理进行了理论建构；第三，借助结构方程模型，对农产品共享物流平台的价值创造的理论机制进行了实证检验；第四，构建了司机持续使用农产品共享物流平台的技术接受模型，从农产品共享物流平台的功能特征的角度，揭示了平台影响司机持续使用意愿的作用机制；第五，构建了农产品共享物流的模块化服务模式，明确了该模式的特征，揭示出该模式的价值创造机理。

第 6 章是新型城镇化下我国农产品物流现状评价。本章以第 4 章、第 5 章研究得出的农产品物流新的系统运行模式和新的体系运作方式为目标，基于第 3 章对农产品物流系统的要素、结构和功能的分析，从农产品物流系统构成的角度建立了新型城镇化下我国农产品物流发展的评价指标体系，并借助专家的专业知识和企业家的实践经验，对当前我国农产品物流发展水平做出综合评价。

第 7 章是新型城镇化下我国农产品物流发展战略。本章建立了新型城镇化下我国农产品物流战略选择顺序的企业战略分析方法（strength，weaknesses，opportunity threat；SWOT）+内部因素评价（internal factor evaluation，IFE）矩阵+外部因素评价（external factor evaluation，EFE）矩阵+层次分析法（analytic hierarchy process，

AHP）量化模型，绘制出战略四边形，求出战略三角形面积、战略方位角及战略强度系数，进而确定总战略类型及战略选择顺序。在此基础上，构建了"一二三四七"的战略体系，明确了战略目标、战略路径与战略重点，给出了具体的战略部署。

第 8 章是我国农产品物流的统筹优化与资源整合。本章着重研究了第 7 章所确立的战略重点中的重点与难点，即统筹优化与资源整合，内容涵盖农产品物流配送中心选址、配送路线优化、共同配送模式、企业物流资源配置的统筹优化，农超对接物流运作模式的资源整合，以及系统要素的整合效果评价。

第 9 章是新型城镇化下我国农产品物流政策研究。本章首先确立了政策制定的出发点，其次分析了发达国家农产品物流的成熟经验，在此基础上，从基本管理、发展引导和具体扶持三个层面构建了新型城镇化下促进我国农产品物流发展的政策体系，同时针对第 4 章和第 5 章分析得出我国农产品物流三网协同的宏观运行模式与共享式创新体系的微观运作方式，明确了政策保障重点。

第 10 章是结论与创新。本章对本书内容进行了总结归纳，阐明本书结论与创新。

1.3　研究视角与方法

1.3.1　研究视角

1. 社会学视角

长期以来，我国一直在城乡二元结构下运行，进而形成了城乡二元结构的经济与社会发展形态。当前，我国将通过新型城镇化发展打破这一传统社会结构，逐步形成城乡一体化的发展形态。这一社会形态的发展必将对社会结构、经济形态、产业布局产生重大影响，本书的研究背景正是基于这一社会形态变迁，因而社会学视角是本书的重要视角之一。

2. 经济学视角

城镇化是农业人口持续向城镇集聚或者向城市转移的过程，也是农村转移人口的消费需求及生活方式转变的过程。随着农业经济逐渐向非农经济为基础的生产方式转变，城镇人口集聚本身也产生了强大的农产品物流需求，农产品加工业及农产品物流业将成为城镇化产业发展的重要选择之一，此外，农产品物流业具有较强的地理选择性，还可以从地理经济学视角出发，更加深入地研究新型城镇化下农产品现代物流发展问题。

3. 管理学视角

新型城镇化下农产品现代物流发展问题涉及的范围广、因素多，并有多层次的交织结构，是一个典型的复杂巨系统。要想使这个复杂巨系统得到有序发展，既要掌握系统发展内因，也要明确系统发展外因，分析和解决发展过程中所带来的各种问题，并通过系统创新、战略规划等管理手段对新型城镇化下农产品现代物流发展施加积极影响，促使我国农产品现代物流得到更有效的发展。

1.3.2　研究方法

（1）文献研究法。通过 Springer、ProQuest、百度学术、中国知网、万方等国内外电子期刊网站和数据库，收集与农产品物流、新型城镇化相关的文献，随后对所搜集的文献进行研读与梳理，厘清学科发展脉络，掌握理论演进过程，了解代表性观点及研究状况，发现现有研究存在的不足，进而提出本书的研究主题。

（2）系统分析法。本书首先将系统思想贯穿研究始终，在研究之初就基于系统构成的视角，全面分析了我国农产品物流系统的要素、结构和功能；其次，围绕本书的研究主题系统地剖析了新型城镇化的本质内涵，并从系统性思维模式出发，分析了新型城镇化对我国农产品物流系统要素、结构和功能的影响；最后，从系统层面构建了新型城镇化下我国农产品物流发展的战略体系和政策体系。

（3）比较归纳法。第 3 章筛选表征我国农产品物流阶段特征的变量时，从农产品物流起源出发，全面梳理我国农产品物流系统发展演化历程，比较系统在不同时期的发展变化，合理划分我国农产品物流系统的发展阶段，概括归纳系统的阶段特征，得出能够代表系统特征的状态变量集合。

（4）解释结构模型法。第 3 章挖掘我国农产品物流系统序参量时，以我国农产品物流系统的状态变量集合为研究对象，利用专家的专业知识，借助计算机软件的帮助，厘清状态变量间的层次结构，绘制状态变量的解释结构模型，作为判断我国农产品物流系统序参量的重要依据。

（5）调查研究法。第 4 章实证研究部分，通过北京市统计局 国家统计局北京调查总队官方网站、启信宝第三方数据平台、谷歌地图、中国经济网、新浪、网易等渠道广泛收集与北京地区农产品物流相关的信息与数据，特别是关于北京新发地农产品批发市场（简称新发地）发展变化的资料报道，并深入新发地切身感受市场发展变化。随后，对调查收集到的大量资料进行分析整理，梳理北京农产品物流的时空发展历程。

（6）ArcGIS。在第4章对北京地区农产品批发市场地理区位数据进行处理时，本书综合运用核密度分析、标准差椭圆法，借助 ArcGIS 软件直观呈现北京地区农产品批发市场自 1992 年至 2017 年的空间变动情况。

（7）系统动力学（system dynamics，SD）方法。在第4章对北京地区农产品批发市场空间变迁特征进行预测时，本书借助 Vensim 软件，构建系统动力学模型，利用历史数据拟合得出部分参数，展现北京地区农产品批发市场变动路径。

（8）案例分析法。第5章运用案例分析法通过访谈，获取典型案例企业的相关信息，并且结合在网上搜集到的二手信息，剖析现有的农产品领域共享物流的运作特征，以及农产品领域共享物流平台支持价值创造的机理，从而提出农产品共享物流平台的价值创造机制的理论命题，为本书后续的实证研究提供思路。此外，第8章在研究农产品配送节点选址、配送路径优化、企业农产品物流资源整合等问题时，多次以湖北富迪实业股份有限公司（简称富迪公司）为案例，详细论述相关优化方法、过程和策略。

（9）问卷调查法。在第5章分析共享物流模式对物流绩效影响机制时，用到了问卷调查法，根据研究的理论框架，遵循问卷设计的科学原则，采用国内外成熟量表来编制用于测量相关研究变量的调查问卷。为保证研究的信度和效度，在正式使用调查问卷之前将邀请相关专业人员对问卷整体质量进行检查和校对，通过小样本调查来发现可能隐藏的问题，并进行完善和修改。后续大规模正式调查所获取的数据则主要用于检验理论假设，分析考察变量间的联系。

（10）结构方程模型。第5章在论证农产品共享物流平台的价值创造机理，以及司机持续使用意愿时同样用到了结构方程模型，采用 SPSS 23.0、AMOSS 22.0 和 Mplus 软件来进行数据分析，包括进行描述性统计分析、探索性因子分析（exploratory factor analysis，EFA）、验证性因子分析（confirmatory factor analysis，CFA）、相关分析等，最终构建结构方程模型，来对假设模型中相关变量间的主效应、中介效应来进行检验。

（11）AHP。在第6章确定评价指标权重时，运用到了 AHP 兼具定量和定性优势，该方法是一种定性和定量相结合的、系统化的、层次化的分析方法，对于评价农产品物流这个复杂的系统具有良好的有效性和实用性。

（12）模糊综合评价法（fuzzy synthetic evaluation model，FSEM）。在第6章判断新型城镇化下我国农产品物流发展现状时，本书采用了模糊综合评价法，实现了对一些不易划清界限、难以定量的问题的定量化，利用模糊数学的隶属度理论对受到多种因素制约的农产品物流发展做出一个总体评价。

（13）定量 SWOT 法。第7章确定新型城镇化下我国农产品物流发展战略选择顺序时，基于传统 SWOT 分析矩阵，结合 IFE 矩阵和 EFE 矩阵，构建了定量 SWOT+IFE+EFE+AHP 分析模型，绘制出战略四边形，确定四边形重心并计算战略力度，进而确定战略选择顺序。

（14）智能优化算法。在第 8 章研究农产品物流配送的车辆路径优化问题时，采用了改进遗传算法，并对优化前后的结果进行对比，这种算法有利于跳出局部最优，最终得到全局最优解。在研究混搭配送模式时，采用了模拟退火算法，该研究还对两种配送模式的结果进行了对比，这种算法有利于增强局部搜索能力，缩短仿真运行的时间。

（15）动态模型预测法。在第 8 章对企业的物流资源进行分配优化时，采用了灰色系统理论，并对企业的物流资源进行灰色系统的数学建模和发展预测，以便企业更好地优化配置物流资源，进行战略性调整。

第 2 章　理论依据与研究基础

2.1　理 论 依 据

2.1.1　系统理论

"系统"一词最早源于古希腊语，意味着由部分组成整体，系统成为一种理论体系最早可追溯到 1932 年，由美籍奥地利人、理论生物学家 Bertalanffy 在开放系统理论中提出，随后，他又对该思想进行了完善和提炼，于 1937 年进一步提出了一般系统论原理，奠定了系统思想作为一种科学的理论基础。

1. 系统的构成

系统理论被提出以来，引起了学术界的广泛关注，众多学者尝试从不同角度对系统进行定义，目前被普遍认可的定义是：系统是由诸多要素以一定的结构相联结构成的具有某些特定功能的有机体。从这个定义中可以看出，要素、结构和功能是系统必备的三个条件。

（1）要素是系统的基本组成部分，具有多元化、相关性和整体性的特征。多元化表现在不仅有生命的个体可以称为要素，政策制度等因素也是系统要素的重要类别；相关性指的是同一系统内的所有要素都会按照一定的方式相互作用，不存在孤立的要素；整体性意味着虽然要素类别千差万别、要素间联系复杂多样，但是全部要素组合起来具有统一性和整体性。

（2）系统具有一定结构，关于系统结构的定义有很多说法，《中国大百科全书：自动控制与系统工程》给出的系统结构的定义是"从系统目的出发按照一定规律组织起来的、相互关联的系统元素的集合"；魏宏森和曾国屏[5]则认为系统结构是系统要素间相对稳定的联系方式和组织秩序及其时空关系的内在表现形式。虽然，学者对于系统结构定义的描述不尽一致，但都指出了结构与系统要素是密不可分的。

（3）系统具有特定功能，也即系统有一定目的性，系统功能会在系统的运行过程中呈现出来，可以用系统所引起的变化来衡量。系统功能往往不止一个，甚至存在功能相悖的情况，即对环境带来益处的同时也有可能产生一定的负面作用。

此外，要素、结构、功能之间存在相互作用。结构是无法脱离要素而单独存在的，要素的关联方式不同，形成的系统结构也随之变化；相应地，结构也反映着系统要素之间的关联方式，可以说，结构与要素互为表里。要素和结构共同决定着系统功能，反过来，系统功能又会对要素形态及其之间的联系产生影响。

2. 系统运行状态的描述

虽然系统包含的变量数量巨大，变量种类繁多，但是总能找到一组完备而数量最少的变量来完整描述系统运行状态，这一组变量就称为状态变量。状态变量既可以是连续的也可以是离散的，并且统一系统的状态变量并不是唯一的。

3. 系统理论的意义

系统理论的提出使人们的思维方式发生了深刻变革。以往人们习惯于把事物分成若干部分，从每个部分中抽象出一个简单要素，借助简单要素的性质来描述每个部分的特征，再将所有部分性质进行简单汇总从而描述事物整体，这种着眼于局部的思维方式忽视了事物间错综复杂的联系，不能如实展现事物的整体性，尤其是对于复杂问题而言，其结论往往与实际相差甚远，难以发挥理论对实践的指导作用。系统理论主张用系统性的思维去看待事物，认为任何事物，大到整个宇宙小到一个物品都可以看作一个系统，要将系统要素、结构和功能通盘考虑，结合外部环境变化去探索事物的特点和规律，并善于利用系统发展规律去管理、控制、扶持要素变化及要素间相互作用关系，达到系统优化发展的目标。

4. 物流系统

对于物流产业而言，物流系统是指在一定的时间和空间里，由物流诸环节及涉及的物品、信息、设施设备和人员等若干相互联系、相互制约的要素组成的具有特定功能的有机整体，符合系统的本质，同样具备要素、结构和功能三个必备条件。

1）物流系统要素

关于物流系统的要素构成最主要的观点有两个，一个是何明珂教授主张的物流系统要素可以分为流动要素、资源要素和网络要素三个方面，其中，流动要素又可以进一步分解为流体、载体、流向、流量、流程、流速和流效七个方面，资源要素主要是指运输资源和存储资源，网络要素可以分解为节点和线路[6]。另一个是夏春玉和王之泰教授提出的物流系统要素包括一般要素、物质基础要素、功能要素和支撑要素。一般要素就是指常说的人、财、物和信息；物质基础要素是指物流基础设施、物流装备、物流工具、信息技术及网络；功能要素主要包括运输、储存保管、包装、装卸搬运、流通加工、配送、物流信息等要素；支撑要素是指行政命令、商业习惯、体制制度、法律规章、组织及管理、标准化系统等[7]。

在物流系统要素的构成中物流节点是关键组成，物流节点能够把物流活动组织并联系起来，发挥着指挥调度、信息接收与处理等神经中枢的作用，一旦脱离了物流节点，物流过程将会终止，因此物流节点在某些场合下也被称为物流枢纽。按照物流环节可将物流节点分为仓储节点、配送节点、流通加工节点、包装节点、装卸搬运节点与信息处理节点六类，大多数情况下，上述六类节点并不会完全独立，而是相互支撑。

综合考虑物流节点在物流网络中的作用，可以进一步将其归纳为信息功能、衔接功能、管理功能。信息功能意味着物流系统中的节点间具有信息接收、编码、破译等功能；衔接功能能够保障物流线路成为一个有机整体；管理功能指的是物流节点充当着指挥、调度、信息处理、资源整合等科学管理职能。

根据物流节点在物流网络中承担功能的差异，可把物流节点进一步分为四类。①转运型节点指的是以连接不同交通制式为主要功能的节点；②储存型节点指的是以储藏货物为主要功能的节点；③流通型节点的主要功能是组织货物在物流系统中运动；④综合型节点指的是具备两种以上主要功能的节点，能够实现多种功能转化，是实现物流系统的简化、高效及有效衔接的节点，自由贸易经济区、进出口加工区、国际物流中心和物流园区等是综合型节点的主要代表，也是现代化物流系统节点发展的主要趋势。

2）物流系统结构

物流系统要素在时间和空间两个维度的相互作用下构成了系统的结构，主要有四种类型。一是流动结构，主要描述流体、载体、流向、流量和流程五个流动要素之间的相互关联形式；二是功能结构，主要指的是运输、存储、包装、配送、装卸搬运、流通加工、信息处理等物流作业环节之间的作用关系；三是治理结构，是指系统内资源配置的管理方法及控制机制，分为单边治理、双边治理、三边治理和多边治理；四是网络结构，由执行运输指令的线路和执行停顿命令的节点组成。物流系统的网络结构可以进一步分为组织网络、基础设施网络和信息网络[8]。

3）物流系统功能

物流系统功能主要包括基本功能和增值服务功能。基本功能同时又被称为系统的功能要素，也即上面提到的运输、存储、搬运装卸、包装、流通加工、物流信息。

增值服务功能的主要内容有：一切能够简化手续、简化操作、增加便利性的服务；针对客户日益高频多元的需求进行快速反应的服务；能够降低物流成本的解决方案；向物流产业链两端延伸的咨询服务、技术培训、市场预测等服务。

2.1.2　耦合理论

耦合（coupling）原本属于物理学范畴，是指两个或两个以上的系统通过相互作用形成相互影响以至互相联合的现象，耦合的基础在于两个系统之间存在着某种联系，双方通过这种相互作用的联系机制，属性发生了变化[9]。近些年，耦合一词多次出现在经济学领域，用来表示在一定条件的作用下，两个经济现象互相结合并产生作用的客观现象，现已被广泛应用于农林业资源系统、城市交通、物流、生态系统等多个领域。学者将产业耦合定义为性质不同的两类或多类产业所组成的两个或多个系统，通过各自的耦合元素产生相互作用、彼此影响的经济现象。

产业关联、产业融合和产业耦合三个概念既有区别又存在联系。根据产业经济学的观点，产业关联是产业耦合的基础，随着产业耦合的深入，会进一步出现产业融合与产业集聚，二者的区别在于，产业融合一般发生在产业内部，产业耦合更倾向于发生在不同产业主体之间，产业关联、产业耦合和产业融合三者均有助于产业新形态的形成[10]，具体的示意图见图 2-1。

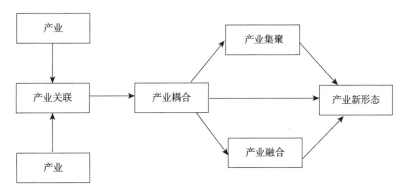

图 2-1　产业耦合、产业关联与产业融合关系

耦合也分类型，根据耦合方式的不同可以进一步把耦合关系划分为系统之间的耦合与系统和非系统因素间的耦合，一般来说，这两种耦合关系是同时存在的。在软件工程领域中，按照耦合强度的大小可以将耦合关系分为六个档次，强度由弱到强依次是无直接耦合、数据耦合、标记耦合、控制耦合、公共耦合和内容耦合。

经济学领域中系统耦合的研究内容主要包括：①耦合理论应用在研究系统关系上的可行性；②系统间耦合的机制与效应，如 Gredel 等探讨了跨国公司发展与国际经济环境两个系统耦合共生的机理[11]，吴勤堂深入研究了产业集群系统与区域经济发展系统间的耦合机理[12]；③解析系统间的耦合度问题，国内学者郭凤城分析了特定区域内产业群与城市群间的耦合关系，通过建立耦合度系数模型计算二者间的耦合度指数[13]，谭伟从耦合角度出发，建立了耦合关系的评价指标体系及耦合协调度模型，并用于研究中国社会保障和区域经济发展间的协调关系[14]。

本书借用耦合一词，来表达新型城镇化与我国农产品物流之间的契合，即互补和兼容。互补强调二者在某些维度上彼此之间优势互补和相互依赖；兼容强调二者在相互影响中仍可以自由运作、相互交融和自由组合。

2.1.3 强化理论

1. 强化理论的基本观点

强化理论是美国心理学家斯金纳、赫西、布兰查德等提出的一种新行为主义理论。强化理论的基本观点是，人类的行为可以被认为是一种有意识的条件反射，它既可以对环境产生影响，促使环境发生变化，又会受到环境变化的影响[15]。简单来说，人的行为是会受到其所带来的结果影响的。如果一个行为受到了奖励或者说产生了积极的结果，这个行为就会被行为主体所重复；反之，如果这个行为并没有获得奖励，甚至带来了负面的影响，这个行为就会被行为主体所终止。这种情况产生的逻辑在于，人类会凭借以往的经验来趋利避害。当人遇到问题时都会采取一定的行为，当行为的结果对他有利时，他就会趋向于重复这种行为；当行为的结果对他不利时，这种行为就会趋向于减弱或者消失[16]。

这种情形在心理学中被称为强化。从其最基本的形式来讲，强化指的是对一种行为进行肯定或者否定的刺激（如奖励或惩罚）。强化理论认为，强化会在一定程度上影响这种被肯定或否定的行为今后重复发生的频率[17]。强化发挥作用的路径在于，强化能够按照人的心理过程和行为方式，对人的行为进行影响与引导，最终实现对人的行为的优化、规范、修正、限制与改造。强化对行为主体能够产生相应的影响，主要在于通过给行为主体的某种行为施加相应的后果，来传递强化施加者所要传达的信息。进一步来说，当人们收到反馈的信息之后，会不断调整自身行为，以呼应这一强化信息[17]。

强化理论的观点是可以应用在企业管理的实践中的。例如，如果一个公司职员因为自己的努力工作而受到表扬和嘉奖，他就会继续努力工作；相反，如果他在工作上面的努力投入被忽视了，甚至被训斥了，那么他就会马上停止这一行为。强化理论给管理实践带来了十分重要的启示。强化理论强调，当有意识地对某种行为进行正面的强化时，可以促进这种行为的重复出现；对某种行为进行否定强化时，可以修正或者阻止这种行为的重复出现。因此，管理者可以用这种强化的方法来影响行为的后果，进而对行为进行修正。具体说来，如果管理者想要最大化某种行为，那就一定要保证这种行为会得到奖励。如果管理者想要规避某种行为的发生，就要对这种行为予以惩戒[18]。

2. 强化种类

强化理论认为，强化可以分为正强化、负强化、惩罚和忽视四类。正强化又称积极强化，当某个行为主体采取某种行为时，他从别人那里获得了令自己感到愉悦的结果，这种结果进而可以激励他不断地重复这种令自己获得了奖励的行为。这种"采取行为—获得奖励—重复行为"的过程，就是正强化的过程。可见，正强化能够推动人重复某种行为。在企业管理实践中，企业会通过向工作努力、业绩出色、做出贡献的职工提供奖金、晋级、嘉奖等奖励，来引导职工继续努力工作，为公司不断做出贡献。因此，正强化是要奖励那些组织上需要的行为，以加强这种行为。

负强化又称消极强化，与正强化有相似之处，也容易与惩罚发生混淆。与正强化类似，负强化也会对组织所需要的一些行为的重复产生鼓励的作用。但是，与正强化不同的是，负强化的实现不是通过奖励这些行为，而是通过消除关于这种行为的一些不愉快的措施（如将员工之前的批评撤销等）。以领导对员工的抱怨为例，如果员工努力工作可以减少领导的抱怨，让领导继续支持自己，那么就可以说员工受到了负强化的刺激。换句话说，通过工作认真努力，员工可以让领导减少对自己的抱怨。在领导的抱怨减少后，员工会更加认真努力地工作，以维持当前令人满意的局面[18]。

惩罚的过程是指当行为主体采取了某种不符合要求的行为时，组织或领导给予行为主体以令人厌恶的后果，来表达对该行为的否定。行为主体感知到这种不好的、令人厌恶的后果之后，为了避免这种令人不快的处境，就会尽量减少之前的行为。强化理论认为，惩罚是通过对行为主体的某些行为施加否定措施（如批评、处分、经济处罚等），来表达对这一行为的否定，或者通过撤回之前的一些奖励措施，来对这一行为予以否定[19]。在企业管理实践中，企业会对迟到、不符合公司规定的员工予以批评甚至处罚，通过施加处罚，来避免这种不利于公司发展的行为再次出现。或者说，公司也会对犯错误的员工通过撤销一些待遇来施以惩戒。总之，组织可以通过对一些不被接受的行为施加惩罚或者撤销之前的优越的待遇，来减少这些错误发生的频率。

忽视与惩罚相似，同样也可以降低一些不恰当行为发生的可能性。但是与惩罚不同的是，忽视代表了对于行为的不予理睬。具体说来，忽视的逻辑在于，如果对某种行为不理不睬，这种行为就不会被重复。例如，如果员工提出的方案被领导置之不理，这名员工就很可能放弃了这套方案[18]。

　　3. 强化理论在农产品共享物流中的应用

　　根据强化原理，本书认为，采用不同的强化方式和手段，对于司机物流服务行为的规范化程度可以起到有效的控制作用，保证司机的规范化服务行为的重复发生。在农产品共享物流的发展背景之下，货主通过农产品共享物流平台将物流任务外包给陌生的司机。货主和平台对于司机的行为不能形成完全的把控，信息的不对称性造成了巨大的不确定性，如货主无法确定是否通过平台将物流任务外包给司机是明智的选择，由平台匹配的司机是否能够实现货主的物流目标，在既定的时间将货物安全地送达既定的地点。面对这样的实践发展背景，强化理论建议，对司机的服务行为给予不同的强化方式，不仅可以促使司机的规范化行为重复发生，还会降低司机机会主义行为的重复发生率，从而提高物流服务的确定性。

　　在农产品共享物流的背景下，农产品共享物流企业通常采用两种强化方式对司机的行为予以影响，即正强化与惩罚。正强化的方法包括给司机优先派单、提供良好的评价、扩大司机的承运范围、提供物质和声誉奖励等。惩罚的方法包括对司机罚款、给司机封号等。这些强化措施都是由平台提供的，可以帮助货主更好地约束司机的不规范行为，并且引导司机的规范化行为的重复发生。

2.1.4　自组织理论

　　自组织这一概念最早由学者 Nicolis 和 Prigogine 在 1977 年提出[20]，随后 Haken 清晰地比较了自组织与组织的差异，并给出了自组织的具体含义[21]，他认为若一个系统不借助外部指令仅仅依靠内部要素相互默契的规则，就形成稳定有序的结构，获得某些特定的功能，那么这个系统就是自组织系统。自组织的系统无须依靠外界指令就能够按照某种规律自行发展、自行复制、自行演化，如自然界的集体运动、细胞的形态转变[22]。随着自组织概念及其思想在社会科学及自然科学领域的广泛传播和应用，一门专门研究客观世界中自组织现象产生、发展的过程，关注自组织系统内部结构变化的理论体系逐渐形成，即自组织理论。自组织理论的出现和发展使系统科学的研究向前大大迈进了一步，为研究产业的发展演化提供了崭新的、更为广阔的视野。

　　严格来说，自组织理论不是一个独立的理论体系，而是一组理论群，由比利时物理学家兼化学家 Prigogine 创立的耗散结构论（dissipative structure theory）、德国物理学家 Haken 创立的协同论（synergetics）、法国数学家 Thom 创立的突变论

（catastrophe theory）、德国生物物理学家 Eigen 创立的超循环论（hypercycle theory）、美籍法国数学家 Mandelbrot 创立的分形理论（fractal theory），以及美国气象学家 Lorenz 创立的混沌理论（chaos theory）组成。这些理论研究的重点不同，相互之间相辅相成。其中，突变论、耗散结构论与协同论是本书应用的重点。

1. 突变论

在自然界与人类社会中，除了逐渐的、连续的变化外，还存在着大量的突然变化和跃迁现象，如技术创新、生物进化、经济危机、价格波动、人员流动等[23]，突变论就是主要研究事物从一种稳定组态跃迁到另一种稳定组态的现象和规律。该理论认为，可以用一组参数来描述系统所处的状态，当描述系统状态的函数值唯一时，系统就处于稳定态，当函数值存在多个极值时，系统就处于不稳定状态，函数值由唯一值变到多个极值再变为新的唯一值时，系统状态就发生了一次突变。突变论、耗散结构论和协同论基于有序与无序的转化机制，将系统的形成、结构和发展相联系，共同推动系统科学发展。

2. 耗散结构论

耗散结构论用于阐述自组织出现的条件环境问题，只有满足耗散结构的系统才具有自组织特征[24]。根据 Nicolis 和 Prigogine 的观点，系统必须同时满足四个必要条件才算具有耗散结构，才符合自组织特征[20]。第一，系统必须是开放的，这样才能够与外界进行物质、能量和信息的交换，才有了产生和维持稳定有序结构的可能；第二，系统必须远离平衡态，这样才有了向有序转化的推动力；第三，系统内部要素之间的作用必须是非线性的，这样系统才有了自我放大的能力[25]，能够产生突变行为；第四，系统需要一定的涨落，这样系统有了发生状态改变的诱因[26]。

3. 协同论

协同论研究系统在内部子系统的相互作用和外部参量的影响下，以自组织的方式在宏观层面上形成时间、空间和功能上有序结构的条件、特征及其演进规律。Tschacher 和 Haken 指出自组织系统的状态可以借助一组状态变量来描述，不过这些状态变量在临界点处的变化具有明显差异[27]：一类变量在临界点阻尼大、非常活跃、衰减较快、数量很多，但对系统演化的整个过程没有明显的影响，属于快弛豫变量；另一类变量个数较少，在临界点阻尼很小，甚至出现无阻尼现象，自身衰减较慢，属于慢弛豫变量。快弛豫变量对于系统演化进程和新结构特征的影响很小，而慢弛豫变量像一只无形的手，能够将系统内部要素有条不紊地组织起来，形成新的有序结构，这些慢弛豫变量就是系统的序参量[28]。序参量集中概括了系统的信息，表示着系统的有序结构和类型[28]，如光学中的激光和认知科学中的协调动力学[29]。序参量是系统变革前后发生质变的最突出标志，是了解系统演化行为、掌握系统演化规律的关键。序参量决定着系统的演化方向和演进速率。

（1）序参量特点。第一，序参量是描述系统整体行为的宏观变量[30]，既可以是可测量的物理量，也可能是某种抽象的量；第二，不同系统序参量的形式存在较大差异，有些系统的序参量就是其状态变量中的一个或几个，有些系统则需要通过状态变量的组合才能得出序参量，还有系统的序参量无法通过已知的状态变量求得，必须从更高层次上进行抽象概括；第三，序参量可能不止一个，序参量之间相互影响，存在竞争与协同，但是在一个不可能再微分的时间间隔内，只能有一个序参量居于主导支配地位，即超序参量（也称为主序参量）[31]；第四，序参量具有阶段性，纵观系统演进历程，系统发展的每一个阶段都会有相应的序参量来主导，并且在不同的发展阶段下，系统序参量可以是不同的，这一主导序参量转变的过程也被称为超序参量换元，但这种阶段性并不是说阶段一结束，该阶段的超序参量就彻底失去了作用，而只是不再占据主导支配作用，但仍然会对系统发展有影响，并且后一个阶段的新的超序参量将会在此基础上产生。另外，需要注意的是，序参量有时并不是逐渐产生的，其作用过程也并不是从无到有，实际上，序参量是客观存在的，只不过在系统发展的某些阶段，其状态较为稳定，对系统演化的主导作用未能显现，以至于人们易于忽视它的存在。因此，本书借鉴学者温馨关于序参量定义的研究，将序参量看作是对系统变化影响最大、作用时间较长的参量[32]。

（2）控制参量。协同论把外部环境对系统的作用因素取名为控制参量，认为系统的控制参量对序参量的协同竞争具有导向作用，能够促使系统不断接近失稳的临界状态，并且当控制参量达到一定的阈值时，会导致某一个序参量在竞争中脱颖而出，成为超序参量，单独支配整个系统发展，引领系统向更高层次的有序状态演进。换言之，控制参量与序参量之间具有自变量和因变量的作用关系特征，Haken把它们之间的这种函数关系称为普遍程式。

（3）序参量与控制参量为现代管理提供了新视角。从哲学层面来看，序参量就等同于对事物发展的主要矛盾或矛盾的主要方面的定量化表达，是权重思想的延续，体现了整体方法论思想的深刻内涵，只要控制了序参量，就能够把握系统整体的发展，通过对序参量采取针对性提升措施，即可优化系统发展效率。这就要求人们在现代管理中首先要学会抓主放次，科学识别影响系统发展的最重要因素，也即系统的序参量；其次要学会顺势而为，分析序参量自身及在序参量引领下系统的发展变动，有意识地通过调整控制参量对它们进行积极引导和扶持，更有效地减少系统从低级有序向高级有序过程演进的内耗，以他组织方式保障和推进自组织的高级有序演进；再次要善于抓住管理时机，序参量尤其是超序参量自身快速有效的跃迁对于系统演进的效率至关重要，而序参量自身跃迁是需要一定时间的，这就需要管理者努力创造条件，加速推动序参量尤其是超序参量自身的转变，放大超序参量的主导效应；最后要注重协调发展，虽然发挥主导支配作用的超序参量只有一个，但是其他序参量发展的不足都会成为系统发展的瓶颈，从而损害超序参量的主导作用，阻碍系统向更高级有序结构演进。

2.1.5 模块化理论

模块化是企业进行复杂的产品或流程设计时行之有效的战略，模块化的过程是通过对系统进行分解与整合的过程。也就是说，模块化是指将复杂的系统分解成为功能完备且相互独立的模块，再将这些独立的模块进行整合形成一个新的复合体的过程[34]。模块是模块化理论中十分关键的概念。作为一种半自律性的子系统，模块可以和其他的模块按照一定的标准规则整合在一起形成功能更为全面的系统[34]。而模块之间的这种联系规则确定之后，模块的功能的改变是不会影响其他的模块的功能的[35]，模块之间的改变是彼此独立互不影响的。这使得模块化结构的系统具有一定的柔性，一个模块的改变，模块的增加或删减都不会导致其他模块的变化。可见，模块化的结构可以加快产品的更新迭代或者流程的变化。模块化使得组织模式发生了一定程度的变化。

第一，模块化的组织形式有助于企业适应动态的市场环境。模块化对企业组织设计有重要的影响[36]。郝斌和任浩的研究表明，模块可以分为专用模块和通用模块。通过专用模块和通用模块的不同组合方式，可以形成不同的产品或服务[37]。通用模块确定了系统的基本结构，这种模块化的组合方式，只需要对专用模块进行改变就可以改变产品或服务的特性。在确定了模块之间的联系规则后，一个模块的变化不会影响其他模块的状态。这样可以提高整体系统应对市场变化的速度，使得企业能够很快地应对需求的变化[38]。

第二，模块化促进了组织结构的扁平化。学者的研究表明，产品或流程的模块化使得组织结构也在朝着模块化的方向发展。组织之间的合作逐渐形成了模块化的网络联结形式。企业不再独立完成所有的产品生产过程或服务供给过程，而是形成了分工合作的生产格局[39]。模块化的网络合作关系中，各企业依照自己的核心能力完成各自环节的工作，形成集合体所需要的模块，并且由一个系统集成商对各分工企业的产品模块或服务模块进行整合，从而形成最终的产品系统或服务系统。这样的模块化的合作关系打破了组织之间的界限，使得组织之间通过分工合作形成了统一的价值创造体系，同时也改变了组织大而全的传统结构[40]，使得组织结构向着扁平化的方向转变。

第三，模块化模糊了组织之间的边界。组织之间的模块化的分工模式使得组织之间的边界发生了很大的变化，这里发生变化的边界是组织的无形边界（又称能力边界）[41]。这主要是因为，组织之间形成了分工合作的组织联结模式，组织凭借彼此的核心能力形成合作，组织之间的关系也比以往更加紧密[42]。模块化的合作模式，使得组织之间的合作更加柔性化[43]。具体说来，模块化的合作方式使得整个系统可以根据市场需求的变化对系统中的能力模块进行改变、增加或减少来形成最终产品或服务的改变，快速地对市场需求变化做出响应[44]。

2.1.6　战略管理理论

1. 战略的含义

战略一词源于军事领域，本意是指将帅的智谋和对军事力量的运用，现已被广泛应用于政治、经济、军事、教育、科技和文化等领域。关于战略的定义也逐渐丰富起来，概括起来主要有以下七种。①andrews：战略就是企业意图、企业目标、企业战略规划、企业政策。②porter：战略就是一个企业如何去竞争，需要什么样的经营策略来实现自己的目标。③mintzberg：战略就是计划，是方向、指南，是通向未来的前进路线图。④white：战略指的是企业基于组织使命和目标，制订的能够获取收益的最高管理层的计划。⑤queen：战略就是一种计划或者是模式，能够把组织的主要目标、原则和活动整合成一个有机整体。⑥bias：战略等于决策。⑦chandler：战略等同于长期目标，以及实现目标所采取的系列行动。

综合学者已有研究，本书对战略的定义如下：某个组织将外部环境变化和内部能力与资源现状有效整合，从而提高其生存能力和发展能力，特别是强化其核心竞争力，建立竞争优势，从而实现长远目标。

2. 战略管理理论的演化

战略管理理论的演化规律如图 2-2 所示[45]。

随着经济社会发展环境的愈加复杂，立足于战略管理理论已有的演进规律，未来，战略管理理论将会呈现动态化趋势，其研究的理论基础将不断被拓展，其研究的内容也会得到持续完善，战略管理理论与其他学派将会不断融合，战略管理研究的方法将更加多元、更加科学。

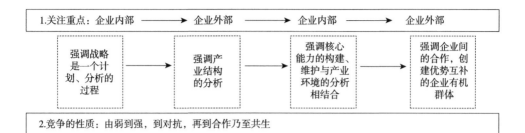

图 2-2　战略管理理论的演化规律

2.1.7　委托—代理理论

1. 委托—代理理论的基本假设

委托—代理是指契约关系中的委托人对代理人进行授权，希望代理人能够通过完成任务而实现委托人目标的过程。委托—代理理论研究的内容是关注委托人如何通过设计有效的委托—代理制度来规范代理人的行为，以保证代理人的行为符合委托人利益，并完成委托人目标[46]。在当前的商业环境中，委托—代理关系是非常普遍的。委托—代理理论有三个基本假设。

第一，委托人和代理人是两个相互独立的个体，他们彼此之间的利益也是独立的。按照经纪人假设，委托人和代理人都是要追求自身利益最大化的。委托人会通过合同给代理人安排任务，提供给代理人制定决策的权限[47]。委托人将其所拥有或控制资源的权利授予相应代理人，要求代理人提供与委托人利益一致的行动，目的是实现自身效用的最大化，而代理人同样也会追求自身权益的最大化。在委托—代理关系中，代理人是通过付出劳动、执行任务来获得经济报酬和利益的，委托人是可以从代理人的资源和能力中获益的，并且委托人的利益是依赖于代理人的行为的[48]。因此，在委托—代理关系中，委托人的利益是受代理人的行为影响的。代理人有时会为了追求自己的经济利益最大化，而违背与委托人的契约关系，牺牲掉委托人的利益。换句话说，在委托—代理关系中，委托人与代理人的利益往往会不一致[49]。

第二，委托人和代理人面临着不确定的风险[50]。委托—代理理论认为，代理活动的结果不仅受代理人的行为和态度影响，还会受到一些不确定因素的影响。这些不确定性因素是委托人或代理人无法控制的，因此，即使代理人的行为符合契约要求，也可能会因为这些不确定因素的存在而影响最终的结果，从而影响委托人的利益。由于不确定性因素的不可预测性，委托人也无法形成有效的预防措施。

第三，委托人和代理人之间存在着信息不对称[50]。委托人无法获知代理人和产品的真实信息，只能通过一些可以观测到的信号来进行判断。具体说来，在建立委托—代理关系之前，委托人对于代理人的资质、能力、价值观等都是无法完全清晰掌握的；在委托—代理关系建立之后，任务执行过程中，由于技术、制度等原因，委托人对于代理人的工作行为无法完全把握。因而在委托—代理关系中，代理人是拥有信息优势的，委托人在信息获取上则处于劣势，从而造成了委托人和代理人之间的信息不对称[51]。并且委托人在交易关系中处于信息劣势，委托人无法对代理人形成有效的监管，导致在交易关系中，代理人可能利用信息的优势地位损害委托人的利益。

2. 委托—代理理论的机会主义行为

委托—代理理论认为，在委托代理关系中，代理人利用信息优势可能会表现出两类机会主义行为——隐藏信息和隐藏行动[52]。

隐藏信息发生在交易之前。代理人拥有着关于自身能力和产品的真实信息，但是这些却是委托人无法获知的[52]。信息的不对称使得委托人处于劣势地位，因为他们无法分辨出代理人的真实能力和水平[53]。解决隐藏信息问题的方法有很多种，包括代理人的筛选、观测代理人的动向、提供更多的代理人选择机会[54]。隐藏行动发生在交易之后，代理人有时并不会为了维护委托人的利益而付出十分的努力[55]。隐藏行动的发生是因为无法有效地监管代理人的行为，为了解决这个问题，委托人可以通过获取信息、提供激励等方式对代理人的行为进行有效监管[56]。隐藏信息反映了委托人选择高质量代理人所面临的困难，由于信息的不对称性，低质量的代理人会误导委托人做出错误的决定。隐藏行动是发生在交易之后的，代理人有可能会欺骗委托人，并不尽力按照合同办事，使得委托人的利益受损。因此，对于隐藏信息和隐藏行动进行良好的控制与管理，对于降低委托人风险感知十分重要。为了避免机会主义带来的危害，向代理人提供激励来保证其按照委托人的意愿行事是十分必要的。这个可以通过监控代理人的行为，或者奖励代理人的绩效来实现[57]。

3. 委托—代理理论在农产品共享物流中的应用

在农产品共享物流背景下，货主和司机之间的关系可以被视为委托人与代理人的关系。货主便是委托—代理关系中的委托人，其将货物托付给司机承运，在运输过程中，货物的安全性和质量完全由司机掌握。司机是委托—代理关系中的代理人，按照合同约定为货主提供物流服务。因此，委托—代理理论对于理解和应对货主与司机之间的委托—代理关系中的不确定性具有十分重要的作用。

在传统的物流模式中，货主直接承担着对于司机的监管责任，货主通过合同约束等手段，对司机的行为形成约束和管理，以保证任务的顺利进行和自身的利益最大化。但是在传统物流模式下，货主与司机之间的信息不对称的情况并没有得到很有效的解决，货主仍然无法对司机形成有效的监管，因此不能降低委托—代理关系中存在的不确定性。在农产品共享物流的发展实践中，货主与司机之间的关系中出现了农产品共享物流平台这一中间方。农产品共享物流平台承担着整个委托—代理关系中的管理责任，其负责制定管理制度，来约束司机的行为，保障货主的利益，保障物流任务的顺利完成。农产品共享物流平台在技术、管理方面具有一定的优势，能够有效地减少委托—代理关系中存在的信息不对称，对于降低整个物流任务的不确定性有十分重要的作用。因此，委托—代理理论为分析农产品共享物流平台对于司机的不规范行为的控制奠定了理论基础。

2.1.8　组织信息处理理论

1. 组织信息处理理论的基本假设

组织信息处理理论一直试图通过处理组织内外部的信息流来解释组织行为[58]。信息处理可以通过对来自组织边界的环境数据进行分析和传送，从而帮助管理者制定管理决策。Thompson 首次提出了组织信息处理的概念[59]，Tushman 和 Nadler 则在后来的研究中对这个概念进行了深入的研究和发展[60]。

组织信息处理理论的基本假设是任务的不确定性越强，执行任务时决策制定者所需要处理的信息也就越多。不确定性会限制组织进行决策的能力。如果决策制定者关于一个任务所掌握的信息较多，就可以提前安排任务活动。如果掌握的信息不足的话，决策制定者在执行任务时就需要更多的知识来进行资源分配、计划安排和任务优先级分配[61]。所有的这些任务活动都需要信息处理活动，因此，组织信息处理理论认为组织需要大量信息来做出决策。为此，组织必须利用信息处理机制，以促进信息的收集和处理[62]。

2. 组织信息处理理论的三个要素

组织信息处理理论包含了三个要素：信息处理需求、信息处理能力及信息处理需求和信息处理能力之间的匹配[60]。第一，信息处理需求。一个企业的信息处理需求被定义为在进行决策制定时，企业需要的信息和可得到的信息之间的差距[63]。这种信息的差距便会产生不确定性。组织信息处理理论认为，不确定性的来源有多种：环境不确定性、任务不确定性和组织间合作的不确定性。不确定性的产生增加了决策的复杂性，继而会增加企业对于信息的需求。具体说来，环境不确定性的产生是因为在竞争过程中竞争资源的稀缺。组织作为资源的使用方需要外部环境资源的投入。通过与外部环境的交流，组织可以更好地应对来自外部环境的不确定性。任务的复杂性也会造成一些不确定性。简单说来，任务越复杂，不确定性的程度也就越高[60]。任务带来的不确定性在组织决策过程中是十分常见的。组织会通过信息的应用和处理来降低不确定性，以保证决策制定过程的顺利。此外，组织之间的合作也是不确定性的一大来源。组织之间的不确定性来自组织之间关系的性质、每个合作组织的责任和能力，以及合作组织的领导能力等。为了降低组织之间的不确定性对于绩效的影响，组织之间的沟通与协作可以帮助企业做出更好的决策。

第二，信息处理能力是组织利用、处理信息从而支持决策制定的能力。组织信息处理理论强调了信息处理能力对于提升绩效的重要性。为了降低管理中操作的不确定性，对于组织来说提升信息处理能力是十分重要的。降低组织面临的不确定性可以从以下四个方面入手：①与合作企业共享信息以提升合作企业之间的跨组织协作；②通过信息基础设施与合作企业及客户实现沟通，以支持信息共享；③与合作企业实现协同合作；④通过准确定位客户需求，与合作企业建立稳定的合作关系来创造一个可预测的商业环境。其中，信息技术被认为是信息处理能力的一个十分重要的方面[61]。学者认为，组织的结构化的信息系统，特别是基于信息技术的信息系统是组织用来处理信息的最为有效的能力。

第三，匹配的概念是组织信息处理视角中的一个核心概念。组织信息处理理论强调了信息处理需求和信息处理能力之间的匹配关系。Venkatraman 的研究指出，信息处理需求和信息处理能力之间的关系对于企业的产出会有显著的影响[63]。进一步来说，当信息处理要求与信息处理机制相匹配时，组织将更加有效。

3. 组织信息处理理论在农产品共享物流领域的应用前景

将组织信息处理理论应用于农产品共享物流的背景下，司机可被视为需要大量信息来解决与任务相关的不确定性的独立组织。具体而言，作为一个独立的个体，司机需要很多必要的信息来找到合适的物流配送任务请求并有效地完成物流任务。因此，农产品共享物流承运司机需要有效的信息处理机制来应对不确定性。根据 Tushman 和 Nadler 的观点，有效的信息系统提供了最高容量来促进组织进行信息处理[60]。基于这一假设，其他研究人员还提出信息技术是组织信息处理机制的一个关键因素[61]。因为平台的信息管理可以帮助司机获取和处理信息，所以，将平台的信息管理作为提供给农产品共享物流司机的信息处理机制构成了平台价值创造的重要来源。

2.2　农产品物流相关研究

2.2.1　国外农产品物流相关研究

1901 年，美国学者 Crowell 在政府工作报告《农产品流通产业委员会报告》中首次系统论述了影响农产品配送的因素和费用，使人们意识到农产品物流的重要性，开启了人们对农产品物流的广泛探讨和深入研究[64]。在理论的指导下，国外农产品物流发展达到了一个较高水平，形成了以供应链为基础，有着完整流通渠道和流通体系的成熟模式，相应地，农产品供应链成为国外农产品物流研究的主要方向。

1. 农产品供应链模式选择

Shepherd 认为去中心化的农产品期货交易是提高物流效率的最佳模式[65]。Chandra 和 Kumar 认为通过建立战略伙伴关系，把重要的供应商和用户更有效地联系起来，能够提高绩效[66]。Cameron 通过对谷物供应链的研究，得出加强供应链节点的合作能够降低交易费用，提高各方收益，实现共赢[67]。Ahumada 和 Villalobos 提倡要根据不同种类农产品的自然属性、市场需求来选择相应的农产品供应链模式[68]，并且农产品生产地也是需要考虑的重要方面。Gigler 等针对农产品的外观和质量建立了定量的衡量指标，并借助动态规划方法建立了农产品供应链优化模型，为管理者的策略选择提供了定量化参考[69]。Frank 和 Henderson 通过分析发现，垂直协调是农产品供应链的主要模式[70]。Srimanee 和 Routray 研究了泰国生鲜果蔬供应链的五种农超对接模式，结果表明"农民合作社+超市"的对接模式是最有效的[71]，通过建立农业合作社将分散的农户集聚起来直接与市场对接能够保证农产品销路和价格从而提高参社者收益，但是农村社会文明和农民文化水平不高及管理不善都会成为影响合作社稳定发展的隐患[72]，但通过互联网能够促进信息共享，降低违约率，促进优质合作[73]。Smith 等重点研究了澳大利亚在极端天气下的农产品长短供应链选择[74]。面对日益严峻的生态压力，越来越多的学者尤其是欧洲学者意识到农产品绿色供应链的重要意义，主张要发展可持续的供应链模式[75]。

2. 农产品供应链效率评价

Stevens 和 Johnson 的研究表明，物流环节是整个农产品供应链成本的主要构成，在考察供应链运作效率时要加强对成本降低的考核[76]。Bourlakis 等从效率、灵活度、对市场响应能力和农产品质量四个方面构建了农产品供应链绩效评价体系[77]。然而学者在对印度尼西亚海藻企业的实证研究中，发现灵活度类指标和市场响应类指标对供应链绩效并没有统计上的重要影响[78]。Wysocki 等建立了包含效率、盈利能力、收益分配、市场反应能力、价格高低和价值传递六个方面的农产品供应链绩效评价体系[79]。Dinu 认为判断一个农产品供应链是否有效的关键在于看该供应链是否能够减少生产过剩、是否能够去除不必要的库存、是否能够简化环节间的衔接、是否能够消除或减少停机时间及等待时间、是否能够消除浪费和不符合要求的条目[80]。Kaler 指出农产品供应链涉及诸多利益相关者，有必要分别对他们进行评价从而判断整个供应链系统的绩效[81]。Mili 使用标杆分析法，对比分析突尼斯、摩洛哥、埃及、土耳其、西班牙和意大利在农产品价值链发展及农产品供应链绩效上的差异化表现，得出价值链成熟度与供应链绩效的强关联性，城市间农产品价值链的差异主要体现在对顾客需求反应能力和技术改造能力上[82]。

3. 农产品供应链效率提升

Mighell 和 Jones 早在 1963 年就提出农产品流通应向纵向协调发展，主张加强从原料采购，到产品加工、运输、存储，再到最终销售环节的联系，通过组织创新提高物流效率[83]。Frank 和 Henderson 进一步阐述了农产品供应链中纵向协调的含义，认为纵向协调是一个贯穿采购、生产到销售全过程的控制，包括节点间正式与非正式的协议[70]，以及信息的共享共建[84]。此后众多学者也赞同要注重链条的内部整合，主张供应链主体成员通过合同、合资、联盟等联合方式加强相互间的关系协调，降低不确定性，从而提高供应链整体运作效率[85, 86]。在纵向一体化融合中，物流设施标准化、操作技术标准化、信息标准化等标准化体系的建立具有重要意义，参与主体尤其是零售商对供应链改造的强烈意愿也是保障供应链一体化有效性的关键，并且电子商务平台可以起到协调生产与流通的作用[87, 88]。此外，构建 JIT（just in time，准时制）混合物流系统、运用精益供应链的战略、采用信息技术服务都可以提高食品供应链效率[89]。

4. 农产品供应链食品安全

在消费主导的市场环境下，要树立质量为先的宗旨，尽最大可能保障农产品供应链食品安全。Hobbs 以农产品供应链的责任和可追溯制度为研究主题，对比分析了国际上已有的食品安全激励机制，阐述了可追溯制度所产生的经济效用[90]。农产品供应链中的运作过程、管理水平和技术都可能成为蔬菜供应链食品安全的风险来源，需要通过提高农产品供应链的透明度来降低风险发生的可能性，这就离不开管理层面的高度重视和信息技术的有力支持[91]。同时冷链运输、正确地清洗和消毒对于保障食品安全也具有重要意义[92]，全程冷链需要借助射频识别技术（radio frequency identification，RFID）等高技术手段来实现运输和存储过程中的温度控制。可追溯系统的建立能够进一步保障农产品在流通过程中的品质，延长其货架期[93]，但是对可追溯系统预期效益的不了解，可追溯系统建设的高投入，以及技术挑战，是影响生鲜农产品供应链可追溯体系建立的主要因素[94]。此外，主体间的纵向一体化能够避免道德风险，减少食品安全风险，实证研究也表明供应链主体间的战略联盟、共享信息、相互信任和承诺均与食品质量显著相关[95]。

5. 共享物流

1）共享物流的概念与特征

一些学者对于共享物流的特点、实践应用与优势进行了探讨，为共享物流的研究提供了概念基础。Mladenow 等提出了两种不同类型的共享物流应用，并比较了它们的潜在优势和劣势[96]。Kontio 调查了共享物流公司在设计共享物流平台时实施的策略，并提出了共享物流增长的建议[97]。Carbone 等将共享物流与传统商业物流进行了对比，提出了共享物流的独特优势，并构建了以共享物流司机作为共同创造者的价值创造机制[98]。Rai 等评估了共享物流平台的环境效益，并研究了该平台对其利益相关者的影响[2]。

此外，Carbone 等认为，共享物流在实践中存在多种具体模式：仓储资源共享、同城配送、城际货运等[98]。本书主要研究同城配送和城际货运两个方面。同时，他们指出，共享物流的服务提供商并不局限于普通的司机，还可以是物流企业或专业物流车队中的专业司机，货主包括个人和公司。他们拓展了共享物流的理论研究内容，为本书的研究提供了新的指导。共享物流通常涉及多个利益相关者：发布任务的托运人、承担任务的司机、接收货物的收货方，以及协调托运人和司机及管理物流业务的平台提供商[2]。货运司机在共享物流过程中被认为是至关重要的，因为他们能够利用自己的资源和能力来完成托运人的任务。

基于当前的文献，本书认为，共享物流能够利用信息技术实现分散和闲置的物流资源的有效配置，共享物流的出现很好地解决了物流效率低下的问题[4, 99, 100]，有助于经济增长并能够促进环境的可持续发展[101]。具体说来，在共享物流平台的支持下，共享物流平台能够利用信息技术实现货主与司机的精确匹配，同时为司机提供高效的物流服务方案，使得司机有能力为货主提供更优质的物流服务。因而，共享物流商业模式能够满足顾客不同的物流需求，特别适用于非标准化的产品的运输，同时能够降低成本，为顾客提供更快、更柔性化[3, 96]、更个性化[98]的物流服务。此外，借助信息技术的支持，共享物流还可以为司机提供更有效率的路径配送方案[102]，降低车辆的绕行率和车辆空驶率，从而降低二氧化碳排放。

2）共享物流的其他相关研究

第一，一些学者聚焦于共享物流的优化研究，旨在通过优化运输路径、转运中心位置和运输网络来减少车辆里程与运输成本。例如，Archetti 等进行了一项计算研究，以解决共享物流司机的车辆路径问题。他们的研究结论显示，使用共享物流对于企业来说有很大的好处[103]。van Cooten 等对一家荷兰共享物流公司的分销网络进行了优化，以保证最大限度地降低分销成本，同时保证配送服务的时效性[104]。通过对实际案例进行数值分析，他们评估了共享物流的性能。评估结果显示，①共享物流系统具有成本效益和环境效益；②共享物流的可靠性显著依赖于共享物流司机的数量；③共享物流司机的数量是司机密度、区域面积和货物数量的函数；④共享物流司机的数量越多，共享物流系统的成本效率也就越高。为解决"多司机，多货物"的匹配问题，Chen 等构建并模拟了包含共享物流司机最大允许绕行距离、车辆容量和司机之间货运转运三个条件的数学模型[105]。他们的研究结论表明，共享物流系统中司机数量的增加不仅有利于货主的利益，而且能够产生更加积极的社会影响，如减少碳排放、降低交通隐患。Wang 等设计并求解共享物流任务模型，为最后一公里配送提供了解决方案[99]。

第二，一些学者对于共享物流发展面临的巨大挑战进行了研究。Punel 和 Stathopoulos 的研究指出，在共享物流中，合理地将物流任务和司机匹配起来是主要的一项挑战[106]。司机和任务之间的不匹配可能会导致一些负面效应，如路程和燃料消耗的增加[102]。此外，此研究还提到了安全方面的问题，如隐私保护[3]和不确定性[107]。考虑到货物的安全性和物流质量，托运商不愿意将他们的物流任务外包给一些陌生人[96]。由此看来，实现安全和成本之间的平衡似乎是共享物流发展必须解决的问题。

第三，还有一些研究旨在研究司机参与共享物流或者用户使用共享物流服务的影响因素。具体说来，Ha 等研究了共享物流平台设计分别对客户和驾驶员态度的影响[108]。Punel 和 Stathopoulos 通过调查，研究影响用户对共享物流可接受性的因素[106]。国内的一些学者也围绕相似的主题进行了研究。郭捷和王嘉伟研究了大众参与众包物流模式（共享物流的一种细分模式）的影响因素，包括了获益期望、努力期望、社会影响和便利条件[109]。邱洪全同样揭示了影响司机参与众包物流模式的意愿的因素，包括个体感知的外部激励、享受的乐趣、自我提升、任务期限、任务难度，以及众包规程与众包活动属性[110]。

当前共享物流的相关研究，对于共享物流（特别是农产品共享物流领域）的商业模式及其价值创造的机理都缺乏相应的研究。只有明确了共享物流的商业模式，才能够为共享物流的实践提供指导。揭示共享物流的价值创造机理，寻找共享物流创造价值的关键要素，对于共享物流商业模式的可持续发展有着十分重要的作用。Rai 等在研究中提到，共享物流平台对共享物流至关重要[2]。因为，共享物流平台能够协调托运人和司机，使司机能够根据托运人的期望进行交付，从而创造价值。为了揭示农产品共享物流的商业模式及农产品共享物流平台支持价值创造的过程，本书接下来对共享物流平台的相关研究进行综述。

6. 共享物流平台

现有文献讨论了共享物流平台的功能，包括匹配、路径优化、跟踪、司机甄选、评价、在线支付等。匹配功能通过考虑司机的资源可得性和能力来识别能够提供所需物流服务的物流，匹配可以通过匹配算法或竞标模型来实现。共享物流平台的匹配功能最终的目标就是，将资源的使用者与资源的所有者之间进行精确的匹配[111]。换句话说，共享物流平台作为中介服务商，其核心作用是需要根据市场上物流资源的供给和需求的变动来实现资源的有效调度。可见，共享物流平台对于资源所有者及资源使用者的碎片化信息的收集与处理能力在进行匹配时显得尤为重要。

现有文献还认为路径优化的功能可以赋能司机，帮助他们做出最优的决策[98]。具体而言，共享物流平台能够为司机提供路线解决方案和制定物流任务清单，以提高司机服务效率。此外，学者认为共享物流的发展中还存在着一些挑战，如如何确保物流服务的质量和准时性，如何降低产品损坏和损失的风险。为了应对这些不安全因素，学者已经提出了多种解决机制，如实时的跟踪反馈、背景调查、评价和在线支付[3]。具体来说，共享物流平台允许用户创建个人资料，编辑自己的信息。这种社交网络功能允许共享物流平台跟踪资源所有者和资源使用者的账户信息及活动，并且分别为其创建信誉系统。这种信誉系统可以用于储存资源使用者对于资源提供者的评级和评论，并且为系统提供数据用来筛选不良用户。共享物流平台的这些举措，对构建货主与司机之间的信任机制、为货主提供良好的服务体验都发挥了十分重要的作用。

学者通过描述各种共享物流平台的功能及其提供的服务，为本书农产品共享物流商业模式的研究奠定了基础。但是，目前这些关于共享物流平台的功能，以及共享物流创造的价值的研究都是碎片化的，其结论也是模糊不清的。我们仍旧无法为共享物流平台功能及最终价值之间建立理论联系。因此，研究农产品共享物流商业模式及农产品共享物流平台支持价值创造的理论机制十分必要。

2.2.2 国内农产品物流相关研究

我国农产品物流发展起步较晚，国内学者对其研究仍处于初级阶段，研究内容主要包括农产品物流的内涵及意义、我国农产品物流存在的问题及对策、农产品物流运作机理及模式选择、国外农产品物流经验总结及借鉴、农产品物流节点选址及配送路径优化等。结合本书的研究主题，将从以下六个方面介绍相关研究进展。

1. 农产品物流系统的内涵及构成

学者大多赞同农产品物流是一个由众多相互联系的要素构成的多功能系统，但对于农产品物流系统的内涵及具体构成的理解有所不同（表 2-1）。

表 2-1　国内学者关于农产品物流系统内涵解析和要素划分

代表学者	主要观点	
	系统内涵	要素划分
郭丽华[112]	在政府的统筹和推动下，由农产品的供给方、中介组织、加工经销企业、消费者形成的一个产销一体化、农工商相结合的增值供应链	主体系统、客体系统和政府部门
吴勇民等[113]	是有效地以低物流成本向顾客提供优质物流服务的机制	主体系统、作业系统和信息系统
朱自平[114]	将农产品从生产、采购、批发、零售到消费全程的各个环节贯穿成一个具有协调性和配套性的有机整体	作业系统和信息系统
李思聪[115]	农产品冷链物流系统是横跨农业、工业和物流服务加工行业等多个产业的复杂系统，涵盖以农户为源头到以消费者为末端的多个实体参与者，涉及流动的农产品、信息和资金等多个对象	主体要素、流动要素和支撑要素
秦丽英[116]	通过物流各节点的资源、业务环节整合和优化，实现整个物流过程最优，即以最佳服务、最低成本、最高效益实现农产品的空间价值和时间价值	一般要素和社会公共要素；采购、运输、储存保管、包装、装卸搬运、流通加工、配送和物流信息等要素；时空流动要素、资源性要素、网络要素和社会性要素；制度环境和物质基础等基础性要素，以及相关企业的经营组织与管理要素
贺盛瑜和马会杰[117]	立足于物流伙伴关系，借助物质流、能量流、资金流、信息流和知识流等手段，形成的一种互利互惠的生态系统	基础设施网络、物流组织网络、物流信息网络和纵向的物流需求网络、物流功能网络、目标客户网络

还有部分学者专门研究了农产品物流系统的要素构成。兰洪杰和康彪参照生产力三要素对劳动者、劳动对象和劳动工具的划分，将食品冷链物流系统分为主体要素、客体要素和设施设备要素[118]。宋伯慧基于大物流论，认为所有系统都可

以划分为物质、流动、主体、地域、信息和时间六个基本要素[119]。

综上所述，学者对农产品物流系统内涵的分歧主要在于是否将农业生产者、农产品消费者包含在内；对系统要素划分主张的不同在于研究视角各有差异。

2. 我国农产品物流发展存在的问题

赵艳丽和嵇国平认为我国农户小生产与流通大市场的矛盾将越来越突出，现有的农产品流通体系难以应对如此严峻的挑战，需要进行农产品物流的价值链整合，并借助科技创新的力量构建新型农产品流通体系[120]。黄祖辉等从农产品特性、农产品供应分散性和产销地域性分离等方面分析了农产品物流体系的制度缺陷，指出要加强农产品物流体系的制度创新，可以从物流主体融入方式、农产品流通增值等方面着手考虑。杨为民从安全角度切入，对蔬菜供应链的各类经济主体进行博弈分析，认为在蔬菜供应链中存在较为严重的安全信息不对称性，易造成市场失灵，急需政府的有效监督[121]。陈茂强认为我国农产品供应链的特点表现为：生产分散、规模不经济、核心企业弱小、市场主体复杂且分散、基础设施差、大部分中小市场主体素质偏低、信息集成程度低、主体间合作关系较差等[122]。陈永平研究了我国农产品物流组织网络的不足[123]。吕健认为我国农产品物流发展存在的问题主要有基础设施不完善、相关技术和设备落后、没有形成完整的产业链、信息系统不健全、政策措施不完善等方面[124]。张景良在分析我国农产品物流发展中存在的主要问题的基础上，提出了加快我国农产品物流发展的对策[125]。

3. 农产品物流系统演化

学者对农产品物流系统演化的研究主要包括两个方面：一类是以农产品物流系统整体为研究对象，研究系统发展的阶段划分、模式演化及渠道变动；另一类是以农产品物流系统中某个环节为研究对象，研究其发展变动，包括农产品批发环节、加工环节、配送环节、零售环节等。

（1）对于农产品物流系统整体发展的阶段划分及演化路径研究。如图 2-3 所示，李碧珍主张自新中国成立以来我国农产品物流依次经历 1949～1978 年的起步阶段、1978～1992 年的初步市场化阶段、1992 年至今的加速发展的初级阶段，不同发展阶段系统主导的运行范式存在差异，相应地，我国农产品物流系统运行依次经历了计划主导模式、"双轨制"模式、多种方式并存的社会专业化物流模式[126]。姜鹏在此基础上进行了细分，提出了我国农产品物流系统演变的五阶段理论，即1949～1955 年的自由流通阶段、1956～1977 年的计划经济阶段、1978～1984 年有计划的商品经济阶段、1985～1991 年的"双轨制"经济阶段、1992 年至今的自由经济阶段，重点比较了不同阶段下系统在流通主体、流通场所和流通规模方面的变化[127]。毕玉平和陆迁基于物流模式的分析视角，绘制了我国生鲜农产品演化的路径，即逐渐由交易主导的配套形式转变为服务主导的专业物流形式，依次经历了由批发市场为主导的物流模式，到生产加工企业为主导的物流模式，到以连锁超市为主导的物流模式，再到第三方物流（物流配送企业）为主导的物流模式，最后到第四方物流模式[128]。胡华平从营销渠道的角度出发，将我国农产品物流系统演化划分为有计划的营销渠道(1978～1985年)、传统化的营销渠道(1986～1991年)、有组织的营销渠道（1992年至今）三个阶段，营销渠道经历了结构扁平化、组织多元化、职能扩大化的演变过程[129]。赵晓飞和李崇光以渠道变革为切入点，将我国农产品流通过程分为三个阶段，依次是传统计划经济阶段(1953～1978年)、市场化改革阶段（1979～2001年），加入世界贸易组织（World Trade Organization，WTO）后改革阶段（2002年至今），分析了三个阶段下渠道模式、渠道结构、渠道关系、渠道主体、渠道终端和交易方式的发展变化，此研究得出我国农产品物流渠道模式呈现出交叉错位式发展和选择性替代的变革规律；渠道结构由线性向网状发展；渠道关系越来越紧密；渠道主体更加多元；渠道终端由单一转向复合；交易方式实现由指令性交易到对手交易再到多方式交易的渐进式转变[130]。钟诚和罗小凤没有给出具体阶段划分的时间节点，而是直接指出我国农产品物流主要经历了自营、联盟、合作、外包四个发展阶段，不同阶段下的物流模式、基础性要素和经营管理要素存在较大差距[131]。

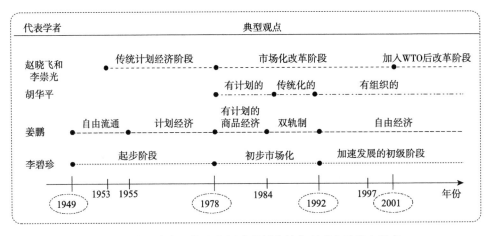

图2-3　我国农产品物流发展阶段划分的典型观点及代表学者

（2）对于农产品物流系统特定环节发展的阶段划分及演化路径研究。一部分学者重点研究了我国农产品批发市场的变迁过程。李泽华认为农产品批发市场是我国流通体制改革的重大成果，农产品批发市场自产生以来依次经历了自发萌芽阶段（1978～1984年）、较快发展阶段（1985～1991年）、快速过热发展阶段（1992～1995年）及规范化发展阶段（1996～2004年）[132]。黄薇对前三个阶段的划分表示赞同，但认为我国农产品批发市场的规范化发展阶段应为 1996~2001 年，2001 年我国加入 WTO 以后，农产品批发市场逐渐实现从量变到质变的跨越，所以 2002 年至今应该属于农产品批发市场的二次创业阶段[133]。马增俊在黄薇基础上又进行了细分，认为 2009 年以后我国农产品批发市场进入到集团化发展阶段，一些有实力的农产品批发市场通过兼并重组或投资合作的方式在全国范围内建设批发市场和农产品物流园区，改变了过去单体经营发展的模式[134]。孙本川将研究的时间跨度向前延伸，梳理了我国农产品批发物流市场在新中国成立以后的发展历程，认为其经历了五个阶段：一是市场相对封闭、统购统销的停滞阶段（1949~1978 年）；二是农产品批发物流市场开始发展的萌芽阶段（1978~1984 年）；三是农产品批发市场蓬勃发展的兴起阶段（1985~1991 年）；四是以批发市场为中枢的农产品市场体系基本形成的发展阶段（1992~2000 年）；五是农产品批发市场由数量扩张转向质量完善的提升阶段（2001 年迄今）[135]。

另一部分学者着眼于我国农产品零售业态的发展与演变。周洁红和金少胜将我国生鲜农产品零售业态的演进过程归纳为国营商业公司和供销合作社—农贸市场—普通超市生鲜区—生鲜超市，并指出生鲜超市逐步取代农贸市场和个体经营商贩是一种必然趋势[136]。邓涛在此基础延长了研究的时间跨度，并给出了发展阶段的具体时间划分，他认为新中国成立以来我国生鲜零售业态经历了四个阶段，依次为：1949~1952 年灵活的自由购销；1953~1978 年垄断的统购统销；1979 年至 20 世纪末的农贸市场主导时代；21 世纪以来的超市异军突起[137]。董晓霞等根据农产品零售主体的不同，将我国自市场化体制改革后农产品零售市场的变迁分为三个时期：国营菜场时期（1980~1984 年）、农贸市场时期（1985~1995 年）、超市迅速发展时期（1996 年至今）[138]。张赞和张亚军着眼于农产品流通渠道终端的变化，指出新中国成立以来我国农产品的流通渠道终端经历了从国营商业公司和供销合作社，到农贸市场，再到普通超市和大卖场，最后到生鲜超市四个阶段的演变，现已形成农贸市场、普通超市、大卖场和生鲜超市并存竞争的局面，未来以生鲜超市为终端的现代化模式将取代现在以农贸市场主导的传统模式[139]。

除此之外，个别学者研究了我国农产品物流系统特定环节在空间维度的发展变化及其影响因素。马子红等利用区位基尼系数，研究了 2002~2012 年我国农产品加工业的地理集中程度及其变动趋势，发现农产品加工业地理集中程度有所降低，并且受到劳动力成本变动、原材料可得性差异和产业结构调整的影响，农产品加工呈现自东向西转移的趋势[140]。邱莹以冷库布局为切入点，广泛应用统计学和地理学方法，借助 ArcGIS 软件，描绘了北京市食品冷链物流在 1949~2015 年的"时空地图"，直观呈现出北京市食品冷链物流空间变迁的集聚与扩散并存特征，分析得出城市规划调整、政策资金支持、交通运输能力提升、人口空间分布差异及物流技术发展是影响物流系统空间演化的重要原因[141]。

　　总的来说，目前对于我国农产品物流系统整体演化的研究多是自新中国成立以后，对于农产品批发环节的研究主要是自 1978 年我国进行市场体制改革以后，但不论是研究系统整体发展还是分析特定环节演化，虽然学者对于应该划为几个阶段和每个阶段具体的时间跨度存在分歧，但是学者对关键时间点的选取基本一致，即 1978 年、1992 年、2000 年，并且学者对于相邻阶段间我国农产品物流在物流主体、物流模式、物流规模等方面的变化的认识具有很高的相似度。

　　4. 农产品物流演化的原因

　　黄祖辉和刘东英通过构筑生鲜农产品链的二维空间理论模型，得出了物流主体的组织化程度与物流活动的综合程度之间的共同制约和结合方式决定了生鲜农产品物流链的类型[142]。孙本川认为农产品批发市场的产生和发展是随着我国流通体制改革的进行而演进的[135]。祁春节和蔡荣对此进行了细化，主张我国农产品流通现代化的演变是农产品流通体制改革的结果[143]。哈乐群也认为现有农产品流通模式是计划经济体制下由国家统购统销的流通体系经过诱导性、渐进式制度变迁逐渐演变而来[144]。彭芬等通过构建"动力之轮"系统研究了农产品物流组织模式演进的根本动力，得出生产与消费的矛盾是农产品物流组织模式演进的核心动因，收益预期、竞争、分工与合作起到车轮辐条的带动作用，经济体制、产业政策、经济技术对于车轮运转起到加速或阻碍的作用[145]。

　　李碧珍将我国农产品物流模式的演化动因归结为制度变迁，城乡居民消费需求变动，物流基础设施改善，物流技术的创新、采用和扩散，以及农产品物流组织的发展壮大五个方面[126]。张赞和张亚军则认为生产端供给推动与消费端需求拉动是我国农产品渠道终端变革的动因[139]。夏春玉等借助 Stern 和 Reve 提出的营销渠道政治、经济比较分析框架，从行为维度这一独特视角解析得出成员对于渠道权力与经济利益的关心是导致农产品渠道变革的驱动力[146]。赵晓飞和李崇光在此基础上融合陆芝青、王方华的营销渠道变革机制模型，构建了农产品流通渠道变革驱动力模型，直观地显示出影响农产品流通渠道变革的外部因素和内部因素，以及影响因素的作用机制。其中，以渠道权力变迁、交易成本变化、价值链调整为代表的内部影响因素之间的互动关系影响着农产品物流渠道变革；消费者购买模式变化，经济、法律、文化环境变化和新技术、新方式等外部因素对变革起到推动、制约或支撑作用内、外部影响因素之间存在相互影响和相互适应，共同引起农产品流通渠道变革[130]。王海元对此观点表示赞同[147]。刘刚对其中关于政策法律的推动、消费者购买模式的改变、新技术与新方式引入的驱动作用表示赞同[148]。隋博文通过对农产品流通模式的文献回顾，得出农产品流通模式的变革与演进是农产品流通理论发展、流通主体选择、流通政策规制及技术进步等共同作用的结果，具有显著的理论依赖性、主体依赖性、政策依赖性、技术依赖性[149]。王志国意识到生鲜农产品冷链物流系统具有复杂的自组织方式，且难以量化求解序参量，因此他借助于探索图的思想和方法，分析了影响生鲜农产品冷链物流协同的多重因素及其之间的层次关系，确定了冷链物流设备设施要素、冷链第三方物流规模与运营能力，以及冷链标准体系的完备与执行是生鲜农产品冷链物流系统的序参量，三者之间相互影响、互相制约，共同支配着冷链物流系统协同进程[150]。此后，王志国更加深入地分析了生鲜农产品物流系统要素及子系统相互间的非线性作用，发现物流技术的创新与应用、物流组织制度变革是主宰生鲜农产品物流系统发生根本性变化的两个序参量，二者相互影响、相互作用、互相制约，共同主宰农产品物流系统的发展演化进程与结果[151]。贺盛瑜和马会杰基于商业生态系统理论也发现了农产品物流系统满足自组织演化条件，系统主体存在着复杂的非线性共生关系，构成一种相互联系的生态价值链，带动系统向更高层次演进[117]。

5. 我国农产品物流未来的发展趋势

刘刚认为我国鲜活农产品流通整体会朝着流通渠道多元化、流通主体规模化和组织化、交易方式多元化、流通服务现代化的趋势发展[148]。施先亮指出未来农产品物流主要呈现园区主导产业融合、电子商务化、农—宅对接、"最后一公里"配送智能化趋势[152]。洪岚分析总结了近年来我国城市农产品物流的发展变化，提出我国城市农产品流通中的交易方式将呈现电子化、现代化，农产品流通企业经营的一体化趋势更加明显，对食品质量安全和服务的绿色化更加重视[153]。

1）农产品物流模式

刘联辉和文珊认为我国现行的以批发市场为核心的"商物合一"模式与结构存在诸多问题和弊端，应该根据"商物分离"的物流理论对其进行改革，构建以物流中心、配送中心为核心的农产品物流系统模式[154]。石岿然和孙玉玲则直接指出，在"互联网+"的大背景下，农超对接这种供应链模式更具生命力，具有较大发展潜力，应予以大力扶持[155]。耿晓光对此表示认可，并进一步研究了农超对接模式下农产品物流网络优化问题[156]。卢奇等主张推行"少环节、信息共享、供需对接、产销衔接"的新型"农消对接"农产品流通方式，即以区域地标的农产品流通为流动主体，在上游打造以农户或农合组织为主体、以产品经理为代表的特色农产品产地直供形式；在下游形成以订单为驱动、以城乡网络实体店为体验的销售模式，同时构建现代化信息平台，促进区域范围内优质特色农产品供需及配送信息进行交换和共享[157]。

2）农产品物流节点布局

学者更多地从地区角度来研究农产品物流节点的布局优化。李慧基于宏观环境分析模型理论建立了节点城市物流综合水平评价体系，依次对山东省 17 个节点城市进行聚类分析，从中选择了适合建立农产品物流园区、农产品物流中心和配送中心的若干城市[158]。个别学者研究了城市群范围内农产品物流节点布局优化问题。杨蕾分析了京津冀都市圈内农产品物流系统空间布局存在的问题，提出了基于中心城市优化区域农产品物流系统空间布局战略，建立了相应的区域农产品物流系统评价指标体系，对京津冀都市圈内主要城市进行了聚类分析，根据计算结果，提出"天鹅星座形"空间结构布局，以此实现区域农产品物流发展的协调合作与整合[159]。黄修贤运用灰色预测模型、最优化方法等方法，定量计算得出环首都一小时鲜活农产品流通圈的物流园区数量及区位，结果显示最佳的布局方案是将保定、廊坊的鲜活农产品物流园进行扩建，并且在张家口新建物流园区[160]。

3）农产品物流体系优化创新

随着农产品物流研究的不断深入，学者已经认识到农产品现代物流的发展，不仅需要提升物流主体的功能，更重要的是要组织起有效的农产品物流发展模式。基于此，学者在研究中从不同的角度提出了不同的发展思路，包括农产品冷链物流体系优化、农产品电子商务物流体系优化及农产品物流园区建设等。

（1）农产品冷链物流体系的优化创新。龚树生和梁怀兰在研究中指出，当前的农产品冷链物流网络主要分为单个经济体的冷链物流网络、区域内冷链物流网络和跨区域冷链物流网络三类[161]。冷链物流网络多是由一些大型的连锁超市或大型的冷藏食品生产企业合作形成的，属于产、供、销一体化模式；由于区域内配送中心的建设并不到位，区域内冷链物流网络的建设并未在全国范围内普及；跨区域冷链物流网络则是由区域内的冷链物流网络相互联结、相互合作形成的。刘丽欣和励建荣认为农产品冷链物流体系的优化创新有三种适宜的运作模式：业务延伸模式（核心企业分别向上、下游延伸自身业务，建立自有的农产品冷链物流体系）、中介桥梁模式（核心企业利用自身所拥有的资源，紧密与上下游的业务关系，拓展自身业务范围，实现上下游信息交互）、专业服务模式（核心企业拥有专业物流资源，能够提供专业服务）[162]。魏国辰认为以大型连锁超市、生鲜农产品经销公司、农产品加工企业或农产品批发市场为主导的物流模式将是今后一定时期内生鲜农产品物流的主导模式[163]。杨宝宏和宋茜茜论述了农产品冷链物流经营的四种有效形式：依托大型农产品批发市场型冷链物流模式、大型连锁超市自营冷链物流模式、大型农产品生产加工企业自营物流模式、第三方冷链物流模式[164]。王新娥和王学剑认为第三方农产品冷链物流企业或联盟以委托—代理形式提供专业化的冷链物流服务，能提高冷链物流速度，降低冷链物流成本[165]。樊洪远将商对客（business-to-consumer，B2C）电子商务模式与农产品冷链物流相结合，认为B2C电子商务企业必须与供应链上下游各主体形成合作，建立"农民+农村合作社+B2C电子商务+第三方物流"的合作模式[166]。

（2）基于电子商务的农产品物流体系的优化创新。在电商迅速发展的背景下，农产品供应链各环节的功能发生了变化，客户订购农产品更加方便[167]，农产品物流体系也随之发生了一定的变化。结合电子商务发展的新的特点，构建高效益、低成本的农产品物流发展模式，寻找农产品物流体系创新的突破口，成为当前农产品物流理论研究的聚焦点。第一，电商物流模式的构建研究。张劲松分析了电商物流体系的两种模式：自营模式和物流代理模式。其认为前者适用于拥有完善流通渠道包括物流渠道的制造商或经销商开展业务；后者则是适应电子商务的一种全新物流模式[168]。王静提出了构建农产品物流电子商务供应链网络结构的思路，通过电子信息系统的构建，为终端消费者提供可以直接从农产品生产商处订购产品的机会[169]。张冲认为电商物流模式未来的发展方向是第四方物流和物流一体化发展模式[170]。张滨等对跨境电子商务物流模式进行了研究，提出了三种跨境电子商务物流模式："单一"跨境电子商务物流模式；"两段中转"跨境电子商务物流模式；"两段收件"跨境电子商务物流模式[171]。第二，电商物流体系优化的对策研究。张京卫和张兆同强调通过实施标准化生产，构建电子商务信用管理体系来优化农产品物流体系[172]。何飞等认为我国电商物流体系的优化需要培育农产品流通渠道主体，构建开放型、分散化、合作式的流通体系与整合式营销价值链体系，建立联合采购体系的信息系统、农产品流通全面认证体系；建立农产品物流人才教育培训体系[173]。王冠宁则建议加强改善农村基础设施；加强农产品物流的信息化程度；改善物流设备；完善农产品物流的相关制度和提升管理水平；培养和引进专业人才等优化电子商务背景下的农产品物流体系[174]。王娟娟认为云物流是电商物流未来的发展方向，将云引入电商，能够提升现有物流资源运行效率，能够为完善物流系统争取时间和空间[175]。杨聚平等则提出构建一个集公共电子提货柜、人工自助提货和送货上门等为一体的多种配送方案的电商物流"最后一公里"综合配送模型，以解决电商物流"最后一公里"的问题[176]。

（3）基于农产品物流园区的物流体系优化创新。物流园区在提高物流组织化水平与集约化程度、整合物流资源、转变经济发展方式等方面发挥了重要作用。从城市物流体系内部看，物流园区的规划设计和实施，是合理组织城市内部物流、城市—区域物流的关键[177]。一部分学者从具体区域入手，结合当地的城市特征、空间格局等，提出了物流园区规划建设的思路。韩增林等在研究了大连市的货物种类、城市形态特征及交通运输空间格局的基础上指出，"综合物流园区—专业物流中心—物流配送节点"的三层节点模式可以作为大连市物流园区发展的基本思路[177]。邓爱民和周艳辉从物流园区的合理选址、数量、规模与功能定位三个方面对物流园区进行了规划设计[178]。常浩和彭志忠对物流需求预测、基于供应链的物流信息平台设计、园区内各方基于供应链协调的利益分配问题进行了简要分析[179]。在物流园区的运营管理优化方面，王婧和高爱国不仅研究了不同发展阶段的物流园区的特征，并且针对这些特征，提出了契合的战略对策[180]。吴文征和鞠颂东认为物流园区的协同互动是物流网络体系优化的关键，并指出提高资源配置效率；推动物流园区网络联盟的构建；适当引入协调和约束机制有助于实现物流园区间的互动协作[181]。戴勇基于和谐管理、低碳物流、绿色生态管理理论，构建了低碳物流园区运营系统概念模型，提出了基于市场、政府、网络的多样化治理机制和基于技术创新主导的三阶段演化路径的低碳物流园区运营优化策略[182]。不同学者结合我国农产品物流的发展特点，提出了不同的农产品物流体系的优化创新模式，为我国农产品物流体系的创新研究奠定了基础，提供了创新研究思路。但是根据以上文献研究可以发现，现阶段国内学者关于农产品物流体系优化创新的研究有以下特征。第一，多是集中于对策研究，从法规政策、人才、技术支持等多角度为农产品体系创新提出了解决对策。但是对策研究过于浅显，仅仅从实践方面做出指导，提出建议，对于学术研究的理论价值不大。第二，模式构建研究极为普遍。国内学者构建了多种多样的运作模式来解答农产品物流体系创新的问题。

总的来说，目前学者对我国农产品物流发展的预判主要是从时序维度研究各类主体组织形态及不同主体间连接方式的变化，大多注意到了物联网、互联网技术对流通模式的变革，对渠道的压缩，关注到了商流、信息流、资金流三者传递方式的改变，意识到了基于信息网络协同运作的重要意义，但学者往往是通过实践总结或者是文献总结来创造出一个或多个"所谓"新颖的农产品物流体系，所得结论相似性极高，缺乏创新价值，系统性扎根于理论，具有坚实理论基础的研究非常少，并且现有的关于农产品物流节点空间布局优化的研究也只是在特定区域内，根据城市经济社会发展现状的评分确定所建物流节点等级，较少考虑城市空间结构的未来发展变动。此外，学者所提出的我国农产品物流发展模式主要是基于当前农产品物流发展状况及技术发展趋势，缺乏对农产品物流系统自身演化规律的考虑。

6. 我国农产品物流发展对策和建议

学术界对于如何推动我国农产品物流又好又快发展展开了广泛讨论，众多学者都提到应该提高物流主体的组织化和专业化水平，积极发展第三方农产品物流服务，完善农产品物流基础设施，建立流通数据库和信息共享平台，加大政府扶持力度[183]。贺盛瑜和马会杰还提倡建立适合于当地农产品物流特点的行业标准及法规[184]。王静提出建立高铁效应下的铁路冷链物流结构[185]。孟志兴和王广斌主张尽可能减少流通环节，大力发展农超对接等产销一体化模式[186]。许金立提出了农产品物流过程中供应链的组织沟通机制，并构建了农产品物流节点之间的博弈模型[187]。邬文兵等基于农产品自组织演化特征的视角，提出要通过增强农产品物流系统开放性、鼓励多元化运作模式、加强主体沟通、创新冷链技术等方式保障并加快我国农产品物流系统自组织演化进程[188]。

夏文汇提出要针对电子商务模式优化我国农产品物流运作模式[189]。孙炜等也认为要构建顺应电子商务模式的农产品供应链体系[190]。谭涛和朱毅华认为围绕加工企业和物流中心来整合供应链是提高农产品物流效率的有效方式[191]。李晓锦研究得出需要加大力度推动农产品物流专业化、信息化发展[192]。何劲支持大力发展农超对接模式[193]。靳俊喜运用系统动力学流率基本入树建模法进一步证明了农超对接的有效性[194]。柳春岩分别从政策侧重点、市场环境改善、引进新业态和发展龙头企业四个方面，提出了提升我国农产品供应链模式的四条策略[195]。王中军通过分析发达国家农产品物流的发展，从中总结出我国可以借鉴的经验教训，包括要建立规模化的物流组织、借助先进的农产品保险和加工技术、全方面培育农产品物流人才、大力推广信息技术等[196]。佟姗姗立足于我国果蔬消费特征，提出要围绕农业经济合作组织来建立适合我国国情的果蔬农产品物流模式[197]。李小雪和唐立新提出了建立农民合作组织和品牌化战略[198]。王忠杰和徐晓飞提出了一种面向双边资源整合的服务模式[199]。刘江鹏重点研究了我国农产品物流所处阶段，以及未来发展方向[200]。何旭积极推崇农产品物流联盟[201]。施海霞提出了协同型农产品物流模式，即以农业合作组织为前提，将农产品物流园区视作运行载体，围绕区域配送中心，在第三方、第四方物流企业辅助下所形成的模式[202]。梁连玉提出以零售企业为供应链核心企业的流通模式，认为零售企业是供应链中最靠近消费者的一环，可以最准确、最迅速地收集到消费者的需求，再通过供应链管理平台，及时把消费者的购买信息反馈给上游企业[203]。彭芬提出了未来我国农产品市场与基地对接模式，并进一步提出了未来我国农产品物流将基于节点集约化发展的集成上，实现供应链层次的优化，将形成"直接对接型、龙头企业型、物流中心型、一体化型"新的对接模式，构建了我国农产品市场与基地对接的动力模型和博弈模型[204]。

部分学者选取某一地区为研究对象，为该地区的农产品物流发展提出相应举措。战书彬和李秀丽在对山东半岛实地调研的基础上，从价值确定、价值主张、价值交付三个方面，提出了实现农产品精益物流的对策[205]；何忠伟等针对北京鲜活农产品物流配送存在的问题，构建了以超市及社区配送店为核心的配送链流程[206]；宿长海和宋晓露认为大连市应该打造直销型物流模式、契约型物流模式和联盟型物流模式[207]；范亚俊和李静宜针对胶东半岛农产品物流存在的标准化信息滞后现象，提出需要构建一种创新性的资源整合流通模式，即为消费者、农户、中间的流通企业等农产品物流相关者搭建一个平台，通过平台提供权威的农产品物流供需信息[208]。

2.3　新型城镇化相关研究

城镇化的概念最早由西班牙城市规划设计师 Asedra 于 1867 年提出，随后美国学者 Friedman、德国地理学家 Taylor、法国经济学家 Perroux、英国城市规划家 Howard、美国社会哲学家 Mumford 等对其进行了完善和发展，并形成了以"聚集—扩散"理论、中心地理论、增长极理论、田园城市理论、地域城市理论和现代城市规划理论等为代表的理论体系，对国外城镇化进程发挥着有益指导作用。其中，关于城市化与生态环境协调发展、城乡之间妥善结合、注重与中心城市联结等思想对我国新型城镇化建设具有良好的借鉴意义，但是国外没有户口的概念，也不存在与各项基本公共服务和社会福利绑定的、限制人口的自由流动的户籍制度，所以国外没有半城镇化、人的城镇化、伪城镇化等概念，没有新旧城镇化的对比。可以说，新型城镇化是我国特定历史背景下的特殊产物，目前针对新型城镇化的研究以国内学者为主，故本节主要基于国内学者的研究成果，结合本书的研究主题，对新型城镇化相关研究进行介绍。

2.3.1　新型城镇化内涵的解读

胡际权首次对新型城镇化内涵进行了全面的分析，他认为我国新型城镇化发展道路的核心在于协调，突出表现为城镇规模协调、布局协调、功能协调、产业协调、环境协调、社会协调和区域发展协调[209]。杨重光在此基础上将共同富裕和可持续发展补充在内[210]。牛文元基于胡际权关于协调内涵的观点，提出新型城镇化根本上是城乡动力、质量和公平的统一，是一条逐步减缓和消解城乡二元结构达到社会和谐的城市化之路[211]，李小建和罗庆对此表示赞同[212]。

单卓然和黄亚平认为新型城镇化的内涵在于民生、可持续发展和质量，其核心目标在于追求平等、幸福、转型、绿色、健康和集约，其建设的重点内容在于实现区域统筹与协调一体、产业升级与低碳转型、生产文明和集约高效、制度改革和体制创新，属于传统城镇化概念的延伸[213]。在此基础上沈清基从哲学、经济、社会、生态、制度、效益和空间七个方面提取出新型城镇化内涵的关键词[214]。徐选国和杨君从人本视角出发，认为新型城镇化就是农村转移人口的城镇化[215]。张占斌认为新型城镇化内涵体现在四个方面：一是城镇化、工业化、信息化、农业现代化间的协调互动；二是人口、经济、资源和环境间的协调发展；三是与区域经济发展和产业布局密切衔接的城市格局；四是实现人的全面发展，建设包容和谐的城镇，保障农业转移人口的有序市民化和公共服务的均等化[216]。

还有学者从与传统城镇化对比的角度出发，对新型城镇化的"新"含义进行解读。曾志伟等认为新型城镇化的"新型"主要体现在战略、社会、环境、经济和城乡关系上，包括社会和谐、城乡互补、低能耗、小城镇、社会公平、资源节约和环境优美有机统一等[217]。沈清基则指出新型城镇化内涵的"新"体现在：以人为本的新价值取向，实现人民幸福的新发展目标，政府自觉能动性与市场机制有机结合的新运作程序，城市与农村在经济、科技、社会、人口、资源、环境、空间等诸多基本要素协调发展的新型城乡关系[214]。张红利认为新型城镇化与传统城镇化模式的不同在于尊重市场规律，遵循可持续发展理念，满足人的多方面需求和全面发展[218]。张荣天和焦华富对比分析了新型城镇化与传统城镇化在时代背景、侧重方向、推进主体、发展模式、动力机制方面的区别与联系，提出人的城镇化是新型城镇化的基本核心，城镇的内涵式增长与质量持续提升是其关注方面，现代新兴技术是其主要动力，城乡一体化与城市现代化是其发展目标[219]。尹鹏分析了新型城镇化与传统城镇化在核心内容、驱动力、城乡关系等八个方面的区别，得出新型城镇化以四化协调、生态文明、城乡统筹、集约高效和因地制宜为基本原则，将人本理念贯穿始终，通过人口城镇化、城镇化质量提升、城镇化格局优化及体制机制创新，实现经济转型升级与社会和谐进步[220]。

从上述研究结论可以发现，学者虽然从多种角度对新型城镇化内涵进行了不同解读，但却有着相类似的本质，大多赞同人本理念是新型城镇化的核心，赞同要更加注重城乡之间在人口、社会、资源、环境、空间等方面的协调，赞同要走集约高效、灵活创新、质量提升、可持续发展的新路子。

2.3.2　新型城镇化路径与模式

我国城镇化的推进路径究竟是应该以大城市为主，还是以小城镇优先，学术界至今尚未形成定论，学者对于新型城镇化的路径之争也主要在于大城市和小城镇间的抉择。费孝通先生通过深入调研，针对我国发展的特殊情况，开创性提出小城镇理论，发表了影响深远的《小城镇　大问题》，文中指出小城镇建设是发展农村经济、解决人口出路的关键，应该充分发挥小城镇辐射带动作用来解决"三农"问题[221]。谢扬补充道小城镇是产品下乡与农民进城的很好的结合点，在城乡二元结构难以短期彻底破除的情况下，重视小城镇在城镇化的特殊地位是一种客观的现实选择[222]。秦待见认为以小城镇作为我国城市化发展的突破口不仅是必然的，而且是走中国特色城镇化道路唯一正确的选择，并阐述了小城镇在推动我国经济发展、带动城镇体系建设、促进乡镇企业发展、消化农村剩余劳动力、促进城乡融合等方面的作用[223]。陆仰渊也认为由于我国国情的特殊性，无法照搬发达国家集中发展大城市的城镇化模式，小城镇才是消除城乡二元结构和农村城市化滞后的最佳选择[224]。

张正河对上述观点提出了异议，并对我国长期推行的"限制大城市、鼓励发展小城镇"政策持反对意见，他认为大城市带来的规模收益大幅超出其产生的外部成本，城市尤其是规模较大的城市意味着更多的就业、更强的科技进步、更广的经济扩散，在我国经济结构战略性调整的背景下，应该充分挖掘大城市的潜力，而非将重点放在发展小城镇，并分别以印度尼西亚、巴西、墨西哥、阿根廷等国家发展失败的事实，以及英国、美国、日本等发达国家成功的城市化历程为例，从正反两个方面论证了这一观点[225]。蔡继明和周炳林进一步从城市职能和产业职能两个角度论证了走以大都会为主的城市化道路比选择大力发展小城镇的道路更符合可持续发展的要求[226]。宋林飞提出以小城镇为重点的改革思路已经不适应时代需要，目前应该实施大城市主体带动战略，充分发挥大城市的引领带动、改革创新作用，对农村地区形成有益反哺才是新型城镇化道路的正确选择[227]。孙中伟的调查研究也表明将城镇化重点放在大城市才是最优选择，但他同时指出，重点建设大城市并不意味着忽视中小城市，要注重大中小城市联动与渐进城市化[228]。蔡之兵和张可云虽然指出以小城镇为战略重点的城镇化思路是不可行的，有悖城市规模变动的一般规律，但他们也没有明确表示支持以大城市为主的发展路径，而是认为在地位上要平等看待大城市和小城镇，在具体实施方针上可以采取差异化措施[229]。

2.3.3　新型城镇化带来的影响

诺贝尔经济学奖得主斯蒂格利茨曾指出中国的城镇化与美国的高科技将会成为 21 世纪带动世界经济发展的两大引擎，可见我国城镇化所产生的影响深远。

从全国范围来看，第一，新型城镇化将提高居民消费水平[230]，改变居民消费结构[336]，并在一定程度上缩小城乡收入差距[231]。第二，新型城镇化对经济增长有显著的促进作用，影响程度会随着人口城镇化质量和区域的不同而异[232]。

第三，新型城镇化与产业结构调整升级存在显著的空间相关性，虽然相关关系的正负与相关系数的大小会随着时间的推移和空间的转换而变化，也会因为新型城镇化指标体系的选取而不同，但不可否认的是新型城镇化为我国产业结构升级提供了机遇，是我国产业结构优化升级的重要抓手[233]。张华东对中部地区的实证研究也证明了这一观点[234]。第四，新型城镇化在影响经济发展的同时也会改变区域空间格局，把非均衡、不协调的区块状和圈层式格局变为均衡型、协调的连绵体和网络化格局，提高土地集约利用水平[235]。第五，新型城镇化会影响能源消费规模，王世进的研究结果显示，虽然新型城镇化的推进会增加碳排放总量，但城镇化质量的提高能够有效降低这种负面影响，对碳排放形成积极约束，研究表明新型城镇化率每提高 1%，能够促进煤的消费减少 0.0890%[236]。此外，新型城镇化对我国城镇就业总量、零售业态发展和中西部地区外国直接投资（foreign direct investment，FDI）具有明显的促进作用[237]。

对于城市区域而言，新型城镇化所带来的户籍制度改革、产业结构调整、城市空间外扩、社会阶层分化等变动都会在不同程度上加速城市居住空间分化，并影响城市的产业空间、商业服务空间分布[238]。新型城镇化对城市生态环境质量具有决定性作用，新型城镇化特别是社会城镇化的推进不仅能够改善本地城市生态环境，还能够借助空间溢出效应提升周边城市环境质量[239]。同时，倒逼城市发展从注重规模扩张到注重质量提升，更多地追求土地资源的高效利用，实现城市精明增长。

对于农村地区来说，新型城镇化对农民的工资性收入、资本性收入和转移收入具有积极的促进作用，并且能够通过推动农业生产的机械化、集约化和规模化，促进农业组织创新，催生新型农业经营主体，进而提高农民收入。杨钧的空间计量模型结果表明新型城镇化对我国中西部地区和东部地区的影响存在差异，分别呈倒"U"形和线性特征[240]。

综上所述，学者对我国新型城镇化本质内涵的理解有着较为统一的认识，大多认识到了新型城镇化与传统城镇化的显著差异，赞同新型城镇化以人为本、城乡统筹、集约高效等核心主张，但是对于应该选择何种方式推进新型城镇化建设，是重点发展大城市，还是优先发展小城镇，学者仍存在较大分歧。此外，关于新型城镇化会对我国经济社会发展带来哪些影响这一论题，学者从产业、组织、环境等广泛多角度进行了分析，但是论述较为单薄，缺乏系统性与深刻性，对产业结构调整的研究也多是基于全国或区域的宏观层面，粗略地从三大产业占比来看，缺少对具体行业产业结构变化和发展影响的分析，并且缺少对城市群这一新型城镇化重要组成单元内部经济、产业、人口变动的研究。正如李克强强调，新型城镇化是关系现代化全局的大战略，是最大的结构调整，事关几亿人生活的改善[①]。那么，新型城镇化对我国的影响还将体现对社会结构、人口分布、产业内部结构等更深层次的重要变革，而这些内容却鲜有研究。

2.4　新型城镇化与农产品物流发展关系研究

很多学者在研究新型城镇化与农产品物流产业之间的关系时，并未对城镇化和新型城镇化的表述进行明确区分，不过，由 2.3 节的分析可知，新型城镇化是城镇化在新时期的现实选择，因而现有的关于城镇化与农产品物流之间的研究也可以为探讨新型城镇化建设与农产品物流发展的关系提供借鉴参考。

2.4.1　新型城镇化对农产品物流的影响

新型城镇化主要通过人口集聚效应和基础设施投入效应对我国农产品流通的效率、规模和速度产生积极影响。新型城镇化提高了农产品直销生产商的规模化和专业化水平，提供了便利的交通条件和通达的物流体系，人口的集聚又会释放充足的单元市场规模，进而将促进农产品直销模式的快速发展[241]。城镇化将会改变居民膳食结构，扩大我国农产品有效需求，从而对农产品物流规模、物流质量提出新的要求。李圣军结合"三个 1 亿人"问题，将城镇化对农产品消费的影响分为农民工"市民化"、市民"再城镇化"、农民"非农化"和农民消费"城镇化"四个渠道[242]。智敏则从高效农产品流通的实现机制的角度着手，以陕西省为案例，揭示了城镇化影响农产品流通的途径，即城镇化能够促进农产品价格形成合理化，促进价格传递科学化，促进价格接受对称化，进而改善农产品的流通效率[243]。曹立新提出并详细分析了城镇化建设对生鲜农产品时效性的影响，指出更多的农村人口转化为城镇居民时就会提高对生鲜农产品时效性的要求，因而他构建了基于生鲜农产品交易的电子商务平台，涵盖了用户订单下达、物流中心智能分拣、车辆系统调配等各个方面，解决了城镇消费者对农产品新鲜度要求的痛点。

还有学者借助数学模型，定量分析了城镇化与农产品物流之间的作用关系，大部分的研究结果表明，城镇化指标与农产品物流的关联度较强[244]，我国农村

---

① 《李克强强调：扎实推进以人为核心的新型城镇化》，http://www.xinhuanet.com//politics/2014-09/16/c_1112506903.htm[2021-09-25]。

城镇化与农产品物流效率存在长期协整关系[245]，城镇化率分别与农产品批发零售业总资产周转率、农产品批发零售业流动资产周转率、农产品批发零售业固定资产周转率、农产品批发零售业库存率、农产品批发零售业购销率存在格兰杰因果关系[246]。

2.4.2　新型城镇化下我国农产品物流发展

我国农产品物流在城镇化背景下存在的问题和遇到的难题主要表现为基础设施薄弱、物流成本居高不下、物流主体发展不完善、冷链物流断链现象严重、信息化程度较低等，提出要构建农产品物流现代化与农业产业化和城镇化的协同促进机制，建议从完善农产品物流基础设施、发展专业化的农产品物流主体、搭建农产品物流信息化服务平台和提高农民现代物流意识、推广农超对接模式等方面入手发展农产品物流[246]。皇浦军红研究了城镇化背景下社区农产品配送问题，建议要积极构建社区农产品直销通道，搭建全国性的农产品电子商务交易平台，建造现代化的农产品配送中心，结合城市交通特点和农产品特征合理选择社区农产品配送车辆[247]。邱昭睿主张农产品的流通模式从生产到销售都要符合城镇化的进程，并从农产品生产、流通、零售及政府作用四个方面着手，对农产品流通模式提出针对性的政策建议[248]。郎庆喜等基于供应链角度对城乡统筹背景下的农产品运作模式进行了创新，构建了一个基于信息平台，能够将农产品生产主体、流通主体、消费主体等各个节点相联系的网络，实现信息流、资金流及物流高效传递流通[249]。周晓晔等提出应该在城镇化水平不同的地区采取不同的农产品物流模式，在分析了新、旧农产品物流模式的基础上，基于沈阳各区的城镇化发展水平，分别为各区匹配了最合适的农产品物流模式[250]。李玲认为在新型城镇化背景下应该大力发展农超对接、订单模式、农社对接等农产品直销模式[241]。

总的来说，将新型城镇化与我国农产品物流发展相结合起来的研究较少，已有研究存在一定的不足和疏漏，一方面在分析新型城镇化对我国农产品物流的影响时，研究视角较为微观，研究内容主要集中于粗略地分析新型城镇化对基础设施建设、信息化建设、农产品消费的促进作用这些比较浅显的基本层面，或者利用统计数据，来研究二者在统计学上的因果关系，缺乏关于新型城镇化对我国农产品物流发展影响的深入探讨，未能揭示二者间的本质联系。另一方面，在以新型城镇化为背景研究我国农产品物流发展时，对新型城镇化这一背景的融合不够全面、不够深入，正如黄祖辉和刘东英所说，城市与乡村的分工是农产品物流存在的基础，而新型城镇化建设将对这一基础产生重大影响，从而对农产品物流产生深远影响，但却没有学者从此视角切入来研究[251]。

2.5 相关研究评述

结合本书的研究主题，通过对农产品物流和新型城镇化相关研究成果的梳理，发现国外的农产品物流体系、农产品物流模式较为成熟，他们目前的研究重点多集中于对成本的把控和对食品安全的监管，相对而言，我国农产品物流起步较晚，加上我国经济社会处于一个不断变动的发展期，国内的农产品物流体系和物流模式尚未成熟，国内学者在关注食品安全的同时更多地在研究我国农产品物流系统的构成、农产品物流系统的运作机理与发展演变，探索适合我国经济社会发展特征的农产品物流模式。此外，由于新型城镇化这一主题的特殊性，关于新型城镇化的研究成果主要集中于国内学者的论文中，重点探讨了新型城镇化的内涵、路径和模式及对我国经济社会的影响。总体而言，国内外学者在农产品物流与新型城镇化领域已经积累了丰富的研究成果，但仍存在着一些问题和不足。

（1）对于农产品物流系统构成及其演进机理分析不够深入。学者大多都赞同农产品物流是一个复杂、开放的系统，在不断与外界进行能量与信息的交换中实现演进，但是，学者对于农产品物流系统的具体构成仍存在争议，且缺乏对其演化机理的深入分析，明晰农产品物流系统的要素构成及其内部结构是一切相关研究的基础，理解农产品物流系统演进背后的原因能够更好地掌握系统的发展趋势，为政策制定者和企业经营者提供决策支持。因此，进一步解析农产品物流系统的构成，深入分析农产品物流系统的演进机理是非常有必要的。

（2）对于影响我国农产品物流演化根本因素的挖掘不够充分。首先，对我国农产品物流发展阶段缺乏一个明确统一的划分；其次，对于不同发展阶段下我国农产品物流的发展差缺乏全面的分析；再次，缺乏对影响因素之间关系的考虑，目前的研究都将因素放在同一个层次上去比对它们对我国农产品物流发展的影响，然而影响因素之间也是存在相互作用关系的，存在着现象与本质的联系，在理顺因素间层次关系的基础上，去考察影响因素的作用才是有意义的；最后，对影响因素的作用机制理解不够透彻，不同因素对我国农产品物流发展的作用方式、作用程度各不相同，即使是同一个因素在不同时期对我国农产品物流的影响也是存在差异的，需要纵观我国农产品物流发展历程，全面深入解析影响因素的作用机制。

（3）对于新型城镇化与我国农产品物流间关系的研究不够透彻。学者大多注意到了新型城镇化对我国农产品物流基础设施和农产品消费的影响，还有部分学者研究了农产品物流发展对城镇建设的支撑作用，但是缺乏对于二者之间更深层次作用关系的探讨。新型城镇化将引发社会结构、产业结构、人口结构等重大调整，必将引起我国农产品物流更深刻的变革，同时农产品物流作为解决农产品供需矛盾、提高农产品价值增值的重要手段，也会对我国的人口、社会、经济等方面产生重要影响，进而影响新型城镇化进程，因而有必要探索二者间深层次的影响机制。

（4）对于新型城镇化下我国农产品物流发展趋势的研究不够全面。新型城镇化作为影响现代化全局的大战略，事关我国经济、社会、人口等方方面面，对我国农产品物流发展的影响不仅仅表现为提高农产品生产集约化水平、完善物流基础设施和通信设备、扩大农产品消费规模、提高消费层次等浅显层面。新型城镇化还将影响我国农产品物流系统内部的要素形态、要素结构及系统的功能实现、农产品物流运作模式和农产品物流体系等更深层面。那么，在新型城镇化的影响下，这些因素的变化趋势是怎样的，最终会形成什么样的新形态，都是有待研究的问题，然而现有研究对上述问题却鲜有涉及。

（5）对于新型城镇化下我国农产品物流该如何发展缺乏针对性指导。虽然个别学者研究了新型城镇化下我国农产品物流的发展，但给出的建议多是基于某一特定视角，涵盖内容不够全面，并且提出的建议较为笼统，与抛开新型城镇化背景下的其他研究结论并没有大的不同，未能体现出新型城镇化这一时代特征，未能明确指出政策保障的关键，而且缺乏全局层面的发展战略制定。因而，需要将新型城镇化这一战略背景深入融合到我国农产品物流发展之中，从战略层面指明发展方向，从策略层面给出更有针对性的发展建议。

（6）对于共享物流在农产品物流体系创新中的应用的研究相对匮乏。当前的文献虽然提出了一些新的运作模式，为农产品物流体系创新提供了建议，但是这些运作模式并不能解决当前我国农产品物流发展过程中存在的资源分散、物流效率低下、物流服务质量相对低下、管控不足的问题，农产品物流体系创新的研究仍旧存在着空白。共享物流以整合资源、降低车辆空驶率的优点在实践中获得了一定的应用，将共享物流应用在农产品物流领域对于指导物流体系创新具有十分重要的意义。因此，需要明确农产品共享物流的运作特征和运作模式，为农产品物流体系创新提供理论指导。

（7）对于农产品共享物流平台支持价值创造的机理的研究仍然不足。当前共享物流的研究仍处于起步阶段，主要集中在共享物流的性质、特征、优劣势及网络优化和车辆路径优化等方面。虽然共享物流的提升资源利用率、降低车辆绕行率的优势获得了一定的关注，但是共享物流促进价值创造的具体的作用路径并没有相关的深入研究，特别是缺乏对共享物流平台价值创造机理的探讨。因此，揭示农产品共享物流平台支持价值创造的机理对于了解农产品共享物流的价值创造本质，明确农产品共享物流平台的重要作用具有十分重要的意义，并且能够为农产品共享物流的价值创造实践过程提供指导。

（8）对于应该重点整合农产品物流的哪些资源，如何整合这些资源，以及如何判断资源整合效果的研究不够深入。学者普遍认识到我国农产品物流资源存在结构性不平衡，表现为资源和服务的短缺与过剩并存，意识到资源优化整合对于提升农产品物流系统运行效率具有重要意义，但是具体到哪些是农产品物流资源整合的重点，如何对现有资源进行统筹优化，以及如何判断整合效果的问题，现有研究仍未能给出有效答案，加上新一代信息技术层出不穷的应用创新，使得资源整合的重点和渠道都与传统方式存在较大差异。因此，有必要面向我国农产品物流发展的未来趋势，结合新一代信息技术，明确农产品物流资源统筹优化的重点，给出相应的整合方式和整合效果评价方法。

第3章 新型城镇化与农产品物流的协同与耦合

3.1 新型城镇化的本质内涵

2011 年制定的《中华人民共和国国民经济和社会发展第十二个五年规划纲要》（简称"十二五"规划）提出坚持走中国特色城镇化道路，新型城镇化战略开始全面指导我国的城乡建设。2014 年，中共中央、国务院发布了《国家新型城镇化规划（2014—2020 年)》。新型城镇化成为我国现代化建设的重要战略背景，是新时代中国特色社会主义发展的重要实践。新型城镇化既是对传统城镇化发展模式的扬弃，是传统城镇化发展模式的升级版，又具有自己的新特征、新内涵。

3.1.1 城乡统筹的新理念

传统城镇化下城市病与农村病并存。传统城镇化建设存在两种倾向，一种倾向是，城镇化重点在"城"，拼命在"城"的一端做文章，圈地搞基础设施建设，努力扩大"城"的地理范围，使城市以"摊大饼"的方式快速膨胀；另一种倾向是，认为城镇化重点在"村"，忙于拆并村庄，建设大规模的农民集中居住区，强制农民搬迁上楼。这种只顾及城市或农村某一端的发展理念，一方面导致农村地区经济发展相对缓慢，农村基础设施和公共服务供给不足，农村土地撂荒现象和环境污染现象严重，"空心村"现象普及，农村主体老弱化严重；另一方面，城市地区人口膨胀、交通拥堵、环境恶化、住房紧张、就业困难等弊病日益凸显，呈现出农村病与城市病并存的困境。

城乡统筹是新型城镇化的新理念，意味着城市与农村的生产、生活方式和文明形态等的相互渗透与融合，实现农村和城市的资源互补、优势互补。新型城镇化摒弃剥夺农村的利益发展城市与完全依靠城市补贴农村的发展观念,把城市和农村看作一个发展的有机整体,坚持城与乡"两手抓、两手都要硬",形成以工促农、以城带乡、工农互惠、城乡一体的新型城乡关系。实现城镇化依靠农民,农民助推城镇化;城市包容农村,农村依托城市,体现出城乡统筹的重要理念。具体表现如下:一是城乡规划建设统筹,把城乡经济社会发展统一纳入政府宏观规划,改变当前城乡规划分割、建设分治的状况,协调城乡发展,促进城乡联动,实现共同繁荣;二是城乡产业发展统筹,打破工业、农业分属于城市与农村的二元格局,建立以城带乡、以工促农的发展机制,加快现代农业和现代农村建设,促进农村工业向城镇工业园区集中;三是城乡管理制度统筹,从体制上和政策上两方面着手,纠正当前的城市偏向,保护农民利益,建立城乡一体的劳动力就业制度、户籍管理制度、教育制度、土地征用制度、社会保障制度等,促进城乡要素自由流动和资源优化配置。

3.1.2　以人为本的新核心

传统城镇化虽然使农民在人居环境与职业选择上实现了巨大转变,但是农民的生活观念、社会保障、消费理念、思想觉悟等方面和城市居民相比差距仍然较大,大部分搬迁农民并未真正融入城镇,更谈不上享受城镇居民的公共服务;同时,受到交通拥堵、环境污染、治安治理难、就医难等诸多问题的困扰,城市居民的生活舒适度也在下降,城市病已经严重影响居民的生活质量。

以人为本是新型城镇化建设的新核心。新型城镇化区别于传统城镇化的关键一点在于:一切工作均以民生作为出发点和落脚点,致力于更好地满足人们的物质文化生活需要,促进人的自由全面发展和社会的公平正义,使全体人民共享经济社会发展成果。具体而言,就是在不损害城市居民生活质量的前提下,让更多的失地农民,实现真实角色的蜕变,完成从农民到市民的真正转化;让广大农民能够享受教育的城镇化、社会保障的城镇化、医疗的城镇化、公共服务的城镇化等;使得广大农民享受到城镇化带来的丰富资源。

3.1.3　注重质量的新内涵

注重发展质量是新型城镇化建设的新内涵。传统城镇化代价沉重,主要体现为粗放型工业化推动下城镇人口规模量的快速增长、城镇空间的无序膨胀、资源的大量消耗、城镇环境显著恶化,将近 10 亿亩[①]的农田却转移了不到 3 亿的农村

---

① 1亩≈666.7平方米。

剩余劳动力。新型城镇化对传统城镇化进行扬弃，追求质量的高层次城镇化，注重把生态文明理念和原则融会贯通到城镇化建设的全过程，走生态宜居、文化传承、节约集约、和谐稳定的可持续发展道路。

首先，新型城镇化彰显生态文明。新型城镇化强调人与自然环境的相互依存、相互促进、共处共融，主张建设以资源环境承载力为基础，以自然规律为准则，以现有山水脉络等独特风光为依托，让城市融入大自然，让居民望得见山、看得见水、记得住乡愁的宜居环境。

其次，新型城镇化重视文化传承。新型城镇化在融入现代创新元素的同时，重视保护城镇的"灵魂"，小城镇的产业选择和功能定位立足于当地的自然要素、自然景观、历史文化和民俗风情等资源，发展有历史记忆、地域特色、民族特征的生态城镇，把地域文化打造成城市的品牌和标志。在新型城镇化建筑风格设计上，要因地而异、因民族而异、因文化而异，巧妙地将历史文化与建筑风格融合，尽量避免城镇建筑风格千篇一律，注重彰显城镇的特色和个性。

再次，新型城镇化着眼于资源的节约集约利用。新型城镇化充分考虑了我国人多地少、资源、环境刚性约束凸显的现实，提出要改变以往高投入、高消耗、低效益的粗放型钢筋水泥式城镇化，转而走低投入、低消耗、高效益的集约型发展模式，大力推进土地、能源、水资源等资源节约集约利用，严格限制城市空间无序扩张和农村土地的过度开发，通过合理规划及科学引导，优化城市内部功能划分，提高单位面积人口承载量，注重拉动消费增长，追求城镇化的可持续发展。

最后，新型城镇化致力于营造和谐稳定的社会环境。以人为本的要求贯穿于推进新型城镇化的全过程，在此驱动下，改善就业环境，提高全社会就业水平，维护社会安全，建设和谐社会环境，优化供给资源配置，促进基本公共服务均等化，成为新型城镇化努力奋斗的方向和目标。

3.1.4　产城融合的新方式

我国的传统城镇化异化为房地产开发，各地争相建设超大规模的城市，使得传统城镇化过分依赖土地城镇化，以土地扩张为主要形式的"造城运动"成为传统城镇化发展的主要方式，进而出现了一个个产业上的"空城"，生活上的"睡城"，在交通上则呈现"潮汐化"状态，导致基础设施建设和服务配套缺失，城镇就业岗位的增加赶不上城镇新增人口的增长，城镇难以实现健康发展。

产城融合是新型城镇化建设的新方式。新型城镇化吸取了传统城镇化的经验教训，深刻意识到城镇发展不能是无本之木、无源之水，需要有合适产业为其提供物质基础，赋予其自我造血功能。新型城镇化坚持以产兴城、以城促产、产城相融的发展原则，立足于当地资源现状，合理选择和布局产业，营造宜居宜业的环境，以产业的聚集带动人口的自然聚集，使城镇发展与产业支撑、就业转移和人口集聚相统一，推进城市综合功能组团建设，培育城镇自我发展的内生动力。

3.1.5　城市群为主的新形态

城市群是推进我国新型城镇化进程的主体形态。2010 年国务院颁布了《全国主体功能区规划》，2014 年中共中央、国务院印发了《国家新型城镇化规划（2014—2020 年）》。城市群理论起源于法国地理学家戈特曼的 "大都市带"（megalopolis）概念，指的是城市发展到成熟阶段的高级空间组织形式。城市群一般而言是在特定地域范围内，围绕 1 个特大城市，加上 3 个及以上大城市，借助融会贯通的交通网络和信息通信网络所形成的空间组织紧凑、经济交往密切、高度一体化的城市群体。从《全国主体功能区规划》来看，未来我国城市和人口的布局将主要集中于三个国家层面的优化开发区域和十八个重点开发区域，其他大多为限制或禁止开发区域，同时《国家新型城镇化规划（2014—2020 年）》也明确指出发展集聚效率高、辐射作用大、城镇体系优、功能互补强的城市群，使之成为支撑全国经济增长、促进区域协调发展、参与国际竞争合作的重要平台，意味着城市群将成为新型城镇化建设的新形态。

以城市群为主体形态，促进大中小城市和小城镇协调发展，一方面，有利于优化城市内部空间功能，创新城市管理，防治交通拥堵等城市病；另一方面，有利于生产要素在更大空间范围内优化配置，促进产业分工协作体系的深化和产业链布局更趋合理，让不同地区之间充分发挥自身的比较优势，形成独具特色的优势产业；还有利于促进区域基础设施的共建共享，从而实现农村与城市经济社会协调发展。

与此同时，发达国家的实践已表明以城市群、都市圈为基础性概念的城市化发展战略模式不仅是可行的，而且是有效的。以美国为例，其五大湖和东北部两大城市群聚集了全美近 40%的人口；日本更是如此，其东京、大阪、名古屋三大都市圈所集聚的人口和经济规模均占全日本总量的 60%以上；还有英国，其一半人口集中分布在不足 1/5 国土面积的伦敦都市圈。

3.1.6　"两横三纵"的新格局

《全国主体功能区规划》和《国家新型城镇化规划（2014—2020 年）》均明确

提出构建以陆桥通道、沿长江通道为两条横轴，以沿海、京哈京广、包昆通道为三条纵轴的"两横三纵"为主体的城市化战略格局。

届时，20 多个重点开发的城市群在"两横三纵"的坐标轴上聚集，我国 40% 左右的城市及 80% 以上人口将分布在 19 个城市群，19 个城市群的地区生产总值占国内生产总值（gross domestic product，GDP）的 81.7%，其中 7 大世界级城市群将涵盖 10 亿人，经济总量超美国。第一，长江三角洲城市群，覆盖人口近 2 亿人，地区生产总值达到 6 万亿美元以上。第二，中原城市群，覆盖人口 2 亿人，地区生产总值约 4 万亿美元。第三，长江中游城市群，覆盖人口近 1.5 亿人，地区生产总值约 4 万亿美元。第四，京津冀城市群，覆盖人口约 1 亿人，地区生产总值约 3.5 万亿美元。第五，山东半岛城市群，覆盖人口约 1 亿人，地区生产总值约 3.5 万亿美元。第六，成渝城市群，覆盖人口约 1.2 亿人，地区生产总值约 3 万亿美元。第七，珠江三角洲城市群，覆盖人口 0.8 亿人，地区生产总值约 3 万亿美元。

3.1.7　小城镇主导的新模式

小城镇将成为新型城镇化的主导模式。新型城镇化既不是单从城市端发力，完全依靠城市对农村剩余劳动力的吸纳，也不是仅仅着眼于农村，致力于把乡村都变成城镇，把农民都变成市民，而是另辟蹊径，选择一种既不消灭农村，又不削弱城市，既不牺牲农业，又不阻碍工业，完全遵循工业与农业、城镇和乡村协调发展的新模式——小城镇主导模式。

这里的小城镇并不是一个行政区划概念，而是具有城市、乡村二重性，是广义的城镇概念，不仅指农村中政权最基本单位的镇，还泛指城市与农村之间的政权单位，可以是镇，可以是县，也可以是地级市和县级市，甚至是大城市区域内的城乡接合部、卫星城、新区或新城，根本点在于判断它们在连接农村与城市中是否起着纽带的作用，这也是与传统城镇化时期优先发展的乡镇的最大区别[252]。McGee 曾用"desakota"来概括这一特殊区域，他指出此类小城镇是发达国家不曾有过的类型，是一种新型的空间地域单元，属于城市要素和农村要素共同作用下形成的一个新的社会经济现象。这些小城镇将与大、中、小城市一起纳入统一的规模层次体系，并按照各自的结构功能吸纳和配置资源，使城镇化表现出要素配置层级化，契合新型城镇化所追求的全面协调可持续理念。

3.1.8　市场主导、政府引导的新动力

市场主导、政府引导是新型城镇化发展的新动力。传统城镇化是以政府全面

主导推进的，其弊端日益凸显，一方面，行政命令的方式扭曲了资源配置；另一方面，政府责任的缺失又导致城镇化缺乏良好的制度环境和公平的市场环境。新型城镇化则重新塑造了政府与市场的关系，厘清政府与市场的职能边界，构建"市场主导、政府引导"的新动力。

新型城镇化强调尊重市场，发挥市场这只"看不见的手"对合理配置生产要素的决定性作用，疏通城乡之间生产要素自由互动渠道。政府只在城镇规划、公共服务、秩序维护、市场监管、环境保护等方面发挥宏观调控作用，致力于创新制度建设、完善法律和政策、强化规划和调控，构建以市场推进城镇化的机制，营造良好的法律和政策环境，消除人口和生产要素自由流动及优化配置的制度障碍。

3.1.9　四化同步的新路径

四化同步是新型城镇化推进的新路径。传统城镇化走的是外向型工业化带动的发展道路，导致沿海地区率先发展，内陆地区相对落后；导致城市区域快速发展，农村区域更加落后；加剧了经济社会二元结构的对立。党的十八大报告提出坚持走中国特色新型工业化、信息化、城镇化、农业现代化道路，推动信息化和工业化深度融合、工业化和城镇化良性互动、城镇化和农业现代化相互协调，促进工业化、信息化、城镇化、农业现代化同步发展[①]。

第一，工业化是新型城镇化的基本动力，工业化能够吸纳农村剩余劳动力转移，促进小城镇的经济持续发展，为小城镇提供产业支撑，提高小城镇的自生长能力，为新型城镇化提供劳动力、资金及技术支持；第二，信息化是新型城镇化的加速器，信息化进程中涌现的高级人才，以及开发的先进信息技术给城镇发展注入了新的活力，信息化与新型城镇化的相互融合，不但能够优化城镇产业结构，转变经济发展方式，而且能够促进城市规划管理信息化、公共服务便捷化、基础设施智能化、社会治理精细化、产业发展现代化，推动智慧城市建设；第三，农业现代化是新型城镇化的坚实基础，农业现代化通过改善农业生产方式，变革农业生产经营关系，提高农业抗风险能力，解放农村劳动力，为新型城镇化提供土地、劳动力及粮食保障；第四，新型城镇化发挥着载体平台的重要作用，小城镇公共服务的完善会产生集聚效应，从而吸引人、财、物、信息等生产要素的汇集，最终成为新型工业化发展的空间载体，并为信息化的发展提供必要的硬件支持，成为信息化创新发展与发挥作用的平台，同时，新型城镇化有助于农村剩余劳动

① 《胡锦涛在中国共产党第十八次全国代表大会报告》，http://cpc.people.com.cn/n/2012/1118/c64094-19612151-4.html[2021-09-26]。

力的转移和二次就业，加速农业生产的规模化与专业化。

3.2 农产品物流系统的内涵及构成

3.2.1 内涵

农产品物流是沟通农业生产和农产品消费的桥梁，农业生产作为农产品物流发生的起点，直接影响后续物流活动的方式和效率；农产品消费作为系统运作的终点，指引着物流活动的方向和规模，农产品的生产、流通和消费三者紧密相关。因此，农产品物流系统并非只是包括流通过程中所涉及的分配与交换等中间环节，农产品物流系统应该是指在一定的时间和空间里，由包含农业生产至农产品消费全过程的农产品物流诸环节，以及所涉及的主体、物品、信息、设备设施、资金等若干相互联系、相互制约的要素构成的具有特定功能的有机整体。其中，主体、物品、信息、设备设施、资金等要素是农产品物流系统构成的基础，要素以一定形式联结构成了系统结构，系统结构反之会影响要素特征，要素与结构的多样式赋予了农产品物流系统多元化的功能。

3.2.2 要素

要素是构成农产品物流系统的基础，由于农产品物流系统是横跨农业、工业和物流服务等多个产业的复杂系统，因而，农产品物流系统的构成要素种类繁多，不仅涵盖以农户为源头到以消费者为末端的多个实体参与者，涉及物流园区、物流中心、批发市场、配送中心等多级物流节点，还包含流动于系统各节点的包括农产品、信息、资金在内的多个对象。在学者研究的基础上，本书根据农产品物流系统要素特征，将其分为主体要素、流动要素和支撑要素三大类（图 3-1）。

1. 主体要素

农产品物流系统的主体要素是指直接或间接参与到农产品物流活动中，或对农产品物流系统有影响的各类个体或组织，主要包括农产品物流服务需求者、农产品物流服务提供者和农产品物流系统影响者。根据所处供应链环节的不同，农产品物流服务需求者可以分为农产品生产的农户或组织、农产品加工制造企业、农产品批发商、农产品销售商和消费者个体；根据所提供的服务类型不同，农产

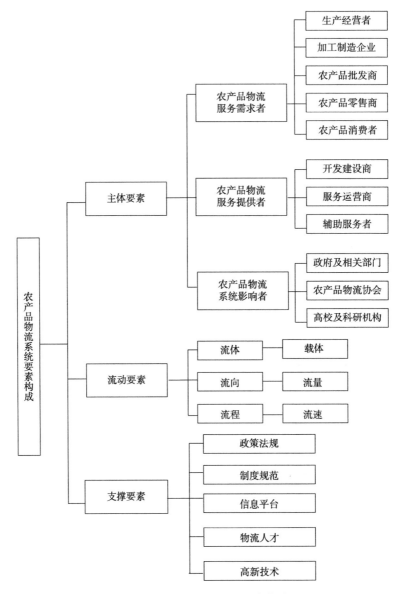

图 3-1 农产品物流系统要素构成

品物流服务提供者可以分为农产品物流开发建设商、农产品物流服务运营商和农产品物流辅助服务者三类；根据作用方式和作用程度的不同，农产品物流系统影响者分为政府及相关部门、高校和科研机构及行业协会。

1）农产品物流服务需求者

农产品物流服务需求者是系统能够维持运行的动力来源，他们提出农产品物流服务的时间需求、价格预算及所需要的运输、仓储、配送、流通加工等物流作业服务要求。农产品物流需求方的范围很广，城市中的任何一个行为主体，包括企业、居民，甚至政府都可能产生农产品物流需求。农产品物流服务需求者可根据其所处流通环节进一步分为农产品生产的农户或组织、农产品加工制造企业、农产品批发商、农产品销售商和消费者个体。

（1）农产品生产经营者。在农产品物流系统中，农产品生产经营的农户或组织占据重要地位。农业生产经营者作为农产品物流的源头，直接向加工制造企业提供原材料，或为流通下游提供初级农产品，农业生产者的重要地位还表现在其对于农产品初期生产和保存的控制，这对农产品全程高质量运输产生很大影响。自我国建立社会主义市场经济体制以来，农业生产一直推行家庭联产承包责任制度，个体农户成为农业生产的最小单元。截至 2016 年底，全国小农户数量占农业经营户总量的 98%，小农户农业从业人员占农业从业人员总数的 90%，户均经营耕地面积不到 10 亩，预计在今后相当长的时间内，"大国小农"仍将是我国的基本国情农情。生产经营规模较小、布局分散的个体农户模式导致农产品生产缺乏专业化、标准化，造成农产品流通环节繁多、信息传递损耗大等弊端。农村合作组织的出现为提升农产品生产者在产业链中的地位、提高农产品流通效率做出了一定的贡献，农村合作组织能够帮助分散的农户实现与市场环境有效对接，使其在产品交易中规避由信息不对称导致的利益损失，并且有助于农产品进行大规模流通。同时，我国农业适度规模经营的发展，推动了家庭承包经营的升级，衍生出一类具有自主经营、自我积累、自负盈亏和科学管理等企业化经济实体特征的新型农户家庭组织形式——家庭农场，带动了农业产业化龙头企业等新型农业经营主体竞相发展。截至 2016 年底，我国家庭农场、农民专业合作社、农业产业化龙头企业等新型农业经营主体共计 280 万个；新型职业农民总量超过 1270 万人，成为农业现代化的新生力量。

（2）农产品加工制造企业。农产品加工制造企业将初级农产品按其属性和需要加工转化成产成品或半成品，起到提高农产品价值增值水平、增加农产品物流经济效益的作用；同时，该主体也是保证农产品食品安全的关键一环。此外，作为生产者与物流商之间的纽带，农产品加工制造企业肩负着上联生产、下联市场的重任，企业的良好发展和经营，不但能够缓解农产品卖难和价格波动的问题，平衡农产品生产对于市场的供应量，驱动农产品物流的顺畅运行，而且对于农产品物流系统核心竞争力的构建、促进农民就业增收也起到至关重要的作用，加工制造企业还可以有效地连接分散的生产者和外部市场各类型的需求企业，在农产品生产、销售等各方面都能产生并不断放大规模效应。改革开放以来，我国农产品加工企业由最初的大群体、小规模、以家庭小作坊为主要生产方式的初级阶段逐步沿着规模化、产业化发展的道路改造升级。随着我国现代科学技术的不断进步，生物工程技术、冷冻保鲜、分子蒸馏等一大批高新技术在农产品加工产业中得到广泛应用，促使农产品加工程度精深化、产品结构多样化、农产品加工企业规模化，并催生了一批起点高、成长快、规模大的领军企业；同时，"一乡一业、一村一品"项目的实施提高了农产品商品化率，加快了农产品加工基地建设步伐，加速了农产品加工企业的集聚，产业地域特色显著，形成了以湖南辣味、安徽炒货、福建膨化、河南冷冻、四川豆制品等为代表的一批区域集中区和品牌。2016 年，我国规模以上农产品（年销售收入 2000 万元及以上）加工企业有 8.1 万家，主营业务收入达到 20 万亿元，实现利润总额 1.3 万亿元。在取得巨大成就的同时也要意识到，我国农产品加工业与发达国家相比还存在很大差距。加工专用原料少，规模化种植程度低，都限制着我国农产品加工业的规模发展，导致我国农产品加工企业规模普遍偏小；具有自主知识产权加工技术装备的缺乏又使得工艺水平难以大范围提高，致使我国农产品加工企业技术水平总体不高。

（3）农产品批发商。本书中的农产品批发商主要指在农产品物流系统中承担交易行为的一级批发商，其交易服务对象是再销售者，包括二级批发商、经营农产品的贸易公司、零售商、餐饮业及各种团体采购等单位，其业务特色为批量购进，批量销售。按其所在地，有产地批发商和销地批发商之分；按所有权性质，分为国有批发商、民营批发商、合股批发商等；按组织规模，有农民经纪人、农民专业合作社、社团组织、批发企业；按经营范围，分为农产品专业批发商和农产品综合批发商。农产品批发商处于农产品流通的中间阶段，为我国 90%左右的农产品中小生产者、85%以上的农产品中小经销商、95%左右的中小零售商，以及大型零售连锁企业经营的 40%～50%提供服务，是连接生产企业和零售企业的枢纽，是我国农产品商品化过程中不可或缺的环节，是促使农产品交易形成合理价格的核心，在调整产品品种结构，沟通农产品产需，平衡农产品供求，解决我国农产品小生产与大流通、单一品种生产与多样化消费需求矛盾方面起着任何组织都不可替代的作用。目前，我国农产品批发商绝大多数是个体户，大约 80%的农产品通过农民经纪人收购，农民经纪人规模小、数量多、流动性大，随着城市的规划发展，城市中的中小规模农产品批发市场在减少，而与现代化城市发展相适应的大规模、集聚功能强的专业农产品批发市场在不断升级完善，随之在市场交易的批发商数量、规模、专业化程度也呈上升趋势。以新发地为例，在该市场注册的各类农产品批发商（经销商、商户）约有 10 000 家，在 2011 年市场销售额 400 多亿元中，有 70%以上的销售额是由占 30%左右的大批发商（大经销商、大商户）实现的，大型农产品批发商（大经销商、大商户）已成为农产品批发市场发展的骨干力量。然而，我国农产品批发商的交易方式仍以最原始的"一手钱一手货"为主，实现的是农产品商品所有权的购入和售出，基本没有实现农产品商品所有权的委托或转移交易，这就导致用于农产品采购的流动资金占用过多，加之人工费用、地租、库存费、电费等经营费用大幅增长，使得农产品批发商的经营成本快速增加。

（4）农产品零售商。农产品零售商处于农产品流通的下游，负担着直接为最终消费者服务、迎合消费者动态需求的任务，其职能包括购、销、调、存、加工、分包、信息传递等；是联系生产企业、批发商与消费者的桥梁，在分销途径中具有重要作用。在我国市场化进程中，农产品零售业态逐步从最原始的沿街贩卖模式向农贸集市兜售再到大型连锁超市、生鲜果蔬超市、社区果蔬服务站配送及线上销售等现代化模式转变，农产品零售商也随之转型升级，发展演变成农贸市场、超市生鲜经营区、生鲜超市、社区菜店、农产品电商等多种形式并存的局面。人们最熟悉的要数传统的农贸市场，农贸市场的果蔬种类丰富、可选择商家非常多，而且价格低廉；超市生鲜区和生鲜超市是在最近几年发展起来的，与传统农贸市场相比，超市的购物环境更加整洁，商品的安全性有保障，价格会稍高一些，但是随着人们生活水平的提高和对食品安全的重视，人们对农产品价格敏感程度不断下降，农产品经超市销售的比重持续提高；人们生活节奏的加快及居住郊区化、集中化趋势的发展，使得社区菜店以其购物的便利性、灵活多样的经营方式、良好的卫生条件逐渐成为我国农产品零售的重要组织形式之一；同时，在这个电子商务迅猛发展的时代，在"互联网+农村"和"快递下乡"等政策推动下，农产品电商日渐进入了"春天"。根据中国物流与采购网的数据，截至 2016 年 3 月，全国共计 4000 多家生鲜电商企业，然而由于网购生鲜产品退换货的特殊性，以及线上购物存在食品安全难以保证、消费者维权困难等一系列问题，我国生鲜电商企业更多的是卖座不赚钱，只有 1%实现了盈利，而其他的 7%巨亏、88%略亏、4%持平。

（5）农产品消费者。农产品消费者不单指居民个体，还包括企业、政府、社会团体等组织，处于农产品物流系统的末端，其消费需求的满足是农产品物流系统功能实现的重要标志，同时处于末端的消费者对农产品物流系统前端的结构和运行会产生重大影响。第一，我国庞大的人口基数是农产品物流体量的保证，2011～2016 年，我国生鲜市场行业规模由 0.85 万亿元增长至 1.30 万亿元，市场规模保持着稳定增长的良好态势，每年约有 4 亿吨生鲜农产品进入流通领域；第二，居民对高品质生活的追求是农产品高质量生产和流通的驱动力，人们对农产品安全、营养的需要和口味追求促进了有机农作物、绿色蔬菜的品牌化生产，改变了农产品进入流通环节的最初性质，带动了农产品冷链物流的发展；第三，人们生产生活方式的改变对系统要素的联结方式产生重要影响，随着生活节奏的加快，加上居民购买习惯的改变，超市生鲜区或生鲜连锁超市里经过摘选、清洁、简单包装的初加工果蔬更受青睐，带动了农超对接、农企对接等产销对接模式的发展，同时，消费者网上购物习惯的养成衍生出了消费者到企业（customer to business，

C2B）、消费者对工厂（customer to factory，C2F）、B2C、企业对企业（business to business，B2B）、厂商到消费者（factory to customer，F2C）、线上到线下（online to offline，O2O）等农产品电子商务模式，催生一批专门从事农产品销售的电子商务型企业，以及为客户提供系统集成服务解决方案的虚拟物流企业。可见消费者需求的变动、对冷链物流要求的提高及消费习惯的转变，是农产品供应链整合日益完善、水平不断提升的重要动力。

2）农产品物流服务提供者

农产品物流服务提供者包括农产品物流开发建设商、农产品物流服务运营商和农产品物流辅助服务者。建设商根据市场需求建设农产品物流园区、农产品物流中心、农产品配送中心、道路、桥梁等网络中的点、线硬件设施，并不断根据农产品特有属性开发专业、高效的物流服务设备。农产品物流服务运营商利用建设商所提供的硬件设施及辅助者提供的软件资源，进行农产品的运输、仓储、配送、流通加工等实体物流服务和系统集成解决方案制订的虚拟物流服务，满足客户农产品物流需求[253]。农产品物流辅助服务者则为农产品物流网络系统的高效运作提供配套的技术支持，营造良好的运营环境。

（1）农产品物流开发建设商。农产品物流开发建设商的作用在于对物流基础设施的建设和管理，包括对农产品物流中心、物流园区和配送中心的选址与规模层次决策，对仓储、包装、运输、配送、装卸等功能设施建设和物流基础公共设施建设。农产品物流开发建设商主要包括节点设施开发建设商、交通道路开发建设商和物流设备制造商，部分建设商完成设备设施建设后会进行后期的招商入驻、运营管理和物业管理等工作。①节点设施开发建设商。节点设施包括农产品流通中所需的仓库、港口、物流中心、批发市场、配送中心等。早期的仓库多为物流需求企业自建，发展到现在，随着共享经济的兴起，资源整合力度进一步加大，部分企业将仓库外租用于存储流通中的农产品。对于大规模的、专业化的农产品物流节点设施建设，都是由工业地产商通过投标进行独立开发建设或者联合多主体开发建设。②交通道路开发建设商。交通道路、桥梁等线路设施的建设属于公共基础设施，建设商多为具有建筑资质的建筑工程公司，参与竞投标之后承包相关路段工程。③农产品物流设备制造商。物流设备是农产品物流作业的重要工具载体，根据作业环节的不同可分为：包装设备（如封口设备、贴标设备等）、仓储设备（如货架、室内搬运车、制冷设备、保鲜库等）、配送设备（如分拣机等）、运输设备（如货车、货船、冷链运输车等）、装卸设备（如起重机等）。农产品物流设备制造商一方面需要根据现代物流服务的市场需求，不断提升设备的信息化、智能化水平，提高设备的标准化程度和兼容性；另一方面要根据农产品特有属性，改进设备的温控功能，开发改进具有全程冷链等特制优点的专业化物流设备。

（2）农产品物流服务运营商。类比于国家标准《物流企业分类与评估指标》

（GB/T19680—2013）对物流服务运营企业的界定，农产品物流服务运营商是指能够按照客户的农产品物流需求完成运输、储存、装卸、配送、包装、流通加工等基本功能，具有组织管理运营能力，实行独立核算、独立承担民事责任的主体。农产品物流服务运营商是农产品生产、流通和消费发展到一定阶段，以现代物流技术和管理理论作为支撑，从农产品生产和流通中分离出来的、专门从事农产品物流活动的一类专业性物流组织，它以其专业化的优势，对于农产品从产出到消费的整个物流过程中农产品物流成本的节约具有重要的作用，同时，随着计算机网络技术和信息技术的飞速发展，虚拟物流逐渐兴起，为客户提供虚拟物流服务的虚拟物流企业应运而生，成为农产品物流系统顺利运行的关键一环，是负责承接农产品物流服务需求、调配农产品物流系统各类主体资源、指派具体任务的核心角色。因此，本书中所指的农产品物流服务运营商包括农产品物流活动的协调管理者和直接承担者。我国农产品物流服务运营商可以分为专门从事农产品物流活动的一类专业性物流组织和兼顾农产品物流的一般性的物流服务运营商；根据其承担的作业环节可分为虚拟物流服务运营商、运输型物流服务运营商、仓储型物流服务运营商、配送型物流服务运营商、快递型物流服务运营商和综合型物流服务运营商；根据社会化程度可分为农产品企业内部物流组织、专业的社会化第三方物流组织和半社会化物流组织（表 3-1）。

表 3-1　农产品物流组织的类型及其特征

分类方式	类型	内涵及特点
专业化程度	专业的农产品物流企业	专门从事农产品物流的企业，专业性强，冷链设备齐全
	一般性物流企业	农产品物流为该企业经营业务的一部分，业务综合性高，物流网络布局广泛
社会化程度	专业的第三方物流组织	专业进行社会物流市场需求的服务，核心业务明确，实行企业化管理，具有专业的物流水平和相应的物流网络
	半社会化的物流组织	企业内部组织机构的一部分，服务所在企业的同时承担企业外的业务获利
	企业内部的物流组织	农产品物流服务需求企业的一部分，专注服务于所在企业，企业的重要资源
服务运营环节	虚拟物流服务运营商	以计算机网络技术进行物流运作与管理，实现企业间物流资源共享和优化配置的物流方式。能够为客户提供系统集成服务解决方案，使客户的前端服务与后端的各项物流业务紧密地结合起来
	运输型物流服务运营商	完善的运输工具、便利的运输网络和运输管理能力
	仓储型物流服务运营商	较强的仓储作业、仓储资源整合能力
	配送型物流服务运营商	综合拥有运输和仓储的资源整合能力及简单加工作业能力
	快递型物流服务运营商	有高速运输工具和网络通道资源，通过信息化实现高效作业
	综合型物流服务运营商	拥有运输、仓储、配送、快递各环节资源整合能力和一体化作业管理能力，服务范围广，综合能力强

农产品物流服务运营商的活动内容由原来的节点运营和连线运营扩展为节点运营、连线运营和网络运营三种。节点运营指发生在节点设施内的物流活动，包括加工、包装、仓储、配送等；连线运营是指凭借运输工具将物品从一个地点运向另一个地点的物流活动；网络运营主要是指虚拟物流企业对整个物流活动的统筹安排。我国农产品现代物流经过近十几年的发展，目前已经形成了政府、企业和农业经济合作组织等多元农产品运输主体并存的发展趋势，虽然主体数量多，但大多数规模较小、服务水平较低、市场竞争能力较弱，难以聚合形成产业化的规模效益。统计数据表明，截止到 2017 年 9 月，中国物流与采购联合会评估的 A 级物流企业已达 5042 家，其中 5A 级物流企业只有 267 家，而这些 5A 级物流企业东部沿海地区较多，农产品领域数量极少，专业的农产品物流企业屈指可数。截止到 2017 年，英国的物流市场份额中有 76%是由第三方物流共享的，美国的第三方物流占其整个物流市场总量的 58%，而日本的这一比例更高，为 80%。2017 年我国第三方物流尚不足全国物流量的 20%，在农产品现代物流市场，第三方物流发展的情况则要更差一些。我国农产品现代物流主体培育的不健全也成为市场交易成本居高不下、交易效率难以提升的瓶颈性难题。

（3）农产品物流辅助服务者。农产品物流辅助服务者包括物流信息系统开发公司、物流咨询和培训类企业、金融机构，为农产品物流网络系统的高效运作提供配套的技术支持，营造良好的运营环境。物流信息系统开发公司借助信息技术、网络技术等专业优势能够为农产品物流系统提供订单管理、仓储与分拨、运输与交付、退货管理、客户服务及数据管理与分析等服务；物流咨询和培训类企业在培养高级物流管理人才、物流执行型与操作型人才方面发挥重要作用，该类企业能够通过建立虚拟物流人才库实现对物流人才的有效配置，从而更好地为系统提供智力支持；金融机构尤其是从事农产品物流金融业务的机构能够将物流服务、结算服务、融资服务、风险管理服务及保险服务融为一体，降低农产品物流运营资本风险，引导社会资本流向农产品物流领域，从而提升农产品物流整体绩效。

3）农产品物流系统影响者

农产品物流系统影响者包括政府及相关部门、农产品物流协会、高校及科研机构。这些个体和组织在物流的过程中或是持有物质要素，或是拥有物质要素的所有权，或是能够促进农产品物流系统的高效运作，或是对农产品物流系统抱有更高的期望，抑或是对农产品物流系统的运作具有规范和监管的权力。

政府及相关部门对农产品物流系统进行总体战略规划，包括节点设施的选址和面积，以及交通道路的建设规划，政府是铁路、公路、港口、机场等物流基础设施的主要投资者，并派出相关政府工作人员作为农产品物流系统管理成员，政府推出的农产品物流行业规范、税收、路桥费、企业扶持等政策都将影响农产品物流建设商和农产品物流服务运营商的决策行为。例如，国家对食品安全问题的重视强化了农产品物流系统的全程追踪监控、卫生检验检疫、信息全程可追溯和全程冷链的功能。同时，政府在协调农产品物流利益相关方之间的矛盾和冲突方面发挥重要作用，政府的目标是总社会收益最大，当社会利益受到损害时，政府会通过一些管制政策来缓解由农产品物流带来的交通拥堵，政府也会增加物流基础设施、物流教育和科研投入，或减税、提供优惠利率贷款等以促进企业的发展。

农产品物流协会可以作为政府、客户和物流服务提供商之间的沟通媒介。向上和政府沟通，将农产品物流服务企业的运行需求向政府反映汇报并提出建设性的意见，并协助政府制订和实施城市内物流行业发展规划、产业政策、行政法规和有关法律；向下和企业沟通，将客户资源及市场需求介绍给农产品物流服务企业，并为物流服务企业提供专业的人才、技术支持；向内参与行业规范、政策、法规等规章制度的制定和农产品物流企业等级的评价，担负着标准修订、监督、资格审查和签发证照、行业统计、行业基础调查等职能；向外充当农产品物流系统的信息交流平台、政企沟通平台和服务方案咨询平台。

高校及科研机构作为智囊团，为农产品物流系统的协调运营管理提供建议，为政府出台规划和政策提供借鉴方案，为农产品物流客户提供服务解决方案。

2. 流动要素

流动是物流系统永恒不变的主题，农产品物流系统的流动要素是实现物资在时间和空间上转移的必备条件与具体体现，是农产品物流系统运转效率的评价依据，主要包括流体、载体、流向、流量、流程和流速。

1）流体

本书所指的流体不仅指物资实体，还包括伴随实体流动而产生的信息流。在农产品物流系统中，物资实体即指农产品，尤其是以生鲜果蔬类为主的初级农产品，是系统的核心要素，决定了农产品物流系统的规模和特性，并且直接影响系统其他要素的投入和特征。相比于一般商品，农产品除了具有社会属性和商品属性外还具有易腐蚀、难贮藏、易受损等自然属性，加上农产品生产的脉动性与消费的连续性、农产品生产与消费的地域性差异、农产品品种的多样性、农产品的易腐性和需求的不确定性，使得农产品物流区别于工业品物流，具有自身的特性。

信息流是农产品物流系统运行中人们采用各种方式进行的信息交流，从面对面的直接交谈到采用各种现代化的传递媒介，包括农产品信息、交易信息的收集、传递、处理、储存、检索、分析等渠道和过程，信息流是系统的神经，遍布系统的各个层次、各个方面，具有连接、调控和辅助决策等功能。

2）载体

载体即承载农产品运输的设备和这些设备据以运作的设施。载体可以分为两类：一类载体是指基础设施，如铁路、公路、港口、车站、机场、物流中心、批发市场、配送中心及具有集散功能的农业生产基地等，它们大多是固定的，其选址和规划需要根据当地产品的特点、消费的特点和现有交通运输状况而定，具有一定的地域属性；另一类载体是指设备，即以第一类载体为基础，直接承载并运送农产品的设备，如车辆、船舶、飞机、装卸搬运设备等，它们大多是可以移动的，运输设备的选择需要与产品特性相匹配。

交通运输基础设施持续完善。交通运输部发布的《2016年交通运输行业发展统计公报》显示，截至2016年底，全国铁路营业里程达到12.4万公里，其中高铁营业里程超过2.2万公里；公路总里程469.63万公里，全国四级及以上等级公路里程422.65万公里，占公路总里程的90.0%，其中高速公路里程13.1万公里；内河航道通航里程12.71万公里，港口拥有生产用码头泊位30 388个；颁证民用航空机场达218个。但是在村镇地区，仍有40%以上的农村公路的路面依旧存在长期严重破损未修复、路距窄、路况差、交通阻滞等问题，导致农产品进城过程艰难，增加了农产品出村的损耗，严重阻碍着农产品现代物流在城镇化进程中的发展。

2020年7月，商务部公布的数字表明，全国现有农产品市场4.4万家，其中批发市场4100多家，年交易额在亿元以上的批发市场有1300多家，农贸市场、菜市场和集贸市场近4万家。2019年批发市场交易额达到5.7万亿元，交易量9.7亿吨，市场内各类经销商户有近240多万个，吸纳就业人员近700万人。约七成农产品经由批发市场分销，农产品市场仍然是农产品流通的主渠道。

运输设备配置持续升级。物联网技术、信息技术的完善提高了农产品运输车辆的智能化控制水平，利用RFID可以实时监控在途农产品的温度信息情况，并为其自动选择最佳送风条件；全球定位系统（global positioning system，GPS）能够实时掌握车辆在途情况，解决车辆的合理调度问题。卫星定位及遥感遥测技术等工业物流技术也开始向农产品物流领域嵌入，开发形成集监控、查询、搜索为一体的全国农资现代流通电子"网络地图"，实现了农产品物流的高效率与及时性。农业系统在中国农业信息网创建的"农产品网上展厅"和"农产品供求一站通"平台的支持下，有效地推动了消费端与供给端的对接。农产品现代物流信息化的发展也有助于农户进行及时的监管，不断增强农产品市场监测和信息服务能力。同时，科学技术的进步、制冷技术的发展推动了我国机械制冷向电子制冷的技术革新，加速了冷链运输车型由冷藏改装车向高效、环保、轻量化的冷藏半挂车改良，但是与发达国家相比，农产品物流的冷藏储量、冷藏能力与冷藏车数量仍存在较大差距。我国生鲜易腐农产品的冷藏运输率在 30%左右，而美国与日本的冷藏运输率为 100%和 90%，造成我国每年约有 1200 万吨水果和 1.3 亿吨蔬菜的浪费，在流通中损耗的蔬菜总价值至少为 100 亿美元，可满足近 2 亿人的基本营养需求。

3）流向

流向即农产品转移的方向。本书所指的是由农产品生产者到农产品消费者的正向物流，我国农产品产地分布广，农产品消费遍布全国，非常分散，使得我国农产品物流的流向随机性较大，呈现复杂的网络结构。

4）流量

流量即通过载体的农产品在一定流向上的数量表现，与农产品生产和消费的数量有关，反映了农产品物流系统的规模。鉴于我国庞大的人口基数，加上农产品集中生产与分散消费的矛盾，长期以来我国农产品物流规模较大。随着农产品生产水平的提高及居民生活水平的不断提升，消费者对生鲜产品的需求不断增长，进一步扩大了农产品物流流量。以 2014 年为例，我国蔬菜 7 亿吨，各类水果 1088.3 万吨，这些农产品 80%以上都要转化为商品，形成巨大的农产品流量。

5）流程

流程是农产品物流路径的数量表现，即农产品物流经过的里程，与农产品生产端和消费端的多寡及二者间距离的远近有关。相当长的一段时间内，受到交通条件、运输成本、储存技术等因素的限制，农产品尤其是新鲜果蔬类农产品的流通距离十分有限，多为有限区域内的近距离流通。随着我国交通基础设施的完善，运输设备的更新升级，居民食品消费的多元化、个性化，以及具有地域特色的区域品牌农产品的推广，大多数农产品已经实现了地域性生产与全国性消费，农产品流通距离大幅增加，农产品物流里程增长显著。

6）流速

流速即农产品流动的速度，与载体的选择直接相关，在一定程度上反映了农产品物流系统运行的效率。农产品在系统中的流动速度会直接影响农产品的价值和使用价值，农产品在物流过程中停滞的时间越长，品质下降得越多，即使有冷藏措施，品质也可能难以保证，品质的下降自然带来价值的损失及收入的降低。随着运输载体由人力车、大货车、高速铁路到飞机的逐步升级，以及中介组织的不断完善，我国农产品流动的速度大幅提高。

3. 支撑要素

农产品物流系统的有效运行需要有许多支撑手段，特别是在复杂的经济社会中，要保障农产品物流系统的地位，就离不开与其他系统的协调统筹，离不开政策法规体系、组织管理、标准化体系等规章制度支持；需要信息技术、网络技术、保鲜技术等高新技术支持；需要银行质押、技术咨询、方案制订等中介服务支持；需要技能培训、人才选拔、科技创新等知识要素支持；同时还需要资金、土地等资本的支持。

1）政策法规体系

保证农产品物流系统的平滑运转离不开国家出台的政策法规约束。政策法规的实行不但能够提供完善的运行环境，还能够引导农产品物流系统向着健康良性的方向持续改进。高效的管理监管制度、规范的食品安全准则、严格的运输温控要求、明确的产权关系等一系列政策法规都为农产品物流运行营造了良好的环境。例如，我国的农业合作经济组织正是在《中华人民共和国农民专业合作社法》的强力推动下逐步发展壮大起来，农民专业合作社的出现不仅缓解了农业小生产与农产品消费大市场的矛盾，而且保障了弱势农户的利益，提高了农产品物流系统运行的效率[117]。

近年来，我国先后出台了一系列与农产品物流发展有关的政策意见（表 3-2），所涉及的内容包含了农村专业合作组织建设、农产品现代流通体系完善、农产品质量标准体系建设、"农校对接""农企对接"等产销地直接配送模式的探索、农产品冷链物流发展、全国农产品流通骨干网络规划、农产品物流技术培训、鲜活农产品冷链物流设施完善等方面，为我国农产品物流的快速健康发展提供了重要的制度保障。

表 3-2　部分涉及农产品物流发展的政策举例

年份	政策
2002	《关于印发进一步加快农产品流通设施建设若干意见的通知》
2004	《全国商品市场体系建设纲要》
2005	《关于加强农产品市场流通工作的意见》
2007	《国务院关于加快发展服务业的若干意见》
2008	《关于加强农村市场体系建设的意见》
2009	《物流业调整和振兴规划》
2010	《农产品冷链物流发展规划》
2011	《中华人民共和国国民经济和社会发展第十二个五年规划纲要》《关于促进物流业健康发展政策措施的意见》《国务院办公厅关于加强鲜活农产品流通体系建设的意见》

年份	政策
2012	《关于鼓励和引导民间投资进入物流领域的实施意见》《国务院关于深化流通体制改革加快流通产业发展的意见》
2013	《商务部办公厅关于 2013 年加强农产品流通和农村市场体系建设工作的通知》《工商总局关于加快促进流通产业发展的若干意见》《全国物流园区发展规划（2013—2020 年）》
2014	《物流业发展中长期规划（2014—2020 年）》《蔬菜市场预测及 2014 年工作重点》《关于进一步促进冷链运输物流企业健康发展的指导意见》《关于进一步加强农产品市场体系建设的指导意见》《关于全面深化农村改革加快推进农业现代化的若干意见》《国务院办公厅关于促进内贸流通健康发展的若干意见》
2015	《物流标准化中长期发展规划（2015—2020 年）》《全国农产品市场体系发展规划》《关于加大改革创新力度加快农业现代化建设的若干意见》
2016	《中共中央 国务院关于落实发展新理念加快农业现代化 实现全面小康目标的若干意见》
2017	《中共中央 国务院关于深入推进农业供给侧结构性改革加快培育农业农村发展新动能的若干意见》

2）农产品物流制度规范

农产品物流制度规范是相关政策法规体系落地的具体体现，约束着主体要素在交易中可能出现的任意行为和机会主义行为；制定系统操作环节（如包装、装卸、运输等）的工作标准，制定系统运输装卸设施、机械装备、专用工具等流动要素的产品规格和技术标准，影响着农产品物流系统组织及管理方式。完善的制度对于协调供需双方的商务活动、减少交易成本具有重要作用。

3）信息共享平台

信息流是农产品物流系统的神经，遍布系统的各个层次、各个方面，对系统的运行产生牵一发而动全身的影响。系统信息共享平台能够实现信息的实时采集、传输、发布、分析和应用，能够有效连接各类主体，保障农产品物流顺利运行。各节点企业还可以在平台上获晓行业相关的政策法规、衍生的新兴技术、出台的各项规则和标准及市场供求、价格变动等方面的全方位的信息，减少了由信息不对称引起的供需失衡，提高了主体之间对接沟通的效率，具备服务与监管两项功能[117]。

2014 年 2 月 17 日，由商务部主办的全国农产品商务信息公共服务平台（简称全国平台）正式开通，成为政府对涉农公共信息服务发挥指导作用的重要载体，全国平台由"信息发布、购销对接、咨询互动"三大基础功能构成，下设农业资讯、购销信息、采购大厅、价格行情、区域农产、培训课堂、咨询互动、省市子站八个频道，通过发布海量涉农数据、建立行业专题平台、手机无线应用、网上网下常态化对接等功能与服务，共享内部资源、汇聚社会力量，为农产品流通环节的涉农商家提供全方位数据信息，使信息服务更加贴近农民的生产和生活，为农产品生产、流通、推广等各环节提供一站式线上服务，起到帮助农产品供需双方更好地实现良性互动和日常对接，拓宽农产品销路，促进农产品流通，带动农村经济发展，帮助农民增收的作用。此外，各省根据本地区农产品物流的发展情况建立了相应的公共信息平台，致力于实现数据交换和信息共享，优化配置农产品物流资源。但是我国农户分散经营的现实，增加了碎片化信息聚合的难度，"信息孤岛"现象较为常见，农产品物流信息服务平台的建设和推行举步维艰。

4）物流人才支持

人才是农产品物流系统高效运转的根本。科学技术的创新在人才，系统发展方向的确立在人才，资源的有效配置在人才，信息的有效分析和正确应用在人才，大政方针的出台更是需要人才发挥主观能动性，因地制宜、因势利导地制定出顺应系统演变规律、符合系统发展需要、提高系统运行效率的政策法规体系。农产品物流系统所包含的人才要素不单指与物流行业有关的高级物流管理人才、物流执行型与操作型人才，还包括科研人员、网络工程师、建筑工程师、法律顾问等各类人才。

我国农产品物流人才培养，尤其是专业农产品物流和农产品冷链物流方向的人才培养仍处于探索阶段，国内从事农产品冷链培训的机构屈指可数，开设专门的农产品物流方向的高等院校较少，并且开设该专业院校的课程体系以物流管理专业通用课程为主，仅仅增加2～3门与农产品物流相关课程，如农产品物流、冷链物流运营实务、农产品物流技术、农产品加工与包装等，尚无专业的农产品物流实践学习和实训条件。并且当前农产品物流从业人员的运作与管理水平普遍不高，对专业化的农产品包装、保存温湿度等技术要点，以及专业的装卸搬运设备掌握不熟练。

5）高新技术支持

多数鲜活农产品采后还存在着有氧呼吸、含水分高、易腐烂变质、怕挤压等自然属性，这些自然属性分别对农产品的包装、存贮、运输等物流活动产生了很大的限制，这就需要依靠通风技术、干燥技术、气调保鲜（modified atmosphere packaging，MAP）技术、真空保鲜技术、高效保鲜剂、辐照技术、高压储藏技术、减压储藏技术、生物保鲜技术、冷链技术、包装技术（防潮、充气包装技术、无损包装技术、规格包装技术、环保包装技术）来减少农产品在运输和存贮中发生的变质现象，延长农产品最佳赏味期。此外，居民对食品安全的重视和国家对食品全程可追溯的现实要求，又对农产品生产和流通信息的及时传递、获取与分析提出了更高的要求，需要栅栏技术、农产品安全监测与快速检测技术及发达的信息网络技术做支撑。

除此之外，农产品物流系统的正常运转离不开资金、土地等资本的大力支持。农产品流通过程中所需的冷藏车、冷藏集装箱、冷库容量具有一定的专用性，资金投入较大。农产品物流中心、农产品综合物流园区、农产品配送中心的建设也需要雄厚的资金和充足的土地作为支撑。

3.2.3　结构

尽管学者在系统结构的定义上存在分歧，但都认同系统结构与系统要素互为表里这一观点，赞同系统结构反映的是系统要素之间的关联方式，要素的关联方式不同，形成的系统结构就不同。由此，本书定义农产品物流系统结构指的是为实现某种特定的农产品物流功能而在系统要素之间形成的特定关联方式。对要素相互间关系的分析是揭示系统结构的主要方式，然而现有的关于农产品物流系统结构的研究大多限于介绍该系统由输入、转化、输出三部分构成，研究过于宏观，缺乏对系统内要素之间关系的深入探讨。

一方面，系统不同类型要素之间存在着复杂的供需、支撑、保障、制约等关系（图 3-2）。首先，主体要素中的农产品物流服务需求者提出对农产品物流规模、质量、服务等方面的要求；其次，主体要素中的物流服务运营商在开发建设商提供的载体，以及物流辅助服务商与物流系统影响者共同提供的支撑要素的支持下开展物流活动，产生流动要素，满足农产品物流服务需求者的诉求，并且物流服务运营商的活动受到流动要素和支撑要素的制约；同时，流动要素为物流辅助服务商、物流系统影响者与物流开发建设商的决策制定提供数据支持。

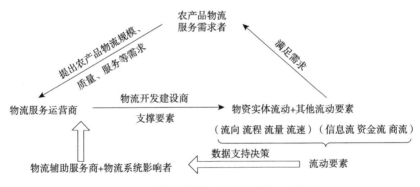

图 3-2　系统不同类型要素间的相互关系

另一方面，同一种类型要素内部之间的联结方式多种多样，尤其以主体要素之间、流动要素之间错综复杂的联结关系最为突出。

1. 主体要素间的联结方式

主体要素间不同的联结方式和作用关系主要体现在对流通权力结构的分配上，决定了农产品物流运作的具体模式，是系统结构的本质体现。根据农产品物流系统主体要素在合作方式、交易状态、协调手段等方面的差异，可将其联结关系分为以下四种（图 3-3）。

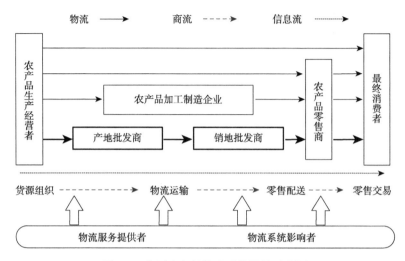

图 3-3　我国农产品物流系统结构示意图

线条粗细代表该渠道所占比重大小，线条越粗该渠道占比越大，反之亦然

1）农产品生产经营者+最终消费者

农产品生产经营者直接与最终消费者相连的去中间化结构，构成了系统最简单、最短的运作模式——直销。按照出现时间的早晚，去中间化结构可以进一步分为三种具体形式，一是传统的自产自销，该形式自古就有，主要表现为个体农户沿街贩卖自产农产品，目前在交通不便利、经济不发达的地区仍较常见，虽然该模式流通环节很少，交易成本低，但农产品质量安全难以保证，农产品品质不稳定，市场供给难以有效对接消费者需求，农产品卖难现象时有发生，农民无法获得稳定收益。

二是以"农校对接""农企对接""农社对接"为代表的直销模式。2009 年教育部办公厅、农业部办公厅和商务部办公厅联合下发《关于高校食堂农产品采购开展"农校对接"试点工作的通知》（教发厅〔2009〕8 号），"农校对接"项目全面展开，与此同时，农民合作社直供大型企事业单位食堂的模式受到大力推广。"农企对接""农校对接"减少了有关单位的农产品采购环节，降低了中间费用和单位食堂采购成本，能更好地保障学校、军队、企业食品安全和饭菜价格的稳定，对于农户自身解决农产品销售困难的问题也能给予有效帮助，但是在此过程中，农户的谈判能力比较弱，利益得不到保障，并且农户违约现象普遍，合作周期往往较短，单纯依靠一纸合同建立的购销关系并不稳定。

"农社对接"又可以称为"从农场到社区"的销售模式，它主要是以农村合作社为媒介，以"社区直通车"的形式将农产品直接从农地送到居民社区，该模式自 2012 年全面启动以来受到了城镇居民的广泛好评，然而该模式加大了社区的管理难度，在车辆通行、环境卫生、用水用电、经营场所等方面受到了诸多限制，并且"农社对接"对供应端和消费端具有一定限制，一般仅适用于毗邻城市、具有一定运输能力的农民专业合作社，适配社区一般是人口密集的社区。

三是以 C2B/C2F 模式、O2O 模式、B2B 模式、B2C 模式（分平台型 B2C 和垂直型 B2C 两种）和 F2C 模式为代表的电子商务模式。在此过程中，消费者借助互联网平台通过农民合作组织与农户对接，或者消费者直接与农户个体对接。C2B/C2F 模式即消费者定制模式，农户根据会员的订单需求生产农产品，然后通过家庭宅配的方式把自家的农产品配送给会员，能够降低农户生产经营风险，但受制于场地和非标准化生产的影响，市场发展空间有限。B2C 模式即商家到消费者的模式，它是经纪人、批发商、零售商通过网上平台出售农产品给消费者或专业的垂直电商直接到农户采购，然后出售给消费者的行为，此类模式又可以细分为两种经营形式：一种是平台型 B2C 模式，如天猫、京东、淘宝；另一种是垂直型 B2C 模式（即专注于售卖农产品的电商模式），如我买网、顺丰优选、本来生活等，此模式需要有一定的流量基础，对供应链整合能力要求较高。B2B 模式即商家到商家的模式，它是商家到农户或一级批发市场集中采购农产品然后分发配送给中小农产品经销商的行为，该模式主要是为中小农产品批发或零售商提供便利，节省其采购和运输成本，但也需要一定的网络流量基础，需要较强的供应链和信息服务。F2C 模式也称为农场直供模式，农产品直接由农户通过网上平台出售给消费者，能够快速获取消费者信任，但对农产品质量和服务提出较高要求。O2O 模式也称为线上线下相融合的模式，即消费者线上买单，线下自提的形式，受到城市居民尤其是上班族的欢迎，但该模式地推成本较高，要求自提柜具备保鲜制冷能力，前期投入和后期维护成本较大[254]。

2）农产品生产经营者+农产品零售商+最终消费者

农产品生产经营者通过农产品零售商与最终消费者对接的双段三元结构，按照流通规模大小，可以进一步划分为两种具体形式，一种是规模较大的农超对接模式，另一种是规模较小的集贸市场模式。

农超对接是指超市通过农民合作组织与农户个体生产者对接，这种模式是连接农产品供应链的上游和下游，实现快速部署新鲜农产品的形式。超市本身就具有经营标准化、加工方式安全和包装方便、卫生等优势，加上众多大型连锁超市已建立超市生鲜农产品加工物流配送中心，形成清洁、分拣、加工、包装和分销业务形式，能够实现快速高效的生鲜农产品配送，有利于新鲜农产品在整个分销链中始终是低温状态，大幅减少农产品在流通中产生的损失，保证了生鲜农产品的质量安全，降低了农产品物流运输成本，将更多利益留给农民和消费者。同时，超市借助于综合信息管理系统进行消费者信息的采集、分析、处理，准确掌握农产品销售终端市场信息，并将之反馈给农产品生产基地，降低农业生产的盲目性，提高农产品产销对接的有效性。然而，农民的质量管理意识同超市的要求差距甚远，对农产品的培育和农药的使用及与产品的分类分级难以很好地满足超市要求，使得大力推行该模式存在一定困难。并且，即使超市掌握了对农产品上游环节的控制，但是如何保证新鲜的农产品快速运输到超市，是冒着投入成本高但是控制能力强的风险自建物流？还是损失部分话语权依赖专业的第三方物流？种种决策都考验着超市对整条供应链物流配送的管理能力和组织水平。

集贸市场模式主要表现为农户通过就近的集市等贸易场所将所生产的农产品销售给消费者，是一种较为传统的物流运作模式。这种模式下农户个体兼顾生产者、运销者和零售者三重身份，零售商上门收购农产品再自行运输到市场上贩卖，农产品从地头到市场的流通速度较快，产品较为新鲜，但生产水平低下、运输及仓储设施缺乏、流通加工程度较低等原因，导致农产品损耗较大，产生的废弃物较多，且流通范围有限，只能在局部范围内适用。而且此类农贸市场多集中于老城区，市场设施较为陈旧，运输车辆频繁出入对当地居民生活造成一定负面影响，对地区社会管理造成一定压力。

3）农产品生产经营者+农产品加工制造企业+农产品零售商+最终消费者

农民把他们的产品销售给加工制造企业，加工制造企业再把成品分销给零售商，这种模式以农产品加工制造企业为核心，它连接初级农产品和与其有关的农产品批发及零售企业，有些农产品加工制造企业甚至自设零售店，直接面对消费者和国外的进口商业机构，如中粮集团有限公司、河南双汇投资发展股份有限公司等。这种模式有以下特点：第一，农产品加工制造企业为农业生产者提供除农产品本身外几乎所有服务，涵盖种子、技术指导、物流金融和运输服务，既保障了农产品质量，又降低了农户的市场风险，但对于农产品生产者的素质有一定要求，而且多是针对特色农产品的加工，受众范围有限；第二，农产品加工制造企业构建了物流平台、信息平台甚至是销售平台，使得农产品物流产业化链条更加紧密，环节间利益冲突现象大幅减少，生产者到消费者之间的时空距离缩短，交易环节得以压缩，交易费用降低，物流效率提高；第三，农产品经过龙头企业深加工，实现更进一步的增值，提高了农产品物流产业链整体的收益水平。

4）农产品生产经营者+农产品产地批发商+农产品销地批发商+农产品零售商+最终消费者

农产品从生产经营者经过本地批发商，运转到销地批发商，再经由销地零售商最终到达消费者的"散—聚—散"模式是目前我国农产品物流系统运作的主要形式。这种模式的实质是批发商主导，产地批发商、销地批发商发挥着重要的信息传递作用，掌握着农产品生产与零售两头渠道，对农产品市场供需具有重要影响。在此模式下，分工在地域之间进一步深化，产地批发商上门从农业生产者手里收购各类农产品，或是生产者自行将产品运输到中转站，再将农产品批量销售给销地批发商，销地批发商再将收购的农产品重新分配给销地零售商。这种模式的物流半径明显扩大，受众范围显著增加，在一定程度上符合我国农业生产与农产品消费的发展现实，有利于缓解农产品生产的分散性、地区性、季节性与农产品消费集中性、全国性、常年性的矛盾。

然而，这种"双市场"模式的物流环节较多，每一次主体的转变都伴随着运输工具的转换、包装的变化、物流服务提供者的转换、农产品频繁装卸及存储等，不仅延长了物流时间，降低了农产品质量，而且增加了农产品在流通中的损耗。同时存在多次的主体协商，发生信息不对称现象的可能性也随之加大，交易成本和管理成本随之增加，留给农户的利润空间较小且最终消费者需要支付较高的物流成本，导致农户和消费者的利益均受到损害。此外，农产品来源分散、单体规模小，使得农产品生产标准难以统一，产品质量安全监管难度大，不利于建立农产品全程可追溯体系。

在以上四种结构关系中，农产品物流服务提供者和物流系统影响者都起到重要的支撑和保障作用，是维持系统结构稳定的重要保障。其中，专业化的第三方农产品物流企业，不仅能够提供运输、仓储管理、配送等一般性业务，而且有能力整合农产品物流的各个环节，提高环节间的对接效率，基于物流信息管理系统的第四方虚拟物流企业甚至能够提供一个完整有效的农产品物流解决方案，通过对现有资源和物流运作流程进行整合和再造，实现资源利用的最大化，达到农产品物流系统的全局最优。此外，不论哪一种结构关系，系统的物流作业都主要是在商流的指导下展开的，流程依次经过货源组织—物流环节—配送环节—零售环节。

2. 流动要素间的连接方式

农产品作为物流系统的核心要素，在商流的作用下转化为同时具有社会属性与自然属性的商品。农产品的自然属性决定了载体的类型和规模，载体类型的确定相应地决定了农产品流动的速度。社会属性决定了农产品的流向、流量和流程，反之，流向、流量和流程的变化会对与农产品相关的社会关系产生影响，进而影响农产品的社会属性；同时，流向、流量和流程的实现需要依托特定的载体，并受到载体发展水平的制约，三者反过来也会影响载体的选择；在此过程中，资金流随着流向、流量和流程的改变而发生变动，物流随着农产品空间位移的改变而产生并不断变化，信息流贯穿于流动要素作用全过程（图3-4）。

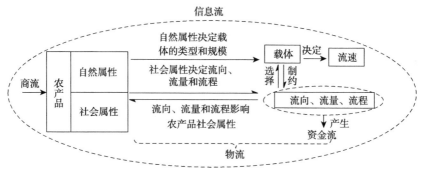

图 3-4　流动要素作用关系分析

3.2.4　功能

农产品物流作为物流业的一个分支,具备物流产业的运输、存储、包装、装卸、搬运、流通加工、配送、信息处理等基本物流功能。运输能够实现农产品的空间位置转移;存储功能是指某一特定场所对农产品的保管,以及对其数量和质量进行管理控制的综合活动,包括接货入库、拣货、出库、安全保存、库存管理等活动;包装具有保护商品、方便物流作业的功能;装卸和搬运是实现其他物流功能之间有效衔接的活动,发生次数频繁,需要消耗较多人力、物力,但对系统整体增值能力贡献较小;流通加工指的是对农产品的分拣、清洗、分级、再包装等,能够提高农产品的使用价值;配送是一项小范围的综合性活动,包含订单处理、拆分、组货、再包装、送货等形式;信息处理是指对农产品物流活动相关的资料、数据、图像的采集、传递和分析,是现代农产品物流最重要的功能。以上功能之间存在一定的效益冲突,例如,通过简化包装减少成本就会加大在搬卸装运过程中的损耗;通过降低存储成本就会增加运输作业频次。

除此之外,农产品物流系统还具有某些特殊功能,一是创造时间效用。农业生产受自然变化规律的支配,具有明显的周期性和季节性,而人们对农产品消费具有全年性,农产品物流系统通过保鲜包装、低温加工等处理方式,能够解决这一矛盾,实现农产品的反季节销售,创造时间价值。同时,鲜活农产品具有易腐性的特征,保鲜期较短,通过运输、仓储等物流作业能够大大缩短从田间到餐桌的时间滞后,创造时间效用。

二是创造空间效用。由于自然条件和地理环境的差异,农产品生产具有明显的地域性,而人们对农产品的消费却遍布全国各地,并且大部分城市居民都只是农产品的消费者,并不从事农业生产,因而,农产品长期存在产销空间分隔的矛盾。此外,随着我国对外开放水平和居民生活水平的提高,消费者对国外高端水果和生鲜的需求大幅增加，进一步加剧了农产品生产和消费的空间矛盾，通过运输、仓储、保鲜等物流作业能够有效弥合农业生产与农产品消费的物理空间差距，把剩余农产品从无法销售或售价很低的区域运往其他地区，扩大销路，创造空间效用。

三是创造形态效用。农产品物流作业通过包装、清洗、摘洗、切割、打蜡等加工形式改变鲜活农产品形状性质，丰富产品种类，满足人们日益凸显的个性化需求。例如，草莓经过低温速冻可以包装成果干，经过熬制可以制作成果酱，从而实现流通终端农产品形质的多样性，创造形态效用，实现系统增值。

四是创造社会效用。农产品的跨区域流动可以有效缓解农产品供需矛盾，是解决"卖难买贵"现象、维持物价在合理范围波动的有效途径，起到保障社会稳定的重要作用。同时，农产品物流能够提高农民收入，保护农民的正当利益，激发农民的生产积极性，保障我国农产品供应。

3.3　我国农产品物流的自组织演化特征

3.3.1　自组织理论应用可行性

根据自组织理论可知，系统发展只有呈现出突变性、曲折性和多值性时才具备了应用自组织理论研究其发展演化的可行性。其中，突变性是指系统通过失稳从一种状态进入另一种状态；曲折性意味着系统的发展演化不完全是一帆风顺的，会像波浪或者螺旋一样跌宕起伏，存在反复、停滞和倒退；多值性表示系统的演化路径并非唯一，会同时存在多种不同形式。

1. 系统发展的突变性

我国农产品物流系统的演化是具有突变性的，当内外部环境对我国农产品物流尚未达到一定影响时，我国农产品物流并不会发生质的改变，只有当内外部变化的刺激逼近某个阈值时，我国农产品物流才会发生革命性的变化。

农产品物流产生以后，物流技术持续发展，物流基础设施不断完善，条码技术、射频技术、GPS 技术等信息技术推动着物流作业的机械化和电子化，极大地提高了农产品物流作业效率，但并未使农产品物流模式产生革命性的改变。直到步入 21 世纪，物流技术自身发展随之进入爆发期，总体技术水平跃迁到一个新的高度。集中出现了冷链运输及仓储、自动立体仓库、智能分拣系统等物流作业技术；出现了计算机网络技术、物联网技术、无线通信技术、配送技术及客户关系管理系统、结算系统、网络仓库系统等物流管理技术和管理系统；出现了连锁化的流通业态组织形式，带动我国农产品物流发生了质的突破。开始出现大型龙头企业、连锁超市、农民专业合作社等规模化、组织化的农产品物流主体及专业的信息服务商，各类主体间的关系也由松散变得相对紧密，物流活动的综合程度有较大提高。农产品物流系统运作模式更加多元，开始出现电子虚拟模式，相应地创新了电子化的交易方式，同时缩短了渠道链条，减少了渠道环节，最终以配送为中心，以连锁超市为末端，以专业化第三方物流为主体，大量加工企业积极参与的现代农产品物流开始产生并发展起来。

2. 系统发展的曲折性

我国农产品物流的演化一般需要经历长期摸索和反复实践。在遭遇挫折时，我国农产品物流演化方向将受到质疑，农产品物流调节农产品产销平衡的功能和实现农产品价值增值的功能较弱甚至不起作用，但是经过一段时间调整，我国农产品物流将会向更高效率的方向演进，这时相关利益主体的行为模式必将有所改变，农产品物流系统的有序性相应增强，系统实现升级发展。

自 21 世纪初，从福州开始掀起了一场轰轰烈烈的"农改超"商业运动，即通过政府政策引导社会资金投资和市场化运作等措施，将不适合当地经济发展、经营管理不规范及不能满足居民日益增长的物质需求的农贸市场按超市的规范进行改造，使农副产品（尤其是鲜活农产品）经由超市销售，"农改超"商业运动在短短两年内席卷了深圳、广州、南京等全国大中城市，并于 2004 年被国家正式纳入食品放心工程。然而，"农改超"商业运动最初的实施效果却不尽人意，以广州为例，2002 年"农改超"试点有 80 家，而 2003 年上半年只剩下 10 家左右；南京 8 家首批生鲜超市全部夭折；厦门改造的 130 家生鲜超市严重亏损，平均每个生鲜超市的日营业额不到 2000 元。这是由于"农改超"是一个系统性工程，涉及城市商业网点规划及建设、消防、卫生、环保、交通等诸多方面的问题，与管理者、消费者、经营者的切身利益直接挂钩，具有投入资金巨大、投入后收益预期不明朗的特征，让不少市场业主对改造持观望态度，加上人们多年来养成的"讨价还价"的消费习惯和认为现场宰杀才新鲜的消费观念，进一步阻碍着生鲜超市的发展，业界对此模式的质疑声也越来越多，"农改超"一度陷入僵局。直至 2013 年永辉超市借助"农改超"商业运动，依托农超对接模式，有效打开上海市场，创造了良好的经济效益和社会效益，才使得这一模式重新受到追捧。可见，我国农产品物流的发展是在反复的曲折道路中逐渐演进的。

3. 系统发展的多值性

我国农产品物流的演化路径并不是唯一的，存在着一因多果的非线性现象。在相同条件下，不同的经济系统可能会有不同的农产品物流选择，即便是同一个经济系统也可能在相同条件重复出现时，由于其内在的要素结构发生了变化，农产品物流演化的结果也不会一样，表现出多值性特征。王道平等从农产品的生产、消费和物流的相关影响因素入手，提炼出 11 个与划分农产品物流模式相关性较强的指标，并以 2007 年各省区市的数据为例，通过聚类分析得出我国 31 个省区市农产品物流模式主要有四类：①以农产品加工企业为核心的农产品物流模式；②以农产品批发市场为核心的农产品物流模式；③农产品第三方物流模式；④以加工企业为核心和以批发市场为核心并重的模式[255]。证实了同一时期各地区不同的农产品物流模式选择受到地区的经济发展、消费偏好、自然禀赋、交通情况等因素的交互作用，具有多值性特征。

由以上分析可知，我国农产品物流系统在演化进程中呈现出突变性、曲折性和多值性，使得应用自组织理论研究其发展演化成为可能。

3.3.2　系统自组织演化的前提

1. 开放性是必要条件

系统的开放性是指系统环境之间既有物质交换又有能量交换的性质。我国农产品物流系统的开放性是全方位的，其内部要素、子系统及系统整体与外界社会、经济、生态系统不断进行着广泛的物质、能量、信息的交换，不仅表现为劳动力、资金、物质、设备等物流资源的输入与输出，还表现为物流技术、物流信息、管理理念、政策等方面的开放。我国农产品物流系统要实现物流的时间效应和空间效应，必须依托和消耗众多物质与能量，如能源、车辆、装卸设备、包装物品及各种类型的物流设施等。此外，我国农产品物流系统的高效有序运转需要依赖信息的充分交流和共享，具体包括物流供需信息、运作信息、政策、规章制度、物流技术、经济运行状况、环境变化等相关信息的交流与共享。因此，我国农产品物流系统具有开放性，这是其自组织演化的必要条件。

2. 远离平衡态是内在依据

系统必须处于远离平衡态，即系统内部结构要素存在差异性、分化性和不均匀性等状态，如此一来，系统才有演变的可能，否则，自组织过程不可能发生[256]。我国农产品物流系统并非孤立的、处于宏观静止状态的系统，它与外界密切联系，系统内部呈现出不同程度的非均匀和多样化的特点，其资源分布、主体发展情况等方面都是非平衡的，是一个远离平衡的系统。我国农产品物流系统的非平衡性主要表现为：①我国农产品物流涉及多个领域，在农产品物流发展过程中，形成了物流分工差异、分配差异、投资差异、行业差异等；②全国各地农产品物流产业的主体发展水平不一，其组织结构、资源、技术、功能等存在差异；③全国各地农产品物流基础设施建设、网络布局、发展政策和组织管理等有所差异；④全国各地农产品物流市场发展不均衡，市场需求、市场竞争、农产品物流流量与流向存在着不均衡。

3. 非线性是根本机制

非线性是指不按比例、不成直线的关系，代表不规则的运动和突变。在我国农产品物流系统中，各个要素之间的作用是交互进行的，它们之间不是简单的因果关系或加法关系，而是既存在着正反馈的倍增效应，也存在着限制增长的负反馈的饱和效应，具有"牵一发而动全身"的特点。例如，冷链物流规范标准体系的缺失，直接影响农产品物流企业服务质量，间接降低了相关企业推进冷链物流升级的动力，阻碍了农产品物流行业的健康发展，并且经过系统内外非线性相互作用的放大，会引起农产品生产者、农产品批发商、消费者、农产品流通协会、高校及科研单位等其他主体的连锁反应，具体表现为相关主体的经营效益受到冲击、管理效率难以提高、权益难以得到保障。此外，系统各主体之间还存在着行政联结、功能联结、资本联结等多种联结方式，构成了农产品物流系统内错综复杂的非线性作用关系，正是这种非线性作用，系统才能突破体量大小的变化，实现本质属性的变革。

3.3.3　系统自组织演化的诱因

通过涨落达到有序是自组织理论的基本原理，涨落是系统演化的诱因。系统处于运动过程时，任意时刻下的宏观参量实际值并非精确地等于其内部所有因素的平均值，而是存在一定的偏离，这些偏离即为涨落。因而，从本质上讲，涨落即为系统局部范围内子系统间随机形成的偏离系统既定宏观状态的各种集体运动。

我国农产品物流系统的开放性，使得系统时刻受到来自内部因素和外部因素的影响，因此，涨落是必然存在的，如消费者对于食品安全的诉求、超市对于农产品包装的要求、外资物流企业的竞争、物流技术创新与应用、物流基础设施的规划与建设、国家的资金投入与政策调整等都可以看作一种涨落。同时系统内部要素关联方式的改变，以及要素与环境关系的变化也会形成多种形式的涨落。涨落对于系统演进具有双重作用，既能够破坏系统稳定性，又可以引导系统经过失稳获得新的稳定结构。

根据涨落的表现形式，我国农产品物流系统的涨落可分为微涨落和巨涨落。微涨落是指作用程度较小，不足以改变系统结构原有稳定性的涨落作用形式，是一种处于平衡态系统的随机涨落。例如，道路交通网络的不断完善、物流基础设施的改造升级，都能够对我国农产品物流效率起到一定的提升作用，但其作用程度不足以变革现有的农产品物流模式。巨涨落是指作用程度较大，能够破坏系统结构原有稳定性的涨落作用形式。

农超对接模式从无到有、从少到多的迅猛发展即为中国加入 WTO 这一外部涨落所触发的。在此之前，以批发市场为核心的农产品流通模式在我国占据主导地位，然而，当时的农产品批发市场经营设施简陋，交易手段落后，大多数采取摊位式经营、粗放式收费管理，市场功能难以充分发挥，并且批发市场的建设缺乏特色，市场趋同、重复建设的现象十分严重。此外，批发市场当日现货交易的机制阻断了信息的顺畅流通，信息不对称现象较为严重，渠道权力严重失衡。虽然，从个体农民、农民合作社、零售商、政府机构等一直存在促使农产品物流模式改进的动力，却没有大的起色。直到进入 21 世纪，我国正式加入 WTO，国外现代化的物流理念、先进的物流技术和网络技术开始传入国内，运作经验成熟、资金实力强大的跨国公司开始进军我国市场，直销、连锁经营、总经销、总代理等新型分销方式如雨后春笋般涌现，其中以连锁型零售商业形态最具代表性，加上电子商务等网络技术的出现大大降低了信息不对称现象，因而，在此涨落的诱发下，流通环节少、产品质量有保障的农超对接模式大举兴起，大批农产品批发市场、农贸市场进行了超市化升级改造，并借助信息技术实现与农业生产的直接对接。

3.3.4　系统自组织演化的动力

根据自组织理论，在系统满足了充分开放、远离平衡和内部存在非线性作用的前提下，进一步推动系统实现自组织演化的动力即为系统内部的竞争与协同[257]。

在我国农产品物流系统中，一方面，农户与农民合作组织、物流企业，批发市场与物流园区，生鲜超市与社区菜点等要素间都存在着不同程度和不同形式的竞争，正是这些竞争的存在，促进了物流新理念、新装备、新技术、新方法的形成，造成了系统内部更强的非平衡与非线性，推动着系统旧质的改造升级和新质的衍生发展；另一方面，作为竞争对立面的协同，是我国农产品物流系统中各要素相互协调、相互竞争的交互作用，能够促使主体结合更加紧密，保证系统新的有序结构稳定下来，使系统演化的方向得以明确。因此，系统要素间的竞争与协同是推动我国农产品物流演化的动力，竞争起到一种自催化和自激励作用，协同起到一种交叉催化作用，二者相辅相成，并且主体要素是竞争与协同的能动者。

（1）农产品物流服务需求者提出物流服务的时间需求、价格预算及所需物资的运输、仓储、配送、流通加工等物流服务作业要求。当在现有的农产品物流模式下，需求者的要求无法得到满足时，需求者的利益诉求难以平衡，社会资源配置处于低效率，系统内耗持续增加，直至破坏系统原有的稳定结构，从而推动我国农产品物流演化。

（2）农产品物流服务提供者是我国农产品物流演化的推动力量。物流基础设施的完善、冷链运输设备的研发在一定程度上减缓了由农产品自身生物属性带来的制约，创造了时间、空间价值，扩大了物流范围与规模；从业人员专业素质的提高、组织管理运营能力的增强衍生出专门从事农产品物流活动的一类专业性物流组织，促进了第三方物流模式的产生；互联网技术的发展使得在虚拟平台上对资源进行有效配置成为可能，进而衍生出虚拟物流企业，促进了第四方物流模式的发展；信息技术高速发展时，信息不对称现象大大减少，从而降低企业间的交易成本。

（3）农产品物流系统影响者在农产品流通的过程中或是拥有物质要素的所有权，或是对农产品物流系统的运作具有规范和监管的权力，或是能够为农产品物流系统提供政策、资金和智力支持，他们能够对系统起到支持保障、引导激励、规范约束的作用，从而形成我国农产品物流系统演化的推动力量。

我国独特的"散—聚—散"三段式农产品物流模式就是系统中农户、合作社、物流企业、批发企业、零售企业、消费者等主体，基于各自利益，经过持续的竞争与协同，创造出的产物。个体农户经营规模小、分散无序、抵御自然灾害能力差，倾向于结盟形成合作社，以规模化组织的形式参与到农产品流通之中；合作社地理空间布局的分散及所经营农产品种类的单一，加上消费者需求的多元化及消费地域的广泛化，产生了对小批量、多批次物流运输配送的需求，促进了中小型物流企业的快速增长，促进了农贸市场、超市生鲜区、连锁生鲜超市及社区服务站等多元化零售商业形态的发展；与此同时，物流企业及销售企业对规模经济效益的追逐，衍生出众多大型产地批发市场、销地批发市场和中转批发市场。随着信息技术和移动互联技术的发展，订单农业、农超对接等模式成为相关利益主体竞争与协同作用下的新产物。

3.4　我国农产品物流系统的序参量识别及作用解析

3.4.1　序参量识别方法

通过对我国农产品物流系统自组织演化前提、诱因和动力的全面分析，可以明确得出我国农产品物流系统的纵向演化具有显著的自组织特征。因而其发展必然遵循序参量的使役原理，即在系统发生非平衡相变时，序参量从无到有地产生，反过来又决定着系统相变的形式和特点（即有序性），并且起到支配、决定其他变量变化的作用。因此，准确识别出系统序参量就能够掌握我国农产品物流的发展规律。

目前，关于序参量识别的方法主要有定性分析和定量求解两种，定性分析主要是基于协同学理论和序参量内涵进行逻辑推理与归纳来识别。定量求解主要包含两类，一类是基于权重的思想，将序参量的引导与约束作用看作是通过价值参数结构来发挥的，从而将价值参数结构当作序参量的一种具体体现，通过计算比较不同状态参量在系统中的价值参数来确定序参量，具体方法包含灰色关联分析[258]、主旋律分析[259]、主成分分析[260]；另一类是基于序参量所具备的相对稳定性的特征，在分析系统的演化行为时，将系统中变化较快的变量消去，得到相对变化较慢的变量，即为序参量，一般常用的方法是绝热消去法[261]，在描述系统状态的众多变量中，选取影响系统演化的几个主要变量，通过两两建立动力学方程，让快弛豫参量对时间的导数等于零，然后将得到的关系代入其他方程，从而得到只有一个或几个慢弛豫参量的演化方程（即序参量方程），进而得到序参量。

定量求解序参量的方法虽然在产业集群创新、企业价值网络、企业进化、企业自主创新等多个研究领域得到了应用，但都主要适用于简单系统范畴那些具有连续性特点的数据，对于开放的复杂巨系统而言，要把复杂系统众多的状态变量准确刻画，把各种作用关系定量描述并精确求解是极其困难的，对于我国农产品物流系统而言更是如此。

我国农产品物流系统发展历史较长，表征系统特征的变量众多，对系统发展产生影响的因子巨多，消费者需求特征、物流技术水平、基础设施建设等都有可能是我国农产品物流系统的序参量，变量的两两组合将产生庞大的假设集，同时，若想定量描述系统内外各种相互作用关系就需要用到大量的偏微分方程，而对大量偏微分方程组的求解至今仍是个难题。此外，诸如农产品物流模式、流通主体等代表系统发展特征的重要变量也很难被定量地描述。因而，采用哈肯模型识别我国农产品物流系统的序参量显然是不合适的。对于借助价值参数结构的方法而言，只能得出与系统具有一致变化趋势的变量，无法得到系统发生变化背后的根本原因。有鉴于此，本书将回归系统序参量的本质特征，以序参量的支配作用作为根本依据进行逻辑推理，全面回顾我国农产品物流从无到有、从小到大的发展历程，对比分析系统在不同发展阶段所表现出的主要差异，剖析其演变背后的主导因素，进而解析得出系统序参量。

3.4.2　系统演化历程

结合已有研究成果与我国农产品物流发展实践，通过追溯农产品物流起源，将我国农产品物流系统发展分为 5 个阶段，分别是物物交换、传统物流、计划物流、市场物流和现代物流[188]。农产品的物物交换时期指的是远古时代聚落间互相交换农产品的原始阶段；传统农产品物流时期是指从第三次社会大分工产生城市开始，到我国进行计划经济体制改革的时间区域；农产品计划物流时期与我国计划经济体制改革相一致，从 1953 年到 1978 年；我国农产品物流发展的市场化阶段是指从 1978 年实行市场化改革至 2001 年我国加入 WTO；此后至今，我国农产品物流进入以信息化为支撑的现代物流发展阶段。我国农产品物流系统在不同阶段表现出不同的时间和空间的特征，具体如下。

1. 物物交换时期

此时的农产品物流活动正如《淮南子·齐俗训》中所记载的"以所有易所无，以所工易所拙"的情况，是最原始的物物交换，主要表现为农户个体间当面进行的自由交换，没有专业的物流组织和固定的交换场所，是最狭义的物的流通。该阶段农业生产力水平相对低下，可用于交换的剩余农产品数量很少，交换活动不确定性大，运输工具和道路交通条件十分落后，交换活动范围非常有限。

2. 传统物流时期

第三次社会大分工使城市逐步从广袤的农村中孕育分离，成为一种特殊的社会形态，衍生出不从事农业生产的消费者；衍生出不从事生产只从事商品交换的社会群体——商人；衍生出专门从事商品交换的部门——商业，推动农产品交换升级为具有商业性质的农产品流通，形成真正意义上的农产品物流的最初形态。出现了小规模的运销商、零售商等多元流通主体，集镇与城市中心的集贸市场成为农产品流通的主要渠道和交易场所，出现了货币与农产品供求信息的交换，形成了初始的资金流和信息流，道路交通条件和运输装备有所改善，但是市场规模较小，区域市场间缺乏联系，表现出一种低级次的自由购销模式。该阶段后期，随着城市新增人口农产品需求的扩大，国营农产品流通机构陆续加入到物流主体的行列，并逐渐占据重要地位。

3. 计划物流时期

在全国实行计划经济体制的背景下，农产品流通形成了与之相匹配的统购统销模式；以国营和合作商业为代表的公有制商业成为唯一有权参与农产品运销的主体；关闭集市，小商小贩、手工业和服务业全部并入集体，企业基本没有自主经营的空间，供销社成为主要流通渠道；农产品流通范围和流通规模严格遵守国家的行政区域划分[262]；单独市场规模大，但限制区域交换，严禁长途贩运，区域市场间条块分割严重。此时的农产品物流主要是为农产品的计划调拨服务的，其主要目标是保证国家指令性计划分配指标的落实，物流的经济效益目标被放在了次要的位置。农产品物流活动仅限于对商品的储存和运输，并且分属于铁道部、交通部、民用航空总局、邮电部、对外贸易部、中华全国供销合作总社、农业部等，各主体之间有严格的地域、系统和等级的划分，物流环节相互割裂，系统性差。

国家在这一时期对铁路、公路、水运、航空和仓储等物流基础设施建设投入了大量资金，大大改善了交通条件，提高了设备设施的机械化水平。截止到 1978 年底，全国铁路营业里程 5.17 万公里，公路里程 89.02 万公里，内河航道 13.60 万公里，民航航线 14.89 万公里；在仓储设施方面，一些农资公司和国营商业流通部门建立了数量不多的运输车队。同时，政府还根据农产品产销情况和交通条件，科学划分经济区域，在一部分农产品产销平衡的基础上，合理布局物资储运点，建立合理库存，编制并不断修改主要物资的合理流向图，利用各种运输方式发展联运。

4. 市场物流时期

1978 年我国实行市场化改革，农业生产经营组织形式确立为家庭联产承包责任制，充分调动了农民生产积极性，鲜活农产品产量迅速提高，农产品商品化率随之大幅上升，市场出售的比例则由 1979 年的 15.3%上升到 1983 年的 60.6%，农产品流通规模随之大幅提高。同时，农村集贸市场和传统农副产品专业市场得以恢复与发展，带动了批发商、农村经纪人、专业户、中介流通组织、农产品加工企业等多元化流通主体发展，形成了国营、集体、个体等多种主体并存的结构。

随着我国经济体制改革的进一步深化，部门、地区之间的界限渐渐弱化，农产品物流的专业化、市场化趋势更加明显，促进了物流企业间的合作联盟和物流作业环节间的衔接，系统运作的整体性逐渐增强。随后，国家实施多轮"菜篮子工程"，使得以企业为主体的农产品物流得以迅速发展，促进了农产品物流企业龙头和大型农产品批发市场的产生与发展，农产品市场体系呈层次化特征，形成了独具特色的"生产者—购销商—产地批发市场—销地批发市场—农贸市场—消费者"多段二元模式，自由购销的新兴批发市场成为农产品物流的主要通道[169]。此外，这一时期农产品物流基础设施建设速度也在不断加快，自动化技术快速发展，到 1997 年底，全国铁路营业里程 6.6 万公里，公路里程 122.64 万公里，内河航道 10.98 万公里，民航航线 142.5 万公里。

5. 现代物流时期

自我国加入 WTO 以来，国外先进的物流理念、物流技术和物流管理集中涌现，对我国农产品物流产生了革命性的影响。一是针对大宗鲜活农产品的运输问题，各级政府先后出台了"绿色通道"实施办法，极大地促进了农产品、水果、畜产品、水产品的流通，直接提高了农产品物流效率；二是对过去的运输公司或者仓储公司通过改组改制，组建第三方物流、第四方物流组织，进一步丰富了农产品的流通渠道；三是提高并推广农产品的精深加工水平，加大对副产品的综合利用，提高了农产品物流增值能力；四是从农业生产端改革，鼓励发展家庭农场模式，推动农业生产的企业化经营，提高了农产品物流活动的规模化和标准化；五是推动农产品零售业态转向连锁经营，带动物流园区和物流配送的发展，提高了农产品市场体系的层次化、网络化水平；六是国家加大资金投入改善交通运输条件和装备，到 2005 年底，全国铁路营业里程达到 7.54 万公里，公路里程 334.52 万公里，内河航道 12.33 万公里，民航航线 199.85 万公里，实现了公铁、水铁运输方式一体化，加强对旧仓房的改造，全国冷藏仓储能力不断增强，农产品储运环节的机械化和自动化水平显著提高。至此，以配送为中心，以连锁超市为末端，以第三方物流为主体，大量加工企业积极参与的现代农产品物流产生并发展起来。

通过对比分析 5 个阶段下我国农产品物流系统的特征，可以得出我国农产品物流在不同发展阶段所呈现出的时空差异主要体现在农业生产经营方式、物流组织发展水平、流通渠道、基础设施建设、物流装备设施技术和系统、信息技术水平、消费空间分布、物流模式、物流市场体系建设 9 个方面（表 3-3）。

表 3-3　我国农产品物流系统的阶段划分及特点分析

状态变量	物物交换	传统物流	计划物流	市场物流	现代物流
农业生产经营方式	小农耕作	小农耕作	集体耕作	家庭承包	多元化
物流组织发展水平	无	小规模自营为主	国营主体	小规模第三方发展	多元化并存

续表

状态变量	物物交换	传统物流	计划物流	市场物流	现代物流
流通渠道	无固定交换场所	农村集市与集贸市场为主	供销社	新兴批发市场	批发市场为主，超市、生鲜果蔬店为辅
基础设施建设	落后	落后	运输线路建设大幅增长	线路更加完善，仓储、运输设备发展	一体化联运发展，仓储、运输设施升级
物流装备设施技术和系统	十分落后	多方积累	持续改善	持续改善	集中涌现
信息技术水平	无	落后	落后	起步	起步
消费空间分布	一元集中	分散于城市和农村两个区域	城市内部消费空间受到行政区域条块分割	城市内部消费空间受到经济发展的影响	受经济发展、交通条件及信息化水平影响
物流模式	自由交换	集市为主的无序自由购销	供销社为主的统购统销	批发市场为主的有序自由购销	多元共存的有序自由购销
物流市场体系建设	群落内某集聚场所	市场数量多，单体规模小，随机分布在居住集聚区，区域间联系松散	市场数量少，单独规模大，按行政区规划在紧邻商业中心位置，区域间联系松散	市场数量多，规模有差异，大型批发市场开始由商业中心向交通枢纽转移，区域市场呈层次化发展，联系加强	市场数量多，规模各异，市场布局与城市空间协同，区域市场层次分明，联系紧密，呈网络状

其中，基础设施建设主要是指服务于物流的道路、铁路、航线建设，以及仓储、运输车辆等配备；物流装备设施技术和系统是与物流诸要素活动有关的专业技术和系统的总称，主要包括运输技术、储存保管技术、包装技术、装卸搬运技术、保鲜技术、仓库设计技术、物流管理系统等；这里的信息技术主要指服务于物流的电子计算机、通信网络设备等方面的技术。

上述 9 个变量不仅能全面描述我国农产品物流系统特性，而且是区别我国农产品物流所处阶段的重要依据，属于我国农产品物流系统的状态变量，都有可能成为导致系统发生阶段性跃迁的序参量。不过需要注意的是，9 个变量之间并非相互独立，而是存在一定的作用关系。例如，物流组织形式受到农业生产方式的影响；物流渠道和市场体系建设根本上是为消费者服务的，是消费空间分布和产业布局在农产品物流系统中的反映。所以说，厘清 9 个状态变量之间的相互影响关系，对于寻找我国农产品物流系统序参量具有重要意义。

3.4.3　基于解释结构模型的序参量识别

解释结构模型法是现代系统工程中广泛应用的一种分析方法，可以把复杂的系统分解为若干子系统，结合人们的实践经验和知识，在计算机的帮助下，最终形成一个多级递阶的结构模型[263]。该方法可以把模糊不清的思想、看法转化为直观的、具有良好结构关系的模型，尤其适用于变量繁多、关系复杂且结构模糊的系统，已经在战略决策、风险管理、逆向物流管理、敏捷物流、供应商选择、国际技术转移、关系营销等领域得到广泛应用并取得较好的效果[264, 265]。由此，借助解释结构模型，厘清上述 9 个状态变量之间的关系，寻求它们之间的层次结构是非常合适的。

解释结构模型主要步骤如下。

（1）选择系统代表性要素，构建要素关系矩阵。

（2）画出相应的有向图，构建邻接矩阵。

（3）考虑因果关系的传递性，建立反映诸要素间关系的可达矩阵。

（4）考虑要素关系的强弱程度，得到可达矩阵的缩减矩阵。

（5）对缩减矩阵分层次，得到解释结构模型。

1. 状态变量的关联矩阵

据上述分析，本书选取农业生产经营方式（S_1）、物流组织发展水平（S_2）、流通渠道（S_3）、基础设施建设（S_4）、物流装备设施技术和系统（S_5）、信息技术水平（S_6）、消费空间分布（S_7）、物流模式（S_8）、物流市场体系建设（S_9）共计 9 个状态变量作为研究对象。

基于已有研究成果，小农模式、集体模式或是家庭承包形式的农业生产经营方式影响着后续的物流组织类型（自营为主、国营主体及多元化并存）和流通渠道（农村集市、供销社或是农贸市场、批发市场），即 S_1 直接影响 S_2 和 S_3；物流组织发展的规模、经营方式和装备技术水平等会对农产品物流市场体系建设、物流渠道、物流模式与物流装备设施技术和系统产生直接影响，同时信息技术水平、物流装备设施技术和系统及道路等基础设施建设也制约着物流组织的发展，即 S_2 直接影响 S_3、S_5、S_8 和 S_9，并且 S_4、S_5 和 S_6 直接影响 S_2。按照同样的研究思路，结合专家建议，构建 9 个状态变量的关联矩阵（correlation matrix of state variables，SSIM），如表 3-4 所示。表 3-4 中 V、A、X 和 O 四个符号用来表示状态变量（i 和 j）间的关系：关联矩阵（i，j）处标注 V，表示状态变量 i 对状态变量 j 有直接或间接影响，但 j 对 i 无影响；关联矩阵（i，j）处标注 A 表示状态变量 j 对状态变量 i 有直接或间接影响，但 i 对 j 无影响；关联矩阵（i，j）处标注 X，表示状态变量 i 和状态变量 j 之间相互影响；关联矩阵（i，j）处标注 O，则表示状态变量 i 对状态变量 j 之间不存在相互影响关系。

表 3-4 状态变量的关联矩阵

影响因素	S_9	S_8	S_7	S_6	S_5	S_4	S_3	S_2
农业生产经营方式（S_1）	O	O	O	O	O	O	V	V
物流组织发展水平（S_2）	V	V	O	A	X	A	V	
流通渠道（S_3）	O	V	A	A	A	A		
基础设施建设（S_4）	V	V	V	O	O			
物流装备设施技术和系统（S_5）	V	V	V	A				
信息技术水平（S_6）	V	V	V					
消费空间分布（S_7）	V	V						
物流模式（S_8）	A							

2. 状态变量的可达矩阵

根据状态变量的关联矩阵，将状态变量间的关系数量化，可以得到初始可达矩阵（initial reachability matrix，IRM）和最终可达矩阵（final reachability matrix，FRM），其中，最终可达矩阵是由最初可达矩阵经过布尔代数运算得到的，能够更加清晰地反映各状态变量间的层级结构。在此过程中关联矩阵转化成为初始可达矩阵的原则为

$$a_{ij} = \begin{cases} 1, & S_i R S_j, \ R表示S_i 与 S_j 无关系 \\ 0, & S_i \overline{R} S_j, \ \overline{R}表示S_i 与 S_j 无关系 \end{cases}$$

布尔代数运算规则为：用 A 代表初始可达矩阵（表 3-5），M 代表最终可达矩阵，I 为单位矩阵，当 $(A+I)^r = (A+I)^{r+1} \neq (A+I)^{r-1}$ 时，得到最终可达矩阵 $M = (A+I)^r$，r 为运算次数。经计算，$r=3$ 时，最终可达矩阵如表 3-6 所示。

表 3-5 状态变量的初始可达矩阵

影响因素	S_1	S_2	S_3	S_4	S_5	S_6	S_7	S_8	S_9
农业生产经营方式（S_1）	1	1	1	0	0	0	0	0	0
物流组织发展水平（S_2）	0	1	1	1	0	1	0	1	1
流通渠道（S_3）	0	0	1	0	0	0	0	1	0
基础设施建设（S_4）	0	1	1	1	0	0	1	1	1
物流装备设施技术和系统（S_5）	0	1	1	0	1	0	1	1	1
信息技术水平（S_6）	0	1	1	0	1	1	1	1	1
消费空间分布（S_7）	0	0	0	0	0	0	1	1	1
物流模式（S_8）	0	0	0	0	0	0	0	1	0
物流市场体系建设（S_9）	0	0	0	0	0	0	0	0	1

表 3-6　状态变量的最终可达矩阵

影响因素	S_1	S_2	S_3	S_4	S_5	S_6	S_7	S_8	S_9
农业生产经营方式（S_1）	1	1	1	0	1	0	1	1	1
物流组织发展水平（S_2）	0	1	1	0	1	0	1	1	1
流通渠道（S_3）	0	0	1	0	0	0	0	1	0
基础设施建设（S_4）	0	1	1	1	1	0	1	1	1
物流装备设施技术和系统（S_5）	0	1	1	0	1	0	1	1	1
信息技术水平（S_6）	0	1	1	0	1	1	1	1	1
消费空间分布（S_7）	0	0	1	0	0	0	1	1	1
物流模式（S_8）	0	0	0	0	0	0	0	1	0
物流市场体系建设（S_9）	0	0	0	0	0	0	0	1	1

最终可达矩阵表明了 9 个状态变量间的相互关系，如因素"消费空间分布"（S_7）对包括自身在内的 4 个状态变量有直接或间接的影响关系。

3. 状态变量的层次划分

对我国农产品物流系统的状态变量进行区域划分，使得区域间相互独立，但各子区域内部变量存在影响关系。先根据最终可达矩阵划分出可达集合 $R(S_i)$、先行集合 $A(S_i)$ 和共同集合 $C(S_i)$。可达集合 $R(S_i)$ 是指从变量 S_i 出发可以影响的所有变量的集合，即 $R(S_i)=\{S_j \in N \mid m_{ij}=1\}$，$N$ 表示所有节点的集合；先行集合 $A(S_i)$ 是指所有可以到达变量 S_i 的集合，即 $A(S_i)=\{S_j \in N \mid m_{ji}=1\}$，$N$ 表示所有节点的集合；共同集合 $C(S_i)$ 就是可达集合 $R(S_i)$ 与先行集合 $A(S_i)$ 的交集。

划分不同区域后，需要确定各子区域内部变量的层级地位。如果要素 S_i 满足 $R(S_i)=R(S_i) \cap A(S_i)$，则变量 S_i 在最初可达矩阵中属于最高级的要素，找出最高级要素后，即可将其从最终可达矩阵中划去它所在的行和列。再从最终可达矩阵剩下的单元中寻找新的 $R(S_i)=R(S_i) \cap A(S_i)$，从而找到次高级的变量。以此类推，持续到最低一级变量被决定为止。经过层级划分，可将最终可达矩阵中的 9 个状态变量划分在 5 个层级内 $L=\{Ⅰ,Ⅱ,Ⅲ,Ⅳ,Ⅴ\}$。表 3-7 至表 3-11 表示我国农产品物流系统的状态变量的区域划分及层级关系。

表 3-7　状态变量的层级划分迭代 Ⅰ

S_i	$R(S_i)$	$A(S_i)$	$C(S_i)$	层级
S_1	1, 2, 3, 5, 7, 8, 9	1	1	
S_2	2, 3, 5, 7, 8, 9	1, 2, 4, 5, 6	2, 5	
S_3	3, 8	1, 2, 3, 4, 5, 6, 7	3	
S_4	2, 3, 4, 5, 7, 8, 9	4	4	

S_i	$R(S_i)$	$A(S_i)$	$C(S_i)$	层级
S_5	2，3，5，7，8，9	1，2，4，5，6	2，5	
S_6	2，3，5，6，7，8，9	6	6	
S_7	3，7，8，9	1，2，4，5，6，7	7	
S_8	8	1，2，3，4，5，6，7，8，9	8	I
S_9	8，9	1，2，4，5，6，7，9	9	

表 3-8　状态变量的层级划分迭代 II

S_i	$R(S_i)$	$A(S_i)$	$C(S_i)$	层级
S_1	1，2，3，5，7，9	1	1	
S_2	2，3，5，7，9	1，2，4，5，6	2，5	
S_3	3	1，2，3，4，5，6，7	3	II
S_4	2，3，4，5，7，9	4	4	
S_5	2，3，5，7，9	1，2，4，5，6	2，5	
S_6	2，3，5，6，7，9	6	6	
S_7	3，7，9	1，2，4，5，6，7	7	
S_9	9	1，2，4，5，6，7，9	9	II

表 3-9　状态变量的层级划分迭代 III

S_i	$R(S_i)$	$A(S_i)$	$C(S_i)$	层级
S_1	1，2，5，7	1	1	
S_2	2，5，7，	1，2，4，5，6	2，5	
S_4	2，4，5，7	4	4	
S_5	2，5，7	1，2，4，5，6	2，5	
S_6	2，5，6，7	6	6	
S_7	7	1，2，4，5，6，7	7	III

表 3-10　状态变量的层级划分迭代 IV

S_i	$R(S_i)$	$A(S_i)$	$C(S_i)$	层级
S_1	1，2，5	1	1	
S_2	2，5	1，2，4，5，6	2，5	IV
S_4	2，4，5	4	4	
S_5	2，5	1，2，4，5，6	2，5	IV
S_6	2，5，6	6	6	

表 3-11　　状态变量的层级划分迭代 V

S_i	$R(S_i)$	$A(S_i)$	$C(S_i)$	层级
S_1	1	1	1	V
S_4	4	4	4	V
S_6	6	6	6	V

4. 状态变量的解释结构模型及模型解析

如图 3-5 所示，我国农产品物流系统 9 个状态变量可以划分为 5 个不同层次，实线表示变量之间是直接影响的，虚线代表变量间通过传递关系形成影响，并且处于不同层次的变量对系统特征的表征程度和作用程度各不相同，处于下层的变量对上层变量产生影响。位于最底层的是农业生产经营方式（S_1）、基础设施建设（S_4）、信息技术水平（S_6），这三个状态变量几乎贯穿整个模型的重要部分，成为描述我国农产品物流系统发展特征、决定系统所处发展阶段必须考虑的要素；位于第四层的物流组织发展水平（S_2）、物流装备设施技术和系统（S_5）是表征我国农产品物流系统特征的重要因素，且二者之间相互存在影响；位于第三层的消费空间分布（S_7）处于整个结构的枢纽，是联结深层影响因素与表层影响因素的节点，对系统发展特征起到关键性的中介作用；位于第二层的流通渠道（S_3）和物流市场体系建设（S_9）是我国农产品物流系统特征的浅层表征；位于第一层的物流模式（S_8）是我国农产品物流系统特征最直接的表现。

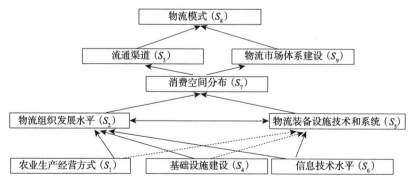

图 3-5　我国农产品物流系统状态变量解释结构模型

通过对 9 个状态变量相互关系的分析，得出农业生产经营方式（S_1）、基础设施建设（S_4）、信息技术水平（S_6）属于最底层的影响因素，最有可能是系统序参量；物流装备设施技术和系统（S_5）虽然未处于最底层，但它对其他状态变量具有较强影响且受到最底层因素的影响较弱，也可能是系统的序参量；消费空间分布（S_7）虽然处于中间层，但属于联结深层影响因素与表层影响因素的关键节点，对系统状态表征发挥着重要的中介作用。由此可认为，农业生产经营方式（S_1）、基础设施建设（S_4）、信息技术水平（S_6）、物流装备设施技术和系统（S_5）、消费空间分布（S_7）最有可能成为农产品物流系统的序参量。这里的信息技术主要指服务于物流的电子计算机、通信网络设备等方面的技术，出现得比较晚，属于物流技术的现代化表现；这里的基础设施建设也主要是指服务于物流的道路、铁路、航线建设，以及仓储、运输车辆等配备，二者与物流装备设施技术和系统同属于广义物流技术[①]的不同方面，因而本书将基础设施建设（S_4）、信息技术水平（S_6）、物流装备设施技术和系统（S_5）统一概括为物流技术。此外，消费空间分布（S_7）是基于一定的经济社会背景下人口居住、土地利用、社会形态分布等特征的综合反映，是社会空间结构的直观表达。由此，上述假设等同于：社会空间结构、农业生产经营方式和物流技术三个变量是主导我国农产品物流系统发展演化的序参量。为了证明该假设，论证社会空间结构、农业生产经营方式和物流技术的序参量本质，下面将分析三者对我国农产品物流发展的主导作用。

3.4.4　系统序参量的作用解析

1. 社会空间结构变动与我国农产品物流发展

（1）一元社会空间结构下我国农产品物流表现为原始的物物交换。原始社会时期，随着原始人群认知能力的提升及生产工具的发明，人类开始实现对动物的驯化，开始掌握农业生产技术来耕种土地、照管农作物等生产活动，继而人类的生产活动摆脱了对劳动对象的绝对依赖，开始在土地肥沃、气候宜人、交通便利的区域形成固定集聚点——农村（也称乡村），成为人类社会最古老的生活地域。早期乡村规模较小，人口一般不超过 200 人，居民之间有着密切的血缘关系，此时的社会空间结构是一元的，人们的生产生活方式、产业结构和社会发展水平具有同一性，农产品生产与消费具有自给自足的特点，很少一部分剩余农产品被用来交换其他品种或其他生活用品，此时的农产品物流表现为集市上简单的物物交换，没有明显的信息流动，不涉及现金流，尚未形成真正的农产品物流。

（2）城乡二元社会空间结构的形成推动了真正意义上的农产品物流产生和发展。原始社会末期，生产力的发展激发了原始社会生产关系及生产方式的变革，产生一定的农产品累积，使得剩余农产品成为商品，继而出现了直接以交换为目

---

① 广义物流技术是指物流活动中所采用的自然科学与社会科学方面的理论、方法，以及设施、设备、装置与工艺的总称，既包括组织物资实物流动所涉及的各种机械设备、运输工具、站场设施及服务于物流的电子计算机、通信网络设备等方面的物流硬技术，又包括组成高效率的物流系统而使用的系统工程技术、价值工程技术、配送技术等物流管理技术，还包括长期操作和实践积累的固定操作规则与管理制度及各种流通业态的组织制度。

的的商品生产及非农业人口的集中聚集，从根本上引起了聚落的分化，使人类的空间地域聚落最终分化为农村和城市两种性质不同的社会空间形态。人们的生产生活方式随之发生分化，城市居民不再从事农业生产，由此产生了农产品生产与农产品消费的时空矛盾，需要农产品以商品形式进行交易和运输，进而创造出一个不从事生产只从事商品交换的部门——商业；出现一批专门从事产品交换的职业阶层——商人，带动了农产品流通的产生，形成了真正意义上的农产品物流。与此同时，城乡二元社会空间结构下社会的经济结构同样呈现二元分化，表现为以社会化生产为主要特点的城市经济和以小农生产为主要特点的农村经济并存，产业分化为农业和工业，城市和农村分别承载着工业和农业两种不同的产业，城市成为承接农产品物流作业中除农业生产之外的其他环节的空间载体。

可以说，社会空间结构由一元向城乡二元的转变是真正意义上的农产品物流产生的根本原因之一，决定了农产品物流系统运转的空间形式，对农产品物流系统的要素构成、要素关系及要素的空间分布具有重大影响。

2. 农业生产经营方式变革与我国农产品物流发展

参考其他学者对农业生产经营方式已有的描述和对内涵的解读，本书认为农业生产经营方式综合表现了农业生产力诸要素的结合方式，包含三个方面的内容：一是农业生产经营组织形式反映了开展农业生产经营的最小单元，以及单元之间的协作关系；二是农业生产经营技术条件指对农业生产要素的组合方式和组合比例，能够起到直接提高生产力的作用；三是农业生产经营权利结构指土地所有权、土地承包权和土地经营权在各个农业经营主体的分配方式[266]。不同的农业生产经营方式下我国农产品物流呈现不同的发展特征（表 3-12），具体而言如下。

表3-12　农业生产经营方式与我国农产品物流模式特征

农业生产经营方式	农业生产经营方式内涵			农产品物流模式特征
	组织形式	技术条件	权利结构	
小农模式	小农生产并经营	落后，大多为手工劳动	所有权与经营权合一归个体	低级次自由购销。物流主体规模小，环节少，缺乏信息交流
集体模式	集体生产并经营	有一定发展，出现机械化生产	所有权与经营权合一归集体	统购统销。物流主体单一，物流规模、物流渠道固定，环节多，信息交流不畅
小户模式	家庭生产基础上的多元经营	有较大进步，电子化、机械化与手工劳动并存	所有权与承包经营权分离	以多段二元模式为主的多元化发展。物流主体多元，物流渠道多元，物流终端多元，信息交流较及时

（1）小农模式下的低级次自由购销。自农业产生到 1953 年，我国农业生产经营方式主要表现为小农模式。随着人类学会利用自然环境，依靠生活生理机能来强化或控制生物体的生命活动以取得所需的物质产品，农业便成为人类社会一

种有组织的经济活动，分化成为人类最古老的经济部门和第一社会生产部门。此时的农业生产表现为男耕女织、自给自足的小农经济，农户同时拥有土地所有权和经营权，是农业生产和经营的最小单元。小农模式下农业生产分散、生产规模小、技术条件落后，生产的主要目的是满足自家基本生活的需要和交纳赋税，农产品积累能力差，部分剩余农产品经由个体农户以自由买卖的方式就近流通，物流环节少，物流主体间缺乏信息交流，此时的农产品物流模式表现为低级次自由购销。

（2）集体模式下的统购统销。1953～1978 年，为了解决粮食生产和农村资金积累问题，我国农地制度采用"三级所有、队为基础"模式，在这种农地制度下，农业土地由农村集体所有并经营，农业生产是在人民公社、生产大队、生产小队统一指挥下的集体劳动过程，以人民公社为代表的集体形式成为农业生产和经营的微观单元，拥有土地所有权和经营权，集体模式使得农业生产分散的现象有所改善。在此期间，国家深刻认识到农业的根本出路在于机械化，政府大力发展农机工业，大搞农具改革运动，投资新建农机修配网，促进了农业生产技术的发展与应用，生产规模得以扩大，农产品积累能力较原始小农经济下有所提高，但是在农业集体生产和经营中，劳动投入与劳动所得的关系难以直接对应起来，劳动积极性受到了很大的影响，导致农产品剩余有限[267]。此时的农产品物流形成了与之相匹配的统购统销模式，国营组织成为唯一有权参与农产品运销的主体，供销社成为主要流通渠道，农产品流通范围和流通规模严格遵守国家的行政区域划分，物流环节相互割裂，信息交流不畅，物流系统性差[169]。

（3）小户模式下的多段二元模式。1978 年是我国农业发展的历史性转折点，12 月召开党的十一届三中全会后，我国开始了以市场化为取向的农村改革，开启了新中国二次农村土地制度变革。这次土地改革，将土地产权分为所有权和经营权，所有权仍归集体所有，经营权则由集体经济组织按户均分包给农户自主经营，集体经济组织负责承包合同履行的监督，公共设施的统一安排、使用和调度，土地调整和分配，从而形成了一套以家庭承包经营为基础、统分结合的双层经营体制，纠正了长期存在的管理高度集中和经营方式过分单调的弊端。农村家庭获得了对土地、劳动力和资金等要素的经营自主权，成为从事农业生产经营活动的独立主体和微观生产单位，但由于我国人地关系高度紧张，最终在农村形成"人均一亩三分、户均不过十亩"的小户经营格局。

家庭联产承包下的小户经营模式解放了农村生产力，激发了农户劳动积极性，使得农产品生产总量大幅增加，农产品商品化率显著提升，社会市场化改革推动农产品加工企业不断涌现，农产品流通的规模和范围也随之持续扩大。然而，在城乡二元结构的现实背景下，分散性的小户经营模式导致农业生产主体对市场行情变化掌握不够充分，对市场需求的敏感程度和洞察力不够强，对市场风险的规避能力较弱，并且难以独自承担农产品的远距离运输和销售，由此，逐渐催生出一批由批发商、农村经纪人、农民合作组织、贩销大户、农产品加工企业等多元物流主体构成的中介组织，形成了独具特色的"生产者—购销商—产地批发市场—销地批发市场—农贸市场—消费者"多段二元模式，并成为该时期农产品流通的主导模式。随后，连锁超市、农民合作社和农业龙头企业快速发展，出现了以农超对接、农社对接、农企对接为代表的新型产销对接模式。

综上所述，在不同的农业生产经营方式下，我国农产品物流系统呈现出较大的差异，其中以农产品物流模式差异最为显著，由此，本书认为农业生产经营方式主要是通过变革农产品物流模式，进而带动其他变量形成协同匹配，最终实现对我国农产品物流系统演化的主宰。

3. 物流技术创新与我国农产品物流发展

综合已有研究，本书将物流技术划分为四类，具体为：①基础设施，包含机械设备、运输工具、战场设施、通信设备、电子计算机。②作业技术，包含包装技术、保鲜技术、装卸技术、流通加工技术、存储保管技术、配送技术。③信息技术，包含地理信息系统（geographic information system，GIS）、GPS、电子数据交换（electronic data interchange，EDI）、条形码。④管理技术，包含系统工程技术、价值工程技术、操作规则、管理制度、组织制定、评价技术、标准化技术。各种类型的物流技术共同构成维护我国农产品物流系统正常运转的必要支撑，对我国农产品物流的发展产生持续、全方位的影响。但由于物流技术自身发展具有非连续性，因而它对我国农产品物流系统演化的作用效果呈现阶段性特征，具体表现如下。

1）物流技术的点状突破与我国农产品物流系统的效率提升

农产品物流产生之后，物流技术水平持续发展，主要表现为物流基础设施领域的不断完善，物流作业技术、信息技术和管理技术的单点创新。铁路、公路、水运、航运、通信等物流基础设施快速发展；城市区域相继出现了托盘、叉车等专业物流设备；陆续从发达国家引进了条形码技术、RFID、GPS等信息技术，以及价值工程技术、系统工程技术、图上作业技术、路径规划技术等先进的物流管理技术。

然而，大众媒介发展、相关人才储备等客观因素不够成熟，物流技术传播与扩散渠道不畅，同时，物流技术改造所需较高成本，使得大部分农产品物流主体缺乏改造动力，结果导致在物流作业领域、物流管理领域出现的点状创新并未形成行业共性技术，物流信息技术更是仅为少数大型农产品物流企业所采用。对于农产品物流系统而言，此时的物流技术创新是一种孤立的点状创新，改变的仅是农产品物流系统中的某一个环节。例如，使得零售环节由传统的以肩挑小贩、摊贩、集市及自制、自售、乡村杂货等零售经营方式向百货商店转变，这种对某一环节的改造能够在一定程度上扩大农产品物流服务范围和服务规模，提高装卸、搬运等物流作业效率，降低农产品物流系统运行的成本和内耗，但对于农产品物流系统整体的作用效果有限。

2）物流技术的集成创新及应用与我国农产品物流系统的变革

步入 21 世纪后，物流技术自身发展随之进入爆发期，总体技术水平跃迁到新高度。以 2001 年加入 WTO 为标志，我国对外开放进入新阶段，开始重视、引进和消化吸收国外先进的现代物流技术。国内集中出现了冷链运输及仓储、自动立体仓库等先进基础设备设施；出现了现代化包装技术、保鲜技术、配送技术等物流作业技术；出现了客户关系管理系统、结算系统、网络仓库系统等物流管理系统。更为重要的是，此时以光纤通信、局域网、广域网为载体的现代通信技术、网络技术、数据管理技术得到极大的发展。《中国互联网络发展状况统计报告》历年数据表明，网民数由 1997 年的 63 万人增长到 2002 年的 3370 万人，2005 年网民数破亿人；上网计算机由 1997 年的 29.9 万台增长到 2002 年的 1002 万台；长途光缆线长度由 1997 年的 15 万公里增加到 2002 年的 47 万公里，全国形成了"八纵八横"的光缆干线；国内国际互联网用户由 1997 年的 16 万户增加到 2002 年的 5910 万户；我国固定电话和移动电话用户在 2002 年达到 4.21 亿户，居世界首位。

（1）互联网信息技术的迅猛发展推动了物流技术的集成创新。1998 年，哈佛大学教授 Iansiti 首次提出了"技术集成"（technology integration）的理念，他认为"技术集成是指把好的资源、工具和解决问题的方法组织起来并应用，技术集成有效提高了研发的性能"。对于物流技术而言，快速发展的互联网信息网络技术将先进的物流设备、物流操作规范、物流管理等各类已有的单项物流技术创造性地融合起来，使它们之间不再是简单的连入、堆积、混合、叠加、汇聚、捆绑，而是使它们以最合理的结构形式有机地组合起来，形成一种新的工艺生产方式，产生"1+1>2"的效果。从而推动了 GIS、GPS、EDI、电子订货系统（electronic ordering system，EOS）、企业资源计划（enterprise resource planning，ERP）等一些围绕物流信息传输、管理和控制的技术快速发展。

（2）互联网信息技术的日益成熟进一步加速了物流技术的集成应用。互联网信息技术拓宽了物流技术的传播渠道，大幅提高了物流技术的扩散速度，降低了物流技术改造成本，提高了信息传输的时效性和准确性。伴随着商业 ERP、供应链管理（supply chain management，SCM）、客户关系管理（customer relationship management，CRM）等高端产品不断应用于流通企业，流通企业的信息化管理范围被不断拓展。2002年南开大学现代物流研究中心有关"物流企业信息系统技术应用状况"的调查显示：专业物流企业中计算机普及率已达到95.9%，实现计算机网络化的企业占58.6%。在被调查的物流企业中，采用销售时点信息（point of sale，POS）系统、运用EDI技术实现信息快速传递的企业分别占9.8%和34.1%，运用条形码技术实现信息输入和有效管理的企业占34.1%，运用电子商务技术和通信网络实现EOS的企业占7.3%，运用GPS技术的企业占2.4%。

（3）物流技术的集成创新与应用变革创新了农产品物流企业的商业运作模式和农产品物流系统的运转形式。一是缓解了传统农产品流通渠道中权力结构的过度失衡，推动传统物流模式向以订单农业、农超对接、农民合作社为代表的契约型物流模式转变；二是促进了农产品物流服务的日益分化和专业化，加快了专业化、规模化的第三方物流的发展；三是变革农产品零售环节的组织形式为连锁经营，带动了果蔬超市等连锁零售终端的发展；四是催生了一批以整合和利用物流网点资源、促进企业间物流资源共享和优化配置为服务内容的虚拟物流企业；五是压缩了时空距离，使物流节点远离消费集聚中心成为可能，改变了农产品物流系统的空间分布格局；六是丰富了农产品物流系统功能，提高了农产品物流系统的价值增值能力。最终，推动以配送为中心，以连锁超市为末端，以专业化第三方物流为主体，以虚拟物流企业为支持，大量加工企业积极参与的现代农产品物流产生和发展。

4. 序参量变动与我国农产品物流系统整体演化

上文分析了单一待定序参量对我国农产品物流系统的变革作用，从局部视角验证了社会空间结构、农业生产经营方式和物流技术的序参量本质。本部分从系统演化全过程的动态视角出发，将我国农产品物流系统演化与序参量变化放在同一个时间维度上统筹考虑（图3-6），从全局视角检验序参量假设的正确性。

由图3-6可以直观地看出，社会空间结构、农业生产经营方式、物流技术三个待定序参量对系统变革作用的叠加能够完全解释我国农产品物流系统演变全过程，也就是说，我国农产品物流系统演化进程中所发生的一系列变化都起源于社会空间结构、农业生产经营方式和物流技术三个变量的变革，它们贯穿我国农产品物流系统演化的始末，是主导系统发展演化的序参量，从而验证了前文提出的序参量假设。

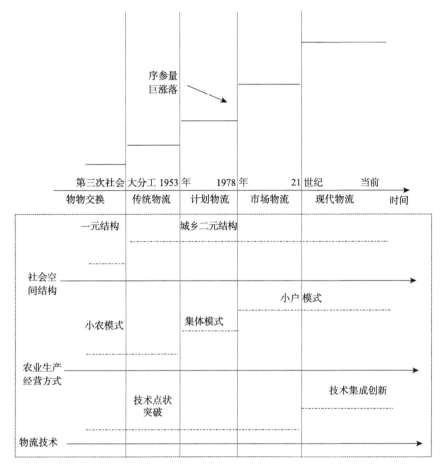

图 3-6　我国农产品物流系统演化与序参量变化

3.4.5　系统序参量的作用特点

通过上文对序参量假设的验证，可以进一步得出三个序参量对我国农产品物流系统的作用具有如下特点。

1. 序参量之间存在竞争，交替主导系统演化

虽然社会空间结构、农业生产经营方式和物流技术同为我国农产品物流系统的序参量，但是在系统发展的不同时期，三个序参量自身的变动程度存在差异，导致三个序参量对系统的支配能力有所不同，序参量之间存在一定的竞争关系，结果使得发生涨落程度最大的序参量占据统治地位，成为该时期主导系统演化的超序参量。具体而言：①在第三次社会大分工期间，相比于稳定的农业生产经营

方式和物流技术的缓慢进步，社会空间结构由乡村一元向城乡二元的分化具有实质性的变革意义，由此，社会空间结构成为该时期的超序参量，支配着农产品物流系统从物物交换阶段跃迁到传统物流阶段，衍生出真正意义上的农产品物流；②1953年实行的计划经济体制改革，改变农业生产经营方式由小农模式为集体模式，农业生产经营方式自身发生了质变，成为主导系统演化的超序参量，引领我国农产品物流系统从传统物流阶段跃迁至计划物流时期；③1978年12月党的十一届三中全会后，我国进入了改革开放的新时期，道路基础设施和运输设备等物流技术有了较快发展，但主要是数量和规模上的增长，物流技术本身未发生实质性的变化，城乡二元的社会空间结构也较为稳定，而农业生产经营方式迅速由集体模式变为小户模式，再次发生根本性变化，所以农业生产经营方式在这一时期仍然占据统治地位，带动系统从计划物流向市场物流跃迁；④进入21世纪后，农业生产经营方式和社会空间结构并未发生较大变化，而物流技术自身实现了由点状突破向集成创新及应用的变革，一举成为主导系统发展的超序参量，引导我国农产品物流进入现代化阶段。

2. 序参量之间存在协同匹配，促进并保障系统新的有序结构的形成与稳定

虽然在农产品物流系统的发展中，发挥主导作用的超序参量只有一个，但是其他序参量也并不是一成不变的，而是会遵循超序参量主导的方向变化，与超序参量形成匹配，一边保持系统整体的协同效应，加速系统向新的有序结构演化，一边为以后在超序参量换元时脱颖而出积蓄能量。例如，在1953年农业生产经营方式变为集体模式后，农产品物流的运输规模大幅增大，运输距离明显增长，为了适应系统的新变化，道路交通基础设施、物流专业装备及通信科技等物流技术实现了较快发展，物流技术的这种匹配加快了我国农产品物流系统新的有序结构的形成，也正是得益于物流技术对超序参量主宰方向的积极追寻，物流技术才能够在21世纪后成为主导系统发展的超序参量。

3. 超序参量自身的变化过程决定着系统的变革效率和变革程度

经由以上分析可以肯定的是我国农产品物流系统的阶段性跃迁是由不同的单一序参量所主宰的，所以系统在各阶段的演化效率和变革程度会受到该序参量自身变化过程的影响。

就社会空间结构这个序参量而言，其变动所需的时间相对较长，也就导致了我国农产品物流系统从物物交换阶段发展到传统物流阶段经历了漫长的演化时间，并且社会空间结构涉及人口、产业、文化等方方面面，影响着从农业生产至农产品消费的全过程，因而对系统变革产生的影响也较为深远，直接催生了真正意义上的农产品物流，并决定了农产品物流系统发展的空间载体。

就农业生产经营方式这个序参量而言，其两次实质性变革都是在政策影响下发生的，参量自身的转变过程较为迅速，转变效果较为彻底，使得我国农产品物流系统在 20 多年的时间里接连发生了两次阶段变迁，依次经历了由传统物流阶段向计划物流阶段，再向市场物流阶段的跃迁，完成了一次螺旋式上升的发展演化，使农产品物流系统形成了更为有序的自由流通模式。

就物流技术这个序参量而言，其包含内容较广，涉及道路建设、运输装备等硬件，管理系统、物联网技术等软件及操作规范与制度等方面，使得物流技术一旦发生变化就会引起农产品物流系统产生较大变革，这也是我国农产品物流系统在 21 世纪后连续衍生出 B2C、B2B、农场直供、O2O、消费者定制等新模式和第三方物流、第四方物流等新主体的原因。

3.5 新型城镇化与我国农产品物流的协同关系

基于前文的分析，新型城镇化与农产品物流之间存在协同推进、互惠互利的关系。新型城镇化的一系列影响对农产品模式变革起到积极的推动作用，农村劳动力转移、土地管理制度改革促进农产品的产地物流规模化；大型城市内各类批发市场外迁，改变了农产品先运输到农产品批发市场，再通过批发配送到零售店或超市的传统中转流程，将农产品中转物流集约到城市群周边专业的农产品物流园区；消费需求的升级促使农产品到门的配送占比将越来越高，配送物流更加精准化。同时，农产品物流的发展有助于解决部分农业转移人口的就业问题、为特色小城镇规划建设提供方案、通过物流服务的完善提升居民生活消费水平、促进农村经济发展、加快农业现代化进程等[268]。新型城镇化与农产品物流之间的协同作用机制如图 3-7 所示。

因此，在推进农产品物流发展的过程中，应充分考虑新型城镇化的影响，如大中小城市的功能布局对农产品物流基础设施布局的影响、土地制度的改革和规划对农产品物流基础设施选址的影响、农产品物流产业与城市融合发展的路径、产业发展中注重融入绿色化和智能化等。同时新型城镇化规划建设中，也应考虑农产品物流发展的需求，如加强农产品物流基础设施建设的用地和资金支持、加强引导农业转移人口向农产品物流业就业、提供相应的知识技能培训、完善小城镇和农村基础设施与公共服务水平、帮助农产品物流业吸引人才等，以期实现两者的协同发展。

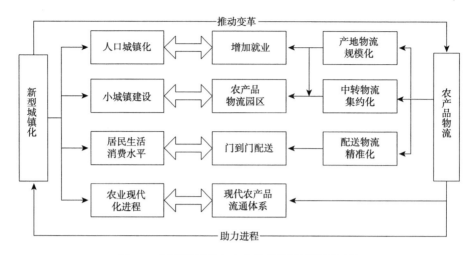

图 3-7 新型城镇化与农产品物流协同作用机制

3.5.1 新型城镇化对农产品物流的促进

1. 农产品产地物流规模化

1）我国农产品产地物流状况

我国传统的农产品生产与发达国家相比规模化、产业化程度较低，主要体现在以下三个方面。第一，产地物流规模小、分散，我国农产品生产单位以农户为主，生产规模小，机械化程度低，因而物流活动也以小规模、多频次为主，难以实现规模效应。第二，标准化程度低，农户自主决定种植、养殖的农产品种类，缺乏标准化操作技术，质量差异大，造成后续标准化分类难度高及农产品的安全问题难以保障。第三，预选分级、预冷、包装程度低，产品的外包是其保护屏障，如真空包装能对品质起到很好的保护作用，但我国农产品分级和包装意识薄弱，相关基础设施欠缺，造成农产品通常以原始化、简单外包甚至未经包装的状态送达消费市场，不仅物流成本高而且易腐损，未实现从产出到消费过程中的价值增值。

2）新型城镇化对农产品产地物流的影响

新型城镇化促使农产品生产规模化，一方面，农村劳动力大量转移，土地闲置问题严重，随着城镇化的加快推进，农民为了提高收入进城务工，逐渐在城市买房定居，据预计，未来 20 年我国每年约有 1200 多万农业人口要转移到城镇定居，从事农业劳动的人口越来越少，造成大量的农村土地闲置，目前我国土地形势日益严峻，亟须妥善解决农村土地闲置问题。另一方面，土地管理制度改革，承包耕地面积越来越多。2016 年农业部下发文件规定土地所有权、承包权、经营权"三权分置"，农业部统计的我国承包耕地流转情况如图 3-8 所示，截至 2016

年 6 月，我国承包耕地流转面积已经达到 4.6 亿亩，超过总体承包耕地面积的 1/3，尤其东南沿海地区，流转土地比重已经超过一半。我国已有 50 万户的农户承包耕地面积超过 50 亩，达到规模经营水平，经营总耕地面积超过 3.5 亿亩。同时，各类新型农业经营主体包括家庭农场、农民合作社、农业产业化龙头企业等的数量也突破 270 万家。农村劳动力转移和土地管理制度改革都促使新型农业经营主体发展壮大，农产品生产逐渐规模化。

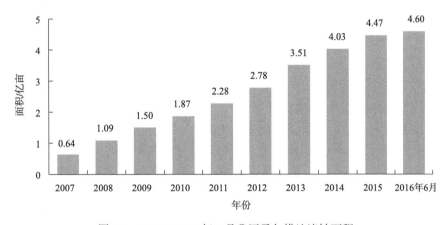

图 3-8　2007～2016 年 6 月我国承包耕地流转面积

当农产品达到规模化产量时，农业经营主体难以依靠自身的力量进行分级、预冷、包装、运输等物流活动，必须借助专业的物流企业完成产地物流作业，即农业经营主体对农产品物流企业的依赖程度增加，促使农产品产地物流服务也达到规模化。早有学者提出我国农产品产地物流规模化的趋势，但由于我国农村土地制度、农业现代化水平落后等阻碍因素，农产品物流的规模化进展缓慢，而新型城镇化带来的一系列变革将有力地推动这一进程。

3）农产品产地物流发展趋势

随着新型城镇化的不断深入，未来农产品在产地收获后，将由专业的农产品物流企业完成预选分级、预冷处理、包装储存等产地物流活动，这些企业拥有专业的、自动化的分级、预冷、包装、仓储等基础设施，由专业的农产品物流人才经营管理。根据农产品的品种、质量等指标进行预选分级，使农产品本身的价值得到最大限度发挥；接着对易腐损的农产品进行预冷处理，实现农产品的全程冷链；对农产品进行适当的保鲜、防损以及在包装上含有农产品信息，保障农产品在后续物流环节中保值，提高农产品源头追溯率；以大规模的形式运输到中转物流园区，进行后续的质检、分拨配送等活动。以上现代化、规模化的农产品产地物流有利于提高农产品物流的效率和质量，同时节约物流成本，为后续的农产品中转和销售打下良好的基础，降低农产品的损耗。新型城镇化对农产品产地物流的影响如图 3-9 所示。

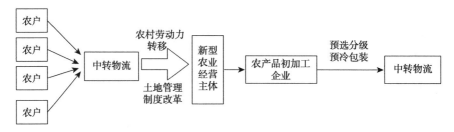

图 3-9　新型城镇化对农产品产地物流的影响

2. 农产品中转物流集约化

1）我国农产品中转物流状况

目前我国农产品中转物流呈现多元化的特征，主要有批发市场主导、超市或流通企业主导、自营物流主导、第三方物流主导等多种模式，但中转过程普遍的问题是环节多、渠道长。以目前承担我国 70%农产品流通任务的批发市场为例，农产品中间商将农产品收购后或农户自身将农产品运输到产地批发市场进行销售，再由中间商将农产品从产地批发市场运往销地的批发市场或超市进行零售，运输方式以公路为主。农产品中转过程中，农产品供需信息需要到批发市场才能获取，信息传播局限性大，信息流通不畅；基础设施水平落后，物流作业处理功能弱，效率低；仓储设施尤其是冷链仓储设施匮乏，农产品存储过程中损耗大。

2）新型城镇化对农产品中转物流的影响

随着城镇化的推进，大型城市非核心功能区疏散，纷纷推进中心城区批发市场外迁工作，截至 2017 年元旦，北京完成了首都内总计 45 家批发市场的撤并、升级和外迁，郑州自 2012 年到 2017 年，已完成计划的 177 家市场外迁，济南在 2017 年 5 月也提出将 133 家批发市场外迁，54 家进行提升改造或转型。可见批发市场外迁是城市功能规划的必然步骤，而其中就包括农产品批发市场，农产品批发市场的各种功能将在城市外的地区完成。农产品批发市场的外迁和改造升级，促使原本分散、低计划性的农产品物流活动从城市中退出来，转而在城市之外的中转节点完成，加之原本以农产品批发市场为主导的中转模式中存在物流设施薄弱、环节多渠道长等问题，亟须具有多功能、集约高效的农产品物流园区承接农产品物流的中转功能。

同时，《国家新型城镇化规划（2014—2020 年）》中重点提到完善农产品流通体系，农产品物流园区作为推动物流运作共同化的重要基础设施和公共平台，满足农产品集中分拨、统一配送、流通加工、安全检测、冷链仓储等一体化功能，具有综合性和集约性，依托农产品产地、集散地及批发市场而建的农产品物流园区将发挥重要作用。

3）农产品中转物流发展趋势

未来，农产品物流园区将成为新型城镇化下农产品物流中转的主要节点。农产品中转物流集约化，依托农产品物流园区优化资源配置，集中合理地运用现代管理与技术，充分发挥资源效益，提高工作效益和效率。

农产品经过产地初加工处理后，直接运往专业的农产品物流园区，专业质检人员进行农产品安全检测保障农产品流通中的食品安全性，利用大型基础设施设备进行流通加工，根据农产品的特性进行冷链仓储，由信息系统获取农产品的需求信息后进行统一的集中分拨，除此之外，农产品物流园区依托大数据和信息系统，农产品在各个环节的物流信息和商品信息都可查询及获取。新型城镇化对农产品中转物流的影响如图 3-10 所示。

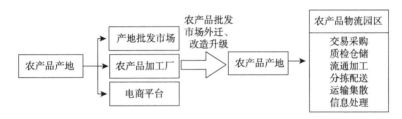

图 3-10　新型城镇化对农产品中转物流的影响

同时，基于新型城镇化产城融合发展的理念，农产品物流园区不仅是农产品中转处理的枢纽，同时融合了物流、居住、休闲、学习、医疗等多种功能，以城镇的地理优势、特色农产品等资源为依托发展农产品物流园区，农产品物流园区反过来促进城镇经济发展、人口落户，即产业和城市融合发展。

3. 农产品配送物流精准化

1）我国农产品配送物流状况

过去，我国居民习惯于到批发市场、商场超市采购农产品，城市内农产品配送主要是由专门的公司将农产品配送到农产品批发市场、超市进行零售，或者配送到有农产品需求的各企业单位、学校、工厂和餐厅，由于大型城市交通管理的规定，配送活动一般都在夜间进行。传统农产品物流配送的主要特点是规模较小，批发市场的商户、超市或企业单位与相应的农产品供应商签订采购协议，农产品供应商根据需求进行配送，过程零散，容易造成成本高且效率低的问题。近几年，城市生活节奏的加快和消费需求的提高促进了生鲜电商的发展，农产品到门的配送服务呈现增长趋势。

2）新型城镇化对农产品配送物流的影响

随着城镇居民数量的增加，其对农产品及生鲜食品的需求也将增加，消费方式升级，一是对食品的生鲜需求越来越高，二是对消费的便捷性需求越来越突出，主要表现在生鲜电商购物需求的迅速增长。根据中商产业研究院的统计数据，2018 上半年，生鲜电商交易规模为 1051.6 亿元，首度破千亿元，较 2017 年上半年的 851.4 亿元，同比增长 23.51%。近几年我国生鲜电商交易额及增长趋势如图 3-11 所示。

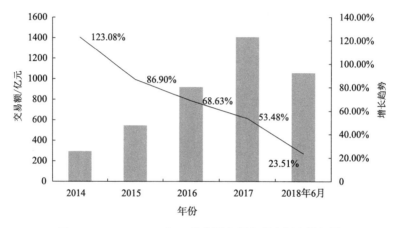

图 3-11　2014～2018 年 6 月我国生鲜电商市场交易规模

虽然目前生鲜电商占农产品零售规模的比例还较少，但根据其增长趋势即可看出其发展之快速。电商物流作为农产品电商的必要支撑也将有很大的发展空间，电商物流最显著的特点就是到门的服务。《国家新型城镇化规划（2014—2020 年）》中也提出要打造包括物流配送、便民超市、平价菜店、家庭服务中心等在内的便捷生活服务圈，优化社区生活设施布局。由此可见，今后无论是通过电商平台购买或者到实体菜店购买，农产品物流都会被配送到离消费者尽可能近的地点。

3）农产品配送物流发展趋势

农产品配送物流精准化即农产品到门、到社区菜店的配送地点精准化，对农产品需求进行预测达到配送数量和质量精准化，对路线进行合理规划达到配送时间精准化。社区菜店相较于农产品批发市场来讲数量多而营业规模小很多，而且农产品易腐烂变质，这对于农产品需求的预测、配送数量的确定、尽量避免逆向物流造成成本损失等要求会更高。

具体来说，对于习惯实体店购物的消费者，社区菜店、生鲜超市将是购买日常所需的农产品的主要场所；对于时间有限、收入水平较高的消费者，将通过电商平台购买日常所需的农产品如蔬菜、水果；同时时令、高品质的生鲜农产品，如大闸蟹、荔枝、车厘子等将以完善的冷链包装，通过空运与公路运输等多式联运的形式，在 24 小时或 48 小时内配送到门或者社区快递柜。社区菜店、生鲜超市等农产品零售店根据过去的消费情况及需求情况做好商店的需求预测，汇总到农产品物流园区，农产品物流中心规划路线和数量，进行统一配送。通过电商平台购买的农产品将从物流园区或城市的前置仓中进行分拣后以快递或同城配送的形式配送到消费者的家门口。新型城镇化对农产品配送物流的影响如图 3-12 所示。

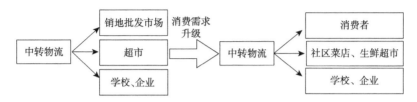

图 3-12　新型城镇化对农产品配送物流的影响

3.5.2　农产品物流对新型城镇化的促进

1. 吸纳人口城镇化劳动力

1）年均待转移人口数量庞大

新型城镇化是"以人为本"的城镇化，过去我国传统城镇化过程中面临的主要矛盾就包括城镇化水平与户籍人口的城镇水平之间的不协调，中国产业经济信息网的数据显示，2011～2016 年我国城镇化率与户籍人口城镇化率如图 3-13 所示，2016 年我国城镇化率为 57.35%，而户籍人口城镇化率仅为 41.20%。城镇化率与户籍人口城镇化之间的差距是阻碍城乡居民生活水平公平化、提高城镇化质量的重要指标。2016 年发布的《国务院办公厅关于印发推动 1 亿非户籍人口在城市落户方案的通知》提出，在"十三五"期间，户籍人口城镇化率年均提高 1 个百分点以上，年均转户 1300 万人以上。到 2020 年，全国户籍人口城镇化率提高到 45%。

图 3-13　2011～2016 年我国城镇化状况

2）发展农产品物流能有效吸纳劳动人口就业

推进人口城镇化不仅要考虑转移人口的户籍制度、配套保障措施，更重要的还有农业转移人口的就业问题，农业转移人口拥有工作、稳定的住房，享受与城市市民同等的公共服务，才是科学的城镇化。目前我国人口红利减弱，而物流业对劳动力有极强的吸纳能力，2016年我国物流岗位从业人员数达到5012万人，占全国就业人员的6.5%，其中快递物流从业人员仅是电商物流就有数百万人，比2015年增加40万人，据估计，仅快递业每年就有近20万个新增就业机会，能极大缓解就业压力。目前我国农产品物流有着很大的发展潜力，而农业转移人口对农产品有着更天然的熟悉感，无论是产地初加工、农产品物流园区、农产品配送等环节，都需要大量的劳动力支撑，因此，在农产品物流大力发展的背景下，能有力地吸纳农业转移劳动力、助力人口城镇化进程。

2. 为小城镇建设提供方案

1）我国特色小城镇建设中的问题

《国家新型城镇化规划（2014—2020年）》中提出，大城市周边的重点镇，要加强与城市发展的统筹规划与功能配套，逐步发展成为卫星城。具有特色资源、区位优势的小城镇，要通过规划引导、市场运作，培育成为文化旅游、商贸物流、资源加工、交通枢纽等专业特色镇。

经过多年的发展，目前我国较成功的小城镇主要分布在江浙一带，以自然风光和人文景点为主要特色，然而并不是所有小城镇都有丰富的旅游资源可以利用，有些地区为发展特色小城镇陷入盲目追求特色而不顾及当地的现实条件和居民生活需求的不良局面，不切实际地大搞基础建设打造所谓的"古城"，造成小城镇发展方式单一、千"镇"一面、照搬照抄、缺乏产业支撑、对经济发展促进作用弱等问题。需要对小城镇建设的宗旨和思路进行明确，对于发展较好的各类特色小城镇案例进行宣传，引导小城镇规划建设的健康良性发展。

2）以农产品物流为特色是小城镇建设的可行方案

目前已经有较成功的物流特色小城镇和农产品商贸物流特色小城镇，如广东省东莞市常平镇、湖南省长沙市长沙县黄兴镇、贵州省黔南布依族苗族自治州龙里县醒狮镇，本书依据搜集的资料整理了我国具有代表性的农产品商贸物流特色小城镇，其行政区划、区位优势、功能定位等如表3-13所示。

表 3-13　我国农产品物流代表性小城镇

小镇名	行政区划	区位优势	功能定位
常平镇	广东省东莞市	西接广州，南邻深圳、香港，北通京都，东达粤东沿海，京九铁路、广梅汕铁路、广深铁路三线在此交汇	粮油及农副产品批发和仓储、塑胶原材料批发、快件进出口
黄兴镇	湖南省长沙市长沙县	位于长株高速、京珠高速、机场高速交会处，西邻高铁南站，东接黄花机场，形成了纵横交错的城市路网	果蔬冷藏保鲜及仓储配送中心、脱水蔬菜净菜一站式冷链物流配送基地、中南市政总部及物流基地
醒狮镇	贵州省黔南布依族苗族自治州龙里县	紧邻贵阳市乌当区偏坡布依族乡和南明区永乐乡	商贸物流、临空服务、现代观光农业、农产品加工

　　我国不同的地区的农产品有着明显的地域性差异，容易凸显小城镇特色，而且农产品消费需求量大且稳定，有利于积累规模，发展农产品物流产业可以对小城镇的经济发展形成强有力的支撑。因此，对于有相关资源优势的小城镇，如大型城市群交通枢纽位置的小城镇、特色农产品的产地周边等，鼓励其发展建设以农产品商贸物流为特色的小城镇，不仅能丰富特色小城镇的种类，促进小城镇经济发展，同时能促进农产品初加工、中转等功能的加强和完善，是新型城镇化与农产品物流互惠互利的结合点。

　　同时，农产品物流的发展能够有效促进人员、产业等要素在城乡之间的合理流动，进而缩小城乡差距，促进新型城镇化建设。农产品物流的发展带动城镇之间的贸易合作发展，促进了城镇商业的融合；农产品物流促进了人员之间交易的达成，促进城镇之间人员的融合；农产品物流促进农村交通基础设施的完善，加快要素流通速度，扩大要素流通范围，使得城镇间的边缘不断模糊，促进城乡一体化融合。

3. 提升居民生活消费水平

1）人们对生活消费水平期望不断提升

　　新型城镇化促使越来越多的农民转移到城市生活，同时居民收入快速增长，收入差距逐渐缩小，促进消费需求不断增长，消费结构优化升级。根据尼尔森中国消费者调研的相关数据，目前我国消费者对新鲜品质的商品购物频繁，对食品安全关注度日益高涨，生鲜食品的消费占比日益提高，同时网购越来越普及，对电商物流的需求也会越来越大。因此，基于我国庞大的人口基础，未来我国农产品物流相关的生活消费期望会不断提升。

2）农产品物流发展为居民生活带来巨大便利

　　通过发展完善农产品物流体系，农产品初加工、配送等需求能帮助农民实现转移就业、提高收入水平；特色小城镇和现代化的农产品物流园区的建设提高了城镇的经济水平与城镇居民的消费能力，同时为农产品物流从业者提供更良好的工作环境；大数据和互联网等信息技术和 RFID、EDI 技术的应用促进了农产品全流程追溯的推广普及，消费者根据农产品的包装信息就能查到农产品的来源和质量检验信息，保障食品的安全性；电商物流的便利性和高效性可以极大便利居民的消费体验，为城市居民提供更加优质、新鲜、种类丰富的食品，提供点对点、门对门的方便高效的配送等生活服务；新型城镇化下的农产品物流注重绿色化和智能化，不仅能够为城镇居民提供便捷优质的配送服务，而且能相应减少城市噪声和尾气排放造成的环境污染，有利于城镇居民健康生活。

4. 为小城镇经营纵深腹地

根据费孝通先生的口腹论，一个地区除了要培养对外开放的口外，还应该加快腹地的经济发展。我国农村经济发展的根本在农业，口在城镇，只有根深腹大，口才能吞吐有力，传统农业的自给半自给经济不可能为小城镇配置发达的根系，只有通过推进农业产业化，对传统农业进行改造，实现产业化经营，贸工农一体化，从而打破城乡壁垒，促进产业衔接，才能进而推进城乡一体化。农产品物流的发展恰好能够形成对农业经济发展的促进作用。

健全的农产品物流体系，可以增加农产品的利用率，让更多的农产品实现其自身价值和发挥更多的潜在使用价值。农产品在流转过程之中，能够赋予农产品更多的附加值，对于农民增收有着巨大的提升效果。通过快速的农产品物流流转，可以倒逼更加高效的农业生产经营方式的形成及发展，有效降低农业经济生产成本，实现集约化经营，促进农业产业结构优化和升级，带动农村经济发展，从而为小城镇建设打造纵深腹地。

3.6　新型城镇化与我国农产品物流的耦合机制

3.5 节重点论述了农产品物流与新型城镇化之间的相互促进关系，本节将着眼于更深层面，分析二者的耦合要素，挖掘二者的耦合机制，并探讨二者耦合度随着农产品物流发展而发生的变化。

3.6.1　耦合要素

社会空间结构、农业生产经营方式和物流技术是新型城镇化与我国农产品物流间的耦合要素（图 3-14）。一方面，由 3.4 节的分析可知，社会空间结构、农业生产经营方式和物流技术是我国农产品物流系统的序参量，能够表征我国农产品物流系统的发展状况；另一方面，新型城镇化建设将会对社会空间结构、农业生产经营方式和物流技术产生重大影响，进而影响我国农产品物流发展。具体而言如下。

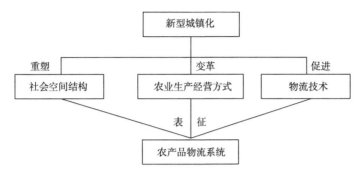

图 3-14　新型城镇化与农产品物流系统的耦合要素

1. 新型城镇化重塑社会空间结构

正如国家行政学院决策咨询部主任慕海平所言，新型城镇化不仅是指农村人口的搬迁上楼，更是产业、人口、土地、社会、农村五位一体的城镇化，其内涵是城镇化过程与城镇化结果的统一（表3-14）。一方面，新型城镇化是复杂、多层面的经济社会在空间上的变迁与性质转化，以及经济社会在时间维度上的发展升级过程；另一方面，新型城镇化又代表着未来社会经济发展的最终形态。在新型城镇化建设的过程中，社会的组织结构、经济布局、产业结构、生活方式和价值观念都发生着一系列的变迁，意味着新型城镇化将引起社会结构、经济结构和人口分布等变动，重塑社会空间结构，具体而言如下。

表 3-14　新型城镇化的内涵解析

类型	过程		结果
	空间维度变化	时间维度变化	城—镇—村三元结构
人口城镇化	定居于小城镇	生产生活方式转变	重塑社会阶层结构和人口分布结构。新社会阶层：介于农民和市民之间的亦工亦农阶层。新地域单元：空间密度介于分散型农村和聚团型城市之间的小城镇
土地城镇化	城—镇—村统筹规划，合理布局，节约集约利用	农地入市方式、土地产权结构、土地利益分配方式的调整创新	重塑土地利用格局与利益分配结构。城乡建设用地新形态：城乡土地开发利用的统筹集约化。土地利益分配新格局：农民享有土地增值收益
产业城镇化	集聚于小城镇	产业转型升级，集约化、生态化发展	重塑生产力布局。新经济形态：介于先进的城市工业与传统农业之间
农村城镇化	分散型村落转向集约式社区	基础设施完善，管理方式升级	重塑社会文明结构。新社会文明形态：介于乡土文化农村和现代文明城市之间
社会城镇化	城乡要素分割转向要素自由流动	大中小城市、小城镇和农村社区层次分明、优势互补、协调发展	重塑地域功能结构。新功能承载空间：介于承担创新研发等高端功能的城市与承担基本保障的农村之间

第一，重塑社会阶层结构和人口分布结构。新型城镇化致力于缩小城乡差距、消除城乡对立，促进城乡的协调发展与融合，实现农民到市民的身份转换。对于我国而言，农村分散居住着全国总人口的 80%，将体量如此庞大的农民一下子转变为工人是不现实的，且西方的城镇化经验表明，由农民直接完全转换为工人的突变道路必然伴随农业的衰落，代价非常大，有碍经济社会稳定。因此，我国"农民→工人"的转化必定是漫长的渐进过程，在此过程中会形成一个新的社会阶层——亦工亦农阶层，他们脱胎于农民，但劳动方式和生活方式又类似于城市工人，他们往往工作在工厂、户口在农村，又或多或少与农业耕作保持一定联系，既拥有土地承包权又能够自由择业，既有土地租金收入又有工资收入，既不同于传统意义上的农民又有别于完全意义上的工人，具有亦工亦农的特征。

与此同时，在空间上会形成一个密度介于分散型农村与聚团型城市之间的新地域单元——小城镇。据中国（海南）改革发展研究院院长迟福林测算，未来10 年（2012～2022 年），我国城镇化率年均提高 1.2 个百分点，将再有 2 亿农民进入小城镇，加上现有的 1.6 亿跨省流动的农民工，新增城镇人口将达 4 亿人左右，若这 4 亿人口都进入大城市，则需要新建 400 个 100 万人口以上的特大城市，或者需要新建 600～800 个 50 万到 100 万人口的大城市，这是我国财力、国力都无法承受的，单靠大城市来吸纳庞大的农村剩余劳动力是不现实的。过去的实践也表明采取"离土不离乡"的方式依靠过于分散的乡镇企业吸纳剩余劳动力也是不可持续的，如此一来，将会在城市与农村之间形成一个新的地域单元——小城镇。小城镇的地理位置为亦工亦农阶层的兼业性提供了空间与时间上的可能，成为农村剩余劳动力的"蓄水池"。

第二，重塑土地利用格局与利益分配结构。土地是城镇化建设的物质载体，农村土地的权属转换、用途转化和形态转变过程即为土地城镇化，是城镇化建设的重要内容。在传统粗放的城镇化模式下，农村建设用地效率低下，空心村与耕地撂荒现象普遍；而城市土地开发强度偏高，超出资源环境承载能力，土地开发利用呈现明显的城乡二元结构。不同于以往单纯的造城运动，新型城镇化是在保障耕地的同时注重城乡土地的统筹规划、集约利用和理性开发，深入推行城乡建设用地增减挂钩和农村耕地占补平衡政策，探索实行城乡建设用地人地挂钩和农民宅基地与承包地有偿退出政策，改变当前农村与城市土地开发建设两极分化的局面，实现土地规划与城市群发展规划、经济社会发展规划、地区产业发展规划、新农村建设规划、生态环境建设规划等多规融合，形成城乡土地开发利用的新形态。

城乡土地开发利用方式的转变同时将涉及土地产权结构和利益分配方式的调整。首先是土地确权的深入推进，农地赋权是城乡土地统筹开发的基本前提，通过土地确权固化农民对农地的承包经营权和对宅基地的用益物权；其次是农地入市的全面推进，农地入市是土地城镇化的必要一步，在更大范围内大力推动农用地、农村集体经营性建设用地、宅基地联动改革；最后是土地利益分配方式的创新，在制度层面保障农民共享土地增值带来的收益。

第三，重塑生产力布局。新型城镇化所推崇的产城融合将促进相关产业在小城镇的集聚，作为城市和农村联结的枢纽，小城镇是"乡头城尾"，其产业特征既不同于城市，也有异于农村。小城镇相比于农村，具备更强的信息传递、技术交流、资金流动等优势，但又缺乏城市的高端人才和技术支撑，无法单一追求资金密集型、技术密集型的高新技术产业。小城镇的产业选择将注重发挥自身的区位优势，并注重对就业吸纳能力和产业承载力的提升，不会脱离农业发展工业，也不会脱离城镇发展产业，最终往往成为特色产业集群的产品集散和销售网络中心，形成一种既介于先进城市现代工业与农业之间，又具有工业和农业融合特征的新经济形态，打破过去农业、工业在农村、城市两个空间区域分化的局面。

第四，重塑社会文明结构。新型城镇化推动传统的分散型村落向基础设施完善、管理现代化的集约式社区转变，此类集约式社区由相邻的农村地域人口集中、规模化居住，实行以自治为主的社会管理与服务，一般具有较完备的社区组织和社区服务的共同体，介于传统行政村与现代城市社区之间，具备居民自治功能、经济发展功能、社会管理功能、社区公共服务功能。同时，新型城镇化所带来的生产方式的变革引起了生产关系和其他社会关系的变化，逐步形成了新的生活方式和社会文化心理，使小城镇脱离乡土文化，向现代城市文明发展，处于传统乡土文化与现代城市文明两极之间，既保留了较多的传统农业文明，又蕴含着商业社会的现代因子，有着城市和乡村的双重特色，成为新的社会文明形态。

第五，重塑地域功能结构。新型城镇化将打破城乡分割式发展，促进城乡要素自由合理流动，打造结构合理、功能互补的大中小城市、小城镇和新型农村社区协调发展的城镇体系，从而形成一个新的功能承载空间，起到上连城市、下接农村、沟通城乡的关键节点作用，同时承接大城市的产业转移和农村地区的产业升级，具备集聚功能与扩散功能。在大中城市"退二进三"战略实施过程中，交通区位优越、人力资源丰富、工业基础良好的小城镇，成为承接城市产业转移的重要载体，成为仓储、技术、物流配送等生产性服务业专业化、规模化集聚区，并为广大农村腹地提供流通服务；对于以自然资源、生态农业、民俗文化为依托而形成的小城镇，其功能定位重点在于对自然资源的适度开发与保护，对农业经济效益、社会效益和生态效益的兼顾，对传统文化的弘扬。

同时，社会阶层结构、人口分布结构、土地利用格局、生产力布局、社会文明结构和地域功能结构的变革是相互促进的，共同构成城—镇—村三元的社会空间结构。①新的社会阶层和新的人口分布结构直接影响社会文明结构，促进新的社会文明形态的产生和发展；②新集聚空间的产生影响着该地的产业结构和地域功能结构；③生产力布局的变革对地区所发挥的功能产生直接影响；④空间的地域功能影响着地区的产业选择和社会文明塑造。最终，在新型城镇化的作用下，长期分割的城—乡二元社会空间结构将变革为协调统一的城—镇—村三元社会空间结构。

城—镇—村三元的社会空间结构是城镇化进程在我国特殊国情、国力下自主演化的结果，它既非人为制造，也难以在短时期内消失。城—镇—村三元社会空间结构并不意味着距离国民经济社会一体化的目标更远了，不会因为衍生出一个新的社会形态而拉大了不同空间形态的差距，恰恰相反，小城镇这个新的空间形态会起到过渡与缓冲作用，充当城市与农村、工业与农业、贫穷与富裕、落后与先进之间沟通的桥梁，促进生产要素在城乡间的自由流通和层级配置，减少城乡一体化融合中产生的摩擦，大大地向城乡统筹的一元结构迈进一步。邓卫就曾将小城镇比作两条平行铁轨间的枕木，通过此方式将相互分割的城市和农村连接起来，共同形成一个牢固的整体，承载起经济社会这趟列车的快速稳定发展[269]。

2. 新型城镇化变革农业生产经营方式

1）新型城镇化倒逼农业生产经营组织形式变革

首先，在我国不断推进的新型城镇化过程中，农村剩余劳动力析出现象日益严重，且剩余务农人员中老人和妇女的比重逐渐加大，农村土地闲置或撂荒、空心村、农村常住人口"老妇幼"等问题更加突出，农业中"谁来种地"的忧虑越发严重；其次，随着农业转移人口从农业生产者转变为农产品消费者，人们对各类农产品的需求数量不断提升，持续考验着农产品供给保障能力，而传统小户承包模式的生产规模小且分散，生产效率较低，抵御自然风险与市场风险的能力不高，农业的小生产与大市场矛盾日益尖锐，农业中"如何经营"的难题日益凸显；最后，新型城镇化所带来的居民生活水平的改善，以及对食品安全的高度重视，促进居民农产品消费需求的逐步升级，人们将更加注重消费健康、营养的高附加值农产品，同时，发展高产、优质、高效、生态、安全农业也是新型城镇化建设的重要内容，由此便产生了"怎么种地"的难题。

与此同时，随着新型城镇化的不断推进，农户兼业得到了长足的发展，促进了农民在职业上的分化，农户由于兼业程度的不同而相应地分化为纯农户、农业兼业户、非农兼业户和纯非农户。稳定的非农收入使其土地转出的意愿依次增强，有利于农地的流转和规模化耕种，截至2016年6月底，全国承包耕地流转面积约达到了4.6亿亩，超过总体承包地的三分之一，在一些沿海地区这一比例已经达到二分之一，对农业生产经营组织形式的变革起到一定的拉动作用。

在以上推力和拉力的双重作用下，农业小户生产开始向采用先进科技和生产手段方向转变，增加技术、资本等生产要素投入，着力提高集约化、专业化水平；

农业集体经营的特征更加明显，农户间的联合与合作更密切、更广泛，逐步形成多元化、多层次、多形式的农业经营服务体系；最终，在"统"和"分"两个层次上实现对农村基本经营制度的丰富和发展，形成以家庭承包户为基础，以专业大户、家庭农场、农民专业合作社、农业产业化龙头企业为骨干的农业生产经营组织体系。该体系内的新型主体具有规模化、专业化、集约化、市场化的特征，具体而言如下。

一是适度规模化经营，在短时间内，人多地少的基本国情使得我国不可能像欧美等国家一样完全实现大规模的农业现代化经营，而是通过把有限的分散小农组织起来，形成科学管理下的有组织合作形态，其规模明显高于传统小农家庭的人均"一亩三分地"，实现对自身劳动力资源、资金和技术的充分利用，并取得较好的规模经济效益的适度规模经营。二是农业生产专业化，相对于传统农户小而全的生产特征及当前显著的兼业化经营状况而言，新型农业生产经营主体将集中于农业生产经营的某一个领域、品种或环节，开展专业化的生产经营活动。三是生产要素集约化，新型农业经营主体发挥资金、技术、装备、人才等优势，有效集成利用各类生产要素，增加生产经营投入，大幅度提高土地产出率、劳动生产率和资源利用率，同时追求经济效益、生态效益和社会效益的高度统一。四是市场化导向，农产品将更多地通过交换供应整个社会而非自给自足，新型农业经营主体更多地根据市场需求进行商品化生产，无论专业大户、家庭农场，还是农民合作社、龙头企业，都将围绕提供农业产品和服务组织开展生产经营活动。

2）新型城镇化为先进农业技术的获取与应用创造条件

我国在上千年的农耕文明中积累了一批先进的农业生产技术，主要包括农业生物技术、农业信息技术、设施农业技术、特色农业技术、综合技术群（移植、常规技术组装配套）等多个方面；同时，互联网信息技术的高速发展及其与农业科学的有机结合，促进了农业遥感技术、农业信息系统技术、农业数据库技术、农业互联技术等农业信息技术的兴起。然而，我国农村落后的基础设施建设、农民偏低的文化素质和教育程度，加上小户承包的细碎化耕作方式，使得先进的农业技术在农村地区的广泛获取与应用难度较大，这也成为制约我国现代农业发展的重要原因。新型城镇化建设的推行将有效破解上述难题。

（1）新型城镇化能够吸引社会资本进入农村建设。一方面，人的城镇化将形成大量反哺农业的资金，从而对农业发展形成有力的资金支持；另一方面，支持城乡统筹建设的专项资金具有强大的杠杆作用，能够撬动更多金融资本、民间资本和社会资本参与农村建设，为农业生产技术升级换代提供资金保障。

（2）新型城镇化能够为农村的农业技术应用提供人才支撑。《国家新型城镇化规划（2014—2020 年）》明确指出要完善科技特派员制度，通过选派有一定科技专业理论、技术、工作经验、指导方法、管理能力、年富力强的专家，深入农村第一线，致力于解决"三农"问题，从国家制度层面为农业技术的传播与应用创造了柔性引才引智的良好环境。与此同时，《国家新型城镇化规划（2014—2020年）》还制订了较为全面的农民工职业技能提升计划，包括就业技能培训、岗位技能提升培训、职业技能培训能力建设等，有利于农民的职业化转变，有助于农业科技人才的本土化培育。

（3）新型城镇化能够为农业技术的应用创造空间载体。随着新型城镇化进程加速，大量农村人口向城镇地区转移，更多的农民在非农产业领域就业，未来从事农业的劳动力相对于细碎的耕地表现出稀缺性，这将使耕地向少数人手里集中，使得农业的规模化生产成为可能，进而为大型高效的农业装备和高新农业技术的应用创造必要的空间载体。

（4）新型城镇化能够为农业技术提供社会化服务。新型城镇化所引起的非农产业的迅速发展可以为农业技术提供良好的社会化服务，第二产业的发展可以提供农用机械设备、农用基础设施等硬件技术支持，第三产业则为农业技术的推广与应用提供人才培养、监督检测、更新升级、信息服务等多样化的社会服务。

除此之外，《国家新型城镇化规划（2014—2020年）》明确指出，鼓励农业机械企业研发制造先进实用的农业技术装备，促进农机农艺融合，改善农业设施装备条件，2020年末耕种收综合机械化水平达到70%左右，具体任务指标的制定也会对农业技术形成倒逼效应，促进先进农业技术的创新与应用。

3）新型城镇化为农业生产经营权利结构的变革提供机遇

新型城镇化的核心即以人为本，实现农民的市民化转变，这种转变不仅意味着身份的变化，更重要的是让农民主动参与新型城镇化，分享新型城镇化带来的红利，这一目标的实现关键在于如何处理农民进城与土地的关系[166]，这就意味着创新农村土地权利结构早已根植于新型城镇化建设之中。同时，人的城镇化有助于进城农民享受与同等情况城市居民一样的社会保障和社会福利，感受城市文明，体会城市归属感，从而降低农民对土地的心理依赖，提高其土地流转意愿。同时，新型城镇化提供的非农就业岗位，增加了农民的非农收入，稳定的非农收入又能进一步增强其土地流转的意愿。

此外，《国家新型城镇化规划（2014—2020年）》明确提出要推进农村土地管理制度改革，在坚持和完善最严格的耕地保护制度前提下，赋予农民对承包地占有、使用、收益、流转及承包经营权抵押、担保权能。其中，"农地集体所有权—承包权—经营权"的"三权分置"结构体系是农村土地管理制度改革的具体体现，是土地制度适应性变革的一大创举，为建立灵活高效的农地经营权流转市场，进而高效利用农地而提供具有可操作性的制度指南。如此一来，农地所有权仍然属于农村集体，农地承包权仍然稳定于农民家庭，而农地经营权却可以按照市场方式依法依规进行流转。不仅如此，"三权分置"理顺了当前土地产权制度，极大丰富了其权能，使农民对土地有了更准确的预期，可以定纷止争，农民可以放心地将承包土地转让经营，而不必担心失去对土地的承包关系，为土地在更大范围内优化流动配置和发挥作用拓展了巨大空间，为多元化的农业生产经营组织创造了必要条件。经营权流转也将带来农地利用和生产方式的变革，既有助于提高农地利用效率，使农地抛荒现象得到较好控制，也能够促进先进的农业生产技术在农村中推广开来，提高农业规模化、产业化、信息化水平。综合以上分析，新型城镇化建设将引起我国农业生产经营方式的重大变革。

3. 新型城镇化促进物流技术城乡一体化

长久以来，我国城乡二元结构的现实导致城乡农产品物流存在明显的二元鸿沟现象，其中，物流技术获取与应用在城乡之间的巨大差距是城乡农产品物流二元鸿沟最显著的表现。一方面，城市区域农产品物流技术的研发与应用快速发展，不断引进冷链运输车、自动化立体仓储等先进物流设备设施，广泛采用系统工程技术、物流规划技术、物流效率分析技术和物流评价技术，大力发展物联网、GPS 等物流信息技术，现代化物流作业技术不断成熟；另一方面，对于农村区域而言，农业技术的工作重点主要在生产领域，在产后预冷、包装、保鲜、加工、运输等后续物流技术处理方面投入相对不足，大部分农产品以初级形态或粗加工进入流通市场，包装简陋，农产品以常温物流或自然形态物流为主，储藏保鲜条件落后，运输手段简单传统，缺乏冷冻冷藏设备和技术，没有系统科学的物理管理系统，农产品物流信息化基础设施建设不足，对计算机网络等现代信息技术的把握能力不强，收集、加工、处理及分析农产品物流信息的能力不足。

（1）物流技术的城乡二元鸿沟严重制约了我国农产品物流的发展。第一，农产品物流成本居高不下，农产品在采摘、储存、运输等物流最初一公里环节中损耗很大，导致我国农产品损耗高，每年损耗超过 3000 亿元，大大提高了农产品物流的整体成本。统计数据表明，我国超过 20%的水果蔬菜在采摘、配送、仓储等物流环节损失，而在西方发达国家，通常水果蔬菜的物流损失率低于 5%，美国仅为 1%～2%。第二，农产品物流标准化难以推广，2011 年 2 月，商务部印发了《关于贯彻实施农产品流通标准的通知》，强调农产品流通标准化是农产品现代化流通体系建设的重要组成部分和本质要求，强调实施农产品流通标准，实现农产品流通全过程可追溯，然而农村区域内农产品的运输、存储、装卸、包装及其他物流环节的操作标准和管理规范与城市区域存在较大差距，导致农产品物流技术标准难以在系统全过程推广，阻碍了我国农产品流通标准化，以及和国际农产品物流接轨的进程，也无法实现农产品流通业由劳动密集型向技术密集型转变。第三，农产品物流在调节农产品供需方面的重要作用难以有效发挥，据统计，全国有97%的地市及80%的县级农业部门设置了信息化管理和服务机构，但就农产品物流信息来说，还存在信息不全面、信息传递渠道单一、信息真实性差、信息传递滞后等问题，同时我国农产品物流信息化建设存在着区域发展上的不平衡，这便导致无法及时获取农产品供需情况，农产品物流的时间价值和空间价值难以保证。第四，农产品物流全程可追溯性差，农村地区物流信息化发展较为落后，导致农产品产地编码困难，难以建立健全的源头数据库，无法建立完善的农产品物流全程可追溯体系。第五，农产品物流过程增值能力差，相关统计数据显示，在一些发达国家，农产品经过物流环节将获得3～4倍的增值，而我国产地分选、分级、整理、清洗、预冷等流通加工技术的落后，使得农产品增值能力仅为1:1或者稍高一些。在国外，水果经过采摘、加工、仓储、运输将增值3.8倍，而我国水果的增值比例仅为1:1.8。第六，农产品冷链物流止步不前，冷链物流作用效果的达成依赖于从生产、仓储、运输、销售直到消费者手中的全过程都能使产品保持最适宜的温度，冷链物流的"不可逆"特性也使得任何一个环节的缺陷都将使其前功尽弃。农村地区对生鲜农产品产后低温贮藏加工投入力度不够，尤其是农产品采后低温加工和包装技术能力低下，导致目前绝大部分农产品从产地以原始产品形式进入流通市场，后续物流环节采取冷链的效果从而大打折扣，由此降低了物流企业冷链改造的积极性，阻碍了农产品冷链物流的发展。总而言之，物流技术的城乡二元鸿沟是制约我国现代农产品物流发展的重要因素。

（2）新型城镇化的推进能够大幅推动物流技术在农村区域的获取与应用，有效弥合农产品物流技术的城乡二元鸿沟，促进城乡物流技术一体化。这里的"一体化"指的是为达到某种共同目的，若干构成要素相互配合、协作，形成有机结合的复合体，是对系统的各种因素和属性之间的动态良性相互作用关系及其程度的一种反映。鉴于城乡物流技术一体化属于城乡物流一体化的一个主要方面，参照白晋湘对城乡物流一体化的定义，本书所说的城乡物流技术一体化就是指物流技术在城市和乡村实现时间、空间和组织上的有效对接。

首先，新型城镇化能够提高农业生产主体物流技术采纳意愿，新型城镇化倡导完善的现代农业产业体系，鼓励多种形式规模经营，将催生一批"有文化、懂技术、会经营"的新型职业农民，促进农业生产的企业化经营，大幅增强农业生产主体的现代物流意识，提高生产端物流技术改造的意愿和农民对现代农业高新技术的接纳能力，为物流技术在农村地区的推广应用奠定了基础。

其次，新型城镇化能够为农村地区农产品物流技术的获取与应用创造良好环境。一是完善交通基础设施，推进城乡基础设施一体化，统筹城乡基础设施建设，加快基础设施向农村延伸，强化城乡基础设施连接，推动水电路气等基础设施城乡联网、共建共享是城乡统筹的应有之义。同时，《国家新型城镇化规划（2014—2020 年）》明确指出加强小城镇与交通干线、交通枢纽城市的连接，提高中小城市和小城镇公路技术等级、通行能力和铁路覆盖率，提升服务水平，由此，农村交通基础设施将得到快速发展，与城市交通网络在时间、空间和组织上的对接更加高效。

二是完善信息基础设施，新型城镇化、新型工业化、新型农业现代化和信息化的协调发展是新型城镇化推进的新路径，其中，信息化在促进四化协调中位于突出地位和具有不可替代的作用，由此，加强小城镇和农村的互联网信息基础设施建设，缩小城乡之间的数字鸿沟已是新型城镇化建设的重要组成部分。众多城市已将光纤宽带网络、通信基站、通信管道等通信信息网络基础设施建设纳入城乡建设总体规划，推进镇村网络的高速互联和城市网络的光纤覆盖，致力于建成城乡一体化的高速宽带信息网络。

三是提供经济支持，随着新型城镇化的推进，大部分地区开始积极补贴农村宽带资费，降低农村居民网络使用成本，国家也开始正式补贴运营商，支持运营商在农村地区和经济不发达地区进行宽带建设，2020 年实现约 5 万个未通宽带行政村通宽带、3000 多万农村家庭宽带升级，使宽带覆盖 98% 的行政村，并逐步实现无线宽带覆盖，预计总投入超过 1400 亿元。中央财政对于农村信息基础设施建设的投资又具有引导和放大作用，引导社会资本参与其中。同时，产城融合的发展理念将带动乡镇企业变革和小城镇非农产业发展，有利于小城镇形成自我生长的原动力，持续提高经济产出和税收收入，为当地信息化改造提供资金支持。

四是提供人才储备，新型城镇化对城乡二元结构的破除有助于技术、人才、信息等生产要素在城乡之间的自由流动，如此一来，城市大量的科研机构、信息技术开发公司、农业院校能够直接为农村区域的农产品物流提供智力支持和服务。《国家新型城镇化规划（2014—2020 年）》制订的包含就业技能培训、岗位技能提升培训、高技能人才和创业培训、劳动预备制培训、社会公益性培训和职业技能培训能力建设等一系列农民工职业技能提升计划，有利于农民素质的提高，起到优化基层队伍的作用，可以培养一批既了解农业生产经营特点，又掌握现代物流知识理论的人才，进一步推动农产品物流作业技术系统化与信息化管理。

最后，新型城镇化倒逼农产品最初一公里进行物流技术改造。民以食为天，食以安为先，此次《国家新型城镇化规划（2014—2020 年）》中重点提到农产品物流和冷链物流，提出："统筹规划农产品市场流通网络布局，重点支持重要农产品集散地、优势农产品产地批发市场建设……健全覆盖农产品收集、存储、加工、运输、销售各环节的冷链物流体系。加快培育现代流通方式和新型流通业态，大力发展快捷高效配送。"这既是新型城镇化"以人为核心"的合理体现，又为农产品物流的发展指明了方向，由此将倒逼农产品最初一公里进行物流技术改造，改变冷链基础设施不完善，产地冷库和批发市场缺乏，农产品采摘后无法在第一时间预冷、分级、包装、标准化的现状。

综合而言，从耦合类型上看，新型城镇化与我国农产品物流的耦合属于系统和系统之间的耦合；从耦合度大小角度来看，新型城镇化与我国农产品物流的耦合属于内容耦合，耦合度较强，且社会空间结构、农业生产经营方式和物流技术三个要素是二者的耦合要素。

3.6.2　耦合作用下农产品物流系统的超序参量换元

由上文分析可知，新型城镇化将对社会空间结构、农业生产经营方式和物流技术三者产生重大影响，而这三个要素恰好是我国农产品物流系统的三个序参量，换言之，在新型城镇化这个外部控制参量的作用下，我国农产品物流系统三个序参量的表现形式都会发生改变，但社会空间结构、农业生产经营方式和物流技术的变化程度存在较大差异，其中以社会空间结构由城乡分割的二元结构变为城—镇—村协调的三元结构的变化最为显著。这是因为自城市从农村中分化出来，社会空间结构就一直保持着城乡二元的形态，对我国而言社会空间结构的城乡二元分割特征尤为明显，若长期固化的城乡分割的二元结构转化为城—镇—村协调的三元结构，将涉及人口、产业、生活方式、价值观念等方方面面的变革，影响范围较为广泛，影响程度较大，并且一旦城—镇—村协调的三元结构固定下来，短期内将难以改变，影响较为深远。此外，社会空间结构是导致真正意义上农产品物流产生的因素，其形态变化对农产品物流系统产生的影响也大于农业生产经营方式和物流技术两个序参量变化带来的影响。因此，在新型城镇化的作用下，社会空间结构成为涨落最大的序参量，对系统演化具有最大的支配作用，将代替当前发挥主导作用的物流技术成为新时期我国农产品物流系统的超序参量，带动系统进入失稳状态，向新的有序结构演进。

至此，本书分析得出新型城镇化这个外部控制参量对我国农产品物流系统序参量的竞争与合作具有导向作用，改变了三个序参量支配力量的大小，导致社会空间结构这一序参量的涨落最为显著，代替物流技术成为新时期主导系统演化的超序参量，进而揭示出新型城镇化通过引发超序参量换元的方式作用于我国农产品物流系统（图 3-15）。这一作用方式具有程度上的颠覆性和结果上的可预测性及超越性，具体而言如下。

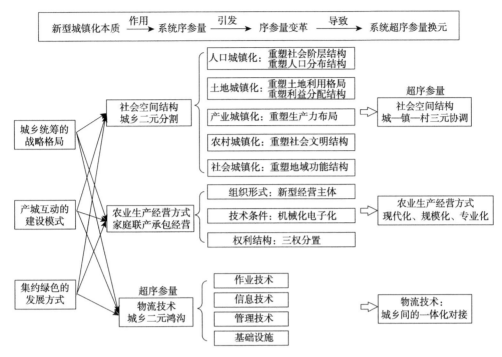

图 3-15　新型城镇化对农产品物流系统序参量的作用解析

第一，作用程度的颠覆性。新型城镇化会改变我国农产品物流系统三个序参量的形态，引起序参量发生涨落，导致序参量本身发生跃迁，而序参量是决定系统演化方向和演化结果的根本，这就使得我国农产品物流在新型城镇化的作用下，并不是遵循已有路径按部就班地发生渐变，而是发生根本性变革，系统会突破稳定态的临界点，转变演进方向，向新的有序结构演化。相应地，系统的要素、结构、功能会发生广泛而深刻的变化。

第二，作用方式是改变超序参量。虽然新型城镇化对我国农产品物流系统的三个序参量都会产生较大的影响，但社会空间结构、农业生产经营方式和物流技术的变化程度存在差异，导致三个序参量之间的力量对比发生变化，从而主导系统演化的超序参量发生换元。在新型城镇化的作用下，社会空间结构这个导致真正意义上农产品物流产生的因素，在维持了长时间的稳定后将再次发生变革，由城乡分割的二元结构变为城—镇—村协调的三元结构，成为涨落最大的序参量，代替当前发挥主导作用的物流技术成为新时期我国农产品物流系统的超序参量。此外，由于社会空间结构涉及人口、产业、生活方式、价值观念等方方面面，其自身跃迁就需要较长时间，因此由社会空间结构变动所主导的农产品物流演化过程也将花费较长时间，这也意味着新型城镇化对我国农产品物流系统的作用更持久。

第三，作用结果的可预测性和超越性。本章细致分析了新型城镇化对社会空间结构、农业生产经营方式和物流技术三个序参量的变革作用，对序参量的变动趋势进行了较为合理的判断。而序参量又具有引导系统演化方向、决定系统演化结果和系统未来的结构与功能的作用，只要掌握了序参量就把握住了系统未来的发展演化。因此，在新型城镇化的作用下，我国农产品物流系统的演进方向具有可预测性，这也为我们引导并扶持系统发展提供了依据。此外，在新型城镇化的作用下，系统三个序参量本身都将发生不同程度的质变，并且社会空间结构这个导致农产品物流产生的根本原因在维持长时间稳定后将再次发生变动，由此可以预见，此次农产品物流系统的演化在变革深度和变革广度上将实现新超越。

至此，本章从作用方式、作用程度和作用结果三个方面揭示了新型城镇化对我国农产品物流的作用机制，分析得出新型城镇化这个外部控制参量对我国农产品物流系统序参量的竞争与合作具有导向作用，改变了三个序参量支配作用的大小，导致社会空间结构这一序参量的涨落最为显著，由城乡分割的二元结构变革为城—镇—村协调发展的三元结构，进而引发超序参量换元，使得社会空间结构成为新时期主导系统演化的超序参量，带动系统进入失稳状态，开始向新的有序结构演进。接下来，本章将重点分析我国农产品物流在新型城镇化主导下发生的重要变化，并据此提出有针对性的对策建议。

3.6.3　耦合度变动

本节将借助系统动力学模型来直观展现农产品物流发展对农产品物流与新型城镇化二者耦合度产生的重要影响。

1. 系统边界界定与基本假设

1）系统边界

系统动力学认为，系统行为主要是由内因决定的，外因不能起决定性作用，故如何选择系统边界是关系模型成功与否的关键[270]。从结构上看，新型城镇化与农产品现代物流产业耦合系统主要由城镇化子系统、农产品现代物流基础设施子系统、农产品现代物流管理子系统、农产品现代物流信息子系统、农产品现代物流产业发展子系统、农产品现代物流投资子系统、农产品现代物流服务子系统组成。其中，城镇化子系统包括城镇化水平、城镇总人口增加量、城镇化率、农村人口数、就业人口数等。农产品现代物流基础设施子系统包括农产品现代物流基础设施投入努力程度、农产品现代物流园区数量、农产品现代物流基础设施投入。农产品现代物流管理子系统包括农产品现代物流管理水平努力程度、高校物流人才毕业人数。农产品现代物流信息子系统包括农产品现代物流信息水平努力程度、农产品现代物流信息技术应用、农产品现代物流研发投入等。农产品现代物流产业发展子系统包括农产品现代物流产业产值。农产品现代物流投资子系统包括农产品现代物流投资努力程度、农产品现代物流投资总额。农产品现代物流服务子系统包括农产品现代物流服务水平努力程度。

2）前提假设

本节假设如下：①新型城镇化水平相关变量与农产品现代物流产业发展水平变量是同时发生一定的变化，忽略优先顺序；②农产品现代物流产业发展是累积产生的，不随时间消失。

2. 因果关系模型

以新型城镇化与农产品现代物流产业耦合边界为限制条件，结合对新型城镇化与农产品现代物流产业系统结构的分析，建立新型城镇化与农产品现代物流产业系统耦合因果关系模型，如图 3-16 所示。

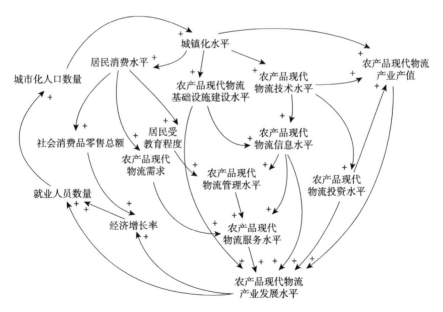

图 3-16　新型城镇化与农产品现代物流产业系统耦合因果关系模型

该模型主要包含以下几条因果回路：①城镇化水平→+居民消费水平→+社会消费品零售总额→+经济增长率→+就业人员数量→+城市化人口数量→+城镇化水平；②农产品现代物流产业发展水平→+就业人员数量→+城市化人口数量→+城镇化水平→+农产品现代物流产业产值→+农产品现代物流产业发展水平；③城镇化水平→+居民受教育程度→+农产品现代物流管理水平→+农产品现代物流服务水平

→+农产品现代物流产业发展水平→+就业人员数量→+城市化人口数量→+城镇化水平；④城镇化水平→+农产品现代物流基础设施建设水平→+农产品现代物流产业发展水平→+就业人员数量→+城市化人口数量→+城镇化水平；⑤城镇化水平→+农产品现代物流基础设施建设水平→+农产品现代物流信息水平→+农产品现代物流管理水平→+农产品现代物流服务水平→+农产品现代物流产业发展水平→+就业人员数量→+城市化人口数量→+城镇化水平；⑥城镇化水平→+农产品现代物流技术水平→+农产品现代物流信息水平→+农产品现代物流服务水平→+农产品现代物流产业发展水平→+就业人员数量→+城市化人口数量→+城镇化水平。

3. 系统流图模型

（1）系统流图模型构建。本节在新型城镇化与农产品现代物流产业系统耦合因果关系模型的基础上，进一步考虑变量性质和变量间的相互作用，构建了新型城镇化与农产品现代物流产业系统耦合流图模型，如图 3-17 所示。

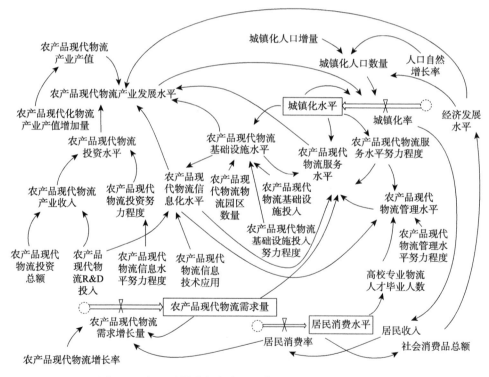

图 3-17　新型城镇化与农产品现代物流产业系统耦合流图

（2）模型变量属性与名称。图 3-17 的系统流图模型中共有 3 个水平变量、6 个速率变量和 21 个辅助变量和常量，具体内容见表 3-15。

表 3-15　变量类型及名称

变量类型	变量名称
水平变量	城镇化水平
	农产品现代物流需求量
	居民消费水平
速率变量	城镇总人口增加量
	城镇化率
	农产品现代物流产业产值增加量
	居民消费率
	人口自然增长率
	农产品现代物流增长率
辅助变量	农产品现代物流投资努力程度、农产品现代物流基础设施投入努力程度、农产品现代物流管理水平努力程度、农产品现代物流服务水平努力程度、农产品现代物流信息水平努力程度；农产品现代物流基础设施水平、农产品现代物流管理水平、农产品现代物流信息水平、农产品现代物流产业发展水平、农产品现代物流投资水平、农产品现代物流服务水平、农产品现代物流产业产值；经济发展水平、城镇化人口数量
常量	农产品现代物流信息技术应用、农产品现代物流研发投入、农产品现代物流投资总额、农产品现代物流园区数量、高校专业物流人才毕业人数、居民收入、社会消费品总额等

模型变量间定性关系的确立主要是基于新型城镇化与农产品现代物流产业系统耦合因果关系，通过理论分析和专家排序法综合获得；定量化函数关系是在参考现有研究成果的基础上，采用我国农产品物流 2010～2015 年的相关统计指标作为基础数据，通过回归分析获得指标权重。

4. 模型有效性检验

系统有效性决定了模型是否可用，为了验证所构造的模型能否反映实际特征和规律，本节采用理论检验方法对模型的有效性进行验证，具体包括农产品现代物流基础设施水平、农产品现代物流管理水平、农产品现代物流信息水平、农产品现代物流产业发展水平、农产品现代物流投资水平、农产品现代物流服务水平变动趋势。本节应用 VensimPLE 对模型进行仿真，取 INITIALTIME=2010，FINALTIME=2030，TIME=1，UnitsforTime=Year。通过仿真结果分析得出几个主要指标的变动趋势呈如下特点。

（1）农产品现代物流管理水平变动趋势理论检验。物流管理水平呈上升趋势，其表征的是物流管理水平的动态变化。在初始阶段，产业增速较慢，随着居民生活水平和素质的提高，引进更多的专业物流人才，使得农产品现代物流管理水平增速加快，反映了农产品现代物流产业规模及发展水平随农产品现代物流管理水平的增强而增大（图 3-18）。

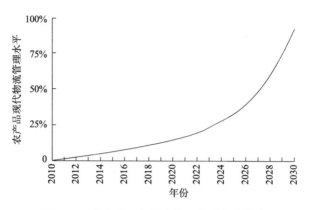

图 3-18　农产品现代物流管理水平变动趋势

（2）农产品现代物流服务水平变动趋势理论检验。农产品现代物流服务水平呈指数型上升趋势，其表征的是农产品现代物流服务水平随时间增长的累积过程。在初始阶段，对农产品现代物流服务模式处于摸索阶段，农产品现代物流服务能力较弱，对农产品现代物流产业的影响力不够强；随着农产品现代物流服务能力的不断累积，农产品现代物流服务能力对产业的吸引力逐渐增强，加上投入的累积效应，农产品现代物流服务水平呈现增长趋势（图 3-19）。

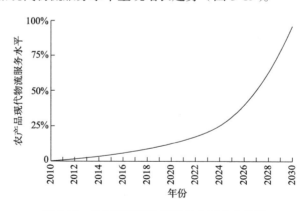

图 3-19　农产品现代物流服务水平变动趋势

（3）农产品现代物流基础设施水平变动趋势理论检验。农产品现代物流基础设施水平呈上升趋势，其表征的是农产品现代基础设施水平随时间增长的累积过程。在初始阶段，农产品发展较为缓慢，基础设施建设处于探索阶段，农产品现代物流基础设施建设能力较弱，对农产品现代物流产业的影响力不足；随着城镇化的发展，人民生活水平的提高，农产品现代物流园区不断涌现，农产品现代物流基础设施建设能力不断累积，农产品现代物流基础设施建设能力对产业的影响逐渐增强，农产品现代物流基础设施水平呈现增长趋势（图 3-20）。

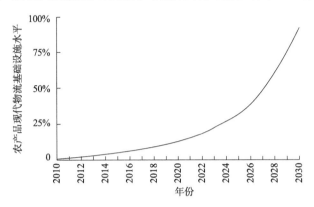

图 3-20　农产品现代物流基础设施水平变动趋势

（4）农产品现代物流信息水平变动趋势理论检验。农产品现代物流信息水平呈上升趋势，其表征的是农产品现代物流信息水平的动态变化。在初始阶段，农产品现代物流信息水平增长较慢，到后期，随着信息化手段的支持，信息化能力保持快速增长，农产品现代物流产业转移规模也随之扩张（图 3-21）。

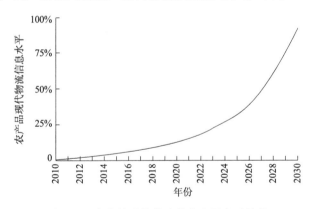

图 3-21　农产品现代物流信息水平变动趋势

（5）农产品现代物流投资水平变动趋势理论检验。如图 3-22 所示，农产品现代物流投资水平随时间增长的累积过程不断提高。在初始阶段，投资人的意愿还不足以支持农产品现代物流的发展，农产品现代物流投资能力较弱，对农产品现代物流产业发展的影响力度低；随着农产品现代物流的发展，投资能力不断裂变，农产品现代物流投资能力对产业的吸引力逐渐增强，农产品现代物流投资水平呈现增长趋势。

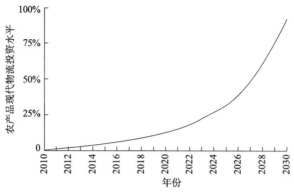

图 3-22　农产品现代物流投资水平变动趋势

由以上分析可以看出，本节所建立的系统动力学模型能够在既定条件下反映实际系统的运行规律，故可确定所建立的模型是有效的，该模型可被用于预测新型城镇化与农产品物流产业未来发展变动。

5. 耦合度变动规律

如图 3-23 所示，随着时间的推移，城镇化水平与农产品现代物流发展水平二者的发展水平均不断提升，但二者间的耦合度将发生变化。2018 年之前相对持平，随后农产品现代物流产业发展速度高于新型城镇化发展速度，这是因为随着农产品现代物流信息水平的快速发展，农产品现代物流基础设施建设水平不断完善，使得农产品现代物流产业发展速度逐渐超过了新型城镇化水平。与此同时，新型城镇化水平的上升促进了农产品现代物流产业的发展，同时农产品现代物流产业发展水平的上升也反过来提高了新型城镇化水平。而且，这些影响农产品现代物流产业发展水平的因素对新型城镇化水平和农产品现代物流产业发展水平耦合度也起到了一定的作用。下面将进一步分析二者耦合度受农产品物流产业相关因素努力程度影响的变动趋势。

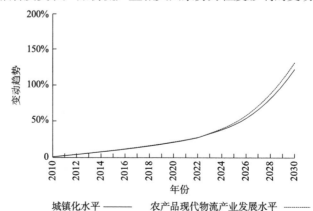

城镇化水平 ——————　　农产品现代物流产业发展水平 ----------

图 3-23　城镇化水平与农产品现代物流产业发展水平变动趋势

1）耦合度随信息水平努力程度系数变化趋势

图 3-24 表明新型城镇化与农产品现代物流产业的耦合度随信息水平努力程度系数变化趋势，农产品现代物流信息水平努力程度系数范围设定在[0.3，0.85]。

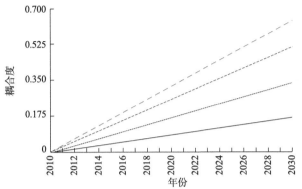

图 3-24　耦合度随信息水平努力程度系数变化趋势

当信息水平努力程度系数为 0.3 时，新型城镇化与农产品现代物流产业的耦合度随着信息水平的提高不断上升，耦合度的取值范围为[0，0.15]。当信息水平努力程度系数为 0.5 时，新型城镇化与农产品现代物流产业的耦合度随着信息水平的提高不断上升，耦合度的取值范围为[0，0.285]。当信息水平努力程度系数为 0.7 时，新型城镇化与农产品现代物流产业的耦合度随着信息水平的提高不断上升，耦合度的取值范围为[0，0.485]。当信息水平努力程度系数为 0.85 时，新型城镇化与农产品现代物流产业的耦合度随着信息水平的提高不断攀升，耦合度的取值范围为[0，0.655]。农产品现代物流信息水平的努力程度系数不同，耦合度也处在不同的区间，信息水平对耦合度的影响较大。

2）耦合度随服务水平努力程度系数变化趋势

图 3-25 表明新型城镇化与农产品现代物流产业的耦合度随服务水平努力程度系数变化趋势。

如图 3-25 所示，农产品现代物流服务水平的努力程度系数影响着耦合度的变化趋势，服务水平努力程度系数在[0.3，0.7]时，耦合度的变化趋势幅度波动不大，控制在[0，0.15]。当服务水平努力程度系数为 0.85 时，耦合度突增趋势明显，说明农产品现代物流的服务水平达到临界点时，容易满足消费者的心理需求和实际需求，能够极大促进农产品现代物流产业的发展，促进新型城镇化与农产品现代物流产业的协调。

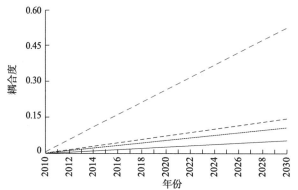

当服务水平努力程度系数为0.3时，城镇化与农产品现代物流产业的耦合度 ———
当服务水平努力程度系数为0.5时，城镇化与农产品现代物流产业的耦合度 ┄┄┄┄
当服务水平努力程度系数为0.7时，城镇化与农产品现代物流产业的耦合度 －－－－
当服务水平努力程度系数为0.85时，城镇化与农产品现代物流产业的耦合度 － － －

图 3-25　耦合度随服务水平努力程度系数变化趋势

3）耦合度随投资水平努力程度系数变化趋势

图 3-26 表明新型城镇化与农产品现代物流产业的耦合度随投资水平努力程度系数变化趋势，农产品现代物流投资水平努力程度系数在[0.3，0.5]时，耦合度的变化趋势幅度波动不大。当投资水平努力程度系数为 0.7 时，耦合度突增趋势明显，对耦合度的影响较大。当投资水平努力程度系数达到 0.85 时，说明农产品现代物流的投资水平对新型城镇化与农产品现代物流产业的协调有强烈的影响，此时，对农产品现代物流投资水平努力程度较高，人们有较高的意愿来投资农产品现代物流，使得农产品现代物流产业的发展取得可观的成效，对促进新型城镇化的发展也起到了重要的推动作用，同时也促进了新型城镇化与农产品现代物流产业的协调。

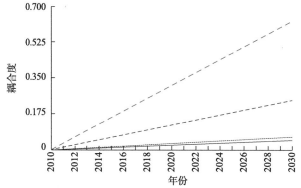

当投资水平努力程度系数为0.3时，城镇化与农产品现代物流产业的耦合度 ———
当投资水平努力程度系数为0.5时，城镇化与农产品现代物流产业的耦合度 ┄┄┄┄
当投资水平努力程度系数为0.7时，城镇化与农产品现代物流产业的耦合度 －－－－
当投资水平努力程度系数为0.85时，城镇化与农产品现代物流产业的耦合度 － － －

图 3-26　耦合度随投资水平努力程度系数变化趋势

4）耦合度随基础设施建设水平努力程度系数变化趋势

图 3-27 表明新型城镇化与农产品现代物流产业的耦合度随基础设施建设水平努力程度系数变化趋势，农产品现代物流基础设施建设水平努力程度系数为 0.3 时，耦合度随着时间的变动处在[0，0.5]，说明基础设施建设水平对农产品现代物流产业的影响较大，当基础设施建设水平努力程度系数达到[0.7，0.85]时，耦合度的增长并不明显，此时农产品现代物流基础设施建设水平已经满足了需求，过度地增加农产品现代基础设施建设带来一定的负面影响，在一定程度上打破了新型城镇化建设和农产品现代物流的发展平衡。

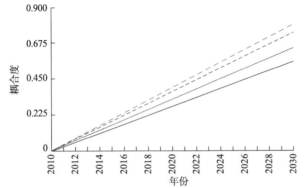

当基础设施建设水平努力程度系数为0.3时，城镇化与农产品现代物流产业的耦合度　　——
当基础设施建设水平努力程度系数为0.5时，城镇化与农产品现代物流产业的耦合度　　·········
当基础设施建设水平努力程度系数为0.7时，城镇化与农产品现代物流产业的耦合度　　- - - - -
当基础设施建设水平努力程度系数为0.85时，城镇化与农产品现代物流产业的耦合度　　– – –

图 3-27　耦合度随基础设施建设水平努力程度系数变化趋势

5）耦合度随管理水平努力程度系数变化趋势

图 3-28 表明新型城镇化与农产品现代物流产业随管理水平努力程度系数变化趋势。

如图 3-28 所示，当管理水平努力程度系数在[0.3，0.5]时，耦合度较小，说明新型城镇化水平和农产品现代物流产业耦合对物流管理水平的需求较高，管理水平达不到一定的要求是农产品现代物流产业发展的瓶颈，为了促进农产品现代物流产业的发展，要从培养物流专业管理人员入手，为发展提供坚实后盾。当管理水平努力程度系数达到 0.7 时，耦合度的变动区间为[0，0.35]。当管理水平努力程度系数为 0.85 时，耦合度变动的幅度较大，变动区间为[0，0.84]，所以提升管理水平对于农产品现代物流产业的发展及推进新型城镇化都是必不可少的重要环节。

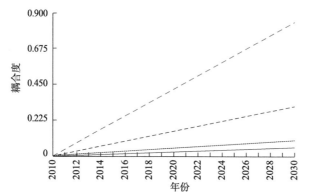

当管理水平努力程度系数为0.3时，城镇化与农产品现代物流产业的耦合度 ——
当管理水平努力程度系数为0.5时，城镇化与农产品现代物流产业的耦合度 ········
当管理水平努力程度系数为0.7时，城镇化与农产品现代物流产业的耦合度 – – – –
当管理水平努力程度系数为0.85时，城镇化与农产品现代物流产业的耦合度 – – –

图 3-28　耦合度随管理水平努力程度系数变化趋势

　　综上所述，新型城镇化与农产品现代物流产业耦合度将随着农产品物流的发展而变动。农产品现代物流信息水平对二者耦合度影响较大，且存在持续性影响；农产品现代物流服务水平、物流投资水平和管理水平对二者耦合度的影响存在一定递增性，表现为前期耦合度随之波动较小，因素到达一定数值后耦合度变化较明显；农产品现代物流基础设施建设对二者耦合度的影响呈递减趋势，在初始阶段，基础设施建设水平对二者耦合度影响大，后期耦合度随之变化较小，且盲目、过度的基础设施建设会打破新型城镇化与农产品现代物流的发展平衡。

第4章 新型城镇化下我国农产品物流系统演进

在城—镇—村三元协调的社会空间结构这个超序参量的主导下，在新的农业生产经营方式和城乡一体化的物流技术两个次要序参量的影响下，我国农产品物流系统的要素、结构和功能均将发生重大变革，系统整体向新的有序结构演进。

4.1 新型城镇化对农产品物流系统要素的影响

4.1.1 对主体要素的影响

1. 对农产品物流服务需求者的影响

1）农产品生产经营者

（1）新型城镇化提高农业生产的组织化和机械化水平，壮大新型农业生产经营主体。一方面，新型城镇化正向促进土地流转，引导农村土地承包经营权规范有序向新型农业生产经营组织流转，形成规模化、机械化、标准化的农业生产方式；另一方面，新型城镇化在扩大建设用地的同时不可避免地占用部分耕地，统计数据表明，随着城镇化的推进，我国平均每年减少耕地 600 多万亩，日益逼近18 亿亩的耕地红线，如此一来，将倒逼农业向集约化转型升级，从而提高农产品生产者组织化程度。

（2）新型城镇化促进农产品品牌化发展。《智富时代》指出，在家庭承包经营基础上，各类从事农业生产和服务的新型农业经营主体蓬勃兴起，全国农产家庭农场已超过 87.7 万家，依法登记的农民合作社 188.8 万家，农业产业化经营组织 38.6 万个（其中龙头企业 12.9 万家），农业社会化服务组织超 115 万个。新型城镇化将进一步推动这一进程，使农产品生产经营者能够根据市场需求和地区自然条件发展规模化特色农业、生态农业，加速推进"一村一品"模式。

（3）新型城镇化赋予农产品生产者新职能。新型城镇化建设将提高农村地区网络覆盖率，提高信息传递的效率和准确性，使农产品生产农户和组织能够及时掌握市场需求，实现与消费者的直接沟通，同时扮演农产品生产者与销售者的双重角色。

2）农产品加工制造

新型城镇化为农产品加工制造企业的发展带来重大机遇。可持续性是新型城镇化有别于传统城镇化的关键所在，这就意味着新型城镇化建设必须以产业为依托来发挥小城镇的规模效应、集聚效应。新型城镇化的核心在于人的城镇化，尤其是农民生产生活方式的转变，这就需要有相应的产业作为支撑。但是小城镇自身产业基础薄弱，社会经济发展水平不高，难以形成对高新技术产业和现代服务业的有效吸引，新型城镇化绿色发展的理念又对发展传统重工业提出了严格限制，但是小城镇有着靠近农产品加工原料的区位优势，而且农产品加工业对劳动力数量需求大、对其素质要求较低，符合农村劳动力转移就业的诉求。因此，农产品现代加工制造将成为延长农业产业链、就业链和效益链，拉动小城镇经济发展新的增长极。

新型城镇化对农产品加工制造企业提出了新要求。一是提高高新技术应用水平，加强设备向高效、节能、环保方向发展；二是提高精深加工能力，提高资源利用综合化水平；三是重视加工过程的质量管理，提高产品的安全、绿色和营养指数；四是努力推进标准化进程和品牌培育；五是加强技术培训服务，建设人才队伍；六是加强机制探索，提升农产品加工企业联盟合作水平。

3）农产品批发商

我国农产品批发商的发展与批发市场的发展息息相关，随着新型城镇化的推进，城市核心区域的中小规模农产品批发市场将进一步减少，而与现代城市群规划发展相适应的规模大、集聚功能较强的农产品批发市场不断完善，并呈现经营模式连锁化、经营范围专业化的趋势，随之农产品批发商数量将有所减少，单个批发商规模逐渐壮大，尤其以批发为主的一级农产品交易市场的专业批发商数量将不断攀升，并显现区域连锁化经营的趋势。同时，农产品生产端的规模化和标准化同样促进着下游农产品批发的规模化和标准化。此外，新型城镇化将改变农产品批发商间"一手钱一手货"的原始交易方式，新型城镇化所带来的信息技术的普及、通信基础设施的完善，以及人们支付方式的转变推动农产品批发商交易电子化。

4）农产品零售商

新型城镇化建设及"农改超"政策的进一步落实将推动农产品零售商经营模式向连锁超市生鲜区、生鲜农产品超市、农产品社区配送站及虚拟网络销售平台转变。传统的农贸市场不再适应新型城镇化建设中人与环境协调发展的内涵要求；连锁超市的品牌化经营满足了人们对农产品质量有保障、无农药残留的要求；食品干净整洁的包装满足了居民对农产品清洗方便、易加工、易存储的新需求；超市里琳琅满目的商品满足了人们对品种齐全、无公害、有机食品等差异化的需求；生活水平的提高使得居民对农产品价格敏感度有所下降。城乡之间交通的便利，以及包装、运输、存储等物流技术的一体化应用降低了超市的运营成本，减少了农产品在超市与农贸市场的价格差，成为居民倾向在超市购买农产品的重要原因。城市群作为新型城镇化的主体形态加速了现代农产品零售服务业态的发展。居民居住与消费将更加集中，围绕着家门口最后一公里衍生出的社区商业、自助提货模式更加繁荣，带动小而精的生鲜农产品超市、社区果蔬配送站、社区便利店和生鲜自提柜发展，与线上农产品销售形成有益对接，使得由于市容改造、马路市场清退而失业的农产品经营商贩转型成为社区生鲜经营者。同时，城乡互联网普及率差距的缩小将进一步提高农产品网络营销的业务覆盖范围和经营品种种类，农产品电子商务模式将实现新的突破。

5）个体消费者

新型城镇化将释放农村居民对生鲜农产品的消费潜力，提高城乡居民农产品消费层次，转变居民对农产品的消费理念，改变消费者购买农产品的方式和渠道。随着新型城镇化的推进，现代城市文明、城市生活方式也将逐渐向郊区、城镇和农村地区扩散，间接推动相关地区居民生活方式和生活观念的转变，从而扩大该地区居民对新鲜果蔬的消费需求。与此同时，新型城镇化带来生活水平的提高激发了消费者对农产品品质的追求，增加了对农产品口感、质地、高营养、无农药、有机性等差异化偏好，居民对食品安全的重视又对农产品物流提出了全程可追溯的要求。新的市场需求必然催生新的服务方式，连锁超市和社区配送站的品牌化经营恰好能够有效满足消费者对农产品新鲜、安全、多样性的需求，使其代替传统的集贸市场逐渐成为消费者购买农产品的首选场所。新型城镇化也将进一步促进人口集聚，使得社区的数量和规模都有所增加，为农产品直销提供了足够的市场规模。此外，网络信息技术的出现，使得消费者能够超越时空限制，随时在网上查看农产品的产地信息、产品属性，而第三方支付的发展为消费者网上完成农产品交易提供了可能，消费者对农产品的触网购买模式逐渐兴起。

2. 对农产品物流服务提供者的影响

1) 农产品物流设施设备开发建设商

新型城镇化为农产品物流设施设备开发建设商提供了重大市场机遇。首先，新型城镇化进程中，农民搬迁上楼腾退大量可开发利用的土地，满足了农产品物流基础设施设备开发建设商对建设用地的需求；其次，新型城镇化的可持续发展必然需要相应的产业支撑，而众多学者的研究及实践都表明农产品物流、农产品加工等与农产品相关的产业集群会从人口转移、产业结构升级和城镇综合竞争力提升等方面推动城镇化的发展，是新型城镇化可持续发展的有效着力点；再次，农产品消费规模的扩大和消费层次的提升对农产品物流产生了积极的影响，为相关物流开发建设企业创造市场需求；最后，新型城镇化作为国家层面的战略举措，在引导社会资本流向城镇建设，争取政府政策、税收、人才和资金支持城镇发展等方面具有重大推动作用，为物流建设开发者和设备制造商创造了良好的资本环境。

新型城镇化对农产品物流设施设备开发建设商提出新的挑战。第一，新型城镇化协调发展的理念要求开发建设商把生态文明融入农产品物流基础设施规划、开发、建设、经营、管理全过程，要坚持依法保护、统一规划、合理利用的原则，坚持在保护的前提下适度开发，在开发的过程中严格保护，推动资源开发向集约型转变，更加注重资源能源节约和生态环境保护，实现可持续发展；第二，农产品物流设施的选址要符合新型城镇化布局，充分体现选址的科学性和可持续性，需要在城市扩张与农村升级之间找到平衡点，避免重复拆建；第三，农产品物流节点的建设规模要与区域性城市群规模相适应，并依照城市体系结构梯次化布局物流节点，实现物流节点间的功能互补；第四，提高农产品物流设备技术含量，提高设备自动化、智能化、高速化、全程冷链的性能。

2) 农产品物流服务运营商

新型城镇化背景下，农产品物流企业的类型更加多元。分工化、社会化的专业第三方物流企业及基于信息化网络平台以资源整合和市场供需匹配为特征的第 n 方虚拟农产品物流企业快速发展。一方面，新型城镇化所带来的交通基础设施的完善、网络通信覆盖面积的扩大为农产品物流服务运营商开展业务提供了便利，城镇化所释放出的人口红利为农产品物流服务运营商提供了充足的劳动力保障。另一方面，城市群内农产品消费的集中化、规模化与居民个体农产品消费的差异化、多元化对农产品物流服务运营商提出了新的要求。第一，要求农产品物流服务运营商在全局范围提高网络运营能力，实现对物流资源的高效整合利用，让物流供需双方方便、快捷、准确地达成物流服务，培育专业化的大型农产品运输、仓储企业发展；第二，要求其在城市群内提高点对点配送能力，满足消费者个性化需求，这便使得基于信息化网络平台的虚拟物流成为农产品物流服务运营商运作模式发展的一大趋势；第三，城市群内社区消费者小批量、多频度的农产品物流需求将孕育更多专门从事农产品配送的区域第三方物流企业；第四，城乡居民对农产品品质的追求及对物流时效性的要求倒逼物流运营商进行服务升级，全程冷链将成为农产品物流运营商的主要服务模式。

农产品物流服务运营商的空间布局会随着社会空间结构的变动而变化，变迁的途径与运营商所从事的业务类别密切相关（图 4-1）。第一，运输型农产品物流企业沿着交通干线向近郊区迁移，该类型企业一方面需要尽可能地靠近城市中心，以便及时获取业务信息，利用便利的交通基础设施，降低空载率和交易成本；另一方面，所产生的交通拥堵和噪声、大气污染使其受到城市中心的排挤。第二，仓储型农产品物流企业由城市中心区域逐渐向外围迁移，该类型企业需要占据较大的地理空间，需要依托便利的交通，需要大量劳动力的支持，城市中心土地租金和劳动力成本较高，城市规模的快速扩张及城市区域发展的功能划分进一步强化了其远离城市中心转移的演化路径。第三，货代型和虚拟型农产品物流企业从本质上说属于技术密集型和知识密集型企业，技术溢出效应的大小、吸引高素质人才的难易、网络基础设施的发展水平、信息获取的及时性和准确性是其选址时重点考虑的因素，有鉴于此，城市中心成为此类企业发展的最佳承载空间，货代型和虚拟型农产品物流企业的空间演化路径即为向城市中心区域的进一步集中。第四，对于综合型农产品物流企业而言，其组织内部的业务比重不尽相同，因此，其空间演化路径具有多样化特征，既存在向城市中心的进一步集中，又包括向近郊区和远郊区的转移。

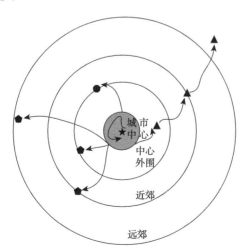

● 运输型　▲ 仓储型　★ 货代型和虚拟型　⬠ 综合型

图 4-1　新型城镇化下农产品物流企业空间变迁路径

3）农产品物流辅助服务者

农产品物流辅助服务者的专业化、组织化程度大幅提高，其重要程度更加显著，发展前景更加广阔。由前面的分析可知，新型城镇化建设能够为农产品物流创造大量的市场需求，而农产品物流市场需求的满足离不开农产品物流辅助服务者所提供的金融、技术、信息等支持。新型城镇化下，中介组织在联结农产品规模化生产端与农产品个性化消费端中的作用更加重要；物流服务运营商的管理协调工作需要自动化、智能化的信息系统支持；对农村劳动力尤其是失地农民进行物流技能培训，实现其向非农岗位的转移是新型城镇化"以人为核心"的合理体现，同时是实现人口包袱向人力资源转化的有效手段。由此，新型城镇化下相关服务机构具有广阔的发展前景。

3. 对农产品物流系统影响者的影响

1）政府及相关部门

对于政府及相关部门来说，我国新型城镇化的新内涵使其独具中国特色，在此背景下发展农产品物流无法照搬其他发达国家的成熟模式，将面临更多新的挑战与困难，这就要求政府及相关部门以创新思维，尽可能破除阻碍我国农产品物流发展的制度障碍。同时转变自身角色定位，由最初的重在建设发展、重在提高各经济指标而忽视治理，向创新型的政府治理方式转变，充分发挥政策的支持与监督引导作用，探索动员社会资本以多种形式参与农产品物流建设与运营。

2）高校及科研机构

人力资本是经济社会发展的根本动力和关键因素，科技创新的原动力在人才，协调统筹管理的根本在人才，数据的有效处理及应用在人才。新型城镇化下的农产品物流发展更是离不开人才支持，尤其是需要具有战略眼光的冷链物流管理人才及具有创造思维的冷链物流创新人才，而目前国内冷链方面的人才非常紧缺，几乎没有专业的院校或机构培养冷链物流人才，这便为高校及相关科研机构的发展提供了机遇，同时对其服务质量提出了更高的要求。

3）农产品物流协会

新型城镇化背景下，标准化必将成为农产品物流发展的趋势，主要包括农产品物流技术标准化、农产品物流操作标准化及农产品物流企业标准化，届时，农产品采收、包装、贮藏、运输及物流信息的收集将会形成明确的行业标准。据了解，外国的技术标准制定工作主要是由各国的行业协会、商会等组织承担。由于协会比政府部门更贴近企业、贴近市场、贴近国际最新动态，由他们参与制定的行业标准更具有市场生命力。因此，作为政府、客户和物流服务提供商之间沟通的桥梁，农产品物流协会将具有更大的权力。而且我国的诚信体系还没有完全建立起来，加上政府对企业诚信监管薄弱，企业违法成本低，往往铤而走险或心存侥幸，这就需要农产品物流协会承担更多的义务，充分发挥监督与约束作用。

4.1.2　对流动要素的影响

1. 流体

新型城镇化对农产品的作用主要是通过影响农产品生产与农产品消费两个方面，农产品生产的规模化、机械化促进了进入流通领域农产品的标准化，消费者对农产品品种、品质、口感的追求，对农产品易清洗、无农药残留、简易包装、品牌化的新需求及对农产品全程可追溯的要求倒逼农产品品质提升。

新型城镇化对信息流的影响主要表现在对信息流动规模和信息传递方式两个方面。农产品物流规模的扩大及农产品全程可追溯的现实要求将促使信息数量呈指数级增长；移动互联、二维码技术的发展使信息能够以声音、图片、视频等方式进行传播，丰富了信息传递方式。

2. 载体

（1）对于直接承载并运送农产品的设备设施而言，新型城镇化时期，在政府支持和技术进步的推动下，在食品安全和全程冷链运输的压力下，贮藏设备、运输设备等设备设施将更新换代。电子制冷将成为主流技术，以节电、节水为主要特点的蒸发式冷凝器会占领更大市场份额，高效、环保、轻量化的冷藏车和冷藏集装箱拖车逐渐取代冷藏改装车，市内农产品配送将更多采用新能源冷链运输车。

（2）对于固定的交通基础设施建设来说，基础设施建设作为新型城镇化的重要内容，新型城镇化对其提升作用比较明显，可以概括为铁路、公路网络布局更加完善，机场、港口、车站数量显著增长，各式交通工具之间的衔接更加紧密。

（3）对于农业生产基地、农产品物流园区、农产品批发市场、农产品配送中心等农产品物流活动的空间载体而言，新型城镇化既从时间维度影响它们的功能及形态，又会在空间维度上改变它们的空间布局。

就时间维度而言，首先，新型城镇化促进了以现代科学技术和物质装备为支撑的可持续现代化农业生产，丰富了农业生产基地的分类分级、净化、包装等农产品初加工功能，以及会议展示、旅游观光、科技孵化等功能。其次，居民消费升级的倒逼机制，加上物流技术的快速发展，促进农产品批发市场转型升级，呈现出功能综合化、品种多样化、交易简便化、产品安全化、建设标准化的现代特征，部分规模较大的农产品批发市场升级成为集低温仓储、检验检疫、流通加工、信息服务、交易展示和电子结算于一体的多功能综合物流园区。最后，电子商务的快速发展使得消费者的个性化需求得到充分释放，农产品需求的多品种、小批量、多批次、动态波动特征更加明显，推动农产品配送向柔性化、智能化升级，发展成为以信息流为核心，以自动化物流设备设施为基础，以资源柔性化、库存柔性化、运输柔性化、交付柔性化、配货柔性化为特征的智能化柔性配送中心，并形成模块化、多功能化、结构可重组、具备多种运行协议的资源配置模式。

从空间布局维度来说，衍生出小城镇这一个新的空间地域形态从而引起社会空间结构的重大改变是新型城镇化作用于农产品物流的最重要途径，进而变革了我国的社会阶层结构、人口分布结构、土地利用格局、土地利益分配结构、生产力布局、社会文明结构和地域功能结构，使城—镇—村三元协调的社会空间结构成为新时期发挥主导支配作用的超序参量，相应地，我国农产品物流节点的空间分布将发生重大变动。

第一，新型城镇化导致农产品物流产业链分工的空间格局重新调整。产业空间结构的演变和城市功能的转变密切相关，从城市形成到城市功能分化，产业空间结构经历了从初期第一产业、第二产业和第三产业混杂存在状态，到产业逐步分离并实现分层布局的形态，可以说，每一次城市功能定位的调整都将引起所需主导产业层次的变化[271]。新型城镇化背景下，城市群成为区域参与竞争的新的地域单元，空间价值链在城市群内的整合与重组，将替代传统单一行政区域的产业集聚成为新一轮城市空间演化和区域经济增长的力量源泉。届时，城市群内部形成多中心、网络化的城市等级结构，形成大中小城市、小城镇、新型农村社区协调发展的城镇体系，具有高度的分工与合作，城市群内核心城市的功能开始逐步向外疏解，区域间的功能定位将迎来重要调整，区域产业结构也由此呈现出差异化发展与圈层化布局的特征。并且与传统的部门专业化分工和产品专业化分工所不同，这一次的区域产业结构体现的是一种基于产业链的分工，也称为功能专业化分工[272]，即基于资源禀赋和技术水平差异，产品的技术开发、生产、销售等不同环节，不同零部件及生产过程的不同工序、区段和模块在空间上分离。中心城市以服务业，特别是知识服务业为主导，着重发展公司总部、研发、设计、培训及营销、零售、商标广告和技术服务等高端环节；大都市郊区（工业园区）和其他大中城市侧重发展高技术产业和先进制造业；产业链中的加工、制造和装配、运输等低端环节则由大都市的核心区向其他城市和小城镇转移（图 4-2）[273]。世界发达国家的实践也表明，在成熟的城市群产业布局中，全产业价值链从总部策划、研发、产品设计、原料采购、零部件生产、装配、成品运输、市场营销到售后服务的不同环节都将在不同的空间进行，产业的空间分布呈现出制造业的空间分散和管理控制职能相对集中的规律。信息收集与处理型模块更加贴近城市中央商务区（central business district，CBD）核心区；服务型环节将更加靠近城市消费者；劳动密集型和资源密集型的环节将搬离城市中心。

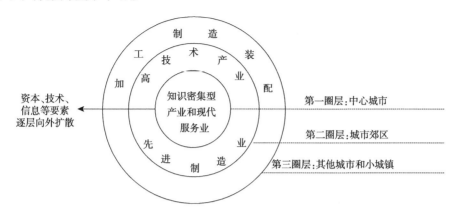

图 4-2　城市群空间结构下的产业圈层布局

对于农产品物流而言，该产业是物流资源产业化而形成的一种复合型或聚合型产业，既属于生产性服务业，又不能脱离制造业独立存在，还与以信息产业为代表的第四代产业存在密切联系，涵盖了运输业、仓储业、装卸业、包装业、加工配送业、物流信息业等，并且不同环节与模块在劳动生产率和价值增值能力等方面存在较大差异。例如，装卸、仓储环节所需劳动力数量较多，需要较大的作业空间，但该环节处于物流产业微笑曲线的底部，附加值最低；以客户个性化需求为导向，通过提供配套的订单管理、运单管理、信息技术等服务的物流信息业，具有较高的价值创造能力，并且对于作业空间及劳动力数量需求较少。因而，在城—镇—村三元社会空间结构下，农产品物流产业链分工的空间格局将随着产业结构、地域空间结构、地域功能结构的重新调整而变化。

第二，新型城镇化改变农产品物流节点选址成本构成及成本的表达形式。德国经济学家 Thunnen 是最早研究布点和选址理论的先驱者之一，1826 年他在《孤立国》一书中指出农产品的生产活动是以追求最大的地租为其合理活动，根据运费与距离和重量成正比，运费率因作物不同而变化，得出一般性地租收入公式：$R=PQ-CQ-KtQ=(P-C-Kt)Q$，推导得到城市周边农业土地利用方式的同心圆圈层结构，即以城市为中心，由里向外依次是自由式农业、林业、轮作式农业、谷草式农业、三圃式农业、畜牧业（图 4-3）。其中，P 表示单位农产品的市场价格；R 表示单位土地地租收入；C 表示单位农产品的生产费用；t 表示农产品的运费率；K 表示距离城市中心的距离；Q 表示单位土地的产量。

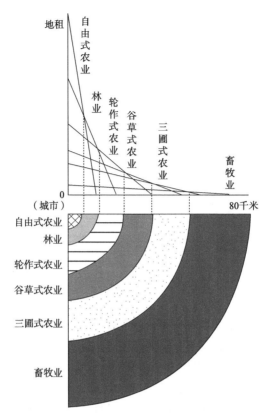

图 4-3　农业土地利用的杜能圈结构

　　杜能圈关于农业生产活动的选址思想同样适用于农产品物流节点，即节点选址也将遵循利润最大化原则。在城市发展初期，城市经济社会水平较为接近，集市上单位农产品的市场价格 P 相差不大，与城乡之间的劳动力成本 C_l 较为接近，影响农产品物流收益的主要有土地价格 C_g、需求信息获取成本 C_i 及农产品运费 Kt。其中，土地价格 C_g 随着距离城市中心距离 K 的增大而线性递减；通信手段的落后使得对于消费者需求信息获取，以及产品宣传成本 C_i 随着 K 的增大而增大；农产品的易腐性及运输技术、保鲜技术的落后，导致农产品运费率 t 较高，加上农产品品质损耗具有不可逆性，使得相比于土地价格 C_g 较低而距离城市中心较远的郊区，人们更倾向选择距离城中心足够近的位置进行市场布局，这与传统农产品集市及农产品批发市场多建设在城市商业中心区域的实际相吻合。

　　新型城镇化建设的背景下，城市规模迅速扩大，城市体系开始向大中小城市和小城镇协调共生的网络化格局发展，使得社会成本 C_{so}（包括对生态环境的影响、对交通运输的压力、带来的噪声污染、产生的大气污染等）成为单位农产品物流生产费用 C 不可忽视的组成部分。技术效能成本 C_s 内涵更加丰富，在包含原有的

需求信息获取成本 C_i 基础上，还包括与上下游企业的沟通成本、多式联运便捷成本及基础设施使用成本等[274]，而且技术效能成本 C_s 将成为物流节点高效融入整个链条的关键。

同时，城乡之间的劳动力成本 C_l、土地价格 C_g 和技术效能成本 C_s 的差距也逐渐拉大，其中以土地价格 C_g 的差距变化最为明显。学者对北京、长沙、西安土地地价时空分布特征的研究均表明，在我国郊区化、城镇化的进程中，虽然郊区土地地价有较大增长，但中心城区地租的涨幅更大，商业用地地价的高值区仍主要集中在市中心，且随着距城市中心距离的拉大急剧下降，到城市外围区域地价下降速度有所平缓[275]。此外，交通的完善和包装技术、保鲜技术、冷链技术等物流技术的进步使得农产品的运费率 t 有所降低，运输成本占比显著下降。诸多因素共同导致农产品物流市场布局的成本 C 的构成及各项分成本的具体表达发生了重大变化（图 4-4）。

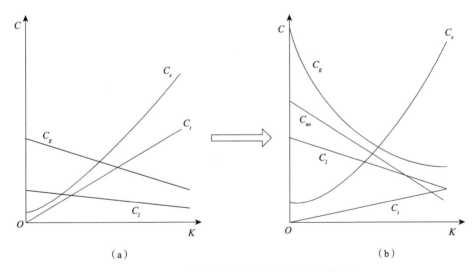

（a）　　　　　　　　　　　　　（b）

图 4-4　新型城镇化对物流节点选址成本的影响

第三，新型城镇化导致流通型节点与综合型节点发生空间分离，小城镇成为综合型农产品物流节点发展的最佳空间载体。根据规模大小和业务特点，农产品物流节点可以分为两种类型，一类是以配送中心为代表的流通型节点，主要业务为分拣、配装、临时的小型仓储与集散；另一类是以农产品物流园区、农产品物流中心为代表的综合型农产品物流业务载体，具有一定规模，能够提供大型仓储、包装、流通加工、运输车辆停放等多种服务。对于这两类农产品物流节点而言，二者具体的选址成本结构存在差异，也就是说不同类型的农产品物流节点对于土地价格、劳动力价格、社会成本及技术效能成本的敏感度各不相同（表 4-1）。

表 4-1 流通型物流节点与综合型物流节点选址的因素差异

类型	作业空间	劳动力需求	尾气噪声污染	技术效能需求	市场需求感知
流通型	较小	较少	较小	较高	敏感
综合型	较大	较多	较大	一般	较弱

流通型物流节点所需用地空间相对较小，产生的垃圾、噪声相对较少，但是需要有较快的市场反应能力和较强的信息获取与沟通能力，对于技术效能成本 C_s 比较敏感；综合型物流节点需要的占地面积较大，所需用工人数较多，而且大型货车进出频繁，产生的噪声、尾气及垃圾较多，因而土地价格 C_g、劳动力成本 C_l 和社会成本 C_{so} 是其选址时重点考虑的因素，同时新型城镇化又改变了上述成本的表达形式（图 4-4），如此一来，两种类型的农产品物流节点将发生空间分离。对于流通型物流节点而言，靠近消费者集中居住的城市区域是其布局的最佳区位；对于综合型农产品物流节点来说，若想保持利润不变，与城市中心距离 K 的取值就要相应变大，即要远离城市中心，但由于技术效能成本 C_s 的存在，其布局又不能完全脱离城市，那么城郊和小城镇是满足条件的两个备选区域。

小城镇相对于郊区而言具有较强的比较优势（图 4-5）。对于近郊区域而言，该区域的土地价格 C_g、社会成本 C_{so} 和劳动力成本 C_l 将不断加大，使得近郊区域对农产品综合物流园区的推力持续增大，人口的较快增长也使得交通拥堵、城市治理等问题逐渐凸显，削弱了近郊区原本的交通优势，最终会导致农产品综合物流园区（批发市场）再一次被迫搬迁，难以实现可持续发展；对于远郊区来说，虽然该区域的土地价格 C_g 和劳动力成本 C_l 相对较低，但是该区域的人口分布较为分散，市场有效需求不足，农产品综合物流园区（批发市场）若是在此布局则需要承担较高的空载成本，而且难以形成对商户和资本的有效吸引，无法形成规模效应；相对而言，小城镇的发展腹地较为充裕，且小城镇集聚着大量的农业转移人口，使得该地区的土地价格 C_g、社会成本 C_{so} 和劳动力成本 C_l 在短时间内能够保持在一个相对较低的水平，且随着新型城镇化的推进，小城镇的基础设施逐渐完善，其技术效能成本 C_s 和运输成本有所下降。

与此同时，小城镇的可持续发展对农产品物流产生强大引力（图 4-5）。一方面，小城镇的可持续发展需要产业支撑。新型城镇化的核心是要有产业的支撑，以产促城，以城兴产，产城融合是新型城镇化发展的必由之路。没有产业支撑的城镇化是不可持续的。第一，经济的健康发展需要产业支撑，经济的良性发展是新型城镇化实现的基础和前提，推进小城镇经济健康发展的关键是要强化产业支撑。第二，社会的全面进步需要产业支撑，社会稳定和进步需要一系列公共服务

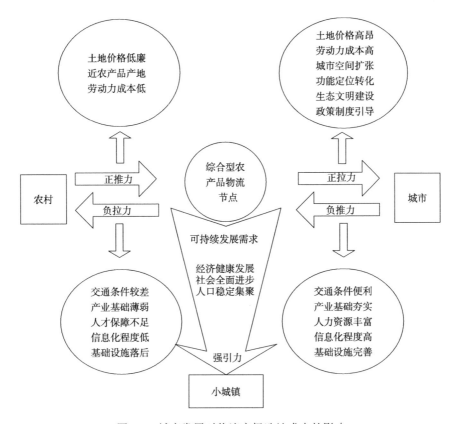

图 4-5 城市发展对物流市场选址成本的影响

作保障，产业发展能够带动生活配套、公共服务完善，加速社会城镇化、农村城镇化进程。第三，人口的稳定集聚需要产业支撑，小城镇集中了大批农村转移人口和城市回流的农村剩余劳动力，他们不具备务农条件，但具有较强的对稳定就业和获取可靠生活来源的现实需求，这就需要产业发挥作用，创造就业岗位和就业机会，促进人口城镇化，避免"空心城镇化"。

另一方面，农产品物流与小城镇的产业需求具有良好的契合性。一是资源基础的契合性，小城镇土地资源相对充裕，符合农产品物流园区建设对广袤发展腹地的需求；小城镇拥有大批农村剩余劳动力，既包括由农业现代化所释放的农村劳动力，又包括从城市回流的务工人员，此类人群的特点是数量众多，素质水平有限，掌握一定农业、工业技术，符合农产品物流的人力资源需求；此外，小城镇靠近农产品产地，能够以较低成本获得新鲜农产品，满足农产品物流的原材料需求。二是产业基础的契合性，小城镇已有的乡镇企业中，有众多从事农副产品加工、农产品运输等与农产品物流相关的组织，为进一步发展农产品现代物流提供了良好的产业基础。三是联结功能的契合性，小城镇是城市与农村的结合点，在城乡统筹发展中起着重要的枢纽和桥梁作用，农产品物流是很好的城乡关联产业，能够同时起到加快现代农业进程、带动农村发展和承接城市产业转移、疏解城市功能的作用。

经由以上分析可得，小城镇成为综合型农产品物流节点转移并实现可持续发展的空间载体是具有客观必然性的，这也是新型城镇化对农产品物流空间结构产生的最重要影响。

3. 流向

流向的稳定性与随机性并存，整体的网络型特征更加明显。新型城镇化促进农业生产向单一品种、大规模产地、标准化生产方向发展，越来越多的农产品以品牌营销的方式实现特定地区生产、全国范围流通。以农产品生产基地为起点的农产品正向物流呈发散的伞状流向各大城市群的农产品物流园区，流动方向较为固定；城市群内部农产品物流园区、农产品物流中心及农产品配送中心之间业务往来越来越密切，不仅包括对农产品集散的正向物流，而且包括物流节点间农产品调配的横向物流，整体呈网络化形态，流动方向的随机性较强。

4. 流量

新型城镇化的推进将增加蔬菜和瓜果消费，信息流的规模随之倍增。2020年，新型城镇化使得约 1 亿人从农村转移到城镇就业，改变了这部分人群对农产品自给自足的消费模式；新型城镇化建设可实现约 1 亿农民工向市民化转换，促进这部分人口消费支出由城镇低收入层次上升为中等收入层次；新型城镇化带来城镇棚户区和城中村改造，实现约 1 亿市民的再城市化，对新鲜果蔬的消费需求大幅增加。同时，全程可追溯食品安全信息平台的建设需要全程记录并跟踪农产品的各项生理指标，由此将产生巨大的数据量级，促进信息流呈指数式增长。

5. 流程

新型城镇化所引起的农产品物流节点的布局调整和空间分离增加了从综合型物流节点到流通型物流节点的支线流通距离；城乡居民消费层次的提升，使得国内农产品已难以满足部分消费者对产品口感、营养性、有机性的要求，产生了更多的对高端进口农产品的需求；同时，随着我国市场经济的成熟，对外开放程度进一步提高，我国参与农产品国际贸易往来将更加频繁，也将增加农产品流通总里程。

6. 流速

新型城镇化极大地加快了农产品物流系统运行速度。新型城镇化建设促进农村地区互联网覆盖率大幅提升，使得贯穿农产品生产与消费全过程的物流信息平台建设成为可能，如此一来，能够从全局统筹层面提高农产品物流作业响应速度，提高系统运转速度；以铁路、高速公路为骨干，以普通国省道为基础，与民航、水路和管道共同组成的连接东西、纵贯南北的综合交通运输网络支撑着国家"两横三纵"的城镇化战略格局，2020 年，普通铁路网覆盖 20 万以上人口城市，快速铁路网基本覆盖 50 万以上人口城市，普通国道基本覆盖县城，国家高速公路基本覆盖 20 万以上人口城市，航空服务覆盖全国 90%左右的人口，并且多种运输方式之间衔接更加紧密，农产品干线物流效率得到进一步提升；以轨道交通和高速公路为骨干，以普通公路为基础，有效衔接大中小城市和小城镇的多层次快速交通运输网络构成城市群内部综合交通运输网络，提高农产品支线物流配送效率；运输技术的创新和运输设备的更新换代也有助于农产品物流速度的提高。

4.1.3 对支撑要素的影响

在新型城镇化建设的背景下，农产品物流系统的支撑要素体系更加完善，为系统运转提供更有效的政策保障、制度规范、人才储备和技术支持。作为一项统领经济发展全局的战略举措，《国家新型城镇化规划（2014—2020 年）》明确了一系列与农产品物流系统发展相关，涵盖土地管理、资金保障的体制机制改革，制订了全面的农民工职业技能提升计划；鼓励承包经营权流转，发展多种形式规模经营，强化农产品商标和地理标志保护；强调要进一步完善综合运输通道，加强中小城市和小城镇与交通干线、交通枢纽城市的连接，改善交通条件，提升服务水平；专门强调了要完善农产品流通体系，推进农批对接、农超对接等多种形式的产销衔接，加快发展农产品电子商务，降低流通费用。

4.2 新型城镇化对农产品物流系统结构的影响

新型城镇化通过影响要素关系进而改变农产品物流系统结构，具体而言主要受以下三个方面的影响。

4.2.1　改变物流服务需求者间的相互关系

新型城镇化主要从三个方面改变物流服务需求者间的相互关系。

一是传统的多段二元模式占比会下降。新型城镇化有效提高了农业生产端的现代化、信息化水平，使得贯穿农业生产、农产品流通到农产品销售的全程信息化成为可能，从而批发商的信息中介作用被大大弱化，导致依赖信息优势的批发商的渠道权力大幅降低，相应地，传统的多段二元模式占比将会下降。

二是农产品零售商渠道权力会增加。农产品零售商最贴近消费者需求，能够及时掌握并应对市场变化，加上新型城镇化对农业生产信息化的提升，使得农产品零售商可以更便捷、更低成本地直接与生产者对接，从而将过去由批发商承担的功能归属于自己，扩大自身功能边界，在渠道关系中掌握更多话语权，提高农超对接、农社对接、农企对接等双段三元结构占比。

三是以农产品电子商务为代表的现代直销模式迎来巨大发展空间。2018 年底，上海商情信息中心发布的《生鲜电商发展趋势报告》显示，从 2012 年至 2016 年，生鲜电商市场规模从 40 亿元猛增至 950 亿元。2017 年中国生鲜电商市场交易规模约为 1391.3 亿元，首度破千亿元。而目前我国生鲜食品的电商渗透率仅在 2%左右，在城乡信息一体化的推动下，直销模式的生鲜电商拥有广阔市场。

4.2.2　改变物流服务提供者间的相互关系

传统农产品物流系统内，由于信息传递范围有限，传播渠道单一，不同的农产品物流服务主体之间构成一种以业务流程为中心的流程型组织，不同功能的物流企业需要依次从农产品货源组织、农产品运输、农产品配送到农产品零售分别建立合作关系，并且每一次的合作均以对应环节的局部功能实现为目标，这样一来，主体间需要进行多次博弈，大大增加了交易成本，而且难以保证农产品物流系统的全局最优。新型城镇化改变了这一状况，新型城镇化为信息化提供了空间载体，扩大了信息交流传递的容量和范围，使所有环节的物流服务商都能及时获知客户物流需求，能够从需求发布一开始就确定流通全过程的合作对象，建立优势互补、利益共享、风险共担的合作关系，形成一种基于合作协议的网络组织（图 4-6）。

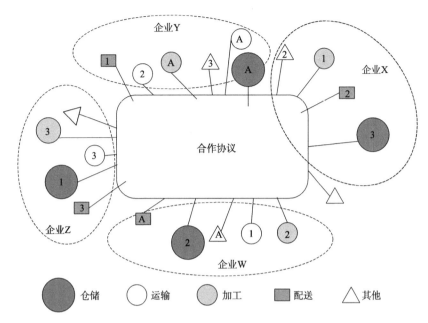

图 4-6　新型城镇化下我国农产品物流服务提供者关系

数字代表各组织提供不同的服务；字母代表不是企业自有或自建的设施服务，而是以租赁等形式的借力

这种基于合作协议的网络组织比市场组织稳定，比层级组织灵活，是一种介于二者之间的新型组织形式。不同类型的农产品物流服务提供者根据客户物流需求，以暗含或开放的契约为基础，可以跨公司、跨部门组建定制化组织，提供一体化的农产品物流服务，实现农产品物流服务整体最优，达到系统整体运行成本最小的目标。相应地，以计算机网络技术进行物流系统全局运作与管理、实现不同功能节点企业间物流资源共享和优化配置的虚拟物流企业将发挥更重要的作用。

4.2.3　改变流动要素间的相互关系

目前农产品物流系统运行主要是在商流的引导下进行的，物流、信息流受到商流的制约，并随商流的变动而变化，这一过程中也产生了许多无效物流。新型城镇化所带来的城乡物流技术一体化，尤其是城乡信息一体化，使得农产品的供求信息能够通过互联网实时发布，交易主体可以通过网络协商和谈判，并达成交易，形成商流，降低了商流发生的成本。另外，农产品生产者也可以通过信息平台，根据大数据对特定地区的农产品消费规模、消费结构有大致了解，从而提前布货，做到物流先于商流发生。相应地，将对传统农产品物流作业流程分解重构，使零售交易环节前置，变传统的"货源组织—物流环节—配送环节—零售环节"为"零售交易—货源组织—物流运输—物流配送"，且使得环节间的联系更加紧密。

4.3 新型城镇化对农产品物流系统功能的影响

4.3.1 重塑基本功能空间布局

新型城镇化导致农产品物流系统七大基本功能的空间布局呈圈层式分布。农产品物流系统功能的实现要依托于相关物流企业，因而系统功能的空间结构会随着农产品物流企业的空间迁移发生变化。基于 4.2 节关于新型城镇化对农产品物流服务提供者影响的研究，进一步分析可得，随着城市群城镇体系的重构及城市功能的转变，原先散落分布于城市中心区域的运输、仓储、包装、搬运装卸功能将随着综合型物流节点的搬迁向外迁往交通便利的小城镇形成集聚；城市区域的农产品流通加工功能一部分集聚于大型农业生产基地，另一部分迁至小城镇，与运输、仓储、包装、搬运装卸形成功能互补，实现整体增值；系统配送功能的独立性更加明显，在城市郊区靠近交通干道的位置多点布局；物流信息处理成为系统最重要的功能，并与其他物流操作功能实现分离，向 CBD 核心区集聚（图 4-7）。

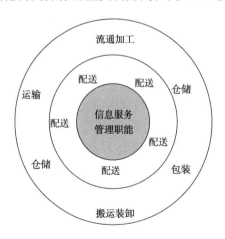

图 4-7 新型城镇化下我国农产品物流系统基本功能的圈层式分布

4.3.2 赋予农产品系统新功能

1）吸纳农村转移人口，保障社会健康可持续

新型城镇化需要着重解决好现有的"三个 1 亿人"问题，其中，促进约 1 亿农业转移人口落户城镇和引导约 1 亿人在中西部地区就近城镇化是目标达成的

重点及难点。作为劳动密集型产业的农产品物流产业需要大量的从业人员，并且对大部分从事具体操作业务的劳动力素质和技能要求不高。因而，农产品物流产业有责任也有能力吸纳农村转移人口，为他们提供稳定的就业，满足其生存发展需求，并在一定程度上赋予小城镇自我造血功能，同时起到优化城市产业空间结构和人口空间结构的作用，发挥着社会经济运行稳定器的作用，保障社会经济健康可持续发展。

2）增加农民收入，缩小城乡差距

缩小城乡差距是新型城镇化建设的主要目标，而这一目标并不是要完全依靠城市补贴农村，通过减缓城市经济社会增长速度来实现，而是要通过优化社会资源在城市和农村地区的均衡合理配置，努力增加广大农民收入，提高农村地区发展水平来完成。贾卫丽曾指出农民生产的农产品卖不出去是农民收入过低的直接原因，提出并证实了发展农产品物流能够有效促进农民增收[276]，因而新型城镇化背景下的农产品物流在缩小城乡差距上将发挥重要作用。

3）保障农产品质量安全

新型城镇化将以人为本作为核心要义，民以食为天，食以安为先，保障农产品质量安全是坚持以人为本，对人民群众高度负责的具体体现。在我国农业生产过于分散、生产方式比较落后的现实背景下，严守市场准入关，严格把控农产品流通的各个环节，不仅能够直接保证农产品质量安全，而且还能通过市场机制倒逼农业生产环节加强管理，实现对农产品安全生产的源头控制，是确保农产品质量安全的关键。由此，新型城镇化背景下农产品物流将承担更多的食品安全保障义务，进一步完善覆盖生产基地、食品安全认证、食品安全检测、食品安全溯源等环节的食品安全预警化管控体系建设。

此外，新型城镇化以人为本的核心和注重质量的内涵式发展，要求农产品物流系统承担更多的如价格形成、公共信息传播、农产品市场供求和重要农产品价格监测分析等公益性义务，引导农业标准化、规范化生产；发挥生态保护功能，完善废水处理、垃圾处理等环保配套设施，提高废弃物的收集和处理能力；完善会展交易、物流技术开发与系统设计、物流咨询与培训等服务配套功能；发展集观光旅游为一体的花园式采购中心，丰富农产品物流系统休闲娱乐功能。

4.4　农产品物流节点空间变迁的实证分析

经过 4.1~4.3 节的全面分析可知，在新型城镇化的作用下，城—镇—村三元协调的社会空间结构这个超序参量给我国农产品物流系统带来的最大变革就在于改变了农产品物流节点的空间布局，使小城镇成为承载综合型农产品物流节点可持续发展的空间载体。本节将以北京地区为研究对象，实际验证农产品物流节点在新型城镇化背景下的空间变迁。

选择北京地区为实证对象具有一定代表意义和示范作用，一方面，北京地区新型城镇化建设速度较快，涉及交通、产业、人口、社会等多方面，对农产品物流发展能够产生较为明显的综合作用；另一方面，作为国家战略的京津冀一体化恰好是北京深入贯彻落实新型城镇化建设的具体体现，京津冀城市群将成为新型城镇化的实验区和突破口。在此背景下，北京地区农产品物流系统的发展变化能够很好地体现新型城镇化给我国农产品物流带来的重要变革及未来我国农产品物流在此背景下的发展趋势，能够为后续其他城市农产品物流的发展提供一个可供参考的样本。此外，考虑到许多农产品物流企业注册地址与实际生产经营地区往往不同，加上农产品批发市场长期占据我国农产品流通的主渠道和中心环节，集中包含了仓储、运输等作业环节，是相关农产品物流企业生产经营的主要空间载体，因而本节将借助农产品批发市场的变迁来展现农产品物流系统空间格局的变化。

4.4.1 数据获取与研究方法

1. 数据获取

本书对北京地区农产品批发市场空间数据的采集来自第三方数据平台启信宝和谷歌地图。第三方平台启信宝的数据是从国家企业信用信息公示系统、中国裁判文书网、中国执行信息公开网等 100 家网站提取的官方数据，所有数据由国家公开发布在网络上。在启信宝中，本书以"北京""农副产品""农产品""果蔬"为关键词，在行业类别选择"批发与零售""交通运输、仓储和邮政业"，搜索后得到 1992～2017 年共计 1671 条企业信息，从中进一步摘选经营范围包含承办农产品批发市场、从事农产品批发和销售的企业条目，并对"吊销"和"非正常经营"的企业信息按照年份进行筛选，再由谷歌地图获得该农产品批发市场的经纬度，最终共得到 634 条带有坐标信息的北京市农产品批发市场数据，以此作为本章研究的数据基础。对于北京市城镇化率与人均消费水平等统计数据的获取主要来自北京市统计局发布的相应年份的统计年鉴及统计公报。

2. 研究方法

对北京市农产品物流系统时空发展特征的研究必须借助于时空演化特征判定模型。在经济管理领域常用的判定指标有莫兰（Moran）指数、空间基尼系数、LISA （local indicators of spatial association，本地空间关联指数）显著性水平图示、区位熵指数、行业集中度指数等[277, 278]，这些方法多是针对某一个特定时间下的截面数据，反映的是空间分布在某一固定时刻的静止形态，若是用于分析空间分布的动态演化规律，则需要大量的数据样本，计算难度较大，对数据要求较高。而在地理学领域常用相对距离、核密度分析、标准差椭圆、Ripley's K（r）等方法从点的层面描绘相关行为的空间分布形态，既可以反映研究对象在某个时间点的静态形态，又能够通过计算结果的叠加呈现其动态变化。围绕本节研究目标，综合考虑数据收集的难易和数学计算的复杂性，本节将借助地理学领域的核密度分析和标准差椭圆分析，研究北京市农产品批发市场位置的变动情况，探索其在 1992～2017 年的时空演化规律，以预判其未来变动趋势。

　　1）核密度分析

　　核密度分析（kernel analysis）最早由 Rosenblatt 和 Parzen 提出，用于计算要素在其周围领域中的密度，属于非参数检验方法的一种。其基本思想是以一个特定要素点为中心，使中心点的属性分布在以半径为 h 的圆形区域内，中心点的密度最大，其他区域密度随着与中心点距离的增大而逐渐降低，直至减小为 0。对所有样本点按照相同方法计算，对同一个位置的密度进行累积，即可以求得样本整体的分布密度，连接后可以得到一条估计曲线。

　　假设有 n 个相互独立分布的样本点（ $x_1, x_2, \cdots, x_n$ ），全部服从密度函数 f，f 在样本点 x 处的估计值为

$$f_n(x) = \frac{1}{nh} \sum_{i=1}^{n} k\left(\frac{x - x_i}{h}\right)$$

其中，k（*）为核密度函数；h 为搜索半径；（ $x - x_i$ ）为估计点 x 到样本点 x_i 的距离。

　　2）标准差椭圆分析

　　美国加利福尼亚大学社会学教授 Lefever 在 1926 年提出了标准差椭圆分析法，并将其应用到样本点空间分布的研究中。该方法能够同时呈现样本点的空间离散程度和移动方向，生成的结果会输出一个椭圆。其中，标准差椭圆的大小表示样本点空间分布的离散程度，椭圆的长半轴表示样本的分布方向，短半轴表示样本的分布范围，长短半轴的比值越大表示样本点的方向性越明显，椭圆长轴与垂直方向的顺时针夹角代表标准差椭圆的方向角，也指示着数据的分布方向（图 4-8）。

　　需要注意的是，标准差椭圆并不是将所有样本点都包含在内，椭圆囊括的样本点个数会随着标准差取值的不同而变化，标准差取 1.0 时，椭圆涵盖 65%的样本点；标准差为 2.0 时，涵盖 95%的样本点；标准差选择 3.0 时，涵盖 99%的样本，标准差的取值并不是越大越好，需要匹配样本点个数和实际研究问题。

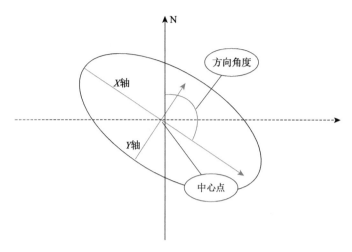

图 4-8　标准差椭圆结果示意图

假设有 n 个样本点，坐标分别为（x_1, y_1），（x_2, y_2），…，（x_n, y_n），则利用算术平均可以计算得出对应的标准差椭圆的圆心坐标为（CenterX，CenterY）：

$$\mathrm{Center}X = \sqrt{\frac{\sum_{i=1}^{n}\left(x_i - \overline{x}\right)^2}{n}}$$

$$\mathrm{Center}Y = \sqrt{\frac{\sum_{i=1}^{n}\left(y_i - \overline{y}\right)^2}{n}}$$

然后，以 X 轴为准，正北为 0 度，顺时针旋转，得到方向角为

$$\tan\theta = \frac{\sum_{i=1}^{n}\left(x_i-\overline{x}\right)^2 - \sum_{i=1}^{n}\left(y_i-\overline{y}\right)^2 + \sqrt{\left[\sum_{i=1}^{n}\left[\left(x_i-\overline{x}\right)^2 - \sum_{i=1}^{n}\left(y_i-\overline{y}\right)^2\right]^2 + 4\left[\sum_{i=1}^{n}\left(x_i-\overline{x}\right)\left(y_i-\overline{y}\right)\right]^2\right]}}{2\sum_{i=1}^{n}\left(x_i-\overline{x}\right)\left(y_i-\overline{y}\right)}$$

最后，确定椭圆 X 轴的长度 σ_x 和 Y 轴的长度 σ_y，分别为

$$\sigma_x = \sqrt{2}\sqrt{\frac{\sum_{i=1}^{n}\left[\left(x_i-\overline{x}\right)\cos\theta - \left(y_i-\overline{y}\right)\sin\theta\right]^2}{n}}$$

$$\sigma_y = \sqrt{2}\sqrt{\frac{\sum_{i=1}^{n}\left[\left(x_i-\overline{x}\right)\sin\theta - \left(y_i-\overline{y}\right)\cos\theta\right]^2}{n}}$$

其中，长半轴 σ_x 为数据的分布方向；从短半轴 σ_y 可以看出数据的分布范围，σ_y 越

小表示数据的向心集聚特征越明显，σ_y 越大表示数据的离散程度越大，长短半轴的比值大小可以反映出数据方向性的明显程度，越接近 1 就越表示数据没有任何明显的分布特征。

4.4.2　北京地区农产品物流空间演化特征

2005 年，北京市在新的城市空间格局基础上，将全市 18 个区县划分为首都功能核心区、城市功能拓展区、城市发展新区和生态涵养发展区，此后具体的城市规划中，一般将首都功能核心区和城市功能拓展区视作市区，将城市发展新区和生态涵养发展区分别当作近郊和远郊。本书遵循这一标准将北京市划分为市区、近郊、远郊三个层次。市区包括东城、西城、海淀、朝阳、丰台、石景山；近郊包括通州、顺义、房山、大兴、昌平；远郊包括怀柔、平谷、门头沟、密云、延庆。

北京市农产品批发市场在三个层次区域内的布局数量随着时间发生较为明显的变化。鉴于 1998 年以前市场数量过少，且没有明确的区域分布，因而以下研究从 1998 年为起始点，市场的空间变动情况如图 4-9 所示。

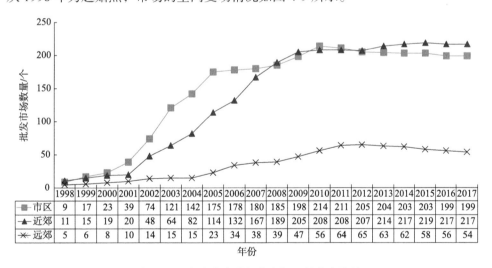

图 4-9　北京市农产品批发市场区域分布统计

本节利用核密度分析和标准差椭圆分析法，进一步探究北京市农产品物流的空间变迁历程。核密度分析结果表明，北京市农产品物流空间发展体现出集聚特征，集聚区位和集聚程度随着时间的推移而发生改变，具体而言如下。

（1）2000 年以前，北京市农产品批发市场总数较少，大多选择在市区及近郊布局，较少位于远郊区域，整体上空间布局较为零散，并没有形成明显的集聚。

（2）进入 21 世纪后，北京市农产品批发市场数量迅速增长，尤其是城市中心区和功能拓展区域农产品批发市场的数量大幅增加，开始在城市中心区的东南方向和丰台区的东北方向形成点状集聚，且集聚区面积不断扩大，逐渐地，在海淀区与石景山交界处形成新的集聚点，至 2005 年，市区内部的农产品批发市场联结成片，由点状集聚变成了片状集聚，同时，在近郊的顺义、大兴和通州形成农产品批发市场的新的集聚点。

（3）2006～2011 年，北京市农产品批发市场集聚态势十分明显，集聚区位置趋于稳定，集聚程度不断加深。由城市中心区和功能拓展区组成的市区内部的农产品批发市场的片状集聚更加显著，集聚面积有所扩大；近郊的点状集聚区个数有所增加；远郊的怀柔和平谷出现农产品批发市场的点状集聚区。

（4）2012～2017 年，市区内部农产品批发市场的片状区域面积有所回缩，但丰台区内部农产品批发市场的集聚程度进一步加深；怀柔区的点状集聚程度有小幅度下降，总的来说，这一时期北京市农产品批发市场的集聚形态较为稳定，表现为"多中心、广覆盖"的特征。

参照已有文献，本节选取标准差为 1.0 的椭圆，同时考虑到数据过少时，用标准差椭圆分析样本点的离散程度误差较大。因此，本节对北京市农产品物流的椭圆分析以 1998 年为起始点。椭圆分析结果如图 4-10 所示。

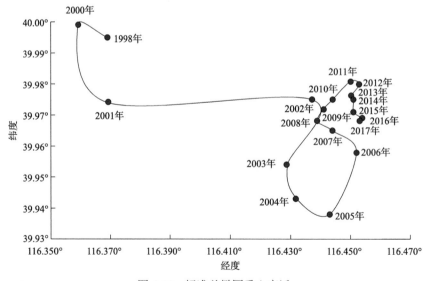

图 4-10　标准差椭圆重心变迁

标准差椭圆的形状反映着北京市农产品批发市场的方向和分布趋势，重心坐标（X, Y）反映着距离市中心的远近，椭圆的扁率（长短半轴差值与长半轴的比率）反映着市场的扩散方向，同时结合图 4-10 的直观图示，可以得出北京市农产品批发市场的扩散方向和扩散范围具有阶段性和有限性，具体而言如下。

（1）1998～2004 年，标准差椭圆面积由 $2.264\,55 \times 10^9$ 平方米减少到 $1.656\,87 \times 10^9$ 平方米，椭圆的长轴和短轴也表现出与之一致的波动特征，即逐年减少，说明在此期间，农产品批发市场更多表现为一种向心的集聚，外向扩张趋势并未显现。此外，椭圆的扁率在这一时期波动较大，意味着北京市农产品物流的空间格局尚不稳定，没有明确的扩散方向，处于初级发展阶段。

（2）2005～2011 年，标准差椭圆的面积、长轴和短轴持续增长，但是增长速度经历了由快到慢的转变，椭圆面积由 $1.862\,94 \times 10^9$ 平方米增长到 $2.963\,54 \times 10^9$ 平方米，长轴由 3.1×10^4 米增加到 4.3×10^4 米，短轴由 1.9×10^4 米增长为 2.2×10^4 米，说明北京市农产品物流在此期间表现出显著的近邻扩散[①]趋势。同时，这一时期椭圆的方向角和扁率逐渐趋于稳定，表明其扩散方向具有一致性，主要沿着东北—西南方向由市内向近郊区域蔓延，体现出一定程度的等级扩散[②]特征。

（3）2012～2017 年，标准差椭圆面积较为稳定，且表现出小幅度的回缩特征，椭圆长轴长度和短轴长度也稍有减少，结合图 4-10 中有关 2012 年后不同区域内农产品批发市场的统计数据，可以发现，2012 年后只有近郊区域内的农产品批发市场数量有所增长，远郊区和市区内的市场数量都呈下降特征，这说明北京市农产品物流在 2012 年之后并没有出现进一步向外扩散的特征，意味着其近邻扩散与等级扩散的趋势是有限的，这一现实与学者所提出的大城市农产品批发市场的交易空间将日益郊区化并不一致[279]，也不同于洛杉矶、亚特兰大、巴黎等国外大城市物流空间向远郊蔓延的特征。

由以上分析可知，北京市农产品物流的空间演化具有阶段性特点，2012 年是其空间演化特征出现转折的关键节点。2012 年以前，北京市农产品批发市场的空间集聚趋势与空间扩散具有一致性；2012 年以后，北京市农产品批发市场总数量虽然波动不大，但市场空间分布在集聚与扩散两个方面都有所停滞或回缩，尤其市内和远郊区域较为明显，呈现出与此前不同的态势。与中国农产品市场协会前会长张玉玺所做出的判断"我国农批市场在 2012 年以后进入震荡融合期"吻合。

与此同时，作为北京市民的"菜篮子"和"果盘子"，新发地与高碑店市人民政府签订了《北京新发地高碑店农产品物流园区项目协议书》，在河北注册成立了河北新发地农副产品有限公司。此外，通过启信宝数据平台，以"农副产品""农产品""批发业""成立 1～5 年""成立 5～10 年"为关键词逐次查询后发现，2012 年以后，北京周边的廊坊、保定、张家口等地区从事农产品批发企业的数量快速

---

① 近邻扩散指经济活动由发达地区向相邻的周围地区扩散，扩散的可能性随着距离的增加而逐渐递减。

② 等级扩散是指经济活动按照地域规模等级体系从大到小依次扩散。

增长（表 4-2），借助谷歌地图定位后，发现新增企业多选址在交通便利的开发区或是有一定经济基础的县城。

表 4-2 北京邻近区域农产品批发市场数量变动情况

地区	农副产品	农产品	批发业	成立 1～5 年	成立 5～10 年	数量/个
廊坊	√		√	√		415
	√		√		√	114
		√	√	√		365
		√	√		√	88
保定	√		√	√		945
	√		√		√	565
		√	√	√		2252
		√	√		√	354
张家口	√		√	√		380
	√		√		√	148
		√	√	√		703
		√	√		√	149
唐山	√		√	√		507
	√		√		√	106
		√	√	√		993
		√	√		√	199
承德	√		√	√		301
	√		√		√	140
		√	√	√		660
		√	√		√	145

综合来看，2012 年以后，一方面，北京市果蔬消费总量处于持续增加的状态[280]；另一方面，北京市内农产品批发市场数量不断减少，相邻区域隶属河北省的保定、廊坊等地的农产品批发业态快速发展。由此推测，紧邻北京市的河北省

相关区域为首都的农产品供应提供着有力保障，部分农产品批发商虽然地处河北省，但按其所服务的农产品物流需求对象来说仍属于北京市农产品物流系统的一部分，在一定程度上反映出北京市农产品物流空间布局停止了原来的近邻扩散和等级扩散，出现了跨行政区域、跨城市等级扩散的新特征。

4.4.3　北京地区农产品物流空间演化原因

新经济地理学的研究表明，产业与节点的集聚和扩散取决于区域向心力与离心力之间的权衡，对于农产品批发市场而言，其选址受到经济因素、交通条件、人口分布、环境保护、社会效应、技术发展、政策制度、城市定位及其他因素的影响（图 4-11），市场的布局决策是所有成本在市区、近郊、远郊三个区域内相互权衡的结果。以 2012 年为节点，北京市农产品物流空间演化呈现出不同于以往的发展特点，意味着农产品批发市场在不同区域下的综合成本比对结果发生了改变，为了探究变化背后的根本原因，需要结合当时的经济社会背景进行详细分析。

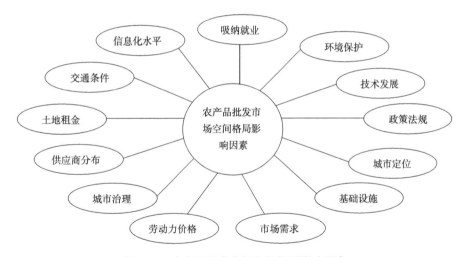

图 4-11　农产品批发市场空间格局影响因素

通过查阅 2012 年前后的政府工作报告和有关新闻报道，发现这个时间段北京地区发生的与国民经济社会和农产品物流发展相关的最重要变化就是京津冀三地协同发展迈入实质性操作阶段。①早在 2001 年，两院院士吴良镛就提出过"大北京"规划，但没有明确"大北京"区域覆盖范围，没有给出"大北京"的发展路径和发展方式。②2004 年，国家发展和改革委员会组织京津冀有关城市负责人就京津冀经济一体化的一些原则问题达成"廊坊共识"，开启了京津冀一体化问题新篇章，正式启动京津冀都市圈区域规划的编制，但由于三方分歧不断，京津冀经济一体化仍停留在商讨阶段。③2010 年《京津冀都市圈区域规划》上报国务院，初步形成了"8+2"的区域发展模式，同年 10 月，河北省政府出台《关于加快河北省环首都经济圈产业发展的实施意见》，从体系建设等六个方面明确提出与北京的对接工程，提出河北将整合相关区域助力建京东新城、京南新城和京北新城，"环首都经济圈"正式从概念设想进入规划实施阶段。④2011 年国家"十二五"规划纲要提到打造首都经济圈和京津冀区域经济一体化，"首都经济圈"成为国家战略，但是尚未明确首都经济圈的具体范围。⑤2012 年 3 月，首部京津冀蓝皮书《京津冀区域一体化发展报告（2012）》发布，京津冀区域一体化正式迈入实质性操作阶段，同时，《首都区域空间发展战略研究》完成，报告从战略思考判断、生态安全战略、产业发展战略、基础设施战略、空间统筹战略、战略实施保障六个方面深入分析首都区域及京津冀地区发展面临的主要问题和矛盾，前瞻性地提出了"圈层联动、簇轴发展、空间共轭、跨界成群、网络覆盖、重点突破"的空间可持续发展结构，创新性地提出了"跨界城镇群"的概念。随后，习近平主席在2014 年 2 月 26 日，在听取京津冀协同发展专题汇报时的讲话明确提出"实现京津冀协同发展，是面向未来打造新的首都经济圈……是一个重大国家战略"①。

京津冀一体化协同改变了北京市农产品物流系统的空间格局，具体而言：首先，京津冀一体化协同拓展了农产品批发市场备选区域。协同发展突破了既有行政边界的刚性约束，促进生产要素在更大范围内有序流动和优化配置，从制度上为北京市农产品物流拓展可选择的空间区域提供保障，使得农产品批发市场可以跨区域选择隶属河北省、天津市的交通便利、有产业基础和充足发展腹地的县城，如保定地区的涞水县、易县、高碑店市，以及廊坊的固安县、永清县等县市。

其次，京津冀一体化协同改变了农产品批发市场选址的成本构成和成本表达。京津冀一体化的一个重要内容是要让生态文明建设理念贯穿于京津冀协同发展全过程，遵循人、自然、社会和谐发展这一客观规律，促进人口、经济、资源、环境的协调发展，在此背景下，农产品批发市场在选址决策中将更多地考虑对社会、环境产生的影响，加大了社会效应、外部性成本占总成本的比重。

最后，京津冀一体化协同改变了农产品批发市场综合成本在不同区域间的梯度级差。京津冀协同发展改变了区域间的交通联结、资本配置、人口分布和功能定位等，如此一来，不同等级的地区在决定是否建设农产品批发市场时重点考虑的因素将发生变化，引起地区发展农产品物流所具有的比较优势及市场建设综合成本的具体构成发生显著变化。

综上所述，京津冀一体化协同主要从创造备选空间和改变区域梯度级差两个

---

① 《习近平：优势互补互利共赢扎实推进 努力实现京津冀一体化发展》，http://cpc.people.com.cn/n/2014/0228/c64094-24488179.html[2021-09-29]。

方面变革北京市农产品物流系统的空间格局，是北京地区推进新型城镇化建设的历史性战略选择。由此可得推论，北京市农产品物流空间演化的变动是新型城镇化作用的结果。在新型城镇化的主导下，北京市农产品物流空间演化由传统的邻近扩散和等级扩散变为跳跃式扩散，农产品批发市场实现跨行政区布局，选择具有区位优势和产业基础的跨界小城镇作为主要承接载体。

4.4.4　北京地区农产品物流的空间演化预测

在国家顶层设计推动下，北京市、天津市、河北省三地在交通建设、产业发展、人才培育等方面不断深化合作，"天津共识"的签署，《京津冀农产品流通体系创新行动方案》《环首都 1 小时鲜活农产品流通圈规划》等规划的发布进一步加深了三地农产品物流的协同发展，使得北京市农产品物流的空间格局将再次发生变革。

1. 预测方法选择

北京市农产品物流系统最终的空间分布取决于影响选址的各类成本在不同区域之间的权衡，而农产品物流是一个复杂、开放的系统，受到多重因素的影响，影响因素之间还存在着错综复杂的关系，单一的数学方法难以精确地解决此类问题。同时，不同于一般的在有限个备选方案中选择最优点的物流节点选址问题，本书研究的是农产品物流系统在区域范围内的空间布局，研究视角更为宏观，使得模糊数学、引力模型等方法不再适用，系统动力学作为一种认知动态复杂性问题的方法论，已成为解决复杂系统的成熟方法，有助于本节分析北京市农产品物流空间布局趋势。该方法由 Forrester 于 1961 年提出，随后逐渐被应用在物流、产业转移等社会科学领域以解决大规模复杂系统的动态问题。有鉴于此，本节将利用系统动力学方法研究北京市农产品物流系统未来的空间发展趋势。

2. 农产品批发市场空间分布的因果回路图

农产品批发市场空间布局变动主要通过新建、搬迁和腾退三种方式体现，鉴于市场的腾退与新建都可以看作搬迁的一种表现形式，本节主要以农产品批发市场搬迁为研究对象来分析影响因素及影响因素间错综复杂的关系。同时，考虑到过去农产品批发市场搬迁的实际情况，假设搬迁只在由等级高的区域向等级低的区域间单向发生。根据图 4-11 对影响农产品物流空间格局因素的分析，可以进一步将影响因素划分为经济子系统、社会子系统、技术子系统和政策子系统。

1）经济子系统

经济成本是农产品批发市场搬迁重点考虑的因素，经济子系统也是农产品物流长久持续发展的基础。在经济子系统中，因果回路非常多，最为关键的因果回路有两个，即主要通过搬迁后建设成本的下降与运营成本的上升两个方面反作用于农产品批发市场搬迁（图 4-12）。农产品批发市场布局在非城市中心区能够享受较低的土地价格，并获得一定资金补贴，从而降低建设成本，促进市场搬迁。同时，由于与消费市场空间距离的拉大增加了车辆空载率，降低了与上下游企业关联水平和对社会资本的吸引力，从而增加了运营成本，阻碍市场搬迁。

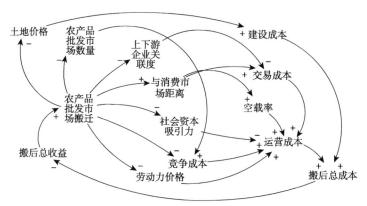

图 4-12　农产品批发市场搬迁的经济子系统

2）社会子系统

农产品批发市场所带来的社会效益和产生的社会问题将对其搬迁同时产生促进与阻碍作用。一方面，农产品批发市场在提供就业岗位、方便居民购买、降低生活成本方面的积极作用阻碍其向远离市中心区域搬迁；另一方面，农产品批发市场造成的交通拥堵、尾气及噪声污染以及带来的外来人口管理难题又会对其形成排挤，推动其远离城市中心（图 4-13）。

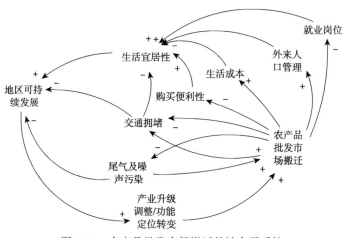

图 4-13　农产品批发市场搬迁的社会子系统

3）技术子系统

技术子系统为农产品批发市场提供基础设施、信息技术等支持。农产品批发市场布局远离市中心区域能够缩短与运输主干道的距离，提高多式联运效率，但是会受到公共基础设施及服务不完备的制约，不利于信息化建设，也有碍获得知识溢出（图 4-14）。

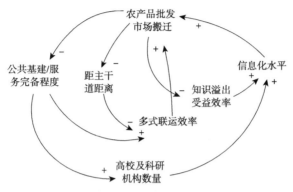

图 4-14　农产品批发市场搬迁的技术子系统

4）政策子系统

政策子系统对农产品批发市场搬迁的作用方式较为复杂。有关城市空间布局的规划会直接影响农产品批发市场的空间分布，同时给城市功能定位、税收优惠、资金补贴、基础设施建设带来重要改变，进而间接影响农产品批发市场搬迁。

各个子系统间相互制约、相互促进，存在着物流、信息流的沟通，为进一步展现子系统间的关系，相关的因果回路图及原因树和作用树见图 4-15、图 4-16、图 4-17。

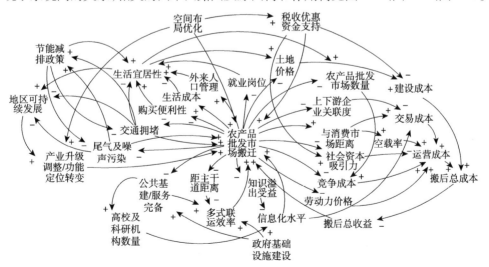

图 4-15　北京市农产品批发市场搬迁的因果回路图

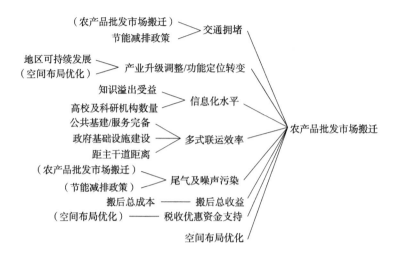

图 4-16 北京市农产品批发市场搬迁的原因树

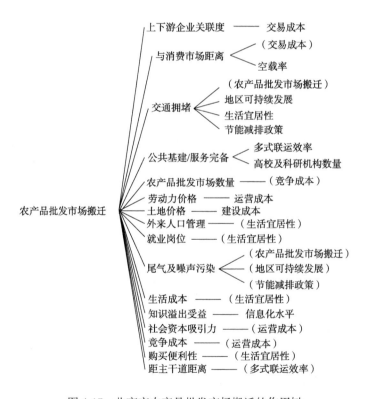

图 4-17 北京市农产品批发市场搬迁的作用树

箭头的正（＋）、负（－）代表两个因素变动趋势的异同。因果关系为 "＋" 时，表示因变量与自变量有相同变化趋势，同增（减）；因果关系为 "－" 时，表示因变量与自变量有相反变化趋势，自变量的增加（减少）引起因变量的减少（增加）。

3. 农产品批发市场空间分布的存流量模型

1）模型建立

京津冀协同背景下，北京市农产品批发市场可选择的布局区域有市区、近郊、远郊和跨界小城镇，区域等级依次降低，在因果关系图基础上，构建如下存流量模型（图 4-18）。

（1）农产品批发市场预计建设数量受到人均消费水平的影响较大，二者之间有明显的函数关系：

$$市场预计建设数量=INTEGER[a \times in（人均消费水平）+b] \qquad （4\text{-}1）$$

其中，a 和 b 分别为直线的斜率和截距。

（2）市区农产品批发市场数量、近郊农产品批发市场数量、远郊农产品批发市场数量、跨界小城镇农产品批发市场数量是水平变量，随着市场新建速率与市场搬迁速率而变化。用 APWM（agricultural product wholesale market）代表农产品批发市场，以下同。

$$X 区域 APWM 数量 = \int (X 区域 APWM 新建速率 - X 区域 APWM 搬迁速率) dt$$

$$（4\text{-}2）$$

（3）市场新建速率与地区现有的市场数量和市场新建概率有关，市场新建概率又受到来自经济、政策、技术和社会四个方面的影响，且对于不同等级的区域而言，各类影响因素的作用程度不尽相同，部分因素的影响程度较为固定，部分因素的影响程度是时间的函数，会随着时间的推移而变化。

$$X 区域 APWM 新建速率 = X 区域 APWM 总数量 \times X 区域 APWM 新建概率$$

$$（4\text{-}3）$$

$X 区域 APWM 新建概率 = RANDOM\ NORMAL(min,max,mean,stdev,seed) \times f(交通通达效用,企业关联效用,信息及网络效用,公共服务完备效用,多式联运效用,X 区域土地效用,就业效用,税收优惠效用,资金支持效用,空驶率效用,尾气拥堵效用)$

$$（4\text{-}4）$$

（4）市场搬迁概率是迁出地与迁入地在经济、政策、技术和社会四个方面的权衡，对于不同的迁移方向，搬迁概率往往不同。

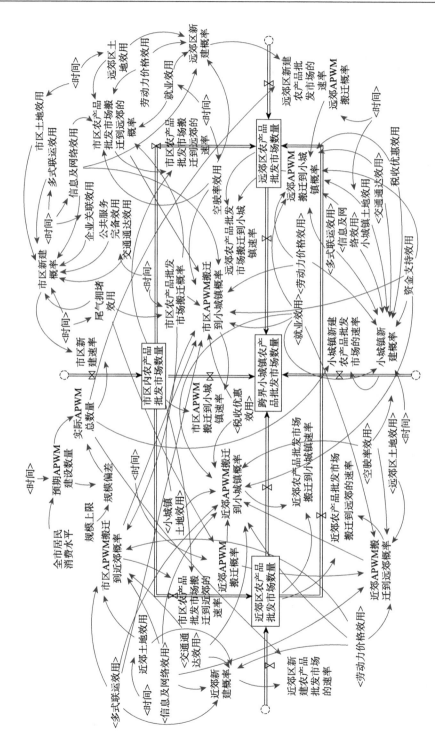

图4-18 北京地区农产品批发市场搬迁的存量流量模型

X 区域→Y 区域的 APWM 搬迁概率=X 区域内 APWM 搬迁概率×f_Y(交通通达效用,企业关联效用,信息及网络效用,公共服务完备效用,多式联运效用,X 区域土地效用,就业效用,税收优惠效用,资金支持效用,空驶率效用,尾气拥堵效用)

（4-5）

X 区域内 APWM 搬迁概率=f(尾气拥堵效用)　　　　　　（4-6）

在设置方程参数时，本书借助北京市居民消费水平的统计数据和农产品批发市场数量的样本数据，用 Matlab 拟合函数方程，定量求解函数系数，得到预期农产品批发市场数量=303.4×ln[全市居民消费水平(Time)]−2577。

同时，充分考虑市区、近郊、远郊三个区域存在杜能环式的级差地租，且两个相邻等级间的差额会随着新型城镇化的推进逐渐扩大；考虑到北京市五环内机动车限行政策的持续影响，以及规制性政策力度的圈状递减特征；考虑到小城镇在吸纳农村剩余劳动力中发挥的重要作用，小城镇发展所需要的产业支撑，以及城市群发展要求凸显小城镇统筹城乡的功能。最终，北京市农产品批发市场搬迁存流量模型的主要变量及方程见表4-3。

表 4-3　农产品批发市场搬迁存流量模型的主要变量及方程

类型	变量	计算公式（农产品批发市场用 APWM 代替）	单位
水平变量	市区内 APWM 数量	INTEGER(市区新建 APWM 的速率−市区 APWM 搬迁到小城镇速率−市区 APWM 搬迁到近郊的速率−市区 APWM 搬迁到远郊的速率)	个
	近郊区 APWM 数量	INTEGER(近郊区新建 APWM 的速率+市区 APWM 搬迁到近郊的速率−近郊 APWM 搬迁到小城镇速率−近郊 APWM 搬迁到远郊的速率)	个
	远郊区 APWM 数量	INTEGER(远郊区新建 APWM 的速率+市区 APWM 搬迁到远郊的速率+近郊 APWM 搬迁到远郊的速率−远郊 APWM 搬迁到小城镇速率)	个
	跨界小城镇 APWM 数量	INTEGER(小城镇新建 APWM 的速率+市区 APWM 搬迁到小城镇速率+近郊 APWM 搬迁到小城镇速率+远郊 APWM 搬迁到小城镇速率)	个
速率变量	市区新建速率	实际 APWM 总数量×市区新建概率	个/年
	市区 APWM 搬迁到近郊速率	市区 APWM 搬迁到近郊概率×市区内 APWM 数量	个/年
	市区 APWM 搬迁到远郊速率	市区内 APWM 数量×市区 APWM 搬迁到远郊的概率	个/年
	市区 APWM 搬迁到小城镇速率	市区 APWM 搬迁到小城镇概率×市区内 APWM 数量	个/年
	近郊区新建 APWM 速率	实际 APWM 总数量×近郊新建概率	个/年

续表

类型	变量	计算公式（农产品批发市场用 APWM 代替）	单位
速率变量	近郊 APWM 搬迁到远郊速率	近郊 APWM 搬迁到远郊概率×近郊区 APWM 数量	个/年
	近郊 APWM 搬迁到小城镇速率	近郊 APWM 搬迁到小城镇概率×近郊区 APWM 数量	个/年
	远郊区新建 APWM 速率	实际 APWM 总数量×远郊区新建概率	个/年
	远郊 APWM 搬迁到小城镇速率	远郊 APWM 搬迁到小城镇概率×远郊区 APWM 数量	个/年
	小城镇新建 APWM 速率	实际 APWM 总数量×小城镇新建概率	个/年
辅助变量	市区新建概率	IF THEN ELSE [Time<=17, RANDOM NORMAL(0, 0.2, 0.05, 0.015, 1)×(3×交通通达效用+1.5×企业关联效用+2×信息及网络效用+2.5×公共服务完备效用+1.5×多式联运效用+0.5×市区土地效用-尾气拥堵效用), RANDOM NORMAL(0,0.1,0.01,0.001,1)×(3×交通通达效用+1.5×企业关联效用+2×信息及网络效用+2.5×公共服务完备效用+1.5×多式联运效用+0.5×市区土地效用-尾气拥堵效用)]	1/年
	市区 APWM 搬迁概率	DELAY3[1-EXP(-0.05×Time)+0.6×尾气拥堵效用,3]	1/年
	市区 APWM 搬迁到近郊概率	市区农产品批发市场搬迁概率×(0.1×交通通达效用+0.1×信息及网络效用+0.1×劳动力价格效用+0.45×多式联运效用+0.1×近郊土地效用)	1/年
	市区 APWM 搬迁到远郊概率	MAX[市区 APWM 搬迁概率×(0.05×信息及网络效用+0.2×劳动力价格效用+0.2×就业效用-0.8×空驶率效用+0.2×远郊区土地效用),0]	1/年
	市区 APWM 搬迁到小城镇概率	(市区 APWM 搬迁概率-市区 APWM 搬迁到近郊概率-市区 APWM 搬迁到远郊的概率)×(0.1×信息及网络效用+0.1×劳动力价格效用+0.3×多式联运效用+0.4×小城镇土地效用+0.56×就业效用+税收优惠效用-0.8×空驶率效用+资金支持效用)	1/年
	近郊新建概率	RANDOM NORMAL(0.001, 0.2, 0.05, 0.03438, 1)×(2×交通通达效用+信息及网络效用+劳动力价格效用+2×多式联运效用+0.5×近郊土地效用)	1/年
	近郊 APWM 搬迁概率	IF THEN ELSE [Time<=13, 1-EXP(-0.008×Time), 1-EXP(-0.008×Time)+0.3×尾气拥堵效用]	1/年
	近郊 APWM 搬迁到远郊概率	MAX[近郊 APWM 搬迁概率×(0.1×信息及网络效用+0.4×劳动力价格效用+0.5×就业效用+0.3×远郊区土地效用-空驶率效用), 0]	1/年
	近郊 APWM 搬迁到小城镇概率	(近郊 APWM 搬迁概率-近郊 APWM 搬迁到远郊概率)×(0.3×交通通达效用+0.2×信息及网络效用+0.5×劳动力价格效用+0.25×多式联运效用+小城镇土地效用+0.5×就业效用+0.5×税收优惠效用-空驶率效用+0.5×资金支持效用)	1/年
	远郊区新建概率	RANDOM NORMAL(0.001,0.04,0.02,0.005,1)×(1+0.5×信息及网络效用+0.5×劳动力价格效用+就业效用-空驶率效用+0.5×远郊土地效用)	1/年
	远郊 APWM 搬迁概率	DELAY3[1-EXP(-0.005×Time), 18]	1/年

续表

类型	变量	计算公式（农产品批发市场用 APWM 代替）	单位
辅助变量	小城镇新建概率	RANDOM NORMAL(0.001,0.1,0.0038,0.03438,1)×IF THEN ELSE(Time<=15,0.1×交通通达效用+0.1×信息及网络效用+0.3×劳动力价格效用+0.3×小城镇土地效用+0.6×就业效用+税收优惠效用+资金支持效用-空驶率效用，0.3×交通通达效用+0.3×信息及网络效用+0.5×劳动力价格效用+0.6×多式联运效用+0.5×小城镇土地效用+0.8×就业效用+税收优惠效用-0.5×空驶率效用+资金支持效用)	1/年
	预期 APWM 建设数量	INTEGER[303.4×LN[全市居民消费水平（Time)]-2577]	个
	实际 APWM 总数量	IF THEN ELSE(规模偏差>=0，预期 APWM 建设数量，规模偏差+预期 APWM 建设数量)	个
	尾气拥堵效用	IF THEN ELSE[Time<=13,1-EXP(-0.01×Time),1-EXP(-0.04×Time)]	1/年
	市区土地效用	IF THEN ELSE[Time<=13,1-EXP(-0.0055×Time),EXP(-0.19×Time)]	1/年
	多式联运效用	MIN(0.0182×Time+0.1137,0.65)	1/年
	信息及网络效用	MIN(0.0351×Time-0.0689,0.78)	1/年
	企业关联效用	MAX(-0.017×Time+0.4451,0)	1/年
	交通通达效用	MAX(-0.0101×Time+0.6339,0)	1/年
	近郊土地效用	IF THEN ELSE[Time<=13,1-EXP(-0.006×Time),1-EXP(-0.008×Time)]	1/年
	远郊区土地效用	IF THEN ELSE[Time<=13,1-EXP(-0.008×Time),1-EXP(-0.03×Time)]	1/年
	就业效用	IF THEN ELSE[Time<=13,1-EXP(-0.02×Time),1-EXP(-0.04×Time)]	1/年
	空驶率效用	MAX(-0.0047×Time+0.3112,0.15)	1/年
	小城镇土地效用	IF THEN ELSE[Time<=10,1-EXP(-0.01×Time),1-EXP(-0.05×Time)]	1/年
常量	规模上限	480	个
	公共服务完备效用	0.25	1/年
	劳动力价格效用	0.35	1/年
	税收优惠效用	0.25	1/年
	资金支持效用	0.3	1/年

2）模型检验

对上述模型用 Vensim PLE 进行仿真分析并检验模型有效性，结果见图 4-19
和表 4-4。

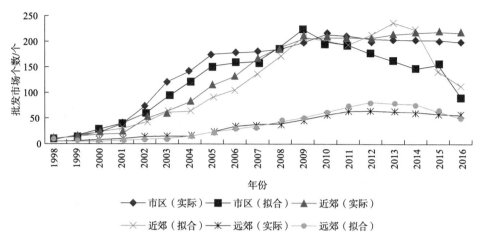

图 4-19　1998～2016 年北京市各区域农产品批发市场拟合值与实际值对比

表 4-4　1998～2016 年北京市各区域农产品批发市场拟合值与实际值对比（单位：个）

年份	市区		近郊		远郊	
	实际值	拟合值	实际值	拟合值	实际值	拟合值
1998	9	9	11	11	5	5
1999	17	17	15	14	6	5
2000	23	29	19	24	8	5
2001	39	40	20	30	10	7
2002	74	59	48	42	14	9
2003	121	91	64	62	15	11
2004	142	121	82	64	15	15
2005	175	152	114	91	23	23
2006	178	158	132	106	34	29
2007	180	161	167	138	38	35
2008	185	190	189	171	39	43
2009	198	224	205	209	47	51
2010	214	200	208	202	56	62
2011	211	193	208	194	64	73
2012	205	176	207	213	65	82
2013	204	162	214	237	63	79
2014	203	147	217	223	62	78
2015	203	154	219	142	58	63
2016	199	92	217	113	56	50

首先对仿真数据进行了机械错误检验、量纲一致性检验、模型有效性检验及

方程式极端条件检验。鉴于缺乏对小城镇区域内农产品批发市场的历史数据统计，同时，考虑到目前掌握的 2017 年数据不够全面（搜索时间截至 2017 年 7 月），并且 2017 年北京市疏解提升市场力度较大，明确提出城六区疏解提升 100 个市场的目标，2017 年农产品批发市场布局受到政策影响较大，具有明显的超常规发展特征。因此，本书主要对 1998~2016 年北京市区、近郊、远郊所拥有的农产品批发市场数量进行了模拟，并与实际数值进行比对。

总体上看农产品批发市场数量拟合值和实际值相差不大，进一步证实了模型的有效性。北京市内农产品批发市场数量拟合值在 2015 年、2016 年较实际值有一定差距，结合当时社会经济发展背景，可以对此偏离做出合理解释。在 2014 年京津冀协同发展上升为国家战略以后，北京市立即启动了非首都核心功能疏解行动，包括农产品批发市场在内的区域性批发市场成为优先疏解的重点，城北回龙观、大洋路、锦绣大地、新发地等大型农产品批发市场都开始着手搬迁、转型事宜，部分农产品经营商虽然在工商行政管理局登记的地点仍属于北京四环以内，但其实际业务运作的区域已远离市区，向六环周边或河北高碑店地区转移，所以造成了市区和近郊区域的农产批发市场数量在 2015 年和 2016 年拟合值与实际值存在较大偏差。

3）仿真结果

在北京市农产品批发市场搬迁存流量模型基础上，充分考虑未来京津冀一体化协同对区域交通连接、信息化建设、人口分布、资本引导的持续影响，据此设置参数系数。诸如，京津冀协同将加强中小城市和小城镇与交通干线和城市区域的连接，带动城镇区域基础设施和信息化建设，为小城镇承接市区非核心功能提供资金支持和税收优惠；农产品物流自身的发展更注重环节之间的连接效率及对市场变化的反应速度，突出多式联运及信息化的重要性，加大概率方程式中相关因素所占的权重；生态文明建设的现实要求进一步加大了对尾气排放和交通拥堵的治理力度等。将模型仿真步长延长至 23，模拟 2017 年到 2021 年北京市农产品物流布局的变化，计算结果如表 4-5 所示。

表 4-5　2017~2021 年北京市各区域农产品批发市场数量预测（单位：个）

区域	2017 年	2018 年	2019 年	2020 年	2021 年
市区	31	21	17	16	16
近郊	107	167	246	282	201
远郊	56	68	62	47	24
小城镇	958	1014	1122	1211	1328

结果表明，随着京津冀协同一体化的推进，北京市市区的农产品批发市场数量将加速减少，近郊区内市场数量从整体看有一定程度的增加，远郊区数量呈现先增后降趋势，小城镇内的市场数量持续稳步增长。由此得出，2017~2021 年，

北京市农产品物流系统的空间演化将呈现出更为明显的跳跃性扩散趋势，符合中国城市和小城镇改革发展中心理事长、首席经济学家李铁先生所主张的"产业园区选址要另辟空间，可以选择行政区域外的小城镇"。

4.5　新型城镇化下我国农产品物流系统的三网协同

　　4.1 节从微观层面细致分析了新型城镇化对我国农产品物流系统要素、结构和功能的变革，在此基础上，农产品物流系统在宏观层面上的运作模式也将发生重大改变，最终形成天网、地网、人网相互支持、协同互动的新方式，打造出我国农产品物流"区域性大生产+全国性大流通+柔性化敏捷配送"的格局。其中，人网好比人体的神经末梢，负责感知、收集并上传用户需求信息；天网堪比大脑，依托接收到的需求信息，合理配置物流资源，为客户提供定制化的农产品物流服务；地网类似于肢体，负责执行大脑发出的行动信号，确保农产品物流服务最终落地，并将产生的数据反馈到天网为更多合作伙伴所用，同时为深挖客户需求、提升系统运作效率提供数据资源（图 4-20）。农产品物流格局的大生产、大流通意味着农产品生产与农产品物流市场形成规模，并具有相应的行业标准和规范；区域性指的是农业生产会依托区域自然资源禀赋形成专业化、品牌化、特色化；全国性意味着农产品借助"三纵五横"的全国骨干流通网络持续扩大流通范围至全国；柔性化敏捷配送意味着农产品配送业务的高效性、灵活性及配送服务的个性化。

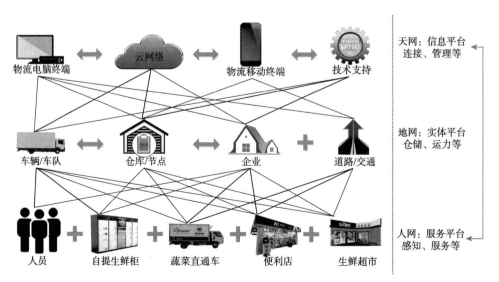

图 4-20　新型城镇化下我国农产品物流系统三网协同的运作模式

4.5.1　三网协同的具体含义

1. 负责全局统筹的天网

农产品物流数据、技术和设备构成天网，负责对物流实体活动的统筹规划。①数据包括农产品物流服务需求信息，对取货时间、运输方式、保鲜制冷、送达时效等要求；农产品物流服务供给信息，物流设施、运输设备、配送车辆等资源和服务的拥有情况；农产品物流实时动态监控信息，对在途货运车辆的跟踪和了解，实时查询与监控农产品物流信息；农产品物流服务质量反馈信息，客户对农产品物流服务的评价反馈，形成农产品物流的闭环管理；线上物流金融、人员培训、政策法规、技术咨询、展示平台、天气数据、结算体系等配套服务体系。②技术主要是指云计算、数据挖掘技术、GIS、RFID、互联网技术、GPS、数字集群通信技术等物联网先进技术。③设备包括能够识别、采集并传输信息的智能物流设备和系统，如自动分拣系统、手持终端、智能化仓储、配送无人机、自动引导车（automated guided vehicle，AGV）。

天网从本质上讲是一个由数据驱动的云平台，实现虚拟物流企业、农产品运输公司、物流金融机构、工商企业、农业生产经营组织、消费者之间数据交互和共享，是全国农产品物流体系的调度中心。天网最主要的功能是利用计算机网络技术及手段，管理农产品物流运作，保障各类农产品物流企业协同，实现系统整体高效运转。天网将分散的仓库、车辆、人员等物流资源虚拟整合为一个大型农产品物流支持系统，依据客户需求，快速形成规范、准确、稳定的农产品物流解决方案，满足农产品消费市场的多频度、小批量订货需求，实现从客户管理、订单管理、仓储管理、车辆调度、车辆跟踪、路由管理、配送管理到金融管理、培训教育、产品展示等一系列功能的电子化，具有交易去中心化、连接网络化、价值动态化、信息实时化的特性。

2. 保障服务落地的地网

农产品物流节点、企业及运输通道形成地网，实现农产品实体从卖方到买方的场所转移。地网可进一步分解为一张网络、三大节点、N 个企业。首先是由连接城市群的干线交通、城市群内部的支线交通、城市内部的市政道路构成一张综合运输网络。其次是由位于农村地区的现代化农业生产基地、依托小城镇的农产品综合物流园区、布局在城市郊区的智能化柔性配送中心构成的农产品物流三大节点，其中，农产品批发市场升级成为综合性物流园区并转移到小城镇，实现可持续发展是新型城镇化对我国农产品物流系统带来的最重要变革。

最后是负责农产品包装、加工、仓储、装卸、运输、配送等实际农产品物流作业的 N 个企业。

（1）地网运行所依托的空间载体将由单一行政区域拓展为跨行政区域的城市群。随着新型城镇化的推进，"两横三纵"的城市化战略格局不断巩固，城市群在投资、人口、产出等方面都在我国城市经济总体和国民经济的总体中占有突出地位，城市群的区域增长极作用越来越明显。同时，农产品物流作为一个融合加工制造、运输仓储、信息处理等环节为一体的复合型产业，每个环节对技术、人力、资本、规模等要素条件的要求不同，具有不同的区位偏好。而单一城市的功能定位有限，难以同时满足全产业链所有环节的差异化需求，并且实践已证明所有环节集聚于某一城市会产生较大的规模不经济和较强的空间负外部性。对于大中小城市和小城镇协调发展的城市群而言，不同的行政区域具有差异化的功能定位，行政区域之间借助发达的交通网络紧密联系、共享资源、优势互补，使得城市群同时具有区位、成本、劳动力、技术等优势，能够很好地契合农产品物流各个环节的需求。农产品物流以城市群为空间载体能够获得比单个城市更大的分工收益和规模经济，同时，单一城市的规模不经济和空间负外部性会因为要素在城市群体系的优化配置而消除。届时，当前以单一城市为载体的农产品物流产业链将突破行政区划的限制，通过飞地经济等方式，各个环节分别布局在城市群内不同等级规模的空间区域。具体而言：具有优越自然资源与一定产业基础的农村区域是农业生产经营的载体；城市群内部处于大城市交叉区域的、具有良好交通优势和区位条件的小城镇适合发展农产品大型运输、仓储和加工，成为综合型农产品物流园区的载体；城市周边郊区紧邻市内交通干道的区域适合发展农产品配送；城市中心区是信息服务、数据处理、物流金融等服务的载体。

（2）新型城镇化下，地网形成三位一体的运行模式。在地网的构成要素中，运输线路是节点连接的必要支撑，物流企业是节点联络沟通的执行主体，农产品物流节点间的互动关系和沟通方式决定着地网整体的运行模式与效率。由上文分析可知，新型城镇化背景下，农产品物流系统的综合运输网络更加复杂、紧密；农产品物流企业的分工化、专业化特征更加显著；对于三大农产品物流节点而言，它们的变化不仅表现在空间布局变动，更体现在三者功能与形态的升级及相互之间互动关系的变革。

现代化农业生产基地实现农产品生产的机械化、标准化、规模化、生态化、集约化，具备生产加工、示范推广、研发孵化、会议会展、科普培训及旅游观光功能；农产品综合物流园区具有低温仓储、检验检疫、流通加工、信息服务、交易展示和电子结算等功能；智能化柔性配送中心是以信息流为核心，以自动化物流设备设施为基础，能够在敏捷作业的同时实现资源柔性化、库存柔性化、运输柔性化、交付柔性化、配货柔性化。现代化农业生产基地、综合型农产品物流园

区、智能化柔性配送中心三大主体相互促进、协同互动，共同保障实体物流活动
的有效、顺利开展，形成地网三位一体的运行模式（图4-21）。

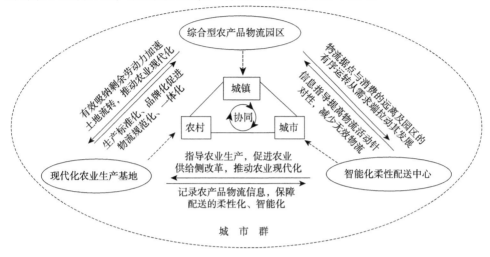

图 4-21　地网依托城市群的三位一体运行模式

①现代化农业生产基地与综合型农产品物流园区的协同互动。生产专业化、
规模化的现代化农业生产基地使农产品的标准化、品牌化成为可能，并能够对收
获的农产品进行分类分级、初级加工等作业，方便了农产品物流园区内的装卸、
搬运等操作，提高了作业环节间的衔接效率，为园区物流活动的规范化、一体化
提供了基本保障。同时，新的农业生产经营方式有助于强化农村剩余劳动力的地
理空间转移，提高农民收入，巩固城—镇—村三元协调的社会空间结构，促进小
城镇可持续发展，保障综合型农产品物流园区具有稳定的空间载体。反过来，综
合型农产品物流园区在小城镇的布局能够促进工业和第三产业的集中布局，实现
对农村剩余劳动力的有效吸纳，从而提高土地流转效率，释放农业先进生产力潜
能，促进农业适度规模经营，实现农业生产的机械化和集约化，加快农业现代化
进程。

②综合型农产品物流园区与智能化柔性配送中心的协同互动。综合型农产品
物流园区转移到小城镇发展，拉大了农村生产与城市消费的空间距离，突出了农
产品配送的重要性，园区内各类资源的合理调配和各项活动的有序开展更加依赖
智能化配送中心的有效指导，进而从需求端拉动了智能化柔性配送中心的发展；
反之，智能化柔性配送中心直接连接农产品零售端，能够及时掌握市场需求动态，
从而形成对园区物流活动的指导，提高园区内物流活动的针对性和有效性，并且
配送中心的智能化发展使得紧邻商业中心不再是制约农产品物流园区选址的主要
因素，配送中心柔性化减弱了传统干线运输对城市发展产生的外部不经济效应，

最终使得综合型农产品物流园区能够在小城镇实现可持续发展。

③智能化柔性配送中心与现代化农业生产基地的协同互动。现代化农业生产从源头采集农产品品质指标、生长情况、产地来源等生产信息，是智能化柔性配送中心实现定制化配送、进行产品追溯与质量控制等功能的根本保障，生产的标准化也是配送中心实现柔性化运作的基本前提。反过来，多元化配送的发展将倒逼农业产业转型升级，智能化柔性配送中心对消费数据的采集和挖掘能够对农业生产进行有效指导，有针对性地进行农业技术研发，改善农产品结构和品质，促进农业供给侧改革，实现农业现代化。

3. 感知客户需求的人网

农产品物流最后一公里的线下实体服务体系组成人网，及时感知顾客需求，为服务决策提供支持。人网主要是指由快递员、生鲜连锁超市、生鲜自提柜、社区菜店、便利店构成的线下实体服务体系。一方面，人网能够健全农产品物流服务网络，提升用户消费服务体验；另一方面，作为最贴近终极消费者的环节，分布于社区、商务办公楼等场景的实体服务网络能够及时感知不同场景、不同季节下用户的农产品消费习惯，精准到小区每户每个月的购买量和偏好，为数据挖掘技术的深度应用提供数据资源，提高农产品物流服务供需对接精准度，有效降低库存和损耗。

此外，由实体服务体系组成的人网与线上生鲜农产品频道形成互补，丰富 O2O 链条，促进农产品电子商务发展，扩大农产品物流范围和规模。以食行生鲜为例，食行生鲜是一家主打网上平民菜市场的在线商城，居民在手机 APP 下单，食行生鲜利用专业冷鲜车配送产品到社区生鲜柜，真正做到全程不脱冷，并且价格与传统菜市场相当。2015 年食行生鲜仅在苏州和上海两个市场的采购额就超过 3 亿元，截至 2017 年 5 月，食行生鲜已进驻上海、苏州和无锡三个城市 20 000 多个社区，服务超过 100 万户家庭，引领了生鲜 O2O 新模式。

4.5.2　北京地区农产品物流系统的三网协同运作

1. 研究对象与数据获取

与上文实证部分相一致，本节同样选取北京地区农产品物流为研究对象，分析其在时间维度上运作方式的发展变化，更进一步地，对于北京市农产品物流的演变，本节将以研究新发地的发展演化为主，同时结合其他典型农产品物流节点的变化来分析。一方面，农产品物流系统在时间维度上的发展变化最终将体现为主体运营模式变革，而农产品批发市场、农产品物流园区等大型农产品物流节点不仅是相关主体开展活动的集中承载空间，而且还是相关主体运营模式的聚类，能够反映出主体运作模式的共性特征。另一方面，选取新发地为主要代表是因为它承担着首都80%左右的果蔬供应，是北京市名副其实的"菜篮子"和"果盘子"。并且在全国4600多家农产品批发市场中，新发地的交易量、交易额已连续最近十四年双居全国第一，新发地品牌已成为我国农产品的代名词，其农产品物流发展不仅展现着北京市农产品物流的历史，预示着北京市农产品物流的未来，而且在全国范围内都具有非常重要的典型性和示范性，能够在一定程度上反映我国农产品物流整体的发展演化。

新发地及北京市其他大型农产品批发市场发展历程及变迁情况的详情主要是通过其官方网站上面的历史沿革介绍和实地考察，加上大量阅读相关文献，并广泛搜寻新浪、搜狐、网易等新闻网站上与之相关的报道获得的。

2. 新发地的演化历程与趋势

新发地自1988年成立以来发展迅猛，规模快速扩张。到2009年，市场由最初只占地15亩、管理人员15名的露天农贸市场，发展成为北京市交易规模最大的农产品专业批发市场。占地面积1520亩，总建筑面积约21万平方米，拥有管理人员1700多名，交易量与交易额均翻升过千倍，在全国同类市场中具有很大影响力。但此时市场功能主要是传统的运输、仓储，交易模式仍以现货、现金、现场为主，是一个规模庞大的传统露天市场。

在北京地区新型城镇化建设的推进下，新发地由单纯追求规模扩张向注重质量效益转变，制订了详细的"内升外扩"战略规划，在此指引下：①对内提升新发地本部的智能化配送能力和信息收集、处理、利用水平，借助社区生鲜菜店和果蔬直通车向零售终端延伸，建设人网；②对外跨行政区域选择具有区位优势和产业基础的毗邻小城镇设立分市场，承接新发地大宗仓储、转销、加工等劳动密集型环节，向上延伸产业链，建立农产品供应基地，实现农产品生产的标准化、品牌化，助力北京市本部加速提档升级成为全市性配送枢纽，优化地网；③依托阿里云、科研院校的人才和技术支持搭建大数据平台，构筑天网。

最终，市场逐渐由单纯的集散中心向商贸物流枢纽转变，由传统农产品批发市场向现代农产品综合物流园区升级，创新农产品电子商务销售机制，引领我国农产品物流行业迈向"天网+地网+人网"三位协同的发展模式，具体发展过程如图4-22所示。

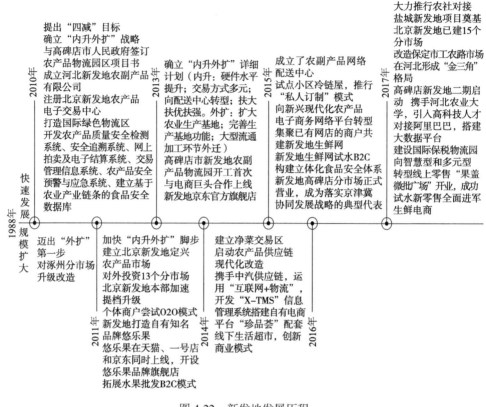

图 4-22　新发地发展历程

（1）2010 年，市政府提出北京市农业企业要走高端、高效、高辐射之路，同年《京津冀都市圈区域规划》上报国务院，初步确立区域发展模式，明确北京"四个城市"的功能定位，提出要加快京津冀区域协同发展和建设国际一流宜居之都。为顺应新时代的新要求，新发地提出占地减量、商户减量、垃圾减量、交通减量的"四减"目标，确立了"内升外扩"的发展战略，并启动"内升外扩"改造升级工程，与保定高碑店市人民政府签订了《北京新发地高碑店农产品物流园区项目协议书》，在此基础上，注册成立了河北新发地农副产品有限公司。同时开始着手电子商务整体布局，探索"新发地+互联网+品牌农业"的创新型农产品流通模式，注册了北京新发地农产品电子交易中心。北京新发地农产品电子交易中心是一个大宗交易平台，整合了全国范围的生产种植基地、大型商户、北京采购单位等资源，助力新发地改造成为一个集散中心、信息中心和价格指数中心。此外，新发地积极配合北京市科学技术委员会创建"北京新发地农产品安全科技示范工程"，全力打造新发地国际绿色物流区，依托京郊科研院所、企业、检测机构等科技力量开发出农产品质量安全检测系统、安全追溯系统、网上拍卖及电子结算系统、交易管理信息系统、农产品安全预警与应急系统和农产品进出口"一站式"服务模式，建立基于完整农业产业链条的食品安全数据，有效完善了自身农产品安全监管体系。

（2）2011 年 3 月 21 日，新发地迈出了"外扩"的第一步，正式启动对涿州分市场的全面升级改造。涿州分市场占地 318 亩，处于北京与河北的分界，有效缓解了北京关于货车禁行等交通运输政策对新发地发展的限制。而且涿州分市场的改造并非单纯的规模扩张，更主要的是基础设施的完善升级和市场功能的多元化，升级成为一个集信息发布、产品检测、垃圾处理为一体的农产品集散地，成为北京市场的农产品储备库，充分保障北京"菜篮子"的供给。

（3）2013 年，新发地进一步确定了有关"内升外扩"发展战略的详细规划。一方面，新发地从四个方面进行内部升级改造：①大幅提升硬件水平，包括土地资源的高效节约利用，规划指出将市场面积由现在的 1680 亩缩减为 660 亩，建立地下两层、地上三层的立体式果蔬交易中心取代现有的分散交易市场；冷链资源的集约集成，将现有的大小冷库和其他冷链资源集中起来，建设 260 多亩现代化立体式的冷链群，冷链存储能力可达 10 万吨；服务体验类设施丰富完善，市场腾退下来的 1000 亩全部用于绿化，建特优农产品展示中心，打造一个集观光旅游为一体的花园式购物中心，肩负起农产品展示、观光、科普教育三大功能，与北京都市文化相匹配。②交易方式多样化发展，借助"互联网+"热潮，创新 B2B、B2C、O2O 等电商交易方式。③向配送中心转型，将分拣、加工包装及大型仓储物流功能转移到津冀等市场和种植基地，加快推进生鲜便利店建设和蔬菜直通车配备，力争五年内实现北京各小区全覆盖，升级新发地成为全市型农产品配送枢纽。④推行扶大扶优扶强政策，对大客户进行培养扶持，淘汰小而散的低端商户，计划将驻场商户从 5000 多户降至 2000 户左右。

另一方面，新发地加快了"外扩"步伐。一是巩固农产品产地源头"最初一公里"，扩大农产品生产基地，在具备条件的农业生产基地发展农产品分级、加工、包装、储存业务，实现首都农产品供应保障"关口前移"；二是不断扩展分市场，分担北京市场过境物流、初级加工、大宗仓储等对占地面积要求较大，或可能对交通造成较大压力的环节。2013 年 5 月，高碑店市新发地农副产品物流园项目正式开工；11 月新发地首次与电商巨头合作，和综合网络零售商京东正式达成战略合作，新发地京东官方旗舰店宣布同步上线。

（4）2014 年"京津冀一体化"上升为国家战略，在此背景下，新发地加快了"内生外扩"的脚步。在快速推进高碑店新发地项目建设的基础上，携手作为河北省菜篮子工程示范县的定兴建成蔬菜供应基地——暨北京新发地定兴农产品批发市场。该市场毗邻京港澳高速公路定兴出口，占地面积共计 218 亩，总投资 3 亿元，市场建有 1.2 万平方米大型农产品批零交易中心、加工集配中心、物流配送中心、网上交易中心、检测检疫中心及定兴规模大、现代化程度高的 5 万吨保鲜冷冻库。同时，市场周边酒店、银行、餐饮、住宅等生活配套设施较为完善，享有安居乐业的经商环境。至此，新发地已经对外投资了 13 个分市场。新发地本部也加速提档升级，将经营重点更多地放在精细特菜、进口净菜、无公害蔬菜和水果等高端产品，市场中很多个体商户开始了 O2O 的尝试，开展了电子商务交易。其中，悠乐果作为新发地自有知名品牌在天猫、一号店和京东同时上线，开设悠乐果品牌旗舰店，实现了从传统水果批发 B2B 模式到 B2C 商业模式的拓展。

（5）2015 年 5 月，新发地成立了北京农产品网络配送中心有限责任公司，并在北京部分小区试点建立冷链屋，推行农产品购买的"私人订制"模式，居民线上下单后，可以直接在"新发地生鲜小屋"领取采购的生鲜产品。同时，新发地将 100 余家网店初具规模的商户凝聚起来共同建立新发地生鲜网，打造一个"线下体验+线上下单"的"互联网+"平台，迈出了传统农产品交易市场向新兴现代化农产品电子商务网络平台转型的第一步。新发地生鲜网初期主要为各类高校、部队、医院、公司食堂等团购大户提供一站式生鲜食材供应，2016 年春节后，新发地生鲜网开始试水 B2C 模式，向市民推行网络下单送菜上门服务。在新发地生鲜网上不仅每种果蔬的图片、价格一目了然，而且产品的品相、尺寸、外观等方面的信息也会被详细标明，网站还会结合季节变化提供专业的营养健康建议，输送安全可靠的农产品是该网站的唯一目标，为此，新发地从成立国家级食品安全检测机构、构建全面的高标准的检测指标体系、从生产源头把控食品安全等多个层面筑牢食品安全防线。

首先，建立国家级安全保障，新发地与北京市食品药品监督管理局合作在新发地成立新的食品安全检测机构，全面检查各项农残指标，并不断将在大型活动中所承担的安全保障服务固化，升级成常态化的食品安全保护制度；其次，构建全面、高标准的检测指标体系，新发地投资 4000 万元，建设国家级安全食品链检测机构，中心引进国际领先的检测设备，检测体系包括 250 多个指标的检验分析、质量评价，内容涵盖感官指标、理化指数、转基因成分、重金属及其他化学元素、微生物检测、农药残留及内外源污染物等常规和特殊项目 30 余种；最后，从生产源头把控食品安全，新发地把食品安全管控体系向上游产业链延伸，在北京周边投资建设了八大无公害蔬菜基地，在河北设立 28 个标准化生产基地，在海南、甘肃、赤峰等全国产销订单基地总面积已达 200 多万亩，同时为经营商户发放统一印制的产地证明和销售凭证，要求每个摊位、车位都要悬挂食品安全公示牌，标示货品来源、产地、货主姓名、车牌号等具体信息，努力打造新发地版的阿里巴巴和淘宝。

2015 年 10 月 29 日新发地高碑店分市场开始营业，标志着京津冀协同发展北京农批产业疏解首个项目正式落地。新发地高碑店分市场规模宏大，占地面积多达 2081 亩,并有充足的发展腹地;市场内部是明确的功能分区、崭新的交易大厅、健全的商户服务、齐全的生活配套;市场外部是宽阔的马路,周边交通路网四通八达,毗邻京港澳高速、廊涿高速、107 国道、112 国道、京广铁路、京石高铁穿境而过,能同时满足北京与天津的供应,以后还将建设高碑店物流园高铁,可以轻松实现往返京津,中转南北,辐射全国;除在建筑规模和设计理念上不同于传统农产品批发市场外,该项目的交易模式也非常先进,借助物联网设备设施实现农产品物流管理的现代化、自动化和信息化,实现电子化交易,打破交易的地域限制,真正实现买卖全国的大市场格局;市场还有总部经济功能、品牌孵化等现代服务功能,市场的价值增值能力、质量检测能力、标准化水平、渠道管控能力显著提升。

开业之初,新发地高碑店分市场就吸引了 8600 多家商户进驻,其中 80% 来自锦绣大地、新发地等北京八大批发市场,且以从事冷链仓储、农产品加工、大宗转销业务的商户巨多,除个人商户外,也吸引了 30 余家大型连锁商场、超市采购代表进驻,与北京新发地形成功能互补、有机联系。新发地高碑店分市场在承接北京新发地疏解的同时,也积极承接北京其他农批市场及食品加工企业的转移,目前,共疏解北京商户 4000 户,间接疏解外来在京人口 2 万人,每年减少 1000万辆次进京车辆,减少北京 10 万吨果菜垃圾,大幅减轻北京交通压力、废气污染和城市治理压力,同时为高碑店带来了 1.12 亿元的税收收入,直接带动就业岗位6200 个,间接带动 1.3 万个。总之,不论从建筑规模、商户体量、交通区位、交易规模、管理模式还是市场功能等各方面来衡量,新发地高碑店分市场与大仓储、大中转、大流通的定位十分契合,堪称华北农产品交易集散的航母,对于疏解首都非核心功能,促进京津冀区域协同发展发挥了关键作用。在中国共产党中央委员会宣传部、中央电视台联合制作的《辉煌中国》第三集《协调发展》中,新发地高碑店分市场成为落实京津冀协同发展战略的典型代表和唯一案例。

（6）2016 年,新发地主动协助北京垃圾总量减负,建立了净菜交易区,通过奖励补贴的方式鼓励净菜进京和标准化销售,达到减少市场垃圾总量的效果,按照北京每年 770 万吨的蔬菜供应来算,净菜交易区的设立能够减少 230 万吨的菜叶垃圾,为北京打造低碳宜居城市贡献力量。2016 年 4 月,新发地启动农产品供应链的现代化改造,与中汽供应链有限公司合作,将专业的供应链技术、理念和管理应用到农产品产业链上,运用"互联网+物流"优化运输服务,全局统筹组织车辆,统一分区集配,提高车辆使用率,为此,专门开发了"X-TMS"信息管理系统,该系统集成了新发地车辆预约、园区管理、发货管理、在途管控、进场预约等多重功能,推动市场功能向农产品电子交易等多元化方向升级。2016年 5 月,新发地在京东、1 号店设立旗舰店的基础上,联合市场大商户搭建了自有电商平台——新发地珍品荟,致力于提升新发地自有品牌价值。珍品荟汇聚新发地各类优质资源与企业，共同打造线上线下 O2O 综合类水果超市，网上商城同时拥有 B2B 业务和 B2C 业务，B2B 业务以解决商户间传统的现金、现场、现货交易问题为主；B2C 业务中，珍品荟将配套建设线下生活超市，营业面积在 3000～5000 平方米，以标准化、品牌化农产品为主，其商业模式既不属于传统农贸市场，也有别于大型购物商城，而是一种创新的模式，即将社区分散的小商贩聚集起来变成卖场的"合伙人"，为他们提供一流设备设施和完善的商户服务，实行统一收银、合作共赢、共同发展。

（7）2017 年，新发地深入推行农产品物流的农社对接，年内新开设 100 家新发地菜篮子直营店；新添 1000 辆新能源直通车，负责直接向北京城内社区送菜。2017 年 11 月，盐山新发地项目奠基，成为北京新发地外扩的第 15 个分市场，也是第 2 个设在河北的农产品物流标杆性示范工程，未来北京新发地部分农产品仓储和初加工功能也会向盐山转移。2017 年 11 月 9 日，北京新发地决定改造升级保定市工农路蔬菜果品批发市场为新发地保定分市场。至此，新发地在河北的"版图"形成东有盐山市场、西有高碑店市场、南有保定市场的"金三角"格局。

与此同时，高碑店新发地二期启动，成为中央电视台《新闻联播》"新时代　新征程"专题节目的重点项目。二期工程致力于打造更加完善的北京疏解承接平台，加速落实京津冀协同发展的战略部署。二期建设在积极承接北京岳各庄、锦绣大地、大洋路等九大专业市场疏解的基础上，致力于对传统市场的提档升级，与河北农业大学签约，引入高科技人才队伍；主动与阿里巴巴对接，搭建大数据平台，建设智慧物流，完善线上交易、电子结算、食品检测、质量安全追溯、大数据采集、金融服务等功能；打造电商企业集聚和孵化中心；建设国际保税物流园，大力发展国际食品跨境电商贸易；围绕食品供应链体系，建设以食品为主题的融国际贸易、商务服务、文化旅游于一体的产业集群，引领我国农产品流通行业向智慧型和多元化转型。

2017 年 12 月底，主打线上零售的"果盖微批广场"在水果交易区开业，成功试水线上线下结合的"新零售"。该店集合园区优质水果，推出零售业务，顾客可以在微店下单，也可以到店选购，水果新鲜，一件起批，价格便宜。此外，新发地先后与阿里巴巴、永辉、京东就仓储、物流、生鲜加工事宜洽谈，全面进军生鲜电商，为此，新发地进一步巩固农产品产地源头"最先一公里"，加快特色农产品向品牌化、包装化、市场化转型。

纵观新发地 30 年的发展历程（图 4-22），市场的疏解、整治与提升见证着京津冀协同演化的格局，呈现出北京农产品物流的历史进程及"三网协同"的演化趋势。

3. 其他典型农产品物流节点发展

（1）北京其他大型农产品批发市场或搬迁腾退或瘦身升级，大多经历着与新发地类似的变革之路。《北京市"十二五"时期农产品流通体系发展规划》明确提及北京市有 9 个大型农产品批发市场，除新发地以外，还有农产品中央批发市场、大洋路批发市场、岳各庄批发市场、八里桥批发市场、锦绣大地批发市场、回龙观批发市场、顺鑫石门批发市场和水屯批发市场，初步形成京西南、京东、京北三大集聚区。近些年，随着北京新型城镇化的推进，其他 8 个农产品批发市场也相继走上了升级改造或搬迁腾退的道路。

①毗邻新发地的农产品中央批发市场对周边产生的交通拥堵、环节污染、有碍治安等负面作用日益凸显，部分摊位已于 2016 年初停止续租，开始着手腾退与升级并举；②作为北京第二大蔬菜批发市场的大洋路批发市场于 2017 年起正式启动转型升级，由批零转向农产品展示与配送，并联合北京首农食品集团有限公司建立二级配送中心，构建连接生产者和消费者的京津冀优质农产品现代化直营模式；③丰台岳各庄批发市场将随着棚户区改造的推进实施部分拆迁；④通州八里桥批发市场已开始向位于京津冀交界附近的潮县镇大柳树村搬迁，未来可通过京哈高速、京津高速、103 国道、大七环与京津冀地区主要城市相连；⑤锦绣大地批发市场在 2016 年 11 月开始向电子商务转型，以电子商务平台为核心，提供仓储物流、供应链管理和金融结算服务，现已全部腾退原有的四个农副产品批发市场，计划在六环周边及保税区建设仓储基地和周转库；⑥城北回龙观批发市场于 2015 年清退所有商户，市场在 2016 年 3 月被拆除；⑦昌平水屯批发市场开始启动搬迁事宜，部分腾退商户在转型后将转移至在建的南口农产品物流配送中心。

（2）现代化农产品社区零售终端如雨后春笋般发展起来。第一，蔬菜直通车社区覆盖率显著提升。自 2015 年 9 月北京启动社区流动车售卖项目以来，政府持续加大项目扶持力度，增加 4000 万元用于推进社区流动车售卖项目，投资约 2200 万元用于改装 100 台原有厢式货车，服务社区由最初的 57 个扩展到 600 多个，服务区域基本覆盖 16 个市辖区，蔬菜日均销售量达到 405 吨。社区蔬菜直通车采用统一采购、统一品牌、统一管理、统一标识，经营类别以蔬菜为主，品种不低于15 种，售卖的蔬菜新鲜且便宜，极大弥补了传统农产品批发市场搬迁腾退造成的零售空白，方便了居民生活。

第二，社区果蔬便民店迅速发展。社区果蔬便民店也称社区菜店或生鲜便民店，原本就属于"一刻钟服务圈"建设内容，自从 2009 年北京首次提出相关概念以来，社区果蔬便民店就处于不断发展中，首都非核心功能疏解所带来的传统菜市场、农贸市场的搬迁腾退进一步加速了社区菜店的发展。天桥地区率先在马路市场被清退后在北京试水社区便民生鲜店建设，新建或升级了 45 家社区便民生鲜店，同时解决了居民买菜难和下岗职工、蔬菜经营商贩再就业的问题。2016 年 12 月，政府投资 7 亿元在京津冀区域建设 190 家社区门店及生鲜超市，除了 8 家规模较大的外其余 181 家都为便民型社区店。2017 年 4 月北京菜篮子集团公司启动了北京菜篮子社区连锁生鲜店网点开发建设项目，至 2020 年已在北京市城区东部建设 1500 家左右规范化、连锁化、便利化、品牌化、特色化的新一代社区连锁生鲜店，店铺广泛利用物联网、云计算、大数据等先进技术，统一采用批发直通网格化终端（wholesale-grid terminal，W-GT）模式，全面改造供应、采购、营运、配送、结算等流程。2017 年 5 月京客隆集团计划一年内继续在朝阳区新开或改造 20～30 家"京捷生鲜店"，并牵手"国安社区"一同完成便民商业网点的建设提升工作。

第三，生鲜自提柜异军突起。新型城镇化建设加速了农业现代化步伐，促进农产品规模化、品牌化经营，同时使得互联网在农村区域得以普及，从供给端释放了农产品电子商务活力，激发了农产品电子商务的发展，在线购买水果、蔬菜已成为大城市中许多白领和家庭的选择。因此，生鲜自提柜成为众多生鲜电商破解最后一公里的现实选择，保鲜冷链技术和移动互联技术的发展成熟也使得这一模式成为可能。进而，北京内的地铁口、小区周边集中涌现出一批具有保质保鲜功能的智能生鲜自提柜，客户刷卡或输入短信验证码即可领取网络购买的生鲜果蔬。其中，具有代表性的企业有"青年菜君""挨着家""蔬东坡"。

总的来说，一方面，北京内其他大型传统农产品批发市场专注于瘦身升级，对内，一边将大型流通加工与集散批发业务向外埠转移，建立综合型农产品物流园区，一边将市内业务向现代农产品物流配送转型，开通社区直通车服务；对外，或是与淘宝、天猫、京东等电商平台合作，开展 O2O 农产品电子商务，或是自己建立线上销售平台、开发 APP，提供生鲜农产品的 O2O 服务；向上，积极与标准化农业生产基地合作，建立农产品直采直供体系；向下，积极与企业、社区、生鲜超市合作，开展农超对接、农企对接、农社对接。另一方面，传统小型果蔬零售店向专业化生鲜农产品超市和社区农产品便利店转型。生鲜农产品电商企业与线下零售实体广泛合作的同时，有选择性地在交通枢纽和居民小区布局生鲜自提柜，下沉营销渠道，发展生鲜农产品线上线下融合的新零售模式。北京其他典型农产品物流节点的发展变化也充分体现出"天网+地网+人网"三网协同的运作新模式。

第5章　新型城镇化下我国农产品物流体系创新

5.1　农产品物流体系创新的背景

目前农产品物流在发展中还存在诸多问题，同时，农产品共享物流的兴起，为农产品物流的体系创新提供了新的机遇和发展途径。

1. 农产品物流资源碎片化，农产品物流运输效率较低

当前我国农产品物流的主要承运商仍然是小型物流公司、车队、个体司机等，这些承运商一般规模较小且经营分散，无法对这些承运商的资源及服务形成有效的组织与管理，导致农产品物流仍旧存在着资源碎片化的特点，因此将这些分散的农产品物流资源高效率地组织起来提供物流服务，已经成为农产品物流实践中亟待解决的问题。加上农产品物流市场信息化水平较低，货主与车主之间的沟通极为不畅，无论是车找货，还是货找车都存在着信息不对称的问题，由此导致一些农产品物流资源（即车辆、运输人员、仓储等）无法获得有效的配置，即农产品物流市场当前的车货匹配效率仍然较低，车辆的空驶率和资源的空置率居高不下，导致农产品物流运输效率较低。

2. 农产品物流运输环节管控不足，农产品损耗率依然较高

当前我国生鲜农产品的冷链运输的普及率依然较低，为了降低成本，许多司机还在使用"冰块+棉被"或改装普通车的方式进行冷链运输，甚至有些采取"两端冷，中间化"的假冷链方式蒙混过关。这些方式都不利于农产品，特别是生鲜农产品在运输过程中的品质保持，导致农产品的损耗率依然居高不下。农产品物流运输环节的监管不足，是导致冷链"断链"的重要原因。进一步而言，由于视频监控技

术、温控设备等并不普及，整个农产品物流的运输过程对于货主和收货方而言仍然是一个黑箱。货主和收货方既无法及时地接收到关于农产品品质变化的相关信息，也无法了解司机的相关操作行为（如是否为了节约成本关掉冷藏设备），这些都为企业监管和行业监管提出了极大的挑战，不利于控制农产品损耗率。

3. 农产品物流运输管理粗放化，农产品物流专业化水平较低

当前负责承担农产品物流运输任务的多数司机，其操作依然十分不规范。例如，司机为了增加货运收入，在承运了车辆额定质量的货物之后，依然会选择超载运输，既增加了货物运输风险，也会因为绕行运载其他的货物而延误既定的交货时间，从而给货主造成损失。但是由于货主与司机之间信息沟通不便，加上多数车辆并不具有定位设备，货主根本无法形成对司机和货物的有效监管。并且农产品物流市场的信用体系不健全，货主无法有效辨别司机的服务质量和信誉，农产品物流交易只能局限在熟人群体中，十分限制农产品物流的规模化发展。此外，当前农产品物流市场的风险保障体系并不健全，农产品货物在发生严重损耗或丢失后，货主无法得到有效的赔偿，司机和货主都承担着巨大的经济风险。以上存在的管理问题，都严重影响了农产品物流向专业化、规模化的方向发展，导致当前农产品物流专业化水平依然较低。

4. 当前的农产品物流模式无法有效解决农产品物流市场的困境

为了解决农产品物流市场存在的发展困境，政府及物流企业做了多方面的尝试。目前主流的两类农产品物流模式为第三方物流模式和企业自建物流。第三方物流模式是物流专业化、社会化的发展产物，第三方物流企业只需要聚焦于自身物流服务能力的培育和提升，从而为货主企业提供专业化的服务。但是当前的第三方物流企业规模较小，一是无法形成规模效益，二是无法为具有高质量要求的货主提供更为优质的服务。基于这个问题，许多实力雄厚的企业依然选择自建物流，以保证物流服务质量。但是自建物流的专用资产投入巨大，对于企业资金和实力的要求很高，并且企业自身的货运量无法保证自建物流体系的高效利用，不仅造成了资源浪费，而且增加了企业运营压力，不利于企业的长期发展。因此，农产品物流发展实践中遇到的困境，亟待新的模式予以解决。

5. 共享经济的兴起为农产品物流体系创新提供了新的思路

自 2015 年共享经济元年以来，我国共享经济市场日益繁荣，共享经济市场的交易额一直保持高速增长的趋势，如图 5-1 所示。共享经济的日渐繁荣为经济社会提供了重新思考商业模式与日常决策的机会，既为当前的商业发展带来了挑战，也提供了发展机遇[2]。共享经济的价值在于其能够激活未充分利用的资源，并且将这些

闲置资源的使用权通过平台分享给有需求的用户，从而降低了资源的所有权对于资源使用的约束，提升了资源的利用率。换句话说，共享经济能够有效解决资源分散与闲置的问题，有利于资源的优化配置。共享经济的特点与农产品物流资源分散且空置率高的情况十分契合，能够为农产品物流体系创新提供新的发展思路。

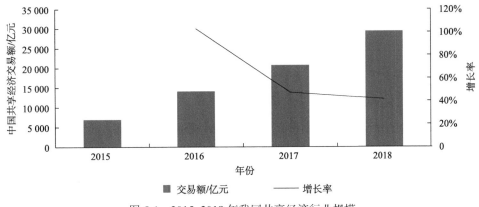

图 5-1　2015~2018 年我国共享经济行业规模

6. 共享平台的发展为共享物流的推广与应用提供了有利条件

　　共享平台的一个十分重要的任务就是将资源的使用者与资源的所有者之间进行精确的匹配。换句话说，共享平台作为中介服务商，其核心作用是能够根据市场上供给和需求的变动来实现资源的有效调度，因而能够满足需求方的资源使用需求，并且提高资源交易的效率。共享平台的另一个重要的作用就是通过提升资源所有者和资源使用者之间的信息透明程度，降低资源所有者和资源使用者之间的交易成本，并且在交易双方之间建立信任并降低感知风险。可见，信息平台对于支持共享物流的发展十分重要。

5.2　农产品共享物流模式及价值创造

　　共享物流是共享经济在物流行业中的一种创新商业模式。在共享物流中，司机使用自己的车辆作为独立承运商提供物流服务，货主通过技术平台将物流任务外包给大量司机[107]。共享物流的目的是充分利用闲置的物流资源和运力帮助客户创造价值。共享物流起源于最后一公里配送领域，目前主要有四种模式：仓储资源共享、同城配送、城际货运和共享货代。本书的研究对象为农产品共享物流与农产品共享物流平台。其中，农产品共享物流平台能够为货主提供获取广泛物流资源的机会。货主可以通过手机端或网页端等其他方式访问平台。平台被视为支持农产品共享物流价值创造的战略性资源。作为一种创新的物流模式，共享物流发展十分迅速。数据显示，在我国，2017 年 10 月，城际货运司机端的月活跃用户量为 245.8 万人，货主端规模达到 33 800 人。共享物流在物流行业的实践经验，给农产品物流体系创新提供了发展方向。因此，将共享物流模式应用于农产品物流领域，对于农产品物流行业的优化升级具有重要的现实意义。

本书通过探索性案例分析，首先对农产品共享物流的商业模式进行深入挖掘，以明晰农产品共享物流的运作模式。在此基础上，对农产品共享物流平台的价值创造机理进行深入研究，以揭示农产品共享物流平台进行价值创造的作用路径。通过面对面访谈，收集了 4 家有农产品物流业务的国内共享物流公司的信息，并使用开放性编码对这 4 家物流公司进行了多案例研究。案例研究结果深入挖掘了农产品共享物流商业模式的关键维度与基本特征，揭示了农产品共享物流的运作原理，并且深入分析了农产品共享物流平台的价值创造机理，最后提出了八个命题来解释农产品共享物流平台的价值创造的具体路径。

5.2.1　研究方法选择

当前的研究仍然不清楚我国农产品共享物流平台的价值创造活动、价值成果，以及平台进行价值创造的具体机制。为了深入探究这些问题，本节选择探索性案例分析来完成研究。案例研究方法作为管理学研究的基本方法之一，适合于对现象的理解和研究"如何"与"为什么"性质的问题。相比于其他研究方法，案例研究方法能够对案例进行详细的描述，从而形成对案例和问题的系统理解，能够获得较为全面与整体的观点[281]。共享物流是共享经济背景下新兴的物流模式，农产品共享物流企业利用平台进行价值创造活动的研究更是处于起步阶段，需要通过探索性的探究来丰富该领域的理论。由此可见，农产品共享物流的价值创造研究与案例研究方法的优势十分契合，使用案例研究方法对我国农产品共享物流企业的价值创造进行理论建构具有重要的意义。此外，因为农产品共享物流仍然处于一个新的阶段，案例研究不能仅仅依赖于单案例研究。为了避免单个案例研究存在偶然性，本书采用了多案例研究，从而更好地解释研究问题，使得研究结果更具有说服力。多案例研究方法也有助于提高研究结果的外部有效性[282]。本书采用扎根理论进行多案例分析。

扎根理论是基于经验资料来建立理论的一类质性研究方法。不同于量化的实证研究，扎根理论倾向归纳的研究思路，研究者在"扎根"之前一般没有理论假设，而是直接从原始资料中进行经验概括、生成概念并形成理论。正如陈向明指出,扎根理论是一种自下而上建立理论的方法,即在系统收集资料的基础上寻找反映社会现象的核心概念,然后通过这些概念之间的联系,建构相关的理论[283]。扎根理论的关键在于,在经验证据的支持下提炼出新的概念和思想。扎根理论主要适用于基于现象提出理论概念,以及挖掘概念内涵与外延的情景。农产品共享物流作为一个新的研究领域,其商业模式及价值创造机理的研究是本书的一个创新点,也是一个理论难点,正适宜运用扎根理论进行质性研究。

扎根理论分析过程基本可以分为如下五个步骤:产生研究问题、收集资料、分析资料、建构理论和文献回顾[284]。具体说来,研究问题可以来源于客观事实,也可以来源于对文献的思考;收集资料包括通过观察、访谈、田野调查收集一手资料,也包括通过文献研究收集二手资料;分析资料和建构理论则是在对各种资料进行逐级编码和组织的过程中形成该理论;文献回顾是将初步构建的理论与已有的文献进行不断比较,以发现和补充已有概念、范畴及理论的不足。

在上述的步骤中,分析资料是扎根理论较为重要且相对程式化的环节,通常认为分析资料包括开放性编码、主轴性编码和选择性编码三个阶段。

第一,开放性编码。开放性编码是将收集的资料进行分解、比较、概念化和范畴化的过程。分解是指对资料进行逐句或逐段的编码;比较是指区分资料所反映的各类现象的异同;概念化是指为现象贴上抽象的标签;范畴化是指对提炼出的概念做聚类处理[285]。

第二,主轴性编码。主轴性编码是建立范畴间关联的过程。Strauss 和 Corbin 提出了一个用主轴性编码的典型示例,即所分析的现象及其原因、情境、中介条件、行动/互动策略、结果之间所体现的逻辑关系。借助该模式,可以发现范畴间的关联,从而将各项范畴联结在一起[286]。

第三,选择性编码。选择性编码旨在发现核心范畴。通过将核心范畴与其他范畴系统地联结起来,搜集新的资料验证其关系,从而进一步通过资料与正在形成的理论的互动来完善各个范畴及相互关系,从而建立起扎根理论。

5.2.2　编码过程分析

1. 访谈与收集资料

1）收集资料

访谈是适用于扎根理论的比较好的资料收集方法。扎根理论的研究通常会用访谈的方法来收集数据。扎根理论和深度访谈都是开放且有方向性,既有步骤又很灵活的方法。访谈过程提供了研究人员和受访者探讨的契机,而受访者所谈及的观点又往往包含有价值的见解。因此,访谈对于开展案例分析很有必要。

本书主要使用半结构化访谈的方法作为数据收集的途径。半结构化访谈是介于结构化访谈和非结构化访谈的一种形式。在半结构化访谈之前，研究者根据研究问题和目的，事先列出一些要探讨的问题，并设计访谈提纲。在访谈过程中，研究者要保持开放的方式，灵活地补充提问，以挖掘更多的相关信息。

2）访谈对象、问题与程序

（1）访谈提纲。本书的访谈提纲为访谈者提供了一个访谈结构，访谈提纲的问题主要涉及公司农产品共享物流业务的描述、平台价值创造活动的具体内容、平台价值创造活动对于物流绩效的影响、平台价值创造活动是通过什么机制对物流绩效产生的这类影响，以及支持农产品共享物流发展的政策。

（2）访谈对象。根据 Eisenhardt 的观点，构建理论的最佳案例数是 4～10 个。本书收集了 4 家国内具有农产品物流业务的共享物流企业的数据。这些样本的选择依据如下：①不同业务模式之间的兼顾。具体来说，案例 X_1 和案例 X_4 都是同城配送企业，案例 X_4 更加侧重于最后一公里配送，而案例 X_2 和案例 X_3 则是城际货运企业，服务范围更广。②涵盖不同的地区：本书选择的案例企业来自国内 3 个省市，降低了地域差异的影响。这四个案例的描述性信息如表 5-1 所示。

表 5-1 案例企业简介

企业编号	规模	物流业务模式	地理位置	主要访谈人	访谈人员数量/个	访谈时间
X_1	100 万名司机 10 万名合约司机 1.6 万名货主	同城配送	北京	公关总监	2	50 分钟
X_2	14.6 万用户 3.8 万辆汽车 10 万名货主	城际货运	河南	副总裁	2	57 分钟
X_3	超过 5 万名司机 3 万辆车 1 万名货主	城际货运	河南	技术总监	2	60 分钟
X_4	20 万名司机 10 万辆车 40 万名货主	最后一公里配送	山东	总经理	3	100 分钟

（3）访谈程序。在进行访谈之前，本书分析了国内 20 家试点共享物流企业的大量二手信息。最初的数据获取是在 2018 年 1 月，后期在 2018 年 4 月到 6 月间，本书又进行了进一步的数据的更新。这 20 家企业资料的收集包括：①以前发表过的关于企业的相关文章；②企业官方网站资料；③各家媒体的新闻报道和商业杂志上发表的文章。本书详细浏览了企业的官方网站和与这些企业相关的新闻报道，观看视频，并分析相关的研究报告和文章。通过分析这些二手信息，本书了解了这 20 家共享物流企业的一些基本特征，为制定访谈提纲提供了参考。在最初的信息收集和分析之后，本书选择了这 20 家共享物流企业中的 10 家，并联系

它们的经理提出访谈的要求，其中有 4 家企业回复本书同意访谈。本书通过电子邮件向这 4 家企业将要接受访谈的人员介绍了本书的研究内容和访谈提纲。访谈提纲包括访谈中要提到的问题，可以为这些受访者提供参考。

本书利用焦点小组讨论的方式收集数据，以营造一个开放、自由、鼓励讨论的氛围，从而保证能够最大化地收集到信息。每个焦点小组包括了 2 个或 3 个受访对象。采访是在 2018 年 8 月进行的，每次采访持续大约一小时。被访谈人包括 1 名公关总监、1 名副总裁、1 名技术总监、1 名总经理、2 名副总经理、1 名副总监及 2 名助理经理。这些被访谈人员都十分熟悉公司的业务模式和共享物流平台的功能。在访谈过程中，关键受访人（即公关总监、副总裁、技术总监、总经理）提供了主要的信息，同时其他受访者会就这些信息补充相关的细节，并且与关键受访人就某些议题展开讨论。作为整个访谈过程的调节者，本书会根据调研提纲来引导被访谈人员的讨论，以保证能够通过被访谈人员的讨论获得更多、更充分的信息。此外，为了促进与公司的开诚布公交流，本书承诺不泄露公司的信息。

此外，根据 Silverman 的观点，访谈应该是灵活的，因此在访谈过程中，本书根据访谈过程删除不相关的信息和临时修改问题来调整访谈提纲[287]，以确保获得尽可能丰富的信息。本书还采用了多种方法来保证获取到的信息的信度和效度。访谈小组由两个人组成，其中一个人与受访者交谈，另一个人对访谈过程进行录音，记录访谈内容并在访谈后立即对访谈内容进行整理。出于多角度研究的目的，本书还采用了多数据源分析，并尽可能多地使用其他数据源（如内部报告和媒体报道），以确保可靠性和结构有效性。

2. 资料编码分析

在进行编码分析之前，本书先要进行访谈资料的整理工作。前期的资料整理工作步骤如下：第一，每一次访谈过程中，本书在获得被访者的许可后，均会对访谈内容进行录音，并且在完成每一次采访后，将录音转录为文本格式。第二，对所有的访谈资料进行整理，共形成了 42 页的文本材料（包括共享物流模式与价值创造分析的内容）。第三，本书将这些数据导入定性数据分析工具 NVivo 11.0，并利用 Strauss 和 Corbin 提出的分层编码方法，包括开放性编码、主轴性编码和选择性编码，进行多案例研究分析[286]。第四，为了保证编码过程的可靠性，本书采用 Miles 等提出的方法来进行可靠性检验。具体说来，本书邀请了两名物流领域的教授独立地进行编码，并且当出现一些分歧的时候通过不断地分析与探讨来达成统一[288]。

在本节中，为保证能够清晰地阐明各部分的编码过程与编码内容，本节对于农产品共享物流的模式分析与价值创造分析的资料编码过程进行分别论述。每一部分均按照 Strauss 和 Corbin 提出的分层编码的程序来进行分析。

1）农产品共享物流商业模式分析

本节农产品共享物流商业模式分析的过程，采用层级编码的方式，对资料进行了科学的分析与整理。层级编码的目的在于，从海量的文本资料中提取案例企业的农产品共享物流商业模式的相关内容，并且最终确定农产品共享物流商业模式的关键维度。

（1）开放性编码。在开放性编码过程中，本书利用软件 NVivo 11.0 对文本材料进行分解，产生了 363 个初始编码。因为本节的研究主题是农产品共享物流的模式及价值创造，为了聚焦于研究主题，研究人员舍弃了 84 个不相关的编码[1]，最后获得了 279 个有效的初始编码。其中，与农产品共享物流模式相关的初始编码有 179 个，与农产品共享物流价值创造相关的初始编码有 194 个[2]。

初始编码的形成要求必须贴近资料，因此，这些初始编码必须扎根于资料。初始编码的形成就是将文本资料拆解与提炼的过程。初始编码形成后，需要进一步根据研究主题，将初始编码进行整合与聚类。通过将初始编码范畴化，可以形成进一步的初级范畴，最终完成资料的开放性编码的过程。开放性编码的过程，是一个将资料由繁至简的过程，是不断地对资料进行分解、提炼与范畴化的过程，能够实现对大量资料的简化与逻辑化。表 5-2 显示了一些初始编码的示例。

表 5-2　开放性编码示例（一）

开放性编码	具体内容
业务培训	平台会组织司机参加业务培训，向司机介绍清楚整个配送流程、APP 的使用
法律培训	向司机介绍交通法规、平台规则、合同约定
⋮	⋮
考试	平台会强制司机参加考试，考试通过才能抢单

在获得了开放性编码后，本书将概念上相似的开放性编码进行整合并形成了初级范畴[288]。经过对开放性编码内容进行多次反复的整理分析之后，本书得出了66 个频繁出现的初级范畴，见表 5-3。

---

① 本书是通过将获得的开放编码与本章节的研究主题，即商业模式与价值创造分析，进行分析比对，将与研究内容相去甚远的初始编码进行舍弃。

② 在所有的初始编码中，有 94 个初始编码既与农产品共享物流模式相关，也与农产品共享物流价值创造相关，因此出现了农产品共享物流模式相关的初始编码与农产品共享物流价值创造相关的初始编码相加大于所有的初始编码之和的情况。

表 5-3　主轴性编码结果（一）

次级范畴	初级范畴
共享物流企业	共享物流平台企业
司机	司机
货主	货主企业、配送站
增值服务商	金融机构、保险机构、车企、加油站
成本降低	车辆购置成本降低、车辆维修成本降低、人员雇佣成本降低、运输成本降低
物流效率提高	空置率降低、空驶率降低、绕行少、运输时间短
货物准点率提升	准时到达、妥投率高
客户满意度提高	差评减少、投诉频率减少、用户评分升高
增加司机收入	司机运单量提高、收入提高、稳定的就业
提高司机服务能力	司机服务质量有保障、服务能力提升
整合社会资源	碎片化资源整合、线下资源线上整合
实现节能减排	车辆利用率提高、减少空置车辆数量
解决司机贷款难的问题	可以从平台小额贷款、无抵押贷款
减少用户经济损失	货主获得风险赔付、减少经济损失
信息管理	信息聚合、智能匹配、流程管理
激励约束	评价、激励、约束
监控管理	行车监控、信息沟通
司机培训	业务培训、法律培训、考试
保险服务	针对货物的保险、针对司机的人身险、其他附加险种
金融服务	小额贷款、金融保理、供应链金融
车后服务	油卡销售、电子不停车收费系统（electronic toll collection，ETC）销售、汽车销售、汽车保养
财务结算	代开票服务、在线结算、账单可视化
风险赔付	建立风险赔付制度、建立快速赔付通道
物流服务费	运费差价、数据分析费、物流服务抽佣
增值服务费	保险服务抽佣、金融服务抽佣、服务销售差价

（2）主轴性编码。主轴性编码的过程中，本书将语义相似的初级范畴进行进一步的整合与聚类，最终形成了次级范畴。在开放性编码的基础上，通过主轴性编码过程，本书考虑了彼此相关的编码及它们之间的关系。在不同范畴间建立了联系，从而形成了更具综合性、概括性和抽象性的范畴。主轴性编码的结果见表 5-3。

（3）选择性编码。在此过程中，本书通过将概念相似的次级范畴进行聚类和整合，从而形成了四个主范畴，即价值网络、价值主张、价值创造与价值获取，

并且通过获得的主范畴进行比较形成了核心范畴农产品共享物流商业模式，具体
见表 5-4。

表 5-4　选择性编码结果（一）

核心范畴	主范畴		次级范畴
农产品共享 物流商业模式	价值网络		共享物流企业、货主、司机、增值服务商
	价值主张	物流价值	成本降低、物流效率提高、货物准点率提升、客户满意度提高
		社会价值	增加司机收入、实现节能减排、提高司机服务能力、整合社会资源
		增值价值	减少用户经济损失、解决司机贷款难的问题
	价值创造	物流价值	信息管理、激励约束、监控管理
		社会价值	信息管理、提供培训
		增值价值	车后服务、金融服务、保险服务、财务结算、风险赔付
	价值获取		物流服务费、增值服务费

为了确保数据的有效性和提高研究结果的可信度，多名课题组成员对内容进
行了编码与复核[282]。此外，为了确保编码过程的可靠性，本书进行了可靠性检
验[288]。具体说来，为了实现数据的饱和，本书分析了来自行业报告、媒体报告、
学术文章等的文本信息。通过对这些文本信息进行相同的编码过程，本书旨在探索
是否会有新的编码、新的概念或者新的关系产生。在可靠性检验的过程中，并没有
新的编码和概念产生，因此本书认为案例分析已经实现了理论饱和[289]。在可靠性
检验的过程中，本书招募了两名研究人员，一名成员根据本书的研究主题独立编
码，另一名成员负责检核。最终，获得的编码结果能够为下文的单案例分析与多
案例分析提供所需要的信息。

2）农产品共享物流平台的价值创造分析

（1）开放性编码。在开放性编码阶段，获得了与农产品共享物流平台的价值
创造分析相关的开放性编码 194 个。表 5-5 显示了这些开放性编码的一些示例。

表 5-5　开放性编码示例（二）

开放性编码	具体内容
信息收集	平台会对用户提交的各类信息进行搜集与整理
信息分类	平台设置不同的维度以分类用户的信息
创建资料	平台通过明确每个用户的偏好与特点为用户创建用户资料
⋮	⋮
押金	平台要求司机在注册时支付 5000 元的押金

在获得了开放性编码后，本书将概念上相似的开放性编码进行整合并形成了
初级范畴[288]。例如，本书将开放性编码信息收集、信息分类和创建资料进行了整

合，形成了可以被称为"信息分类和数据库建设"的初级范畴，因为这些开放性编码描述了农产品共享物流平台构建数据库的过程。经过对开放性编码内容进行多次反复的整理分析之后，本书得出了 44 个频繁出现的初级范畴，即开放性编码形成的初级范畴，见表 5-6。

表 5-6　主轴性编码结果（二）

次级范畴	初级范畴
信息整合	信息发布、信息分类和数据库建设
智能匹配	平台派单、司机竞价抢单
流程管理	路径优化、流程设计
评价	双方互评、系统评价
激励	优先派单、扩大承运范围
约束	黑名单制度、罚款制度
行车监控	行车轨迹监控、货物状态监控、驾驶员行为监控分析
信息沟通	提供沟通渠道、紧急情况示警
成本降低	车辆购置成本、车辆维修成本、人员雇佣成本、运输成本
物流效率提高	空置率降低、空驶率降低、绕行少、运输时间短
货物准点率提升	准时到达、延误减少
客户满意度提高	差评减少、投诉频率减少、用户服务总评分升高
匹配精度	司机能力与货物匹配、司机偏好与货物匹配
匹配效率	快速实现车货匹配、快速提供充足信息
快速识别变化	快速知晓路线变化、快速知晓时间变化
快速响应变化	快速调整路线、快速调整时间安排、快速满足货主要求
符合平台规定	按照流程配送、按照规定时间配送、不会违反平台规定
符合客户预期	不会违反合同约定、不会影响货主利益

（2）主轴性编码。在主轴性编码的过程中，本书将语义相似的初级范畴进行进一步的整合与聚类，形成更为抽象的次级范畴，而无法进行整合的、具有独立内容的初级范畴则直接升级为次级范畴。经过主轴性编码的过程，本书共获得了18 个次级范畴。在开放性编码的基础上，通过主轴性编码过程，本书考虑了彼此相关的编码及它们之间的关系。在不同范畴间建立了联系，从而形成了更具综合性、概括性和抽象性的范畴。主轴性编码的结果见表 5-6。

（3）选择性编码。在选择性编码过程中，本书通过将概念相似的次级范畴进行聚类和整合，从而形成了本节的主范畴，并且通过获得的主范畴进行比较形成了本节的三个核心范畴，即农产品共享物流平台的价值创造活动、价值创造机制和物流价值。具体来说，农产品共享物流平台的价值创造活动描述了共享物流平台提供的服务，价值创造机制指的是物流资源整合和司机能力提升，物流价值则表明了与物流绩效相关的经济效益。在此基础上，本书构建了农产品共享物流平台进行价值创造的核心概念框架，其中，农产品共享物流平台的价值创造活动、价值创造机制和物流价值则是概念框架中的前因变量、中介变量和结果变量。本书进一步对表 5-7 中的 7 个主范畴间的因果关系进行分析。本节旨在研究农产品共享物流平台的价值创造活动对物流绩效的影响。首先是识别农产品共享物流平台的价值创造活动的内容，其次探析产生的物流绩效的结果，在此基础上研究农产品共享物流平台的价值创造活动影响农产品物流绩效的路径和机制。根据这一逻辑顺序，研究人员构建了概念模型，并且提出了 8 个因果关系来描述农产品共享物流平台的价值创造的作用机制。

表 5-7　选择性编码结果（二）

核心范畴	主范畴	次级范畴
农产品共享物流平台的价值创造活动	车辆信息管理	信息整合、智能匹配、流程管理
	流程监控管理	行车监控、信息沟通
	激励约束机制	评价、激励、约束
物流价值	物流绩效	成本降低、物流效率提高、货物准点率提升、客户满意度提高
价值创造机制	物流资源供需匹配	匹配精度、匹配效率
	物流敏捷性	快速识别变化、快速响应变化
	物流规范化	符合平台规定、符合客户预期

5.2.3　商业模式分析

1. 多案例分析

本书首先根据编码后的资料，对每一个案例企业的商业模式的每一个关键维度进行详细分析，以加深对于农产品共享物流商业模式的认识与理解。每个案例企业的商业模式的具体内容如下。

1）案例 1：X_1

X_1 通过构建密集的货运司机网络来为那些寻求优质物流服务的公司提供同城配送服务，以数据驱动供应链交付为愿景，致力于用科技创新推动城配模式变革、助力智慧城市发展。X_1 于 2015 年在北京成立，目前已在北上广深等 22 个一、二线城市开展直营业务，覆盖华北、华东、华中、华南、西南五大区 18 个省、地级市以上城市 100 余座。X_1 目前已经与超过 16 000 家公司进行了合作，其客户的业务类型十分广泛，包括电子商务（如京东、淘宝、天猫等）、大型商超（如沃尔玛、永辉等）、快递公司（如顺丰、圆通等）等。

X_1 非常重视技术开发和算法升级，以提高同城配送的效率和成本效益。X_1 使用机器学习算法进行车货匹配，并且提供合理的运费指导价格。在运输过程中，能够为货运司机提供详细的流程，以引导司机进行同城配送服务。为了保证配送服务的质量和可靠性，X_1 为司机提供了多种培训项目并实时监控他们的驾驶情况。此外，X_1 还为货主和司机提供了在线支付服务以确保交易安全。具体而言，X_1 的商业模式汇总如表 5-8 所示。

表 5-8　案例 X_1 的商业模式汇总

维度		相关描述
价值网络		平台企业（X_1）、货主、司机、增值服务商
价值主张	物流价值	解决车货匹配的问题、提高车辆利用率、为货主提供优质的物流服务、为货主提供稳定的运力服务、降低物流成本、缩短时间、提升客户满意度
	社会价值	司机收入增加、实现节能减排、提高司机服务能力
	增值价值	解决司机贷款难的问题
价值创造活动	物流价值创造活动	全程跟踪监控、温控服务、路径优化、运力智能撮合、建立了货主与司机的双向评价机制、平台对评级高的司机提供奖励、对评级低的司机进行惩罚、流程设计与节点打卡、应急调度
	社会价值创造活动	司机业务培训、司机业务跟踪、运力智能撮合
	增值价值创造活动	提供油卡、ETC 等的折扣服务、金融信贷服务、保险服务
价值获取模式		运费抽佣、保险抽佣、其他增值服务费

（1）价值网络。X_1 的价值网络构成主要是平台企业（X_1）、货主、司机及增值服务商。平台企业是整个价值网络的核心，货主在平台上发布订单，寻找司机，司机在平台上寻找可承运的订单。增值服务商在价值网络中可以为货主和司机用户提供金融保理服务和保险服务。

（2）价值主张。物流价值主张表现为：解决车货匹配的问题、提高车辆利用率、为货主提供优质的物流服务、为货主提供稳定的运力服务、降低物流成本、缩短时间及提升客户满意度。社会价值主张表现为司机收入增加、实现节能减排、提高司机服务能力。增值价值主张表现为解决司机贷款难的问题。

（3）价值创造活动。首先是物流价值创造活动。第一，信息管理。①司机派单模式。平台会综合考虑司机的能力、位置及路况等，以及货物类型、货主要求等因素，为货主匹配合适的承运司机。②路线优化。平台会考虑拥堵、限高限行、停车场等因素，给司机设计最优的配送路线。③流程提醒。X_1 的 APP 为司机提供了流程提醒，到每一个关键节点，APP 都会提醒司机进行打卡。具体说来，APP 会提前告诉司机何时该出车，装完货之后提醒司机打卡，卸货之后提醒司机上传回单并打卡。④应急调度。当系统发现司机遇到险情会延误时，会直接调度附近的车辆继续完成被延误的任务。

第二，激励约束。①评分制度。X_1 在平台上设置了评分制度，允许货主对司机进行评价，也允许司机对货主进行评价。并且，平台会将这些评分分别反馈给司机和客户。②惩罚。对于不符合要求的司机，平台不仅会对司机进行封号，还会扣除司机的运费，以示惩罚。③奖励。平台会根据司机的评分给予其不同类型的奖励。一方面，司机如果评级较好的话，会给他优先配送一些价值较高的单；另一方面，平台会给评分较高的司机提供一些月度、季度、年度的现金奖励。

第三，监控管理。①全程跟踪服务。平台对司机实行了全程监控，能够保证每单业务的轨迹完整，同时实时记录司机驾驶行为，让客户对自身的业务实现全盘掌控。②温控。针对冷链运输，平台安装了专业化温控设备，实时监测车内温度并在出现异常时进行及时处理，让冷链在途更安全。

其次是社会价值创造活动。第一，增加司机收入。平台对车与货进行匹配，使得有空闲的司机可以充分获悉订单的全部信息，并且获得合适的订单，进而增加司机的收入。第二，实现节能减排。平台提供的信息增加了车货双方的信息透明程度，使得原本可能用 1000 辆车来承运的任务，现用 500 辆车来承运，通过减少车辆的使用，实现整个社会的节能减排。第三，为司机提供培训，从而提高司机服务能力。平台会对司机群体进行培训，包括内业培训和外业培训，培训形式包括课堂培训和现场培训。

最后是增值价值创造活动。第一，金融贷款服务。平台会根据司机在平台上积攒下来的信用，给司机提供小额贷款。此外，平台还会为司机的购车提供零首付、低首付的贷款服务。第二，保险服务。X_1 与中国平安等保险机构进行合作，为货主和司机提供了不同档次、不同类型的保险产品。第三，油卡、ETC 等的折扣服务。平台面向司机群体提供了一些油卡打折、ETC 折扣等收费服务。

（4）价值获取模式。X_1 的利润来源于物流服务费和增值服务费。具体说来，物流服务费主要是指 X_1 对于运费的抽佣，增值服务费是指 X_1 与金融机构和保险机构形成合作，通过向用户提供金融服务和保险服务赚取一部分佣金。

2）案例2：X_2

X_2 拥有约 14.6 万名注册司机和 10 万名托运人，其目标客户是一些生鲜产品（如蔬菜、水果、鲜肉和海鲜）的中小型零售商。X_2 允许一些价格敏感型的零售商在平台上发布货源并且等待司机竞标。这种平台型的交易模式，允许货主和司机之间自行交易。在这种情况下，货主可以自己确定运费。X_2 为寻求高质量服务的零售商提供了系统匹配的服务。这主要体现在，X_2 使用机器学习算法实现精确的车货匹配，并且通过计算不同的参数来提供科学、合理的运费指导价格。为了提供可靠的冷链物流服务，X_2 要求配货车辆必须为符合条件的冷藏或冷冻车辆。因此，除了司机的驾驶证外，X_2 还需要车辆的资质证明。此外，X_2 为货运车辆配备了温度传感器，使货主和收货方都可以看到生鲜货物的实时状态。为了规范司机，X_2 构建了货运司机的黑名单，并且规定对违规的货运司机进行罚款。具体而言，X_2 的商业模式汇总如表5-9所示。

表5-9 案例 X_2 的商业模式汇总表

维度		相关描述
价值网络		平台企业（X_2）、货主、司机、金融服务商、保险服务商
价值主张	物流价值	为货主提供有保障的物流服务、为货主提供个性化的服务、缩短物流配送时间、提高物流的确定性、降低物流成本
	社会价值	为司机提供稳定收入、整合社会资源
	增值价值	减少货主损失、解决司机贷款难的问题
价值创造活动	物流价值创造活动	整合车、货信息，车货高效匹配，延误示警，应急调度，对违规司机进行惩罚，保证货主与车主的沟通，车货互评，为高评分司机提供高价值订单，行车轨迹分析及信息反馈，对农产品的温度监控及信息反馈，制定服务流程
	社会价值创造活动	提供专业培训，提供法律培训，车货高效匹配，整合车、货信息
	增值价值创造活动	财务结算；与保险公司合作，提供多个保险产品；与银行合作，提供小额贷款；与油气公司合作，为司机提供加油的折扣服务；跟银行合作，提供 ETC 的购买服务；平台根据赔付制度进行风险赔付；建立快速赔付通道
价值获取模式		收取物流服务费用；增值业务的服务费

（1）价值网络。X_2 的价值网络构成主要是平台企业（X_2）、货主、司机、金融服务商、保险服务商。平台企业是整个价值网络的核心，货主在平台上发布订单，寻找司机，司机在平台上寻找可承运的订单。金融服务商和保险服务商是价值网络中，可以为货主和司机用户提供金融保理服务及保险服务的增值服务商。

（2）价值主张。X_2 的价值主张是多元的。其物流价值主张在于，为货主提供有保障的、个性化的物流服务，缩短物流配送时间，提高物流的确定性及降低物流成本。社会价值主张在于，为司机提供稳定收入及整合社会资源。增值价值主张在于，减少货主损失及解决司机贷款难的问题。

（3）价值创造活动。首先是物流价值创造活动。第一，信息管理。①整合全国各地的车货信息。X_2 可以将遍及全国各省区市的货源、车源汇集到平台上，并且可以将这些汇集后的车货信息实时发布到司机与货主的终端上。②车货高效匹配。X_2 根据司机的能力和货主的偏好，直接为货主匹配适合的司机，实现货主与司机的精确匹配。③制定标准化流程。X_2 设计了司机接单之后的全部流程，并且在起始点和目的地之间设置了电子围栏，要求司机在进入电子围栏后打卡确认。④延误示警与应急调度。平台可以监测到车辆的行车轨迹和行车速度，如果系统预估到车辆会延误，系统不仅会提醒货主，同样也会提醒司机加快赶路。并且如果发现车辆无法准时送到，系统则会紧急调度附近的车，代替延误车辆完成任务。

第二，激励约束。①评分。平台构建了车货互评的评分机制，货主可以根据司机实际表现为其打分，同样司机也可以为货主打分。②惩罚。平台对于迟到的司机进行罚款，平台首先要求司机缴纳 5000 元保证金，迟到的司机不但要被罚款，还要被停单 3 天。此外，如果司机被客户投诉，司机则会被平台停单。③奖励。当订单少、司机多的时候，X_2 根据司机获得的评分来对司机进行排序，最好的司机获得最高价值的订单。

第三，监控管理。①行车轨迹分析及信息反馈。平台对每一辆车配备了车辆管理系统，并提供定位服务，实现货主对车辆位置和行驶轨迹的实时查看，对货运过程实现了可视化监控。②对农产品的温度监控及信息反馈。为每一个专车司机配备远程监视系统，包括温度传感器，如果车厢内农产品的温度超过系统设置的正常范围，后台则自动报警。

其次是社会价值创造活动。第一，整合碎片化资源。X_2 平台可以将线下的资源集合到线上，通过打造线上的资源池，深度整合碎片化的资源，令资源使用变得更为有序。第二，提高司机收入。一方面，车辆返程时，平台会根据车辆所在地区信息用 APP 方式主动推送返程货源，提高司机获得的运单量，保证司机的收入。另一方面，平台集合了海量的资源，为司机提供了更多的选择的余地，从而提高了司机获得更多运单量的机会，提高了司机收入。

最后是增值价值创造活动。第一，金融保理服务。司机可以在 APP 上面在线充油卡，充电子 ETC 卡，不需要通过现金，平台为司机做保理。在司机到达目的地以后，平台从司机的应收账款中扣除司机的花费。第二，集团采购服务。X_2 借助自己的体量与加油站、银行形成合作，获得更为优惠的价格，进而向司机用户销售油卡和 ETC 卡。第三，保险服务。平台会为每位司机提供一份免费的货物保险，保额为 100 万元，免赔额是 2 万元。如果司机需要更高的保额，则可以按照万分之五的费率继续购买补充保险。第四，财务结算。平台引入了中国建设银行、中信银行、中国银联、中金支付等金融机构，实现运费的在线结算，保障资金利用安全、灵活。第五，风险赔付。X_2 制定了赔付条款，公司根据赔付制度对客户损失进行了赔付，并且 X_2 建立了快速赔付通道，在责任明确、损失金额确定、材料提供齐全的情况下，实行快速赔付。

（4）价值获取模式。X_2 的利润来源于物流服务费和增值服务费。具体说来，物流服务费主要是指 X_2 作为承运商，在货主与实际承运商之间赚取的运费差价。增值服务费是指 X_2 与金融机构和保险机构形成合作，通过向用户提供金融服务和保险服务赚取一部分佣金。

3）案例3：X_3

X_3 是一家提供城际货运的公司，帮助货主搜寻合适的货运司机。X_3 成立于 2013 年，其平台上目前拥有超过 50 000 名注册司机。X_3 为司机提供了 APP，为货主提供了管理系统。这个管理系统能够帮助货主发布货源，实现对司机的监控，为司机添加评价,并且执行付款操作。司机可以使用 APP 进行注册,搜寻货源并抢单,获取路径导航,并且在 APP 上查看任务付款情况。与其他公司不同,X_3 并不是通过算法程序来实现车货匹配。相反,它允许司机以"先到先得"的方式抢单。此外,X_3 还会对违规的司机进行罚款。具体而言,X_3 的商业模式汇总如表 5-10 所示。

表 5-10　案例 X_3 的商业模式汇总表

维度		相关描述
价值网络		平台企业(X_3)、货主、司机、金融机构、保险机构等
价值主张	物流价值	提升配货效率
	社会价值	提高司机接单量
	增值价值	减少货主经济损失
价值创造活动	物流价值创造活动	为车、货双方提供信息;监控司机位置;提供温控服务;支持抢单模式;为评分高的司机提供价值高的订单;线路优化;司机超出既定范围后系统报警;对不规范的司机予以惩罚;车主与货主互相评价
	社会价值创造活动	支持抢单模式,保证车货匹配;为车、货双方提供信息
	增值价值创造活动	支持在线交易;提供开票服务;集团旗下成立了保险公司,为货主提供货物保险;为司机提供加油、保养和汽车销售的服务;公司旗下有金融机构,为客户提供金融服务
价值获取模式		收取数据分析的服务费;保险销售服务费;赚取提供加油、保养服务的差价;金融服务费

（1）价值网络。X_3 的价值网络构成主要是平台企业(X_3)、货主、司机、金融机构和保险机构等。平台企业是整个价值网络的核心,货主在平台上发布订单,寻找司机,司机在平台上寻找可承运的订单。金融机构和保险机构是价值网络中,可以为货主和司机用户提供金融保理服务和保险服务的增值服务商。

（2）价值主张。X_3 的物流价值主张为提高配货效率,实现车货的精确匹配,社会价值主张在于提高司机接单量,增值价值主张在于减少货主经济损失。

（3）价值创造活动。X_3 的价值创造活动与价值主张是对应的,同样分为三类:物流价值创造活动、社会价值创造活动和增值价值创造活动。X_3 的物流价值创造活动包括:第一,信息管理。①为司机提供订单信息,具体来说,X_3 平台聚集了所有接入平台的订单信息,司机会员均可以在 APP 上看到可以承运的订单信息,从而为司机提供了充足的订单选择。②平台支持司机抢单。平台上的货源,由司机按照"先到先得"的原则来抢单。换句话说,司机按照抢单的时间先后顺序决定最终的订单的归属权。③线路优化。X_3 为司机提供了实时的 GPS,能够为司机提供多种配送路径供司机选择。这些配送路径是按照拥堵最少、高速优先、时间最短这些不同的原则来为司机提供的。

第二,激励约束。①评分制度。X_3 是设置有类似于淘宝的评分机制的,货主可以根据司机的表现和绩效为司机提供评分,采用 1~5 分的评分制度。②惩罚。

货主对于司机的评价数据，会影响司机的服务能力的评分，甚至会影响司机的接单。如果货主投诉了司机，认为司机服务态度不好，服务不好，平台会对司机采取禁用、移除等不同程度的惩罚行为。③奖励。司机的评分也会影响订单的最后选择。评分高的司机能够得到价值高的订单。

第三，监控管理。X_3 的监控管理行为可以分为：①监控司机位置。X_3 平台为司机设置了电子围栏，可以记录司机的实时位置，为货主反馈实时信息，如果司机的行驶范围超过了电子围栏的既定范围，系统会报警。②实时温控。X_3 为货车配备了温控设备和视频监控设备，不仅能监控车辆的实时位置，还可以对车厢内的湿度和温度进行监控，实现对车辆的全过程监督。③监控信息反馈。电子围栏的设置要求司机必须在规定的空间范围内行驶，如果超出既定范围，系统就会报警。保证了司机配送路径具有一定的确定性，对司机的配送路径起到了一定的约束的作用。而当温控设备感知到车厢内的农产品的温度、湿度超出正常范围时，就会立即向货主企业示警，从而提醒货主企业联系司机，采取应急措施。

社会价值创造活动。社会价值的创造在于，通过为司机提供货源信息，提高司机的接单量。具体说来，平台通过收集、整理所有接入平台的货源信息，构成了巨大的资源池，并且实时地为司机推送可以承运的所有订单，从而为接入平台的司机提供更多的选择和更多的信息。

增值价值创造活动。第一，保险服务。X_3 的被访谈者提到，集团公司旗下设有保险公司，能够为车辆提供保险服务。保险公司给货主公司提供货物险，货主公司会缴纳保险费用，减少货主的一些经济纠纷。在司机无力偿还的情况下，减少货主的经济损失。第二，金融服务。X_3 与金融机构形成合作，通过向金融机构提供货主企业或司机用户的征信数据，为用户提供融资、保理、贷款服务。第三，财务结算。X_3 为货主企业提供了线上支付服务，主要表现为，货主与平台进行结算、平台与司机进行结算、平台垫资与司机结算，可以缩短司机的账期。提高司机对于资金支付安全的感知，使得司机觉得在平台上拉活有保障。同时，X_3 向货主企业提供了开票服务，承担了税收的责任。第四，车后服务。X_3 利用集团采购的优势，获得优势价格，为司机提供加油、保养的服务，同时也有汽车销售的服务，赚取中间的差价。

（4）价值获取模式。X_3 在物流业务方面的收入来源在于其向货主企业收取数据分析的服务费，对于司机并不收取任何费用。X_3 的另一个重要的收入来源是增值收入，主要包括保险销售费、金融服务费及其他服务（汽油、ETC、汽车保养）的费用。

4）案例4：X_4

X_4 的主要模式为调动分散的司机与车辆为终端客户提供最后一公里服务。X_4 主要为苏宁、天猫、京东等提供电器的最后一公里服务。目前，X_4 的平台上已经拥有超过 10 万辆注册车辆，其服务范围广泛分布在全国 2915 个县。第一，X_4 专注于提升客户体验，它不仅对司机进行严格的背景调查，以选择合格的司机和车辆，还提供培训，并且对司机进行考试。第二，X_4 能够为客户提供有关司机位置的实时信息，帮助货主和终端客户掌握货物的实时情况。第三，X_4 非常重视客户的反馈，会根据客户的评分和评论对司机实施相应的奖惩措施。并且，X_4 可以通过计算客户评分和其他参数（如位置、车辆类型和可用性）来为客户匹配执行最后一公里配送任务的司机。第四，X_4 支持客户和司机之间的即时通信及提供物流解决方案，使司机能够响应不断变化的客户需求。具体而言，X_4 的商业模式汇总如表 5-11 所示。

表 5-11　案例 X_4 的商业模式汇总表

维度		相关描述
价值网络		平台企业（X_4）、司机、货主、承运站、金融机构、保险机构等
价值主张	物流价值	解决"订单和司机匹配的问题"；提高物流效率；保证物流配送的妥投率；提供更准时的物流服务
	社会价值	增加司机的工作量；提高司机的服务能力
	增值价值	降低货主的经济损失
价值创造活动	物流价值创造活动	支持司机抢单；没人抢单时，平台委派；要求司机上交保证金；建立以货主评价为基础的评分系统；评分低的司机扣罚押金；评分高，有相应资质的司机可以抢高价值的订单；对评分高的司机提供现金奖励、积分奖励；订单排程；路线规划；全程可视化监控
	社会价值创造活动	强制司机参加业务培训和考试；按照能力标签帮助司机抢单
	增值价值创造活动	推出针对货主和司机的多种保险产品；代开票服务；财务结算
价值获取模式		物流服务费；增值服务费，如保险服务费

（1）价值网络。X_4 的价值网络中，主要主体为货主、承运站和司机。货主是在平台上寻找物流服务的用户。承运站并不直接承运物流服务，而是用平台的系统寻找能够承运物流服务的司机。司机用户则是平台上直接提供物流服务的群体，可以在平台上抢单。除了这三个参与服务的群体外，还有金融机构和保险机构等。

（2）价值主张。X_4 的价值主张也是多元化的。根据编码结果，同样可以分为三类：物流价值主张、社会价值主张和增值价值主张。具体说来，X_4 的物流价值主张在于解决"订单和司机匹配的问题"、提高物流效率、保证物流配送的妥投率、提供更准时的物流服务。在社会价值主张方面，X_4 的访谈结果提到，企业提供的服务，一方面能够增加司机的工作量，另一方面可以提高司机的服务能力。增值价值主张在于 X_4 能够降低货主的经济损失。

（3）价值创造活动。价值创造活动同样分为三类：物流价值创造活动、社会价值创造活动和增值价值创造活动。物流价值创造活动包括信息管理、激励约束和监控管理三个方面。第一，信息管理。X_4 的信息管理行为主要包括：①按照能力标签帮助司机抢单。平台可以按照司机的能力标签，为司机推送相应的信息，帮助司机抢单。例如，司机具备运送洗衣机的能力，就可以去抢洗衣机的订单。具备运送空调的能力，可以抢空调的订单。当司机没法抢的时候，系统会推荐司机去培训。司机在平台上接受培训，获得了相应的能力之后，就可以继续抢单。②订单排程。司机接收订单之后，按照他和用户约定的时间，为司机形成一个订单的排程表，包括什么时间送什么东西去什么地点，最终为司机实现了一个日程的规划。③路线规划。为司机设计好订单之后，X_4 的 APP 还会为司机提供路线规划。"系统里边有一个路线图，司机应该怎么跑，同时推荐给他三条路，有近的，还有防止堵车的，一般会给他推荐三条路，就给他提供了一个路程的规划。"④平台为加深货主和司机的交流提供了渠道"。在 X_4 的平台上，一方面用户和司机可以直接沟通，保证司机能够实时地了解到用户需求。另一方面，平台在中间可以作为信息中介，在双方沟通不畅时，进行调解。

第二，激励约束。通过对 X_4 的访谈可知，X_4 的激励约束行为主要包括：①评分机制与信息反馈，具体表现在用户掌握了对司机评分的主动权。用户可以根据司机的表现给予评分，并且只要用户在平台上给出差评，这个司机的 APP 就会得到差评的提醒。②处罚。X_4 对于司机也有押金扣罚的制度，当司机出现错误时，平台扣除司机相应的押金。③奖励。X_4 的访谈结果显示，对于评分高的司机，平台给司机提供了积分奖励和现金奖励。具体说来，如果用户评价是五分的，会对司机提供现金奖励。除此之外，平台对司机还有相应的积分奖励，用户评价一次好评，平台会给予司机相应的积分。司机获得积分后，可以在平台上的积分商城中兑换奖品。

第三，监控管理。对 X_4 的访谈结果表明，X_4 能够让用户监控物流服务的全流程。具体说来，X_4 给用户提供了可视化监控系统，有地图、文字等全流程信息。通过这个可视化系统，货主可以清晰地知道司机的行驶轨迹。

社会价值创造活动。第一，通过为司机推送信息，增加司机的抢单量。X_4 的首席执行官（chief executive officer，CEO）在访谈中提到，"在原来的派单模式中，司机原来对于订单是不知道的，处于信息的劣势。司机只能靠配送站派单，派就有，不派就没有。现在平台可以按照司机的能力，为符合条件的司机推送相关订单信息，由此增加了司机的业务量"。第二，通过培训，提高司机的服务能力。培训的具体行为表现为，"司机可以经常在平台上学习，参加考试，具备了相应的能力之后就可以抢得更多的订单，也让司机得到了更多的技能"。

在增值价值创造活动方面，第一，保险服务。公司可以与保险公司合作，为司机、货主提供多种多样的保险服务。例如，为终端用户提供赔付额 2000 元以下的最低保。如果用户有单独的额度要求，可以在平台下单的时候，自己再交额外的保险额。平台还会强制要求司机购买保险，从而为其承运的货物提供保障。此外，平台还会为每位司机的安全提供一定额度的保险，如果司机在运输途中发生危险，这个保险可以为司机提供最高额度为 70 万元的保险。第二，代开票服务。公司可以为司机提供代开票服务，弥补司机在财务上无法开票的缺陷。具体操作流程为平台公司找一个有资质的公司，这个公司可以帮司机把票开了。第三，财务结算。公司可以为平台用户（包括司机和货主）提供结算服务，具体说来，货主的运费需要先交到平台上面，司机完成服务后，平台企业给司机付费。

（4）价值获取模式。一方面，X_4 的物流业务的盈利模式即为收取用户的配送费用，这也是 X_4 最为主要的盈利来源。另一方面，X_4 还可以通过向司机和用户销售金融与保险服务，获得一部分的佣金。

2. 商业模式分析结果

面对农产品物流存在的分散资源组织效率低的问题，农产品共享物流模式能够提供很好的解决措施。农产品共享物流模式是以共享物流平台为基础的物流模式。商业模式的价值网络组成主要有共享物流平台企业、司机、货主、金融机构、保险机构等。农产品共享物流模式以平台为载体，将线上的供需信息与线下的运力资源相结合，以资源的聚集、整合、匹配与调度为特征，具有车货匹配、交易、货物跟踪、结算、保险等功能，以及必要的货物组织和金融服务等其他增值服务功能。平台不仅能够发挥资源整合匹配的作用，还能够起到对于物流活动的运营管控与风险承担的作用。表 5-12 中，对农产品共享物流模式的价值网络、价值主张、价值创造活动及价值获取模式进行了总结，对于农产品共享物流模式进行了概述。

表 5-12　农产品共享物流商业模式

维度		具体描述
价值网络		农产品共享物流平台企业、货主、司机、其他增值服务商（包括银行、车企、保险公司等）
价值主张	物流价值	解决车货匹配的问题；提高车辆利用率；为货主提供优质的物流服务；为货主提供稳定的运力服务；降低物流成本；缩短时间；提升客户满意度
	社会价值	司机收入增加；实现节能减排；提高司机服务能力；整合社会资源
	增值价值	解决司机贷款难的问题；减少货主损失
价值创造活动	物流价值创造活动	整合车、货信息；全程跟踪监控，温控服务，路径优化，运力智能撮合，建立了货主与司机的双向评价机制，平台对评级高的司机提供奖励，对评级低的司机进行惩罚，流程设计与节点打卡，应急调度；延误预警；保证货主与车主的沟通；订单排程
	社会价值创造活动	司机业务培训；司机业务跟踪；运力智能撮合；提供法律培训；整合车、货信息；强制司机参加考试
	增值价值创造活动	提供油卡、ETC 等的折扣服务；金融信贷服务；保险服务；平台根据赔付制度进行风险赔付；建立快速赔付通道；财务结算
价值获取模式		物流服务费用；其他增值服务费

（1）价值网络。农产品共享物流平台企业、货主、司机及其他增值服务商构成了农产品共享物流商业模式的价值网络。具体说来，农产品共享物流平台企业是提供农产品物流市场供需匹配，并承担交易过程的风险和责任的平台企业。货主是运力需求方，拥有货物的所有权；司机是物流服务的供给方；其他增值服务商是指提供金融、保险等增值服务的企业。

（2）价值主张。农产品共享物流的价值主张是多元的，可以为共享物流用户提供物流价值、社会价值和增值价值。具体说来，农产品共享物流商业模式不仅可以为货主提供匹配的农产品物流服务，促进物流降本增效，这是农产品共享物流的物流价值主张，而且可以帮助司机获得稳定的收入，解决司机的就业，这是农产品共享物流的社会价值主张。农产品共享物流的增值价值主张在于，解决中小企业、司机的融资难的问题，以及减少货主的经济损失，为货主提供保障。

（3）价值创造活动。按照价值主张的分类，价值创造活动也可以分为三类，即物流价值创造活动、社会价值创造活动和增值价值创造活动。根据编码结果，物流价值创造活动可以分为三类：信息管理、激励约束和监控管理。具体说来，第一，信息管理。农产品共享物流平台企业将大数据、云计算、物联网等先进技术与物流活动深度融合，通过对司机的服务能力与货主的需求偏好进行深度分析，实现二者之间的深度匹配，撮合供需双方的匹配。第二，激励约束。为司机和货主提供了在线互评的服务，构建了关于司机和货主的信用评价体系，并且根据司机的评分对司机予以相应的奖励或惩罚。第三，监控管理。平台企业为签约车辆配备了定位设备，加入平台的所有车辆均实现了可视化调度和运营，根据运输订单的货物、车辆、卸货网点信息，能够为司机提供最佳行驶路线和配送建议。并结合卫星导航技术、影像（视频）监控技术和温度传感器技术，为每辆车装配标准化的车载终端设备，保障对生鲜产品的配送实现在途温度控制。

社会价值创造活动与物流价值创造活动是有一定程度重合的，某些物流价值创造活动同时也可以创造社会价值。根据访谈和编码结果，信息管理行为同时也可以创造社会价值。X_2 的 CEO 在访谈中提到，平台可以为司机提供返程单，帮助司机获得更多的订单。具体说来，在司机师傅到达目的地之前，X_2 的在线可视化功能就能及时推送相关货源信息，司机师傅手指只需轻轻一点，在路上就能找到返程货源。

增值价值创造活动。根据编码结果可知，主要有金融服务、财务结算、保险服务、汽车交易、车后服务五种。第一，金融服务。引入银行等金融机构或第三方支付机构，提供在线支付运费、结算的功能，保障了资金利用的安全与灵活。

第二，财务结算。X_2 的被访谈者提到，X_2 可以为司机和货主提供在线结账的服务。具体说来，对于提单，公司坚持账单信息透明化，对客户全面开放，客户不仅能看，还具有操作沟通功能，随时随地跟踪管理自己的订单和账单。X_3 的技术总监提到，X_3 可以为货主提供开票服务，从而保证货主财务流程的完整。公司可以提供运费、结算的服务，帮助货主企业进行会计结算，同时作为第三方，与司机进行结算，从而缩短司机的账期，提高司机的幸福感，降低账期太长给司机带来的巨大压力。另外，平台还向货主企业提供了开票服务，承担了税收的责任。这些都是平台发展所必不可少的功能。

第三，保险服务。平台企业通常会与保险公司签订战略合作协议，为司机提供人身保险、车辆险等，为货主提供货物保险，为司机和货主逐渐建立起风险保障机制。例如，X_3 的技术总监在访谈时就提到了公司的保险服务模式，"集团公司下有保险公司，为车辆提供保险服务。公司给货主公司提供货物险，货主公司会缴纳保险费用，减少货主的一些经济纠纷。在司机无力偿还的情况下，减少货主的经济损失"。

第四，汽车交易。汽车销售服务是共享物流企业与车企形成合作，为司机提供的优惠的购车服务。X_1 的汽车销售服务模式具体来说则是卖车，如零首付、低首付，还有零利率、低利率。"从 X_1 买车，可以不用首付，然后通过拉货按月去还就行。"

第五，车后服务。车后服务包括了油卡、ETC、汽车保养等增值服务。例如，X_1 的公关总监在访谈中提到了"油卡打折等服务，面向客户群体都是一些收费的服务。其他的会有一些平台比较通用的，如油卡打折这类的，这是我们整个增值服务里面的东西"。

（4）价值获取模式。据访谈可知，共享物流企业的盈利模式主要分为两个方面：提供物流服务所收取的服务费和增值服务费。例如，X_1 物流业务的盈利主要来自运费抽佣。X_2 的物流业务方面的盈利在于，X_2 以承运商的身份与货主签订运输合同，同时以托运商的身份与司机签订合同，赚取运费的差价。X_3 在物流业务方面的盈利，不是向司机收取信息服务费，而是向货主收取数据分析费。

除了物流业务方面的盈利，增值业务的盈利是农产品共享物流模式的另一个主要盈利点。根据访谈数据，案例企业的增值业务的盈利模式主要有金融服务抽佣、保险服务抽佣、资源交易抽佣等。例如，X_3 成立了金融公司和保险公司，通过向司机和货主销售金融服务及保险服务，获得收入。除 X_3 外，X_1、X_2、X_4 则是通过与金融机构、保险机构合作，从中获得一定的抽佣。此外，农产品共享物流企业获得盈利的另一个关键业务是其他车后服务的差价。例如，X_1 利用自身的大客户优势，与北京汽车集团有限公司合作，向司机出售汽车，赚取一定的差价。X_2 可以与加油站、银行进行合作，向司机提供加油、ETC 等产品，从而赚取差价。这些就是农产品共享物流企业获取增值收入的其他方式。

根据上文所述，农产品共享物流的基本运作模式如图 5-2 所示。

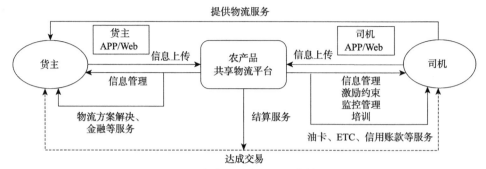

图 5-2　农产品共享物流运作模式

农产品共享物流模式对于农产品物流的促进作用可以表现在以下三个方面。

第一，有助于促进资源整合和集约发展。农产品共享物流平台企业掌握庞大的货源和车源信息，在大数据、云计算等技术的支持下，通过系统整合和集成社会零散物流资源，能够降低车辆空驶率和资源空置率，在提升农产品物流资源组织效率的同时，能够降低物流成本，对于推进农产品物流降本增效意义重大。

第二，有助于强化对物流活动和农产品质量的管控。实践过程中，农产品共享物流平台企业作为物流活动管控的责任承担者，发挥着农产品物流资源甄选、车辆实时监控、农产品在途温控、配送路线优化等作用，以实现对物流全流程和农产品质量的管控，从而降低农产品的损耗率。

第三，有助于提升农产品物流的精细化管理水平。农产品共享物流模式是轻资产运营模式。农产品共享物流平台企业不需要进行冷藏车辆、冷库的固定资产投资，而是需要将资金和管理精力投入到先进信息技术应用、货物在途温控、交易风险管控等运营管理中。这样的轻资产运营模式，对于推动农产品物流市场从粗放式管理向精细化管理转变具有重要意义。

5.2.4　价值创造分析

根据前文分析结果发现，农产品共享物流平台所创造的价值主要为物流层面的价值。换句话说，农产品共享物流平台的价值创造活动主要促进了物流价值的创造，促进了物流绩效的提升。因此，本节的价值创造分析为物流层面的价值创造的分析。社会价值及增值价值的创造，参与主体较为复杂，不仅有平台的参与，更有其他增值服务商的参与，可以在未来的研究中进行讨论。

1. 多案例分析

1）农产品共享物流平台的价值创造活动

通过对 4 家案例公司数据的分析，本书得到了平台支持共享物流价值创造的 3

个关键的价值创造活动，即信息管理、激励约束及监控管理。下面分别对这 3 个关键活动进行详述。

（1）信息管理。信息管理是指平台借助云计算、大数据等先进的信息技术，向货主和司机提供的信息发布、信息搜寻和精确匹配的支持，能够帮助货主找到合适的司机承担物流任务，并且为司机提供物流方案，指导司机高效地完成物流任务。信息管理是共享物流平台采取的最为基础的价值创造活动。根据案例信息分析，信息管理包括信息整合、智能匹配和流程管理三个次级范畴。表 5-13 比较了四个案例平台提供的信息管理的具体内容。

表 5-13　信息管理的多案例分析

主范畴	次级范畴	初级范畴	案例			
			X_1	X_2	X_3	X_4
信息管理	信息整合	信息发布	为用户提供各种渠道发布任务	根据驾驶员的偏好为驾驶员提供适当的货物信息	根据驾驶员的喜好为驾驶员提供适当的货物信息	为用户提供各种渠道发布任务
		信息分类和数据库的建立	设置不同的维度对用户的信息进行分类	设置不同的维度对用户的信息进行分类	—	设置不同的维度，根据驾驶员的能力对驾驶员的信息进行分类
	智能匹配	平台派单	匹配系统专用于从多个维度分析货主和司机	匹配系统专用于从多个维度分析货主和司机	—	—
		司机竞价抢单	对价格更敏感的客户将采用此模式	对价格更敏感的客户将采用此模式	司机抢订单越快，他获得订单的可能性就越大	司机抢订单越快，他获得订单的可能性就越大
	流程管理	路径优化	考虑各种因素，如拥堵、交通限制、停车等，为司机规划路线	考虑各种因素，如拥堵、交通限制、停车等，为司机规划路线	为司机提供 GPS 和路线	该系统为司机提供了三条可供选择的路线
		流程设计	—	掌握司机的时间表，并提前预测司机是否会延误	—	—

第一，信息整合。信息整合是信息管理的第一个主要维度，主要指的是平台向用户提供的信息发布、信息分类和数据库的建设。

根据访谈可以看到农产品共享物流平台的一个基本功能是汇总货物和车辆的信息，并将这些信息提供给司机和货主。这四个案例中，农产品共享物流平台都起到了信息市场的作用。它们为用户发布和搜索信息提供了各种渠道，包括手机 APP、网页端和移动 PC 端。此外，案例 X_2 和 X_3 还根据司机的偏好（如路线、价格和货物类型）自动将适当的货物信息发送给司机。对于积累的信息，平台会设置不同的维度对其进行分类，以便用户可以按照自己的偏好快速地定位到所搜寻的信息。例如，案例 X_2 根据货物的地理位置、货物类型、重量、交货时间和车辆需求对货源信息进行分类。司机可以根据这些类别对搜索到的货源信息进行过滤和分类，从而更快速地找到适宜自身配送能力的货源。

第二，智能匹配。匹配是平台为撮合司机和货主交易而表现出的价值创造活动。实践中，平台提供了两种匹配模式来撮合交易，其中一种是平台为司机分配订单，另一种是司机利用竞价模式抢单。案例 X_1 的第一个匹配模式过程如下。

智能调度结合了机器学习和运筹优化，把货主下的订单匹配给最合适的车辆。调度系统致力于从多个维度对货主企业和运力进行分析，分析双方的需求及潜在需求。货主企业端的分析维度主要包括货品分类、交易偏好、线路偏好、车型偏好、价格敏感度、装卸货要求、运行时效等；运力端的分析维度主要包括价格敏感度、货物品类偏好、线路偏好、信用值、异常率等。系统通过对这些信息进行深度学习，运用最先进的算法模型，保证了在交易偏好、车型偏好、运价因素、线路偏好等方面都能准确满足货主和车主的需求。并且基于数据的沉淀，平台会不断地训练和优化系统，使系统变得更加智能，让调度越来越精准。

与平台派单模式相反，司机竞价抢单模式使司机有了更多选择的主动性，这意味着司机可以根据速度、价格和等级来竞争抢单。在上述案例中，X_3 采用的司机竞价抢单模式如下：托运人在手机 APP 上发布详细的物流任务，系统会将信息转发给附近的司机。司机通过 APP 看到需求后，他们可以选择是否进行配送。司机同意配送订单越快，获得订单的可能性就越大。

案例 X_4 的司机采用的竞价方式与 X_3 不同，具体如下。

"司机可以在平台上查看所有订单，但并非所有司机都有权对这些订单进行投标。例如，在获得抢单的资格之前，司机不能接单执行物流配送任务。要获得接单的资格，司机需要参加平台举办的培训和考试。此模式可以确保司机具有执行物流任务所需要的相应的能力。"

从上述的案例分析可得，案例 X_3 和 X_4 只采用一种匹配模式，而案例 X_1 和 X_2 采用两种匹配模式。他们通常根据客户的不同喜好采用不同的模式。案例 X_1 的受访人表示："我们采用两种智能匹配模式。一种是平台为驾驶员分配订单，我们为企业客户提供这种匹配服务模式，是因为平台了解客户的偏好并能够为他们提供合适的司机。另一个是司机竞价抢单模式。第二种模式的优势在于托运人的成本通常低于第一种模式。"

第三，流程管理。根据数据资料，流程管理包括路径优化和流程设计。四个案例企业都为司机提供了路径优化服务，以降低其绕行率。具体而言，平台通过分析交通路况信息、出发地信息和目的地信息及货物信息形成大数据库，通过对数据的学习和分析，为司机提供最优的线路规划。为了帮助司机避免交通拥堵，平台可以快速更改既定路线。此外，案例 X_4 的受访者还提到该平台为司机提供三种可供选择的替代路线。

流程设计意味着平台为司机规划整个行程并计算每个物流活动所需的时间。案例 X_2 的实践具有代表性。如上所述，平台将估算司机完成整个物流任务所需的时间，同时跟踪司机已经承担的物流活动来记录他们花费的时间，以便平台可以根据司机的速度估算交货时间。如果预计司机交货时间将晚于预期时间，平台将及时与货主沟通，提醒他们调整计划。这项服务的优点是平台可以掌握司机的时间表并可以预测司机是否会延迟交货。

（2）激励约束。激励约束是平台为了引导司机的规范化的物流服务行为和约束司机的不规范行为而制定相应的激励和惩罚措施的行为。根据案例分析，平台提供的激励约束主要分为评价、激励和约束三个维度。表 5-14 列出了四个案例企业提供的激励约束机制的情况。

表 5-14　激励约束的多案例分析

主范畴	次级范畴	初级范畴	案例			
			X_1	X_2	X_3	X_4
激励约束	评价	双方互评	司机和货主可以根据他们的实际表现相互评价	司机和货主可以根据他们的实际表现相互评价	司机和货主可以根据他们的实际表现相互评价	司机和货主可以根据他们的实际表现相互评价
		系统评价	平台研究分析相互评价的数据和司机的历史交易数据，建立客观的评价体系	平台研究分析相互评价的数据和司机的历史交易数据，建立客观的评价体系	—	—
	激励	优先派单	评分高的司机可以获得优先派单	评分高的司机可以获得优先派单	评分高的司机可以获得优先派单	评分高的司机可以获得优先派单
		扩大承运范围	评分高、积累高之后，可以升级为专车司机配送高附加值的货物	评分高、积累高之后，可以升级为专车司机配送高附加值的货物	—	—
	约束	黑名单制度	将违反规则的司机拉入黑名单	将违反规则的司机拉入黑名单	将违反规则的司机拉入黑名单	将违反规则的司机拉入黑名单
		罚款制度	违反规则的司机需要交罚款	违反规则的司机需要交罚款	—	违反规则的司机需要交罚款

第一，评价。评价主要分为两类：双方互评和系统评价。司机与货主的双方互评的方式类似于优步（Uber）的司机与乘客之间的互相评价。具体说来，交易完成后，司机、货主企业可以根据实际运输情况相互进行评价，具体评价的维度包括货物到达准点率、货物损耗率、司机服务态度、服务价格等，由此能够形成对于彼此的评分，为其他的用户提供参考数据。此外，双方互评的数据为系统提供了一个巨大的历史交易行为和用户表现的数据库，对于系统开展更为深入的评

价奠定了数据基础。平台 X_1 和 X_2 对双方互评的数据及司机历史交易数据进行了学习与分析，形成了系统评价。系统评价对于平台的数据学习和分析能力有着极高的要求，这也是并非所有平台都能提供相应服务的原因。以案例 X_2 为例，X_2 的数据平台可以抓取、展现每位司机给平台上其他成员单位服务的准时率、接单量，以及他所收到的好评率与差评率。同时，结合大量物流交易的行为和数据，通过平台交易、信用历史、运营品质、偿债能力、平台社交等维度，为用户建立信用模型，用真实的交易数据和守信的履约行为为用户建立信用保障体系。双方互评和系统评价数据形成一个包含司机信用记录的大数据库。

第二，激励。激励是平台面向评分较高、声誉较好的司机提供的一种正向奖励。根据案例可知，激励主要分为优先派单和扩大承运范围两个方面。优先派单是指，平台会给评分较高的司机优先派单，缩短这些评分高的司机的等待时间，起到一定的激励作用。X_1 的受访者表示，"我们的平台会结合司机和货主的多层次维度，全方位地分析供需双方的需求偏好和能力，进行综合、科学的派单。其中，司机的评分是我们考虑的非常重要的一个层面。因为我们是根据司机的日常表现、日常数据，结合货主的评价打分，为司机提供了一个总分。评分高的优质司机，我们会优先派单，并且评分高的优质司机有资格承运附加值更高的货物"。

激励是指扩大司机的承运范围。具体是指，平台会允许评分高的司机承运附加值更高的订单，开始为其匹配更为优质的货物，能够提高司机的收入。X_2 的受访者表示，"我们的平台上有两类司机，一类是普通的司机，另一类是专车司机。并不是所有的司机都可以成为专车司机的，必须得满足我们的一些基本条件。并且，普通的司机在完成订单量达到一定数量级的时候，同时服务评分达到一定的等级时，才可以转型成为专车司机。成为专车司机之后，就可以承接一些附加值比较高的产品，这样司机的收入也会获得一定的提升。我们就是希望通过这样的方式，激励司机不断地提升自己的服务能力"。

第三，约束。约束是平台提供的，根据司机的评分对于司机的不规范的行为进行惩罚的一系列的措施。具体说来，这四个案例都会分析司机的累积交易数据和信用记录，然后为违反规则的司机创建黑名单。除了评价体系的建设之外，四家案例企业都设置了黑白名单制度，分析司机的累积交易数据和信用记录，将违反交易规则的司机拉入黑名单，对司机的失信行为进行惩戒。一旦司机违反相关规定，司机将被停职几天。此外，平台也会根据情况对司机进行罚款。以案例 X_2 为例，"我们的平台要求司机在注册时支付 5000 元的押金。如果司机违反规定，平台每次将扣除 1000 元的押金，并禁止司机三天内接单。此外，司机必须补足 5000 元的押金才能再次接单"。

经过进一步的探讨，被访者认为，罚款这种约束机制的实施基础是平台作为结算中介，为司机提供结算。通过对司机的运费形成控制，从而加强对于司机行为的约束和监管。这种平台结算的作用机制如下：货主在平台发布货源成交以后，司机需要支付订金，支付订金以后货主平台发起电子协议，货主提前将运费支付给平台，司机这个时候拿不到钱，货款暂时由第三方金融机构监管，只有当司机完成运输，发送电子回单给货主，货主确认到达以后，平台才会把货款支付给司机。

（3）监控管理。监控管理是平台为监控物流运输过程中的风险而采取的一系列的管理行为。监控管理主要分为行车监控和监控信息反馈两个维度。表 5-15 列出了四个案例企业提供的监控管理的情况。

表 5-15　监控管理的多案例分析

主范畴	次级范畴	初级范畴	案例			
			X_1	X_2	X_3	X_4
监控管理	行车监控	行车轨迹监控	为车辆配备 GPS 并实时跟踪司机	为车辆配备 GPS 并实时跟踪司机	为车辆配备 GPS 并实时跟踪司机	为车辆配备 GPS 并实时跟踪司机
		货物状态监控	为车辆配备温度传感器和其他设备，以提供温度监控	为车辆配备温度传感器和其他设备，以提供温度监控	为车辆配备温度传感器和其他设备，以提供温度监控	—
		驾驶员行为监控分析	根据大数据分析驾驶员的行为，以帮助驾驶员识别和纠正问题	根据大数据分析驾驶员的行为，以帮助驾驶员识别和纠正问题	—	根据大数据分析驾驶员的行为，以帮助驾驶员识别和纠正问题
	监控信息反馈	提供沟通渠道	平台是货主与司机之间沟通、联系的渠道	平台是货主与司机之间沟通、联系的渠道	平台是货主与司机之间沟通、联系的渠道	平台是货主与司机之间沟通、联系的渠道
		紧急情况示警	车厢内农产品温度异常时或车辆偏离既定路径时，平台会主动提醒货主	车厢内农产品温度异常时或车辆偏离既定路径时，平台会主动提醒货主	车厢内农产品温度异常时或车辆偏离既定路径时，平台会主动提醒货主	车辆偏离既定路径时，平台会主动提醒货主

第一，行车监控。行车控制包括行车轨迹监控、货物状态监控和驾驶员行为监控分析。根据案例分析，行车轨迹监控主要体现在平台给加盟的司机车辆配备 GPS，这样货主可以通过平台的车联网管理系统对发生业务的承运人的车辆进行全过程管理，实时查看承运车辆在运输途中的位置和行驶轨迹。此外，在有行驶异常情况发生时自动向货主报警，形成了对于异常情况的主动反馈。例如，平台 X_3 为驾驶员提供 GPS，并在运输过程中实时跟踪它们。司机在运输途中，平台实时跟踪运输轨迹，凡偏离运输轨迹，司机 APP 有语音提示，平台的后台监控人员也能及时得到此车辆偏离路径的消息，监控人员会及时与司机沟通原因，帮助驾驶员解决问题，特殊情况特殊处理。

　　此外，案例 X_1、X_2 和 X_3 为加盟的车辆配备了温度传感器等设备，以便对车厢内的农产品提供温度控制。例如，X_2 平台通过车联网技术，实现了视频监控技术和温度传感器技术的结合，实现了产品分拣、包装、运输、仓储、配送等环节的温度全程监控。这样货主可以很清楚地知道车厢内的温度是否符合产品的冷链温度要求，从而对产品的状态形成实时把控。并且当温度出现异常时，系统会向货主的手机推送预警信息，提醒货主及时处理特殊情况。

　　案例 X_2 和 X_4 还会收集司机的运输数据并分析司机的运输行为，以帮助他们纠正一些不符合客户要求的行为。在对案例 X_2 的采访中，受访者提到该平台将分析驾驶员的行为并建立行为分析模型，以找出导致客户不满的原因并帮助司机纠正他们的行为。根据数据可知，司机行为监测和分析有助于提高司机的物流服务质量。

　　第二，监控信息反馈。监控信息反馈意味着，平台不仅为货主提供了监控的工具，更重要的是在监控了行车情况、货物情况之后，会将监控所得的信息对货主进行反馈，从而满足货主对于掌握行车情况的需求。X_3 的受访者表示，"我们的物联网设备实时地收集到了货物在途信息。在我们的系统后台，我们可以观测到实时的数据。而货主的管理信息系统是与我们的系统相通的，货主可以在系统上观测到货物的实时的数据。当温度指标异常时，货主可以及时地联系司机，了解具体的情况，从而对整个物流在途情况形成良好的掌握和控制。这些都依赖于我们的平台对监测到的信息提供的实时反馈"。

　　2）物流价值

　　通过数据分析，本书确定的物流价值包括物流成本降低、物流效率提高、货物准点率提升、客户满意度提高。表 5-16 总结了共享物流平台创造的物流价值，以及四家案例公司的实际情况。

表 5-16　物流价值的多案例分析

价值创造成果		案例			
		X_1	X_2	X_3	X_4
物流绩效提高	物流成本降低	物流成本降低 10% 以上	资源交易成本降低 10%	物流成本降低	物流成本降低 10% 以上
	物流效率提高	每辆车的配送时间节省 20%	每辆车的月里程为 25 000 公里，是行业平均水平的两倍	平均订单完成时间降低	平均订单完成时间节省 50%
	货物准点率提升	满足客户的时间要求	满足客户的时间要求	满足客户的时间要求	正点得分约为 4.8 分
	客户满意度提高	满意度为 99% 以上	客户满意度得到提高	客户满意度得到提高	差评率低于千分之二十

（1）物流成本降低。根据收集到的数据，四家案例企业都表示，在平台的支持下，物流成本都有所降低。通过访谈，本书发现物流成本的降低，一方面体现在物流全流程中，由等待配货、绕行、空驶等情况的减少而带来的物流成本的降低；另一方面体现在司机找货时所花费的费用。参考案例 X_1 的采访中可得，平台为物流全流程制定了流程标准，明确规定每个流程的执行所需要的时间范围。在执行过程中，平台会在每个流程点提醒司机，让司机知晓操作规程和规定时间，同时也会提醒货主注意时间，特别是在配货时，会提醒货主不要耽误出发时间，以免造成延误和不必要的损失。此外，平台提供的路径优化服务，帮助司机科学地规划配送路径，最大程度减少司机在运输过程中可能会出现的拥堵、绕行等问题，从而减少在运输过程中的成本损耗。这些都是平台帮助司机节约的费用。案例 X_3 的受访者表示，"司机在平台上采取抢单模式来抢单，并不需要向平台缴纳配货费用，平台的盈利点并不在司机的配货服务。并且，平台向货主和司机提供了运费指导价，司机可以了解每趟货物的市场价，根据运费指导价来抢单，不必担心货主压价，也不必担心配货站收取高额的配货费"。

（2）物流效率提高。物流效率的提高反映在司机需要等待时间的减少，司机运营效率的提高（或配送时间的缩短）及车辆使用效率的提高上。根据案例数据，本书发现在平台的支持下，四个案例企业的物流效率在一定程度上得到了提升，如表 5-16 所示。以平台 X_2 为例，"我们的平台可以帮助司机在回程中更快地找到合适的订单，降低了司机寻找订单耗费的时间成本和经济成本。例如，当一名司机距离郑州 200 公里时，我们的平台将根据他通常的运营效率估算出驾驶员的到达时间，如卸货时间、行车时间等。然后平台将提前为司机匹配从郑州回程的订单。现在我们平台上，一辆汽车每月行驶里程为 25 000 公里，几乎是行业平均水平的两倍"。

（3）货物准点率提升。准点率是货物按时到达目的地的比率。平台 X_3 和 X_4 的受访者都提到，在平台的帮助下，司机提供的物流服务的准点率得到了提高。案例 X_4 的受访人表示，来自阿里巴巴的现有客户对准时率评分高达 4.8 分（满分为 5 分）。平台 X_2 的受访者也提到了这一点，"我们的平台将在每个关键节点提醒司机，并始终监控驾驶员的行车轨迹。如果发现司机已经有所延误，则平台立即呼叫周围的车辆接替司机继续完成配送任务。这确保了货物可以在约定的时间交付给货主"。

（4）客户满意度提高。客户满意度是指客户对平台注册司机提供的物流服务的满意度。根据数据，在平台的支持下，平台客户的满意度有所提高。案例 X_1 受访者表示，"我们的客户是企业，他们需要高质量的物流服务。在提高服务质量的同时，我们的平台为他们提供充足的车辆。目前，客户满意度一直保持在 99%以上"。平台 X_4 的受访者指出，"阿里巴巴的现有客户对我们的服务评分为

4.9 分（满分 5 分），超过其他公司对我们评分的 30%。我们的差评率已降至千分之二十以下。平台为客户提供更多的服务质量保证，提高客户对我们服务的满意度"。

3）价值创造机制

通过多案例分析，本书揭示了农产品共享物流的三个价值创造机制：物流资源供需匹配、物流敏捷性与物流规范化。具体的价值创造机制的内容如下。

（1）物流资源供需匹配。物流资源供需匹配指的是司机提供的物流服务与物流资源满足货主的物流需求的程度[290]。物流资源供需匹配包括两个维度：物流资源供需匹配的精度与物流资源供需匹配的效率。根据案例可知，共享物流平台能够在一定程度上提升物流资源与物流服务需求之间的匹配的精度与效率。例如，X_4 的 CEO 在访谈中提到，"农产品共享物流可以更为精准地为司机提供其所需的订单，特别是能够帮助司机解决返程运单不好找的问题。这是因为共享物流平台汇集了各种类型、各个线路的物流订单，这些物流订单资料翔实、可靠，货物的质量、配送要求、对于车辆的需求、承运路线、约定时间及运费全部都向司机呈现出来了。并且，货源的真实性都是经过平台认证过的。在这种情况下，司机就可以方便、快捷地在共享物流平台上找到符合自己需求的订单了，而不必花高价从配送站手中获得订单"。

此外，X_1 的公共关系官（public relations officer，PRO）在访谈中强调，"利用了平台的匹配服务之后，司机的状态可以从之前的等待订单变为主动在平台上寻找订单。即使使用我们的派单模式，平台上海量的订单资源，也使得司机获得订单的时间大幅度缩短了。司机只需要在 APP 上动动手指，就可以得到符合自己需求的订单。不仅是司机的订单有了保障，而且司机在有特殊需求时，如返程单，也可以更快地找到合适的订单，司机找货有了保障"。除此之外，案例企业 X_2 的被访谈者还提到了物流资源供需匹配效率的变化。具体说来，X_2 的被访谈者提到，公司的数据显示，在使用了共享物流平台找货之后，司机找货所用的时间可以从几天降低至几小时，司机找货的时间大大缩短。

（2）物流敏捷性。在共享物流的研究背景下，物流敏捷性是指司机识别环境变化与客户物流需求变化，并且快速响应这些变化的能力[291]。访谈数据显示，共享物流平台的应用在一定程度上促进了物流敏捷性的提升。例如，案例 X_3 的技术总监在访谈中提到，"交通路况通常都是配送延误的主要原因。为司机配备了 APP 之后，司机不仅能够在事故发生后的第一时间获得相关信息，平台 APP 还会根据路况计算出更为优化的路径，为司机提供导航"。此外，X_4 的总经理在访谈中提到，"在平台的支持下，司机可以更快地响应发生的各类情况变化。以我们公司为例，我们的司机接触到的收货方是终端的消费者，他们的需求是十分多变的。有的时候，顾客会打电话联系我们更换配送地点，或者更换配送时间，引起后续的一些连锁反应，影响司机的任务执行。在这种情况下，我们平台接到信息，就会按照司机当天的时间和任务安排，为司机更换配送计划，保证货物的妥投率"。

（3）物流规范化。物流规范化是指司机符合货主的要求及共享物流平台的政策及规则的程度[292]。通过访谈，本书发现大部分的被访谈者都认为，在当前的共享物流的模式之下，司机的一些不规范的行为确实在一定程度上受到了抑制，大部分司机现在更愿意按照货主的利益和平台的规则来行事。正如 X_1 的一位被访谈者所说，"与我们公司签订合同的这些司机，大部分是不愿意冒险超载的。他们现在通过平台能够获得稳定的收入，如果不遵守平台的规则的话，就会被封号，失去现在的稳定收入"。X_2 的副总裁也提到，"以前的一些承担冷链物流的司机，为了降低成本，经常会在中途把冷藏设备关掉，这样就造成了生鲜农产品的腐烂变质。这种情况的发生是因为货主不能对司机实行有效的监控。但是现在这种情况就少多了，平台对车厢内的温度、货物的状态都有监控，如果中途出现断链情况，平台和货主马上就会知道，司机的运费也会因此受到影响。所以司机也不愿意冒险再去干这样的事情"。

2. 价值创造的理论机理

前文中，本书总结了农产品共享物流平台进行价值创造的关键活动，并探索了农产品共享物流平台创造的价值成果。本书结合理论观点和实践访谈，探讨了农产品共享物流平台创造价值的理论机制。在本节中，本书提出了八个命题，它们描述了农产品共享物流平台进行价值创造的路径，如图 5-3 所示。

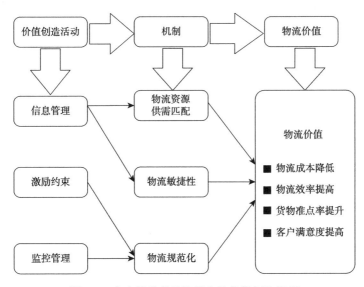

图 5-3　农产品共享物流平台的价值创造机理

1）物流资源供需匹配

物流资源供需匹配是指平台可以帮助司机匹配到合适的物流任务。当前国内的物流市场，车辆资源虽然总量很大，但是由于十分分散，呈现无组织化的状态，资源的利用效率一直很低。对于共享物流企业来说，快速地撮合司机和货主达成交易，实现车辆资源的优化配置是非常重大的挑战。从组织信息处理理论的角度来看，组织可以通过提高信息处理能力来应对环境不确定性进而提高绩效。通过前面的案例分析，本书认为平台的信息管理可以通过不断累积和分析历史交易数据，为货主和司机建立多维数据库，从而提高匹配的准确性。

平台提供的信息管理服务提高了司机获取有效信息的能力，减少了信息的不对称性，从而提高了司机处理信息的能力，有助于物流资源供给方和需求方精确匹配。此外，组织信息处理理论强调信息处理需求和信息处理能力之间的匹配可以提高绩效。因此，本书认为平台的信息管理提高了司机处理不对称信息的能力，并满足了司机处理不确定性信息的需求，从而提高了物流绩效。

根据上述分析，本书提出以下两个命题。

命题 5-1-1　农产品共享物流平台提供的信息管理提高了物流资源供需匹配的精确度。

命题 5-1-2　物流资源供需匹配中介了农产品共享物流平台提供的信息管理与物流价值之间的关系。

2）物流敏捷性

敏捷性是指企业满足市场快速变化需求的方式。Liu 等指出，司机操作的敏捷性意味着司机可以通过信息集成形成快速响应客户能力和应对环境变化的能力[293]。信息集成提高了操作的可预见性，使司机能够实时感知环境变化。基于此，本书认为农产品共享物流平台的信息管理为司机提供了充足的信息，为他们提供了与货主沟通的渠道，帮助司机实时感知货主需求的变化并做出相应的响应，从而提高司机的敏捷性。平台 X_3 的受访人证实了这一说法，"交易一经达成，平台会采用智能推荐线路的方式，为司机提供最为省时、省油的线路。并且平台提供的道路预警服务，能够提醒司机当前行驶路线的实时路况，使得司机能够对路况和行驶路径做出判断。结合智能线路规划的服务，在遇到道路拥堵时帮助司机重新规划线路，从而形成对变化的快速响应"。

为此本书提出了以下命题。

命题 5-2-1　农产品共享物流平台提供的信息管理提高了物流敏捷性。

根据 Chan 等的观点，敏捷性被认为是为客户提供价值的优势[294]。在这种情况下，司机操作的敏捷性，即不确定市场中的客户响应能力[291]，对于确保物流绩效至关重要，因为它可以快速高效地应对特殊突发情况。因此，本书认为敏捷性作为一种能力，可以帮助司机及时有效地应对环境变化，在提高物流绩效方面发挥着重要作用。平台 X_3 的受访者同样透露，司机的操作敏捷性可以提高物流效率。

如果货主临时更改其计划（如交货时间提前且交货地点发生变化），平台可以实时更改配送方案。这需要司机根据平台提供的方案快速调整其操作，从而快速响应变化，提高配送效率。

为此本书提出了以下命题。

命题 5-2-2　物流敏捷性中介了农产品共享物流平台提供的信息管理与物流价值之间的关系。

3）物流规范化

物流规范化意味着当司机执行物流任务时，司机的物流操作能够符合运作规范[295]。通过案例研究，本书认为，平台的激励约束和监控管理会促进物流规范化。具体而言，平台给车辆配备的智能终端设备，可以实时监控司机的行车轨迹、货物状态和司机的行为，并防止他们违反规定。并且，平台提供的监控管理，给平台对司机的服务能力进行评级提供了充足的信息。在掌握有司机服务表现的充足信息的基础上，平台可以对司机的服务行为进行一种系统性的、客观的评价。平台得出的服务评分，为平台决定对司机执行激励还是惩罚措施提供了依据。当司机未能遵守合同并出现问题时，平台将对他进行处罚。若司机的服务评分较高，平台会优先为其派单。平台提供的监控管理和激励约束对司机物流服务行为的影响，在这些案例企业都有所体现。具体来说，该平台提供可视化管理服务，帮助货主监控司机的行车轨迹和货物状态。如果司机没有按照协议执行任务，将被罚款，也会导致司机信用评分降低。该平台提供了一系列风险控制措施，可以管理司机的行为，极大地提高了司机服务的规范化，使得司机不敢有逾矩行为。

因此，本书认为激励约束和监控管理有助于促进物流规范化。为此本书提出了以下两个命题。

命题 5-3-1　农产品共享物流平台提供的激励约束提高了物流规范化。

命题 5-3-2　农产品共享物流平台提供的监控管理提高了物流规范化。

物流规范化指的是，司机的各环节的物流操作能够符合平台制定的各类运作标准。由此带来的结果就是，一方面司机的各环节的物流操作能够被控制在既定的时间内，保证了配送效率和货物到达准点率，另一方面司机提供的服务的规范程度能够满足客户的需求，保证了服务质量。以平台 X_2 为例，平台根据积累的数据，制定了自己的一套标准，包括服务标准、运输标准、货运标准等，给司机执行物流任务提供了对标的规范，并且也为司机的服务关键绩效指标（key performance indicator，KPI）考核提供了依据。在平台的监督管理之下，司机提供标准化物流服务的能力得到了提升，因此能够为客户提供更为优质的服务，从而满足了客户对于配送效率和配送效果的要求。

为此本书提出了以下两个命题。

命题 5-4-1　物流规范化中介了农产品共享物流平台提供的激励约束与物流价值之间的关系。

命题 5-4-2　物流规范化中介了农产品共享物流平台提供的监控管理与物流价值之间的关系。

5.3　农产品共享物流价值创造实证检验

上文通过探索性案例分析，不仅提出了农产品共享物流平台的三大关键的价值创造活动，包括信息管理、激励约束和监控管理，而且揭示了农产品共享物流平台的价值创造的理论机理。在上文的案例分析结果的基础上，本节进行了以下三个方面的研究工作：第一，上文通过案例分析，明确了农产品共享物流平台的三个价值创造活动、价值创造机制和物流价值的具体内容。在此基础上，本节对于构建理论模型涉及的相关变量进行了概念界定。第二，在上文获得了农产品共享物流平台的价值创造的理论机理的基础上，本节结合组织信息处理理论、委托—代理理论和强化理论，通过理论推理，对于农产品共享物流平台的价值创造机理进行了深入的理论论证，并且提出了关于农产品共享物流平台的价值创造机理的研究假设。第三，在获得了农产品共享物流平台的价值创造机理的研究假设之后，本节最终构建了农产品共享物流平台进行价值创造的理论模型，并且对于该理论模型进行了详细的阐述与深入的分析。

5.3.1　相关概念

1. 信息管理

在研究平台的信息管理与物流绩效之间的关系之前，最重要的是对平台信息管理进行统一定义。平台的信息管理主要有两个方面的管理内容。

平台的信息管理其中一方面的内容是指，通过信息收集、数据处理和信息共享，以协调物流资源的需求和供应。一般而言，在平台的管理支持下，托运人可以在平台上发出配送服务请求，并且可以自动通知位于任务附近的所有司机端用户。此外，平台根据货主要求的配送服务的特征（时间、目的地、配送量）和司机的特征（位置和配送量）将货主的配送任务分配给可用的司机。

平台的信息管理另一方面的内容是指，平台会为司机提供支持并帮助他们做出物流决策。具体而言，平台通过使用 GPS 为司机提供实时调度和最优路线服务，帮助驾驶员尽可能高效地完成物流任务。它还可以收集并提供非常有用的有关基于 GPS 的当前驾驶条件的信息。例如，司机可以通过平台共享交通状况和其他的道路数据，平台将使用这些信息来帮助他们改变路线和避免交通堵塞。总之，平台信息管理允许通信和处理信息以帮助司机制订和调整物流解决方案[296]。综上所述，信息管理是农产品共享物流平台提供的信息整合、智能匹配和流程管理的价值创造活动。并且，根据组织信息处理理论，信息管理可以被认为是一种信息处理机制，能够促进物流资源的供需匹配，并且为司机提供实时的物流解决方案。

2. 激励约束

激励约束是委托人在非对称信息条件下，通过为代理人提供一系列的激励、惩罚等强化措施，来对代理人的行为形成影响的过程。具体说来，委托人可以通过奖励措施诱使具有私有信息的代理人实施对其有利的行动，或者通过惩罚措施约束代理人实施对其不利的行动。

在农产品共享物流的发展背景下，激励约束能够引起委托人（货主）与代理人（司机）之间的互动[297]。农产品共享物流平台企业可以代为承担委托人的责任，通过向代理人（即司机）提供激励约束措施，规避司机的不规范的物流服务行为，激励司机重复规范化的物流服务行为。上文的案例分析结果表明，农产品共享物流平台提供的激励约束措施包括评价机制、激励机制和约束机制。

评价机制是指农产品共享物流平台支持下的货主对司机的能力、经验、物流绩效表现进行评分的机制。激励机制是对司机合规行为的反应，通过对司机合规行为进行肯定[298]，可以引导司机合规行为的重复进行。约束机制是对司机的违规行为的反应[299]，是为了否定受罚者的过失行为，使这些行为弱化甚至消失，让后续的行为满足组织的需求[300]。约束机制的引入，对于司机的行为能够起到一定的约束作用。更进一步来说，激励机制和约束机制的实施也是立足于评价机制的。例如，农产品共享物流平台可以根据货主给司机的评分，对司机进行相应的奖励或惩罚。农产品共享物流平台会给高评分的司机提供季度或年度奖金，提供积分奖励，或者为高评分的司机匹配价值更高、更优质的农产品物流订单。对于评分较低的司机，或者受到货主投诉、犯过错误的司机，农产品共享物流平台则会对其进行罚款，或者处以停单、封号的惩罚措施。如果司机屡教不改，农产品共享物流平台则会将其列入黑名单，终止司机提供服务。综上所述，农产品共享物流平台的激励约束机制，是平台为了规范代理人（即司机）的物流服务行为，而实施的一种强化措施，符合委托—代理理论和强化理论的研究框架。

3. 监控管理

本书认为，监控管理是农产品共享物流平台提供的，对于司机的服务过程、服务行为进行监督和控制的一系列管理措施。平台提供的监控管理措施主要体现在，平台提供了 GPS、定位系统、视频监控系统、温控系统等监控管理工具，能够实现监督管理司机服务过程、监控货物状况的作用。

具体说来，一般情况下，平台会为签约的司机配备 GPS。通过 GPS，司机的在途状况、司机的行驶路线、司机的驾驶行为的数据都可以被收集上来，并传递给平台和货主相关的信息，帮助货主了解到货物的在途状况。冷链物流平台，还会给车辆配备视频监控和温控系统，对于车厢内农产品的温度进行实时的监控。一旦出现温度异常，系统可以自动报警，提醒货主、平台、司机采取应对措施。农产品共享物流平台的这些监控管理行为，可以为货主提供更多的、充足的关于司机行驶轨迹、农产品在途状况的信息，保证了整个农产品物流配送流程的透明程度，降低了货主与司机之间的信息不对称性。进一步说来，农产品共享物流平台的监控管理行为，使得司机不再具有信息优势，货主和平台能够对于司机的行为形成监控，从而减少司机开展"隐藏行动"的可能性。农产品共享物流平台的监控管理，是农产品共享物流平台为了规范代理人（即司机）的物流服务行为而执行的管理措施，符合委托—代理理论的理论框架。

4. 物流资源供需匹配

供需匹配是指供给方的能力、资源等能够满足需求方的要求的程度。在农产品共享物流领域，物流资源供需匹配则是指司机提供的农产品物流资源和能力能够满足农产品货主的物流需求的程度[301]。物流资源供需匹配是农产品共享物流首先要实现的目的，以解决当前的农产品物流市场存在的货主找车难、车主找货难的问题。物流资源供需匹配的实现主要是指物流资源供需匹配的精度与效率的提升。第一，物流资源供需匹配的精度提升具体是指，货主可以找到能力、经验、车辆等都能够契合其需求的司机，不必担心司机没有足够的能力和经验来承运货物。第二，物流资源供需匹配的效率提升具体是指，货主找到契合其需求的司机和车辆的速度得到了提升。也就是说，货主找到有能力、有经验、有时间承运其订单的司机的时间得到了缩减，效率得到了提升。例如，货主托运的农产品要求冷藏运输，并且要求司机必须在 1 天之内配送到指定地点。那么物流资源供需匹配是指，在农产品共享物流平台的帮助下，货主能够在短时间内找到能够提供其所需要的冷藏运输且能够准时配送的司机来执行此次物流任务。因此，物流资源供需匹配的实现，意味着货主可以在短时间内找到能够提供契合其需求服务的司机。

5. 物流敏捷性

敏捷性代表了企业和市场之间互动的一种能力[302]。更具体来说，敏捷性代表了企业适应市场变化的速度。敏捷性可以被视为企业必须拥有的一种能力，这种能力使得企业能够及时地响应顾客个性化的、快速变化的需求[291]。并且，敏捷性不仅体现在对于顾客个性化需求的响应，还表现在对于外部环境变化与不确定性的适应和应对。敏捷性的测量标准主要有提升产品个性化需求、改善配送绩效、降低产品开发时间等，这些对于响应客户需求都有十分重要的作用[302]。总之，敏捷性的实现，能够推动企业对市场变化快速地、有效地响应。

在农产品共享物流领域，本书认为，物流敏捷性是指司机快速识别并响应环境和货主需求变化的能力。具体说来，农产品共享物流的价值的实现，要求司机能够快速地识别来自环境和货主需求的变化并予以及时地响应。例如，在农产品运输和配送过程中，可能因为交通事故、交通管制等影响农产品的运输。具体说来，交通事故、交通管制、道路维修等情况可能会导致农产品的运输过程受到妨碍，影响车辆的行驶路径，进而影响物流效率。因此，如果在交通事故、交通管制、道路维修发生的当时，司机就能够得到及时的信息，那么司机就可以提前对于这种路况变化形成响应，保证物流运输和配送过程不受到影响。这就是物流敏捷性对于物流绩效可能形成的重要影响。

6. 物流规范化

规范化服务是指司机采纳预期行为的规范过程提供服务。司机会按照货主的预期，规范化地提供物流服务[303]。学者在实证研究中指出，符合规范对于商业绩效的提升具有十分重要的促进作用[304]。

在农产品共享物流的实践过程中，司机是否能够按照预期提供农产品物流服务是货主一直所担心的问题。由于信息不对称情况的存在，货主和司机之间的交易关系仍然具有一定的风险和不可信任[305]。司机可能会在途中将冷链设施关闭，快到目的地时再打开，以实现节约成本的目的。但是这会造成生鲜产品出现较高的损耗率，给货主和收货人的利益带来较大的损害。还有的司机会在中途绕路去装载另一批货物，超载运输，以增加运输收入，但是却会延误货主的配送时间。这些不规范化的物流服务行为的发生，会给货主的利益带来损失。面对司机的这种道德风险问题，对其进行监督、控制和约束就显得格外重要。在农产品共享物流的发展背景下，这种监督控制是由平台来执行的。

综上所述，物流规范化是指农产品物流司机执行规范化的、符合平台规定和货主利益的物流服务的程度。

7. 物流绩效

物流绩效反映了物流主体在客户要求的时间范围内,将要求的数量的产品配送给客户的能力。Bowersox 等认为物流绩效包括客户满意度、配送速度、配送可靠性和配送柔性[306]。Hotrawaisaya 等指出,物流绩效的测量指标包括成本、时间和可靠性,这些可以被用来测量供应链中物流运作绩效[307]。总结学者对于物流绩效的测量指标,使用频率较高的指标包括:①提供需求数量服务的能力;②在物流运作中调整订单规模、体积或对订单进行分解的柔性;③客户订单时间和装配效率;④可靠的配送质量;⑤总物流成本[308]。本书使用 Zacharia 等提出的物流绩效的概念,即承运商能够在约定的时间范围内,将约定数量的产品配送到约定的地点的程度[309]。Zacharia 等提出的物流绩效包括 6 个指标:物流成本、物流服务可靠性、配送速度、等待时间、物流服务质量、客户创造价值[309]。

5.3.2　研究假设及理论模型

1. 信息管理和物流资源供需匹配

信息管理是指农产品共享物流平台向司机提供的信息整合、智能匹配和流程管理的价值创造活动。并且在组织信息处理理论的框架下,信息管理可以被认为是农产品共享物流平台为司机提供的信息处理机制,可以帮助降低司机用户所面临的不确定性,进而提升司机的物流绩效。物流资源供需匹配指的是,司机的物流资源符合货主的物流需求的程度。在农产品共享物流的背景下,物流资源供需匹配被普遍认为是司机和货主的首要要求。具体而言,司机需要查找物流配送任务,而货主需要找到能够承担物流服务的司机。但在现实生活中,司机与货主之间没有有效的沟通机制。因此,司机有寻找合适的物流配送任务的信息需求,司机需要一些有效的信息处理机制来满足这一信息需求。

组织信息处理理论认为,组织可以通过一些信息处理机制(如信息系统、供应链管理系统等),降低组织在发展过程中所面临的不确定性,降低组织面临的风险。这种不确定性的降低,能够促进组织绩效的提升。立足于组织信息处理理论,本书认为信息管理可以被看作支持司机快速地找到农产品物流订单的一种信息处理机制。根据上文的案例分析结果可知,信息管理包含了信息整合、智能匹配和流程管理三个具体价值创造活动。本书认为,农产品共享物流平台提供的信息整合与智能匹配的活动能够促进物流资源供需匹配程度的提升。

一方面,农产品共享物流平台能够通过对货主、司机的信息进行整合,减少司机在搜寻货主订单时所需要的时间和精力,能够降低司机在选择货主订单时的不确定性，进而提高物流资源供需匹配的程度。具体说来，农产品共享物流平台向司机提供了信息服务。这具体表现在，农产品共享物流平台企业利用其对订单资源的组织能力，将这些线下的订单资源整合到线上，形成了订单的资源池。并且，农产品共享物流平台允许货主和司机利用 APP 上传各自的信息。例如，货主可以将待承运货物的具体数量、对于承运车辆的要求、对于承运司机的要求、承运货物的起始点及运费上传到 APP 上，并且通过平台向外发布出去。司机是可以在 APP 上看到这些信息的。并且，平台利用这些信息构建了多维的信息库，便于后面系统匹配的进行。农产品共享物流平台为司机提供的这些信息整合服务，使得司机不再需要在配送站门口"趴活"，而是在 APP 上寻找合适的订单即可。这样在很大程度上降低了司机搜寻订单的时间，也就是说提高了司机搜寻订单的效率，从而提升了物流资源供需匹配的效率。

　　另一方面，农产品共享物流平台能够通过机器学习算法，科学地实现司机和货主之间的匹配，从而提高物流资源供需匹配的精度。具体说来，农产品共享物流平台具有非常强大的数据处理能力，可以从不同的维度实现司机和货主的匹配。例如，农产品共享物流平台能够同时考虑司机的能力、车辆的资质、司机的承运路线，以及货主的货物类型、运费等，通过对这些不同维度的数据进行计算，最终确保司机的能力、资源可以与货主的服务请求相匹配。在这种情况下，农产品共享物流平台通过科学的匹配算法，能够降低司机在搜寻订单时面临的不确定性，进而提高物流资源供需匹配的准确性和有效性。因此，本书提出如下假设。

　　假设 5-1　平台的信息管理能够正向影响物流资源供需匹配。

　　2. **物流资源供需匹配的中介效应**

　　物流资源供需匹配意味着农产品共享物流司机可以在短时间内找到与司机偏好相匹配的、合适的物流配送任务。在本书中，物流绩效是指农产品共享物流司机可以在约定的时间，将约定的数量的货物承运至约定地点的程度。根据组织信息处理理论，本书认为，物流资源供需匹配能够正向影响物流绩效，并且，物流资源供需匹配在信息管理与物流绩效之间的关系中发挥中介作用。

　　组织信息处理理论提出，信息处理机制可以在一定程度上降低组织所面临的不确定性，进而能够提升组织绩效。在农产品共享物流领域，本书认为，物流资源供需匹配的实现意味着，司机在搜寻订单时所面临的不确定性降低了，因而，司机的物流绩效随之提升。具体说来，如果农产品共享物流平台匹配给司机的订单在司机的能力范围和承运范围内，那么可以保证司机有能力为货主提供契合的服务，为物流服务提供保证。反过来说，如果平台分配给司机的订单超过了司机所能承担的物流任务的能力，例如，需要冷链配送的订单被分配给车辆未配备冷藏设备的司机，则会导致产品损失增加，从而导致货主损失增加。此外，如果平台为司机提供超出其配送范围的订单，则会增加司机的绕行距离，从而导致不必要的物流成本。因此，物流资源供需匹配使司机能够更好满足货主的需求，从而提高货主满意度和物流可靠性。综上所述，本书认为，物流资源供需匹配能够对物流绩效的提升起到正向的推动作用。

除此之外，本书提出，农产品共享物流平台的信息管理能够提升物流资源供需匹配的程度，并且物流资源供需匹配程度的提升有助于提升司机的物流绩效。因此，本书认为，农产品共享物流平台的信息管理能够通过提升物流资源供需匹配的程度，来实现物流绩效的提高。由此，本书提出如下假设。

假设 5-2　物流资源供需匹配能够正向影响物流绩效。

假设 5-3　物流资源供需匹配是平台信息管理与物流绩效之间的中介变量。

3. 信息管理与物流敏捷性

在本书中，物流敏捷性是指农产品共享物流司机快速识别并响应环境和货主需求变化的能力。对于因环境和货主需求而产生的意外变化而言，物流敏捷性被认为是至关重要的。现有与供应链相关的研究指出，信息管理之所以能够提升敏捷性，是因为信息管理所支持的信息集成使组织能够获得贯穿整个供应链的更加丰富的和实时的信息[310]。这种信息集成能够帮助组织以最小的资源成本快速调整计划[311]。因此，在农产品共享物流的背景下，本书认为农产品共享物流平台的信息管理可以促进物流敏捷性的提升。

具体说来，除信息整合、智能匹配的功能外，农产品共享物流平台的信息管理价值创造活动，还能够通过提供流程管理，收集来自环境和货主需求的变化，并且及时为司机提供科学的配送路径和行程安排，从而提升司机服务的敏捷性。一方面，农产品共享物流平台能够帮助司机更快地识别来自环境和货主方面的变化。例如，农产品共享物流平台接通了城市交通系统，可以获取到实时的交通路况信息。因此，当出现道路交通事故、道路维修、交通管制等事件时，农产品共享物流平台或者 APP 能够为司机及时地更新路况信息，保证司机能够很快地识别环境变化[312]。除此之外，当货主更改配送要求时，如更改收货时间或者收货地点时，平台会要求货主必须在平台上进行具体信息的修改，由此可以保证司机能够及时地获知到货主的要求的变化，而避免出现货主单方面修改配送要求，却未能和司机有效沟通的情况。

另一方面，农产品共享物流平台能够为司机及时地调整行程安排和配送路径，以实现对于变化的及时响应。例如，农产品共享物流平台可以根据收集到的路况信息的变化（如前方道路事故发生情况、前方道路交通管制情况等），利用这些信息来及时地帮助司机调整物流配送方案，从而提高对突发事故和路线变更的响应速度。也就是说，农产品共享物流平台的信息管理为司机提供必要的信息，以处理非常规事故，如交通事故、配送时间和目的地的变化。

鉴于上述研究，农产品共享物流平台的信息管理作为信息处理机制的一部分，能够对物流敏捷性的提升起到正向的影响。由此，本书提出如下假设。

假设 5-4　平台的信息管理能够正向影响物流敏捷性。

4. 物流敏捷性的中介效应

在供应链研究中，学者认为供应链敏捷性能够通过更有效地应对外部供应中断来促进物流绩效的提高[313]。特别需要指出的是，供应链敏捷性可以帮助企业掌握市场变化[314]，从而降低因需求不确定而产生的成本[315]。此外，敏捷性还有助于通过提供大规模定制有效地响应货主的个性化要求[316]，实现较高的客户响应能力水平。遵循这一观点，物流敏捷性可以帮助司机快速识别环境和货主需求的变化或中和来自动荡环境的威胁[317]，本书认为物流敏捷性使司机能够适应并及时应对不断变化的环境并最终实现较高的物流绩效。

具体说来，物流敏捷性的提升意味着司机能够及时地响应环境和货主需求的变化，从而实现物流绩效的提升。例如，物流敏捷性的提升使得司机在遇到突发事故时，调整物流配送路径实现对路况变化的响应，能够降低这种突发情况对于物流可靠性的冲击，保证物流配送的及时性和物流效率。另外，面对货主的配送时间和配送地点发生变化时，司机的物流敏捷性的提升，有助于司机及时地变更物流配送计划，避免司机白跑一趟，能够有效地控制物流成本。因此，本书认为，物流敏捷性的提升能够对农产品物流绩效的提升产生正向影响。

此外，上文的论证指出，农产品共享物流平台的信息管理，能够促进物流敏捷性的提升。由此，本书认为，农产品共享物流平台的信息管理可以通过提高物流敏捷性来提高司机的物流绩效。因此，本书做出以下假设。

假设 5-5　物流敏捷性能够正向影响物流绩效。

假设 5-6　物流敏捷性是平台信息管理与物流绩效之间的中介变量。

5. 激励约束与物流规范化

根据委托—代理理论，本书认为，激励约束是农产品共享物流平台在非对称信息条件下影响司机行为的一系列措施。激励约束机制能够引起农产品共享物流平台与司机之间的互动[297]。具体说来，农产品共享物流平台可以通过奖励措施诱使具有私有信息的司机实施对其有利的行动，或者通过惩罚措施约束司机，以降低司机实施对其不利的行动的频率。

在农产品共享物流的实践中，为了保证司机能够提供规范化的服务，农产品共享物流平台制定了一系列的激励约束机制。一般情况下，对于能够提供规范化服务的司机，货主会给司机反馈较高的评分。农产品共享物流平台会根据这个评分，对评分高的司机进行一定的奖励。例如，在派单时，农产品共享物流平台会给评分高的司机优先派单，还有的平台会给评分高的司机匹配附加值更高的订单。相反，当司机表现出了不规范化的行为时，货主会给司机较低的评价，农产品共享物流平台会根据这个评价，对司机进行相应的惩罚。例如，对司机进行罚款，在司机没有缴齐罚款之前，司机无法再继续享受农产品共享物流平台的服务。

根据斯金纳的强化理论，一方面农产品共享物流平台提供的激励机制可以被视为对司机规范化行为的一种正强化。正强化可以通过奖励提供给司机一种愉悦感[318]。因为可以享受到更多的奖励，有更高的收益，司机会更加愿意执行规范化服务，也就是说司机提供规范化物流服务的倾向会在受到正强化激励的时候更加明显。可见，这种激励机制是可以提高物流规范化服务的发生概率的。

另一方面，农产品共享物流平台提供的约束机制可以被视为对司机的不规范行为的一种负强化。负强化通过提供的惩罚措施会增加司机的失落感[318]。司机被惩罚之后，出于趋利避害的心理，不会再想受到相同的惩罚，让自己的利益受损。为了保证自己的利益，司机会改正之前的不规范的行为[319]，保证提供的服务能够符合货主的要求，以避免再一次的惩罚。换句话说，农产品共享物流平台提供的约束机制给了司机一种惩戒，这种约束机制降低了司机发生不规范化行为的可能[295]。所以本书认为，约束机制是可以提高司机的物流规范化服务的可能性的。基于此，本书提出以下假设。

假设 5-7　激励约束对物流规范化具有正向影响。

6. 监控管理与物流规范化

农产品共享物流背景下，监控管理是共享物流平台对司机的物流服务行为进行监督、控制的一种管理方式，能够促进货主和司机之间的信息对称。农产品共享物流平台提供的监控管理，可以对司机执行物流任务的过程进行严格的监控，从而对司机的物流服务行为进行控制，强调了对司机行为的监督[320]。结合上文的案例分析结果和委托—代理理论，本书认为，农产品共享物流平台的监控管理有助于物流规范化程度的提升。

在农产品共享物流发展实践中，农产品共享物流平台会通过一些物联网、监控系统，允许信息在整个物流链条中进行传递，允许信息在司机、货主、收货方、平台之间流动，从而提升物流链条的可视化，降低货主所面临的不确定性[321]。之前的研究认为，建立可靠的信息共享渠道以消除信息不对称，是用来解决委托—代理问题的十分重要的途径。委托—代理理论指出，由于信息不对称的情况的存在，代理人表现出了隐藏信息和隐藏行动两种不规范的行为。反之，如果信息不对称的状况能够得到缓解，代理人利用其自身的信息优势，攫取自身利益，执行不规范行为的可能性就会大幅度降低。在传统农产品物流模式下，如果货主对于司机的物流运输过程不能形成全方位的监控，司机便极有可能出现隐藏行动的行为，如偷盗货物、中途关掉冷藏设备等。在农产品共享物流的背景下，农产品共享物流平台提供的监控管理可以为货主提供更多的司机行车轨迹、车厢内货物在途情况，并且在物联网、GPS 的帮助之下，信息的反馈是实时的。这种实时的监控和信息反馈，使得货主和司机之间的信息不对称的状况得到了缓解，从而使得司机再利用信息优势，采取不规范的物流服务行为的难度增大了。也就是说，在农产品共享物流平台的监控管理的支持下，司机采取不规范的物流服务行为的可能性降低了，物流规范化程度便随之提高。因此，本书提出了如下假设。

假设 5-8　监控管理对物流规范化具有正向影响。

7. 物流规范化的中介效应

物流规范化是指司机会根据农产品共享物流平台的规定，按照货主的预期提供物流服务的程度。服务规范化与绩效之间的关系的研究较少，但是在供应链中，不规范行为（如机会主义行为）与绩效之间的关系的研究已经较为丰富。学者的研究表明，供应商的不规范的行为（如机会主义行为），不仅会影响客户的满意度，也会影响供应链绩效。具体说来，在委托—代理关系中，委托人和代理人存在着利益冲突，其追求的目标是不一致的。司机会为了自身的利益目标（如降低自身成本、提高收入），对货主的利益形成损害。司机主要是利用信息不对称的环境，来实施机会主义行为，长此以往，会对货主的利益形成损害，最终导致物流绩效的降低。Nunlee 的研究认为，绩效与机会主义成反比，机会主义越强，绩效越差[322]。叶飞也认为，中国情境下，供应商实施的机会主义行为会对企业的利益造成危害[305]。因此本书认为，司机的不规范行为，会损害货主的利益，导致物流绩效变差。从另一个角度来说，司机提供的规范化物流服务，对于保证物流服务质量，促进物流绩效提升具有十分重要的作用。因此，本书认为，物流规范化的程度提升能够促进物流绩效的提升。

物流绩效指的是，司机能够在规定的时间，按照约定的价格，配送约定数量的货物。物流绩效的达成，是与委托人（即货主）的利益相一致的。这就要求司机的服务行为必须符合货主的预期，按照与货主的约定提供服务。这种符合与货主的约定，按照合同规定提供符合货主预期的服务行为，正是本书所要研究的物流规范化。物流规范化程度的提升，意味着司机会按照货主的预期和平台的要求来执行物流任务。例如，货主要求承运的货物必须全程保持冷链运输，如果司机按照货主的要求，保证全程的冷链运输，则能够对农产品的质量形成良好的保证。

反之，如果司机不按照货主的要求，在配送途中，偷偷将冷藏设备关掉，在快到目的地时再将冷藏设备打开，造成一直保持冷链运输的假象，那么农产品的损耗率必然会增加。也就是说，如果司机没有规范地执行物流任务，物流质量就会受到不利的影响，从而对物流绩效形成负向的影响。因此，本书认为，农产品共享物流司机提供的规范化的物流服务，能够保证配送的安全性与可靠性，从而提升物流绩效。

因此本书提出如下假设。

假设 5-9　物流规范化对物流绩效具有正向影响。

根据前文的论证，农产品共享物流平台的激励约束对于物流规范化的提升起到积极的推动作用，同样，农产品共享物流平台的监控管理对于物流规范化的提升也能够起到正向的推动作用。结合上文的物流规范化对于物流绩效的正向影响的论证，本书认为，物流规范化是农产品共享物流平台的激励约束与物流绩效的关系之中的中介变量，同时也是农产品共享物流平台的监控管理与物流绩效的关系之中的中介变量。因此，本书提出了了如下两个假设。

假设 5-10　物流规范化在激励约束与物流绩效的关系中发挥中介效应。

假设 5-11　物流规范化在监控管理与物流绩效的关系中发挥中介效应。

综上所述，根据以上的理论推演，本章得出了农产品共享物流平台进行价值创造的 11 个研究假设，并且汇总如表 5-17 所示。

表 5-17　假设汇总

序号	假设提出
假设 5-1	平台的信息管理能够正向影响物流资源供需匹配
假设 5-2	物流资源供需匹配能够正向影响物流绩效
假设 5-3	物流资源供需匹配是平台信息管理与物流绩效之间的中介变量
假设 5-4	平台的信息管理能够正向影响物流敏捷性
假设 5-5	物流敏捷性能够正向影响物流绩效
假设 5-6	物流敏捷性是平台信息管理与物流绩效之间的中介变量
假设 5-7	激励约束对物流规范化具有正向影响
假设 5-8	监控管理对物流规范化具有正向影响
假设 5-9	物流规范化对物流绩效具有正向影响
假设 5-10	物流规范化在激励约束与物流绩效的关系中发挥中介效应
假设 5-11	物流规范化在监控管理与物流绩效的关系中发挥中介效应

根据以上的论证，本书构建了农产品共享物流平台的价值创造活动影响物流绩效的理论模型，如图 5-4 所示。

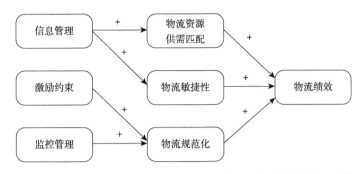

图 5-4　农产品共享物流平台的价值创造活动影响物流绩效的理论模型

图 5-4 的理论模型显示，农产品共享物流平台支持价值创造的三个关键价值活动分别是：信息管理、激励约束和监控管理。其中，农产品共享物流平台的信息管理，是通过提升物流资源供需匹配和物流敏捷性来实现价值创造的；农产品共享物流平台的激励约束，是通过促进物流规范化的实现来创造价值的；农产品共享物流平台的监控管理，是通过促进物流规范化的提升来创造价值的。换句话说，物流资源供需匹配、物流敏捷性和物流规范化是农产品共享物流平台促进物流绩效提升的三个中介变量。进一步来讲，农产品共享物流平台可以通过四条路径来提升农产品物流绩效，实现农产品物流的价值创造。第一，农产品共享物流平台的信息管理能够通过促进物流资源供需匹配程度的提升，从而提升农产品物流绩效；第二，农产品共享物流平台的信息管理能够通过促进物流敏捷性的提升，从而实现农产品物流绩效的提升；第三，农产品共享物流平台的激励约束能够通过促进物流规范化程度的提升，从而实现农产品物流绩效的提升；第四，农产品共享物流平台的监控管理能够通过促进物流规范化程度的提升，从而提升农产品物流绩效。这便是农产品共享物流平台进行价值创造的理论机制。

5.3.3　量表开发

在本书提出的理论模型中，信息管理、激励约束、监控管理、物流资源供需匹配和物流规范化是农产品共享物流背景下的新的概念。因此，在本节中，本书为信息管理、激励约束、监控管理、物流资源供需匹配和物流规范化开发了量表，以进行进一步的实证研究。为了开发信息管理（PIS）、激励约束（MT）、监控管理（MM）、物流资源供需匹配（LRDM）和物流规范化（LC）的量表，本书参考Churchill 提出的量表开发和验证程序[323]，遵循以下步骤开发信息管理、物流资源供需匹配、激励约束、监控管理与物流规范化的量表。量表开发的流程共分为五个步骤，如图 5-5 所示。

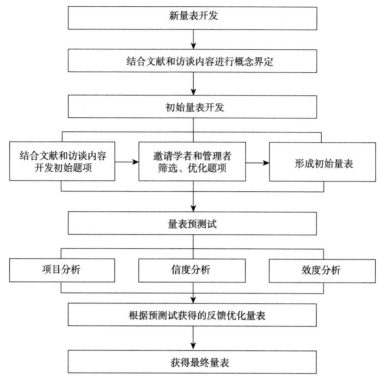

图 5-5　量表开发流程图

1. 量表开发流程

1）相关变量的概念界定

立足我国组织情景，结合相关参考文献与深度访谈，对于待开发量表的变量，即信息管理、物流资源供需匹配、激励约束、监控管理和物流规范化，进行了概念界定。每个变量的具体的概念界定，已经在上文中进行了详细的阐述，在此不做过多的赘述。

2）初始量表的开发

初始题项开发的过程主要分为四个步骤：①将现有的与待开发变量相关的成熟量表的题项及访谈资料进行汇总，形成每个待开发变量的资料库，并通过开放性编码的过程将初始编码进行概念化、抽象化，形成测量语句，从而形成每个变量的初始题项；②邀请学者对初始题项进行审核，删除与变量定义不符的编码、题项，对题项进行调整；③邀请企业管理者对于题项进行进一步的复核，保证开发的题项符合企业管理实践和被试答题习惯；④按照利克特 7 分量表的格式，设计量表，形成待测试的量表。

　　3）量表预测试

　　基于初始测量量表，开展问卷调查，利用获得的调研数据，依次进行量表的项目分析、信度分析和效度分析，以检验初始量表的信度和效度。

　　4）量表的修订

　　根据初始测量结果，对量表进行修订，进一步优化量表的测量语句的表达。

　　5）获得最终量表

　　根据测量结果删除不符合科学研究要求的题项，形成最终的测量量表。

　　2. 题项开发

　　1）初始题项开发

　　最初的题项开发工作关键在于明确待开发变量的概念与内涵，并且搜集、整理与待开发变量的内涵相关的一些内容，形成最初的题项。在本书中，进行题项开发所需的文献资料主要来自三个方面：第一，学术文献。具体说来，本书通过阅读大量的与待开发的变量相关的学术文献，明确了变量的概念与内涵。此外，还参考了与待开发的变量相似的变量的量表。以这些成熟的理论研究成果为题项开发提供资料。第二，访谈资料。2018 年 8 月，本书对国内两家大型物流企业（有共享物流业务）进行访谈，访谈对象包括熟悉共享物流业务的中、高层管理者共 9人，与其探讨农产品共享物流商业模式的相关内容，以深入了解农产品共享物流平台的价值创造活动的具体描述。访谈结束后，本书对访谈录音进行整理形成访谈资料。第三，收集与共享物流业务相关的博客、媒体报道、行业研究报告等资料，共同作为量表开发的文本资料。在将这些资料进行整合后，本书利用 NVivo 11.0进行开放性编码，从而获得所涉及变量的初始编码。

　　2）题项筛选

　　题项筛选是对获得的初始编码进行筛选，从而获得初始题项的过程。具体分为四个步骤。

　　第一，本书组建了由 2 名管理学教授、1 名管理学副教授与 1 名博士生组成的 4 人筛选小组，对上述获得的初始编码进行初步筛选，删除与变量定义不符的编码，删除有歧义或表达不清的编码。接下来，筛选小组对剩下的编码进一步进行聚类，形成具体的测量语句，并且经过多次讨论和协商，形成每个变量的初步的测量题项[①]。在第一个步骤之后，本书获得了信息管理的 12 个题项，激励约束的 6 个题项，监控管理的 8 个题项，物流资源供需匹配的 6 个题项，物流规范化的 9 个题项。

　　第二，为了检验上述分类结果的有效性，本书邀请 3 名管理学博士生对上述

---

① 这一步意味着，每个题项是由具有相似内容的若干个初始编码构成的。

的结果进行评审，过程如下：首先，对 3 名博士生进行简短的培训，让他们了解每个变量已经得到的题项的含义。其次，要求评审人对第一步骤中获得的初始编码独立进行聚类。不同的是，要求这 3 名博士生将这些初始编码划分到本书已经得到的每个变量的题项下，而不是自由进行聚类。最后，收集分类结果。由于这 3 名博士生独立分类，评审结束后会出现以下 4 种结果：①完全一致。3 名博士生与筛选小组分类的结果相同。②2 人相同。2 名博士生与筛选小组分类的结果相同。③1 人相同。评审小组中仅有 1 名博士生与筛选小组的分类结果相同。④完全不一致。3 名博士生与筛选小组分类的结果不同。经比较后将 1 人相同或完全不一致的编码删除。删除之后，每个变量的题项数目保持不变，但是有一些题项包含的初始编码的个数发生了一些变化。

第三，对只包含少数 1~2 个编码的条目进行了删除。因为如果某一题项中仅包含少数编码，意味着这个题项所表达的内容并不是这个变量的常见的表现。因此，可以将包含 2 个以下编码的题项删掉。经过筛选，本书最终获得了信息管理 8 个题项，激励约束 5 个题项，监控管理 5 个题项，物流资源供需匹配 4 个题项，物流规范化 7 个题项。

第四，本书在获得了以上题项后，邀请了 2 名对共享物流业务具有深入了解的管理者，对于获得的题项进行审核和调整。按照这 2 名管理者的意见，本书将信息管理中的一些题项进行了整合，以保证与共享物流实践相结合，同时降低题项数量，减少被访者的工作量，最终信息管理获得了 6 个题项。同样，监控管理最终获得了 4 个题项，物流规范化最终获得了 6 个题项。形成的最终的测量工具如下文所示。

3. 初始量表形成

1）信息管理

本书主要参考 Daugherty 等[324]和 Jeffers[325]在信息技术方面的测量方法来测量信息管理，并结合访谈资料和二手信息对题项进行了开发，最终获得了测量信息管理的 6 个题项（表 5-18）。信息管理的题项描述了平台在处理信息、促进车货匹配、制订物流方案和规划物流路径时的管理行为。

表 5-18　信息管理的测量内容

编号	测量内容	来源
1	我能够在平台上搜到货源信息	
2	平台对货源信息进行了分类并构建了数据库	
3	平台会为我推荐合适的货源	Daugherty 等[324]，Jeffers[325]，访谈
4	平台会给我提供配送方案	
5	平台会给我提供实时导航	
6	情况发生变化时，平台会帮我调整配送计划和配送路线	

2）物流资源供需匹配

本书参考了 Astakhova 等[326]与 Cable 和 DeRue[301]在供需匹配方面所设置的测量题目来测量物流资源供需匹配，并结合访谈资料和二手信息对题项进行了开发，最终获得了测量物流资源供需匹配的 4 个题项（表 5-19）。物流资源供需匹配的题项描述了物流配送任务请求与司机能力和偏好之间的一致性。

表 5-19　物流资源供需匹配的测量内容

编号	测量内容	来源
1	平台可以帮我找到匹配的货物	Astakhova 等[326]、Cable 和 DeRue[301]，访谈
2	平台推荐的货物和我的物流能力是匹配的	
3	平台推荐的货物和我的服务偏好是匹配的	
4	平台可以帮我快速地找到匹配的货物	

3）激励约束

本书通过深入访谈来获取测量激励约束的题项，最终得到了 5 个题项来测量激励约束（表 5-20）。激励约束的题项描述了农产品物流共享平台对司机的服务行为采取的激励和约束措施。

表 5-20　激励约束的测量内容

编号	测量内容	来源
1	如果货主对我的评价不高，可能会影响我后续接单	访谈
2	如果货主对我的评价不错，平台会给我优先派单	
3	如果违反了平台的规定（或者没有按照约定提供服务），平台会惩罚我	
4	如果违反了平台的规定（或者没有按照约定提供服务），平台会对我罚款	
5	如果违反了平台的规定（或者没有按照约定提供服务），平台会暂时停止我接单	

4）监控管理

本书参考 Lai 等[327]和 Jeffers[325]在车辆管理与货物管理方面所设置的测量题目来测量监控管理，并结合访谈资料和二手信息对题项进行了开发，最终获得了测量监控管理的 4 个题项（表 5-21）。监控管理的题项描述了农产品物流共享平台对于司机的行为进行监控，并且反馈信息的管理内容。

表 5-21　监控管理的测量内容

编号	测量内容	来源
1	据我了解，平台可以了解我的行车状况	Lai 等[327]、Jeffers[325]，访谈
2	据我了解，如果我配送的时候超出了平台规定的行驶范围，平台会收到消息	
3	据我了解，平台通过一些设备可以了解到车厢内的货物的状况	
4	据我了解，平台可以把一些信息传递给货主，他们的信息是互通的	

5）物流规范化

规范化行为与机会主义行为可以被视为两个对立的概念，虽然当前关于规范化行为的可操作性研究较少，但是机会主义行为的可操作性研究较多。本书参考Paswan 等在机会主义行为方面所设置的测量题目[328]，并结合访谈资料和文献对题项进行了开发，最终获得了测量物流规范化的 6 个题项（表 5-22）。物流规范化的题项描述了司机按照规定执行物流任务的程度。

表 5-22　物流规范化的测量内容

编号	测量内容	来源
1	我会按照平台要求的流程配送	
2	我会按照平台规定的时间配送	
3	我会按照平台的要求提供服务	Paswan 等[328]，访谈
4	我不会违反平台的规定	
5	我不会做影响货主利益的事情	
6	我不会违反合同约定	

5.3.4　预测试

1. 问卷设计

本书对最终得到的题项进行逐一分析，以保证各题项语言表达的准确性，在此基础上，设计调研问卷。为了提升数据的可获得性，本书选择长期使用共享物流平台服务的司机作为被试。问卷采用利克特 7 分量表（1="完全不同意"，7="完全同意"）进行打分。

《物流平台的价值创造研究——司机感知价值问卷》中，由司机对其个人的人口统计学特征（主要包括性别、年龄、从事物流行业时间、使用平台时间、使用平台频率及从事物流类型），平台的信息管理、监控管控、激励约束，以及司机感知到的物流资源供需匹配、物流敏捷性、物流规范化和物流绩效进行评分。

2018 年 9 月，本书在国内一家大型共享物流企业开展预调研。在发放问卷之前，本书在公司的物流业务部门同事的协助下，与一些被试者进行了简短的访谈，以了解他们对于农产品共享物流平台的了解的程度。经过简单的访谈，本书认为，这些使用农产品共享物流平台的司机，对于平台的功能与管理方式有着了解，能够为本书提供所需的信息。因此，本书通过线上和线下两种方式向司机发放了调研问卷。在调研时，本书为每一个填写问卷的司机提供 10 元的现金红包，以保证司机参与调研的积极性。本次预调研，共计发放问卷 300 份，总共回收 265 份有效问卷，有效率为 88.33%。

2. 量表验证与修正

在收集到预调研数据后,本书利用 SPSS 统计软件对问卷的信度和效度进行初步检验,以此为依据对问卷进行修改和订正。

1)项目分析

项目分析的目的在于检验量表是否可以区分不同水平的被试者。本书按得分由高到低对每个题目排序,分别取上、下 25% 为高、低分组,并对每个题项的高、低分组进行独立样本 t 检验。如果检验结果达到 0.05 的显著性水平,表明该题目可以区分不同被试的反应程度,应予以保留;反之则考虑删除。表 5-23 的项目分析结果显示,预试问卷共 25 个题项均具有较好的区分度,所有题项均能鉴别出不同被试的反应程度。

表 5-23　项目分析结果

题项	t 检验			题项	t 检验		
	t 值	df	Sig.		t 值	df	Sig.
PIS$_1$	19.330	130	0.000	MM$_4$	23.599	130	0.000
PIS$_2$	22.112	130	0.000	LC$_1$	20.387	130	0.000
PIS$_3$	19.592	130	0.000	LC$_2$	25.152	130	0.000
PIS$_4$	21.881	130	0.000	LC$_3$	22.974	130	0.000
PIS$_5$	21.586	130	0.000	LC$_4$	26.258	130	0.000
PIS$_6$	20.035	130	0.000	LC$_5$	26.051	130	0.000
LRDM$_1$	27.605	130	0.000	LC$_6$	29.621	130	0.000
LRDM$_2$	23.306	130	0.000	MT$_1$	24.716	130	0.000
LRDM$_3$	27.383	130	0.000	MT$_2$	19.801	130	0.000
LRDM$_4$	23.950	130	0.000	MT$_3$	23.082	130	0.000
MM$_1$	24.746	130	0.000	MT$_4$	23.894	130	0.000
MM$_2$	22.781	130	0.000	MT$_5$	22.412	130	0.000
MM$_3$	22.540	130	0.000				

2)信度分析

信度分析主要是为了对本书所使用量表的可靠性进行检验,也就是对所涉及量表内部各个题项的一致性进行检验。一般情况下会用克龙巴赫 α 系数(Cronbach's α 系数)来表示被检验变量的可靠性。相关研究表明,信度系数在 0.70 以上的量表的信度较好。另外,信度分析的另一个方法是以修正后项总相关系数(corrected item-total correction,CITC)为依据对量表进行剔除。当某一个题项能够同时满足以下两个条件时,就可以删除掉该题项。这两个条件为:①该题项的总相关系数 α 小于 0.50;②删除此题项后可以增加 α 值,也就是说删除该题项可以提高量表的总体信度[329]。

（1）信息管理初始量表CITC值及其信度分析。如表5-24所示，所有题项均不符合两个删除条件，所以无须删除。

表 5-24　信息管理量表的信度检验

编号	CITC 值	删除该题项后 α 系数	整体 α 系数
1	0.655	0.870	
2	0.706	0.862	
3	0.738	0.856	0.884
4	0.705	0.863	
5	0.660	0.869	
6	0.711	0.861	

（2）激励约束量表及其信度分析。如表5-25所示，所有题项均不符合两个删除条件，所以无须删除。

表 5-25　激励约束量表的信度检验

编号	CITC 值	删除该题项后 α 系数	整体 α 系数
1	0.766	0.884	
2	0.772	0.885	
3	0.783	0.882	0.907
4	0.709	0.898	
5	0.787	0.881	

（3）监控管理量表及其信度分析。如表5-26所示，所有题项均不符合两个删除条件，所以无须删除。

表 5-26　监控管理量表的信度检验

编号	CITC 值	删除该题项后 α 系数	整体 α 系数
1	0.586	0.843	
2	0.674	0.808	0.846
3	0.759	0.770	
4	0.717	0.790	

（4）物流资源供需匹配量表及其信度分析。如表5-27所示，所有题项均不符合两个删除条件，所以无须删除。

表 5-27　物流资源供需匹配量表的信度检验

编号	CITC 值	删除该题项后 α 系数	整体 α 系数
1	0.684	0.873	
2	0.726	0.858	0.883
3	0.807	0.826	
4	0.769	0.841	

（5）物流规范化量表及其信度分析。如表5-28所示，所有题项均不符合两个

删除条件，所以无须删除。

表 5-28　物流规范化量表的信度检验

编号	CITC 值	删除该题项后 α 系数	整体 α 系数
1	0.641	0.840	
2	0.657	0.837	
3	0.657	0.837	0.861
4	0.662	0.836	
5	0.670	0.835	
6	0.632	0.842	

3）探索性因子分析

本书使用主成分分析，并在特征值大于 1.00 的提取标准下，利用 SPSS 统计软件对这五个变量进行了探索性因子分析[330]。一些研究者会根据因子载荷的大小作为筛选题项的标准。研究表明，因子载荷大于 0.50 的题项是可以被接受的[329]。本书所使用的量表的探索性因子分析的结果如表 5-29 所示，可见各题项的因子载荷均超过 0.50，也就是说所用量表中所有的题项都是符合条件的，都应予以保留。

表 5-29　开发量表的探索性因子分析结果

变量	题项	因子载荷	KMO
信息管理	PIS_1	0.763	
	PIS_2	0.804	
	PIS_3	0.829	0.887
	PIS_4	0.803	
	PIS_5	0.767	
	PIS_6	0.808	
物流资源供需匹配	$LRDM_1$	0.818	
	$LRDM_2$	0.847	0.824
	$LRDM_3$	0.900	
	$LRDM_4$	0.877	
激励约束	MT_1	0.861	
	MT_2	0.859	
	MT_3	0.867	0.883
	MT_4	0.811	
	MT_5	0.869	
物流规范化	LC_1	0.759	
	LC_2	0.772	0.884
	LC_3	0.773	

续表

变量	题项	因子载荷	KMO
物流规范化	LC$_4$	0.775	0.884
	LC$_5$	0.783	
	LC$_6$	0.750	
监控管理	MM$_1$	0.751	0.790
	MM$_2$	0.822	
	MM$_3$	0.878	
	MM$_4$	0.852	

4）效度分析

（1）收敛效度。本书通过进行验证性因子分析对构建的测量模型的拟合度进行检验。验证性因子分析采用 Mplus 7.0 软件处理数据，结果如图 5-6 和表 5-30 所示。根据模型拟合度的评价标准，当卡方与自由度的比值 $1<\chi^2/df<3$、相对拟合指标 CFI>0.90、非标准拟合指标 TLI>0.90、近似误差均方根 RMSEA<0.08 和标准化残差方根 SRMR<0.05 时，可以认为测量模型的拟合度良好，测量模型的结构是合理的[329]。五变量测量模型的因子载荷见图 5-6，各个题项在各个潜变量上的因子载荷均在 0.6~1 的范围，各个题项的误差也都小于 0.7。这说明这些测量变量具有良好的收敛效度。

表 5-30　五变量测量模型的拟合指标

拟合指标	基准值	测量结果
χ^2/df	$1<\chi^2/df<3$	1.649
CFI	>0.90	0.955
TLI	>0.90	0.949
RMSEA	<0.08	0.050
SRMR	<0.05	0.046

注：CFI(comparative fit index，相对拟合指)；TLI（tucker-lewis index，非标准拟合指标）；RMSEA（root-mean-square error of approximation，近似误差均方根）；SRMR（standardized root mean square residual，标准化残差方根）

（2）区分效度。本书比较了本节的测量模型与其他比较模型的拟合指数，以评估开发量表的区分效度，替代比较模型如表 5-31 所示。结果表明，本书假设的五因子模型与数据拟合得最好（χ^2/df=1.649，RMSEA=0.050，SRMR=0.046，CFI=0.955，TLI=0.949）。具体说来如表 5-31 所示，五因子模型的 χ^2 显著地小于其余的竞争模型，卡方与自由度比值在所有的竞争模型中最小，且远小于建议的标准（$1<\chi^2/df<3$）；RMSEA 小于建议的标准（RMSEA<0.08），CFI 和 TLI 均大于建议的决断标准（CFI>0.90，TLI>0.90），SRMR 小于建议的标准（SRMR<0.05）。这一结果为测量模型的可靠性和区分效度提供了有力证据。

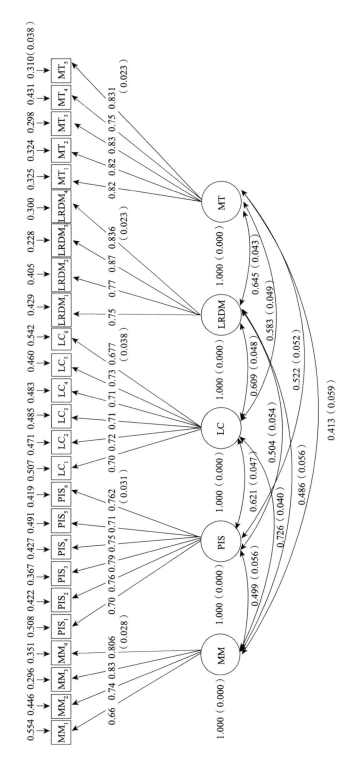

图5-6　五变量测量模型标准化路径图

表 5-31　竞争模型比较

竞争模型	χ^2	df	CFI	TLI	RMSEA	SRMR
基线模型	4102.413	300	0.000	0.000	0.219	0.366
五因子	437.098	265	0.955	0.949	0.050	0.046
四因子 [a]	775.189	269	0.867	0.852	0.084	0.073
四因子 [b]	856.243	269	0.846	0.828	0.091	0.092
三因子 [c]	1252.096	272	0.742	0.716	0.117	0.091
两因子 [d]	1526.692	274	0.671	0.639	0.131	0.098
单因子 [e]	1656.847	275	0.637	0.604	0.138	0.100

注：总量 N=265

a 信息管理和监控管理合为一个因子；b 激励约束和监控管理合为一个因子；c 信息管理、监控管理、激励约束合为一个因子；d 信息管理、监控管理和激励约束合为一个因子，物流资源供需匹配和物流规范化合为一个因子；e 所有变量合为一个因子

5.3.5　正式研究过程

1. 样本选择与数据收集

本书的研究样本来自国内的两家大型物流公司。通过与这两家物流公司的管理者进行访谈，本书了解到每家物流公司的共享物流平台均有超过 5 万人的司机在使用平台。这些司机作为共享物流平台的用户（并非公司员工），对平台的功能特征、运作模式都有着非常深入的了解，能够为调研提供充分的信息。因此，本书认为这些使用共享物流平台的司机适合作为本书的被试。本书通过发放纸质问卷，了解司机对农产品共享物流平台的相关管理功能。数据收集的具体步骤如下：本书首先通过电子邮件将研究方案发送给两家公司的 CEO，引起他们对本次研究内容的兴趣。在获得 CEO 的同意后，信息服务部门和物流业务部门的同事协助作者制订了调查计划。本书选择的两家物流公司均设有物流配送中心，使用该共享物流平台的司机会在公司的物流配送中心聚集，这为本书收集数据提供了便利条件。在公司物流业务部门的同事陪同下，本书到两家公司的物流配送中心，向使用共享物流平台的司机发送纸质问卷。公司物流业务部门的陪同，降低了司机对于本次调研的排斥心理。调查开始时，本书向司机介绍了研究目的，并强调了调查的匿名性。为了激励司机参与调查的积极性，研究人员给每位完成调查问卷的司机奖励 10 元，并要求司机填写完调查问卷后立即将其返还。本次调研共发放了400 份纸质问卷，回收了问卷 343 份，并在删除一些不规范的问卷后，最终获得了321 份有效问卷，有效率为 80.25%。在受访者中，男性占 85.7%，女性占 14.3%。从事城际整车物流占比 32.7%，城际零担物流占比 23.7%，本地整车物流占比

20.6%，本地零担物流占比 23%。受访者的概况见表 5-32。

表 5-32 受访者概况（ *n*=321 ）

类别		比例
性别	男	85.7%
	女	14.3%
年龄	<20 岁	4.4%
	20（含）～30 岁	42.1%
	30（含）～40 岁	38.6%
	40（含）～50（含）岁	14.0%
	>50 岁	0.9%
行业	城际整车物流	32.7%
	城际零担物流	23.7%
	本地整车物流	20.6%
	本地零担物流	23.0%

2. 测量变量

本次研究的测量量表，除开发的 5 个变量的量表外，其余的物流敏捷性和物流绩效的量表主要来自已经公开发表在国际期刊上的论文中的有效量表，并且遵循严格的翻译—回译程序将英文题项翻译成中文，以保证翻译后问卷题项的表达的准确性。具体说来，研究过程中本书首先对原始英文量表进行了翻译，随后又邀请了 1 名物流领域的博士研究生将翻译之后的中文问卷回译为英文。本书将回译之后的量表与原量表进行对比，对存在歧义的地方在讨论后进行修改。本次的调研问卷均使用利克特 7 分量表，由受访者回答其对题项表述情况的认同程度。其中，1 代表非常不同意，7 代表非常同意。

1）信息管理

信息管理量表采用本书开发的量表。此量表能够测量共享物流平台的信息管理能力，相对于其他研究领域（如供应链、物流领域）的量表而言，更为具体详细，能够全面且准确地把握共享物流平台信息管理的特征。并且该量表的开发过程符合 Churchill 提出的量表开发的程序，其信度和效度也得到了验证[323]。此量表共包括 6 个题项，如"我能够在平台上搜到货源信息"。该量表的 Cronbach 系数 α=0.930。

2）物流资源供需匹配

物流资源供需匹配量表采用本书开发的量表。此量表能够测量农产品共享物流领域的司机与货主匹配的精度及效率，能够全面且准确地把握司机与货主匹配的程度。并且该量表的开发过程符合 Churchill 提出的量表开发的程序，其信度和效度也得到了验证[323]。此量表共包括 4 个题项，例如，"平台可以帮我快速地找到匹配的货物"和"平台推荐的货物和我的物流能力是匹配的"。该量表的 Cronbach 系数 α=0.943。

3）物流敏捷性

物流敏捷性量表来自 Swafford 等的 4 个题项的成熟量表，这个量表能够反映所提出的改进的定制化和改善的配送绩效[331]。该量表已广泛用于测量物流敏捷性，并在实证研究中得到验证。测量题项包括"在平台的帮助下，我能很快地调整配送路线""在平台的帮助下，我能很快地改善物流服务""在平台的帮助下，我能很快地提高配送可靠性""在平台的帮助下，我能很快地响应客户的需求"。该量表的 Cronbach 系数 α=0.935。

4）激励约束

激励约束量表采用本书开发的量表。此量表能够全面且准确地体现农产品共享物流平台的激励约束的特点。并且该量表的开发过程符合 Churchill[323]提出的量表开发的程序，其信度和效度也得到了验证。此量表共包括 5 个题项，例如，"如果货主对我的评价不高，可能会影响我后续接单"。该量表的 Cronbach 系数 α=0.909。

5）监控管理

监控管理量表采用本书开发的量表。此量表能够测量共享物流平台提供的对司机的行驶路径、车厢内农产品的温湿度进行监控并反馈的管理活动，能够全面且准确地体现农产品共享物流平台的监控管理的特征。并且该量表的开发过程符合 Churchill[323]提出的量表开发的程序，其信度和效度也得到了验证。此量表共包括 4 个题项，例如，"据我了解，平台可以了解我的行车状况"。该量表的 Cronbach 系数 α=0.911。

6）物流规范化

物流规范化量表采用本书开发的量表。此量表能够测量农产品共享物流领域司机提供符合货主要求和平台规定的服务的程度，能够全面且准确地把握司机服务的规范化的程度。并且该量表的开发过程符合 Churchill[323]提出的量表开发的程序，其信度和效度也得到了验证。此量表共包括 6 个题项，例如，"我会按照平台要求的流程配送"。该量表的 Cronbach 系数 α=0.928。

7）物流绩效

物流绩效量表来自 Zacharia 等提出的 6 个题项的成熟量表[309]。这个量表能够反映出司机提供的物流服务的绩效表现。该量表已广泛用于测量物流绩效，并在实证研究中得到验证，例如，"用了平台之后，我的物流成本更低了"。该量表的 Cronbach 系数 $\alpha=0.935$。

8）控制变量的选择

本书考虑了三个控制变量，即服务周期（PS）、使用平台的周期（PUP）和使用平台的频率（FUP）。司机参与物流行业的时间越长，他们的经验越丰富，所提供的物流服务越可靠，物流绩效就越好。根据组织信息处理理论，司机使用平台的时间越长，司机使用平台的频率越高，平台获得和司机有关的信息越多，需求与供应之间的匹配就越精确。从这个角度来看，这三个控制变量将对物流绩效产生影响。在利克特量表中，"您从事物流多久了"这一题项对服务周期进行评估。使用平台的周期是通过利克特量表中的"您使用平台多久"题项来衡量的。使用平台的频率通过"您多久使用一次平台"题项进行测量。

3. 共同方法偏差检验

本书通过比较早期（前 30 名）和后期（最近 30 名）受访者的答案来测试无答复偏差（non-response bias）。在 5%的显著性水平上，早期和后期受访者的答案之间没有显著差异。因此，本书认为数据收集中没有无答复偏差。

鉴于只有单个数据源（即司机）回答本书的研究题项，本书需要检查可能的共同方法偏差。为此，本书使用了 Harman 的单因素测试。结果表明，因子分析得出 7 个特征值大于 1.0 的因子，占方差的 77.741%。第一个因素占方差的 27.328%，低于 40%的临界值，这表明常见的方法偏差并不严重[332]。因此，此次调研的数据符合科学研究的要求（表 5-33）。

表 5-33　共同方法偏差检验

序号	起始特征值			提取平方和载入			循环平方和载入		
	总计	方差百分比	累加	总计	方差百分比	累加	总计	方差百分比	累加
1	9.565%	27.328%	27.328%	9.565%	27.328%	27.328%	4.596%	13.132%	13.132%
2	5.291%	15.116%	42.444%	5.291%	15.116%	42.444%	4.571%	13.059%	26.191%
3	3.324%	9.497%	51.941%	3.324%	9.497%	51.941%	4.324%	12.354%	38.545%
4	3.101%	8.860%	60.801%	3.101%	8.860%	60.801%	3.783%	10.810%	49.355%
5	2.335%	6.672%	67.473%	2.335%	6.672%	67.473%	3.460%	9.886%	59.241%
6	2.244%	6.412%	73.885%	2.244%	6.412%	73.885%	3.238%	9.251%	68.492%
7	1.350%	3.856%	77.741%	1.350%	3.856%	77.741%	3.237%	9.249%	77.741%

序号	起始特征值			提取平方和载入			循环平方和载入		
	总计	方差百分比	累加	总计	方差百分比	累加	总计	方差百分比	累加
8	0.558%	1.594%	79.335%						
9	0.550%	1.571%	80.906%						
10	0.464%	1.325%	82.231%						
11	0.445%	1.270%	83.501%						
12	0.420%	1.200%	84.701%						
13	0.380%	1.086%	85.786%						
14	0.368%	1.050%	86.836%						
15	0.338%	0.967%	87.803%						
16	0.332%	0.948%	88.751%						
17	0.318%	0.910%	89.661%						
18	0.301%	0.861%	90.522%						
19	0.277%	0.792%	91.314%						
20	0.262%	0.748%	92.062%						
21	0.252%	0.719%	92.781%						
22	0.241%	0.689%	93.469%						
23	0.227%	0.647%	94.117%						
24	0.215%	0.615%	94.732%						
25	0.213%	0.607%	95.340%						
26	0.204%	0.582%	95.922%						
27	0.196%	0.561%	96.483%						
28	0.193%	0.553%	97.036%						
29	0.180%	0.513%	97.549%						
30	0.174%	0.496%	98.045%						
31	0.161%	0.459%	98.504%						
32	0.147%	0.421%	98.926%						
33	0.136%	0.387%	99.313%						
34	0.130%	0.372%	99.685%						
35	0.110%	0.315%	100.000%						

5.3.6　测量模型检验

1. 探索性因子分析

本书使用主成分分析，设定提取的因子为 7，并在特征值大于 1.00 的提取标准下，利用 SPSS 统计软件对七个变量进行了探索性因子分析[330]。研究表明，因子载荷大于 0.50 的题项是可以被接受的[329]。本书所使用的量表的探索性因子分析的结果如表 5-34 所示，可见各题项的因子载荷均超过 0.50，因此，所用量表中所有的题项都符合条件。

表 5-34　探索性因子分析结果

选项	因子						
	1	2	3	4	5	6	7
PIS$_1$			0.882				
PIS$_2$			0.843				
PIS$_3$			0.838				
PIS$_4$			0.831				
PIS$_5$			0.840				
PIS$_6$			0.798				
LRDM$_1$						0.914	
LRDM$_2$						0.906	
LRDM$_3$						0.892	
LRDM$_4$						0.870	
LP$_1$	0.824						
LP$_2$	0.841						
LP$_3$	0.845						
LP$_4$	0.844						
LP$_5$	0.869						
LP$_6$	0.757						
LA$_1$							0.768
LA$_2$							0.875
LA$_3$							0.907
LA$_4$							0.885

续表

选项	因子						
	1	2	3	4	5	6	7
MT$_1$				0.858			
MT$_2$				0.819			
MT$_3$				0.819			
MT$_4$				0.814			
MT$_5$				0.829			
LC$_1$		0.803					
LC$_2$		0.735					
LC$_3$		0.708					
LC$_4$		0.813					
LC$_5$		0.806					
LC$_6$		0.831					
MM$_1$					0.854		
MM$_2$					0.867		
MM$_3$					0.834		
MM$_4$					0.816		

2. 验证性因子分析

本书使用 Mplus 7.4 软件进行验证性因子分析来评估量表的可靠性和有效性。在验证性因子分析中，本书采用卡方与自由度的比值 χ^2/df、相对拟合指标 CFI、非标准拟合指标 TLI、近似误差均方根 RMSEA 和标准化残差方根 SRMR 来衡量模型的拟合度[333]。如果 $\chi^2/df<3$，CFI>0.90，RMSEA<0.08，并且 TLI>0.90，则认为模型是令人满意的[334]。验证性因子分析结果表明，本书构建的测量模型拟合度良好。验证性因子分析的测量结果如表 5-35 所示，并且本书用 Mplus 7.0 软件得出了测量模型图，见图 5-7。

表 5-35　测量模型的拟合指标

拟合指标	基准值	测量结果
χ^2/df	$1<\chi^2/df<3$	1.732
CFI	>0.90	0.957
TLI	>0.90	0.952
RMSEA	<0.08	0.048
SRMR	<0.08	0.043

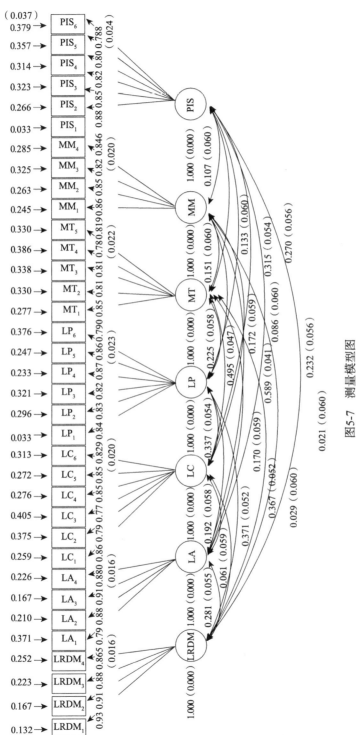

图5-7　测量模型图

3. 信效度分析

1）信度分析

当前的研究一般采用 Cronbach's α 系数来衡量各个因子的信度（标准为 α>0.7），如表 5-36 所示，各变量 α 系数的最小值为 0.909（激励约束）大于 0.7，说明本模型各变量具有良好的信度。

表 5-36　测量变量的信度分析

变量	标准化载荷范围	Cronbach's α
信息管理	0.788~0.886	0.930
物流资源供需匹配	0.865~0.931	0.943
物流绩效	0.790~0.876	0.935
物流敏捷性	0.793~0.913	0.923
激励约束	0.783~0.850	0.909
物流规范化	0.772~0.861	0.928
监控管理	0.821~0.869	0.911

2）效度分析

效度分析通常包括内容效度和建构效度两个方面。关于内容效度方面，本书使用的量表一部分来自国际主流期刊上已经公开发表过的论文中使用的量表（物流敏捷性和物流绩效），另一部分是结合相关的成熟量表与访谈结果，经过科学的量表开发程序获得量表（信息管理、激励约束、监控管理、物流资源供需匹配和物流规范化），因此能够保证本书的量表具有良好的内容信度。建构效度则一般针对收敛效度和区别效度两方面进行检验。

（1）收敛效度。相关研究表明，在验证性因子分析的结果中，各个变量的收敛效度良好需要满足以下三个标准：第一，全部题项的标准化载荷均高于 0.5 且在 95%的置信水平上显著；第二，平均萃取方差（average variance extracted，AVE）高于 0.5；第三，组成信度（composite reliability，CR）高于 0.7。本书计算了各变量的信度、效度参数，如表 5-37 所示。其中，各题项的标准化载荷高于 0.5 且在 95%的置信水平上显著，AVE 的范围为 0.668~0.806 均高于 0.5，CR 的范围为 0.910~0.943 均高于 0.7。表 5-37 表明各个变量具有良好的收敛效度。

表 5-37　测量变量的收敛效度检验

变量	题项	因子载荷	P 值	CR	AVE	AVE 平方根
信息管理	PIS_1	0.886	0.000	0.931	0.691	0.831
	PIS_2	0.857	0.000			
	PIS_3	0.823	0.000			

续表

变量	题项	因子载荷	P 值	CR	AVE	AVE 平方根
信息管理	PIS$_4$	0.828	0.000	0.931	0.691	0.831
	PIS$_5$	0.802	0.000			
	PIS$_6$	0.788	0.000			
物流资源供需匹配	LRDM$_1$	0.931	0.000	0.943	0.806	0.898
	LRDM$_2$	0.912	0.000			
	LRDM$_3$	0.882	0.000			
	LRDM$_4$	0.865	0.000			
物流绩效	LP$_1$	0.846	0.000	0.935	0.707	0.841
	LP$_2$	0.839	0.000			
	LP$_3$	0.824	0.000			
	LP$_4$	0.876	0.000			
	LP$_5$	0.868	0.000			
	LP$_6$	0.790	0.000			
物流敏捷性	LA$_1$	0.793	0.000	0.925	0.757	0.870
	LA$_2$	0.889	0.000			
	LA$_3$	0.913	0.000			
	LA$_4$	0.880	0.000			
激励约束	MT$_1$	0.850	0.000	0.910	0.668	0.817
	MT$_2$	0.819	0.000			
	MT$_3$	0.814	0.000			
	MT$_4$	0.783	0.000			
	MT$_5$	0.819	0.000			
物流规范化	LC$_1$	0.861	0.000	0.928	0.683	0.826
	LC$_2$	0.790	0.000			
	LC$_3$	0.772	0.000	0.928	0.683	0.826
	LC$_4$	0.851	0.000			
	LC$_5$	0.853	0.000			
	LC$_6$	0.829	0.000			
监控管理	MM$_1$	0.869	0.000	0.911	0.720	0.849
	MM$_2$	0.858	0.000			
	MM$_3$	0.821	0.000			
	MM$_4$	0.846	0.000			

（2）区别效度。本书进一步比较了本节的测量模型与其他比较模型的拟合指数，以评估区分效度，替代比较模型如表 5-38 所示。结果表明，假设的七因子模

型与数据拟合得最好（$\chi^2/df=1.732$，RMSEA=0.048，SRMR=0.043，CFI=0.957，TLI=0.952）。其中，七因子模型的 χ^2 显著地小于其余的竞争模型，卡方与自由度比值在七个模型中最小，且远小于建议的标准（$1<\chi^2/df<3$）；RMSEA 小于建议的标准（RMSEA<0.08），CFI 和 TLI 均大于建议的决断标准（CFI>0.90，TLI>0.90），SRMR 小于建议的标准（SRMR<0.05）。这一结果为测量模型的可靠性和区分效度提供又一有力证据。

表 5-38　竞争模型比较

竞争模型	χ^2	df	CFI	TLI	RMSEA	SRMR
基线模型	9701.148	595	0.000	0.000	0.218	0.300
七因子	933.788	539	0.957	0.952	0.048	0.043
六因子 [a]	1899.483	545	0.851	0.838	0.088	0.096
五因子 [b]	2839.295	550	0.749	0.728	0.114	0.133
四因子 [c]	4330.522	554	0.585	0.555	0.146	0.199
三因子 [d]	5340.539	557	0.475	0.439	0.164	0.215
两因子 [e]	6700.880	559	0.326	0.282	0.185	0.236
单因子 [f]	7131.163	560	0.278	0.233	0.191	0.189

注：总量 $N=321$

a 物流资源供需匹配和物流敏捷性合为一个因子；b 物流资源供需匹配和物流敏捷性合为一个因子，激励约束和监控管理合为一个因子；c 物流资源供需匹配、物流敏捷性和物流规范化合为一个因子，激励约束和监控管理合为一个因子；d 物流资源供需匹配、物流敏捷性和物流规范化合为一个因子，信息管理、激励约束和监控管理合为一个因子；e 物流资源供需匹配、物流敏捷性和物流规范化合为一个因子；f 物流绩效、信息管理、激励约束和监控管理合为一个因子

4. 描述性统计

本书对实证数据进行了描述性统计分析，表 5-39 显示了本书中变量的平均值、标准差和相关性。

表 5-39　平均值、标准差和相关性

变量	1	2	3	4	5	6	7	8	9	10
1 年限	1									
2 平台	0.481**	1								
3 频率	0.217**	0.291**	1							
4 信息管理	0.093	0.009	−0.008	**0.831**						
5 监控管理	0.104	0.112*	0.051	0.094	**0.849**					
6 物流资源供需匹配	−0.062	−0.101	−0.010	0.221**	0.023	**0.898**				
7 激励约束	0.012	0.102	0.022	0.121*	0.144**	−0.023	**0.817**			
8 物流绩效	0.056	0.029	0.003	0.297**	0.158**	0.351**	0.206**	**0.841**		
9 物流敏捷性	0.056	−0.133*	−0.052	0.337**	0.071	0.289**	0.148**	0.363**	**0.870**	

续表

变量	1	2	3	4	5	6	7	8	9	10
10 规范化	0.052	0.124*	0.019	0.257**	0.541**	0.062	0.465**	0.323**	0.187**	0.826
平均值	2.620	2.726	4.125	4.731	4.793	4.685	4.996	4.840	4.696	5.086
标准差	1.334	1.620	1.556	1.398	1.291	1.436	1.154	1.348	1.456	1.099

注：对角线上的粗体数字表示 AVE 的平方根；对角线以下的数字是变量间相关性

* $P < 0.05$，** $P < 0.01$

如表 5-39 所示，主要变量信息管理、物流资源供需匹配和物流敏捷性之间表现出中等的正相关关系。其中，信息管理与物流资源供需匹配具有显著的正相关关系（$\beta = 0.221$，$P < 0.01$），这一结果为假设 5-1 提供了初步的支持；信息管理与物流敏捷性具有显著的正相关关系（$\beta = 0.337$，$P < 0.01$），这一结果为假设 5-4 提供了初步的支持。

激励约束与物流规范化具有显著的正相关关系（$\beta = 0.465$，$P < 0.01$），这一结果为假设 5-7 提供了初步的支持；监控管理与物流规范化具有显著的正相关关系（$\beta = 0.541$，$P < 0.01$），这一结果为假设 5-8 提供了初步的支持。同样，物流资源供需匹配、物流敏捷性、物流规范化与物流绩效之间也有中等的正相关关系。物流资源供需匹配与物流绩效具有显著的正相关关系（$\beta = 0.351$，$P < 0.01$），这一结果为假设 5-2 提供了初步的支持；物流敏捷性与物流绩效具有显著的正相关关系（$\beta = 0.363$，$P < 0.01$），这一结果为假设 5-5 提供了初步的支持；物流规范化与物流绩效具有显著的正相关关系（$\beta = 0.323$，$P < 0.01$），这一结果为假设 5-9 提供了初步的支持。

此外，所有变量的 AVE 平方根均大于变量之间的相关系数，这证实了该测量模型的区别有效性。

5.3.7　假设检验结果

前文提出的假设我们分两部分来进行检验。第一部分是主效应的检验，第二部分是中介效应的检验。

1. 主效应检验

本书使用 Mplus 7.4 软件来计算结构方程模型的结果，标准化系数如表 5-40 所示。在本书中，将从事物流的年限、使用平台的年限和使用平台的频率（FUP）作为控制变量。结果显示结构模型与数据之间的拟合度良好（$\chi^2/df=1.689$，RMSEA=0.046，CFI=0.951，TLI=0.947，SRMR=0.068）。

表 5-40 主效应结果汇总

假设	自变量	因变量	估计值	标准误	Z 值	P 值	结果
5-1	信息管理	物流资源供需匹配	0.238**	0.056	4.239	0.000	支持
5-4	信息管理	物流敏捷性	0.340**	0.054	6.347	0.000	支持
5-7	激励约束	物流规范化	0.419**	0.044	9.617	0.000	支持
5-8	监控管理	物流规范化	0.527**	0.041	12.795	0.000	支持
5-2	物流资源供需匹配		0.300**	0.053	5.693	0.000	支持
5-5	物流敏捷性	物流绩效	0.256**	0.056	4.549	0.000	支持
5-9	物流规范化		0.273**	0.053	5.138	0.000	支持

** $P < 0.001$

如表 5-40 所示，信息管理对物流资源供需匹配具有显著的正向效应（$\beta =$ 0.238，$P < 0.001$），结果支持假设 5-1；信息管理对物流敏捷性具有显著的正向效应（$\beta = 0.340$，$P < 0.001$），结果支持假设 5-4；激励约束对物流规范化具有显著的正向效应（$\beta = 0.419$，$P < 0.001$），结果支持假设 5-7；监控管理对物流规范化具有显著的正向效应（$\beta = 0.527$，$P < 0.001$），结果支持假设 5-8；物流资源供需匹配对物流绩效具有显著的正向效应（$\beta = 0.300$，$P < 0.001$），结果支持假设 5-2；物流敏捷性对物流绩效具有显著的正向效应（$\beta = 0.256$，$P < 0.001$），结果支持假设 5-5；物流规范化对物流绩效具有显著的正向效应（$\beta = 0.273$，$P < 0.001$），结果支持假设 5-9。主效应汇总结果如图 5-8 所示。

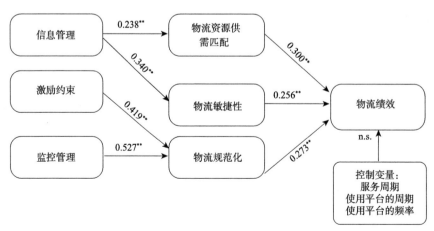

图 5-8 主效应汇总结果

** $P < 0.001$

2. 中介效应检验

为了进一步探索农产品共享物流平台提供的价值创造行为（即信息管理，激励约束和监控管理）进行价值创造的机制，本书构建了以物流资源供需匹配、物流敏捷性和物流规范化作为中介变量影响农产品共享物流平台价值创造的理论模型。本书利用 Preacher 和 Hayes 提出的 Bootstrap（n=5000）来探索物流资源供需匹配、物流敏捷性及物流规范化是否发挥着中介效应[335]。本书使用 Bootstrap 法而不是 Sobel[336]提出的方法，因为 Bootstrap 法具有更多的统计功效并且测试结果更加稳定，它可以同时检查多个中介效应并测试整体的间接效应[337]。如果在 95%置信区间内不包含零，则可以认为间接影响的点估计是显著的[338]。Mplus 7.4 软件获得的 Bootstrap 的分析结果如表 5-41 所示。结果显示物流资源供需匹配（β=0.072）在信息管理和物流绩效的关系间中介效应显著，当 P<0.05，95%的概率下，置信区间 CI=[0.035,0.118]，这一点与假设 5-3 一致。此外，正如假设 5-6 显示，物流敏捷性（β=0.087）在信息管理和物流绩效关系间的中介作用显著，因为在 p<0.05，95%的概率下，置信区间 CI=[0.042,0.147]。物流规范化在激励约束和物流绩效关系间的中介作用显著（β=0.114），当 p<0.05，95%的概率下，置信区间 CI=[0.060,0.171]，这一点与假设 5-10 一致；物流规范化在监控管理和物流绩效关系间的中介作用显著（β=0.144），当 p<0.05，95%的概率下，置信区间 CI= [0.077,0.213]，这一点与假设 5-11 一致。

表 5-41 中介效应 Bootstrap 检验结果

自变量	中介变量	因变量	自变量—中介变量	中介变量—因变量	间接效应	95% CI		结果
						下限	上限	
信息管理	物流资源供需匹配	物流绩效	0.238**	0.300**	0.072**	0.035	0.118	支持
信息管理	物流敏捷性	物流绩效	0.340**	0.256**	0.087**	0.042	0.147	支持
激励约束	物流规范化	物流绩效	0.419**	0.273**	0.114**	0.060	0.171	支持
监控管理	物流规范化	物流绩效	0.527**	0.273**	0.144**	0.077	0.213	支持

** P <0.05

3. 假设检验结果汇总

在前文中，本书提出了 7 个主效应和 4 个中介效应的假设。本书利用问卷调查获得的数据，通过构建结构方程模型，对这 11 个假设进行了检验，最终结果表明，本书提出的 11 个假设全部得到了支持，假设检验的汇总结果如表 5-42 所示。

表 5-42　假设检验结果汇总

编号	假设	路径分析
假设 5-1	平台的信息管理能够正向影响物流资源供需匹配	支持
假设 5-2	物流资源供需匹配能够正向影响物流绩效	支持
假设 5-3	物流资源供需匹配是平台信息管理与物流绩效之间的中介变量	支持
假设 5-4	平台的信息管理能够正向影响物流敏捷性	支持
假设 5-5	物流敏捷性能够正向影响物流绩效	支持
假设 5-6	物流敏捷性是平台信息管理与物流绩效之间的中介变量	支持
假设 5-7	激励约束对物流规范化具有正向影响	支持
假设 5-8	监控管理对物流规范化具有正向影响	支持
假设 5-9	物流规范化对物流绩效具有正向影响	支持
假设 5-10	物流规范化在激励约束与物流绩效的关系中发挥中介效应	支持
假设 5-11	物流规范化在监控管理与物流绩效的关系中发挥中介效应	支持

5.3.8　研究结果讨论

1. 信息管理对物流资源供需匹配影响的实证结果解释

本实证研究证明信息管理对物流资源供需匹配具有显著的正向效应（$\beta = 0.238$，$P < 0.001$）。信息管理是农产品共享物流平台向司机提供的非常重要的服务管理。信息管理向司机提供的最为主要的管理服务是，为司机推送匹配的物流订单，帮助司机找到其有能力承运，并且路线、价格又十分契合的物流订单。具体说来，农产品共享物流平台可以对司机和货主进行科学的画像，用车辆类型、常跑路线、价格、服务评分等维度刻画司机的服务能力，用货物类型、运费价格、货物数量等维度刻画货主的服务需求。因此，当货主在平台上发布服务需求时，平台可以利用机器学习技术，根据货主的需求，在数据库中为其找到能力、常跑路线等均适合的司机承担物流任务，进而为匹配的司机进行派单。农产品共享物流平台通过其出色的数据处理能力，降低了司机在寻找货物时面临的不确定性，不仅提升了司机和货主匹配的速率，也提升了司机和货主匹配的精度。因此，平台提供的信息管理对于物流资源供需匹配具有显著的正向的影响，能够提高物流资源供需匹配的准确性和有效性。

2. 信息管理对物流敏捷性影响的实证结果解释

本实证研究证明信息管理对物流敏捷性具有显著的正向效应（$\beta = 0.340$，$P < 0.001$）。除匹配服务外，农产品共享物流平台的信息管理服务还可以帮助司机规划物流行程和配送线路。平台会结合出发地、目的地和交通路况信息，为司机提供

多条路径供其选择，司机可以根据自己的偏好选择配送路线。并且手机终端上的定位系统，可以收集实时的交通信息，在出现交通拥堵或交通事故时，帮助司机提前变更路径。这样的路径规划服务使得司机能够快速地响应环境的变化，保证了配送的准时性。除此之外，农产品共享物流平台为司机、货主和收货方提供了沟通与信息共享的渠道。如果货主或收货方的配送需求发生了变化，司机可以及时地获悉变化的具体情况，并且借助平台的处理能力，快速地调整配送计划和配送行程。因此，平台的信息管理不仅能够帮助司机及时获悉客户的需求和环境变化的信息，还能够帮助司机调整物流方案，从而实现了对于环境不确定性和需求变化的响应，进而提升了物流敏捷性。

3. 物流资源供需匹配的中介效应的实证结果解释

本实证研究证明物流资源供需匹配在信息管理与物流绩效之间的关系中发挥中介效应（$\beta = 0.072$，95% CI=[0.035,0.118]）。物流资源供需匹配意味着司机可以在短时间内找到与自身服务能力及服务偏好相匹配的合适的物流配送任务。司机的物流服务能力与货主的物流服务需求的匹配对于物流服务质量和效率的提升都有着非常重要的作用。只有当司机有能力承担货主要求的物流任务时，才能保证农产品能够安全、准时地送达到目的地。例如，只有具有冷链运输能力的车辆，才能够降低生鲜农产品的损耗率。如果采用普通货车承运，势必会造成农产品的巨大损耗。并且当货物的配送路线是司机的常跑路线时，物流配送的准时率才能够得到有效的保证。这些都表明了物流资源供需匹配对于物流绩效的重要影响。而农产品共享物流平台的信息管理，能够有效地提升物流资源供需匹配的速率和准确性。因此可以说，物流资源供需匹配中介了信息管理与物流绩效之间的关系。

4. 物流敏捷性中介效应的实证结果解释

本实证研究证明物流敏捷性在信息管理与物流绩效之间的关系中发挥中介效应（$\beta = 0.087$，95% CI=[0.042,0.147]）。物流敏捷性意味着承运司机有能力快速响应物流配送需求和外部环境的变化。更具体来说，当既定路径里有交通事故发生，造成了交通拥堵，影响承运任务的进行时，承运司机能够快速地改变既定的配送路径，寻找其他的配送路径，这样避免了物流任务的延误，保证了物流服务的准点率。当客户的需求发生变化时，承运司机在平台的帮助下，能够迅速地采取措施，调整配送方案，保证能够在短时间内满足客户的需求，进而能够提升客户的满意度和物流服务质量。在农产品共享物流模式中，物流司机的服务敏捷性是依靠平台提供的信息管理达成的。因此，平台的信息管理能够通过提升物流敏捷性来提高物流绩效。物流敏捷性能够中介平台的信息管理与物流绩效之间的关系。

5. 激励约束对物流规范化影响的实证结果解释

本实证研究证明激励约束对物流规范化具有显著的正向效应（$\beta=0.419$，$P<0.001$）。根据强化理论，在货主与承运司机之间的委托—代理关系中，如果司机因为自身履行了合约，规范地执行了物流承运任务而收到正向的激励时，司机继续执行规范化服务的倾向就会增强。同时，如果司机因为不规范地执行物流任务而受到负向的惩罚时，司机发生不规范的物流行为的倾向就会有所降低。农产品共享物流平台作为管理方，会根据司机的行为给予相应的激励或惩罚措施。出于趋利避害的心理，司机会改正自己之前的不规范的行为，进而更倾向于提供更为规范化的服务。因此可以说，平台的激励约束能够促进物流规范化的程度，对于物流规范化的形成有正向的影响。

6. 监控管理对物流规范化影响的实证结果解释

本实证研究证明监控管理对物流规范化具有显著的正向效应（$\beta=0.527$，$P<0.001$）。一直以来，在农产品物流的发展过程中，由于信息不对称，货主一直难以对司机的物流配送过程形成很好的控制，以至于司机可以利用这种信息的不对称优势，采取一些不规范的行为（如机会主义行为），影响最终的物流绩效和货主的利益。面对这个问题，农产品共享物流平台给加入平台的车辆配备了行车监控、视频监控、温度监控等智能设备，对于司机的驾驶行为及货物状态的信息都能够实现实时的把握。这样的监控管理，使得司机丧失了这种信息不对称的优势，司机采取不规范的行为的成本和难度都极大地增加了。在货主和平台的双重监督管理之下，司机采取不规范行为的倾向会大大降低，因此司机的物流服务行为也会更加规范化。从这个角度来说，平台提供的监控管理对于物流规范化能够发挥促进作用。

7. 物流规范化中介效应的实证结果解释

本实证研究证明物流规范化在激励约束与物流绩效之间的关系中发挥中介效应（$\beta=0.114$，95% CI=[0.060,0.171]）；物流规范化在监控管理与物流绩效之间的关系中发挥中介效应（$\beta=0.144$，95% CI=[0.077,0.213]）。物流规范化的实现意味着，承运司机会按照平台的规则来执行物流任务。更具体来说，司机不会因为节省成本而关闭冷藏设施，不会绕路去承运更多的货物造成超载，不会偷盗货物，而是会按照合同的约定，按时、按量地将货物运输到目的地。这样规范化的物流服务执行，能够提高物流服务的可靠性和物流服务效率，进而提升客户的满意度。因此，物流规范化的实现能够促进物流绩效的提升，而物流规范化的实现能够受到平台的激励约束和监控管理的影响。因此本书认为，物流规范化能够中介平台的激励约束、监控管理与物流绩效之间的关系。

5.4　司机对共享物流平台的持续使用意愿研究

5.4.1　问题提出

在"互联网+"政策的大力支持和信息技术高速发展的背景下，共享物流已经成为当前推动物流行业降本增效的重要模式之一。共享物流能够通过有效配置分散、闲置的物流资源（如司机、车辆等），为货主提供更为优质的物流服务[339]。其中，共享物流平台一直被认为是推动共享物流发展的重要战略资源。虽然我国巨大的物流市场为共享物流企业提供了绝佳的发展机会，但共享物流平台在提升用户使用黏性，激活物流资源方面仍旧存在着问题。作为共享物流服务的供给方，共享物流平台中司机用户的规模与参与度对于保持平台竞争活力，促进其健康发展至关重要。因此，司机对于共享物流平台有持续使用的意愿，能够帮助共享物流企业巩固市场地位，维持竞争优势。例如，满帮集团作为共享物流行业的执牛耳者，截至 2018 年 6 月，已经吸引了 520 万辆干线货车司机成为平台的会员，占国内干线货车总量（700 万辆）的 74.29%。可见，一定规模的司机用户，对于共享物流企业获取持续的市场竞争优势，获得可持续发展有十分重要的现实意义。探索司机对共享物流平台的持续使用意愿的影响因素，对于共享物流企业明确影响自身发展的关键要素，提升用户持续使用意愿十分重要。

目前，学术界开展了对众包物流（共享物流的一种模式）的服务方参与众包物流行为的影响因素的研究，这些影响因素主要侧重于社会规范、参与者期望等较为主观的因素。邱洪全认为个体感知的外部激励、享受的乐趣、自我提升、任务期限、任务难度，以及众包规程与众包活动属性能够对服务方的参与意愿产生影响[110]。闵海强提出的用户使用物流信息平台的影响因素，同样也只注意到了主观规范、便利条件、经济激励等因素，忽视了物流信息平台本来的吸引力[340]。俞丹枫的物流信息平台访问因素研究，虽然强调了平台特性的重要作用，但是其概念界定过于宽泛，不能用来研究共享物流平台的特殊性[341]。综上所述，第一，当前相关研究只集中于众包物流领域，研究范围比较狭窄，不能普遍反映共享物流领域司机持续使用意愿的影响机制。第二，现有研究主要探索了众包物流服务人员参与众包物流的影响因素，对于司机持续使用共享物流平台意愿的影响因素的研究相对匮乏。并且当前研究提出的影响因素相对主观，忽略了共享物流平台功能在影响用户持续使用意愿时的客观且重要的作用。第三，尽管司机的持续使用意愿对共享物流平台的发展至关重要，当前的研究却未能深入地捕捉到司机对于平台的"效用、便捷性和安全"的三大诉求，忽略了感知安全在影响司机持续使用意愿时的重要作用。因此，本书立足于共享物流平台的司机用户，从平台功能的视角出发，深度挖掘平台影响司机持续使用意愿的因素，揭示共享物流平台影响司机持续使用意愿的作用机制，不仅能够在理论上加深对于共享物流平台的认知，而且能够为共享物流企业保持竞争优势提供指导。事实上，共享物流企业只有在了解到平台提供的功能支持对司机持续使用意愿具有重要影响之后，才能把握司机接受和使用平台的心理及行为，从而对平台的功能进行改进，以提升自身对司机的吸引力，实现可持续发展。

本节旨在从共享物流平台的功能支持的角度出发，深入挖掘共享物流平台对司机的持续使用意愿的影响因素和作用机制。考虑到共享物流平台的功能特性，本节提炼出了三个共享物流平台影响司机持续使用意愿的外部影响因素：信息管理、平台培训和支付管理。基于此，本节以技术接受模型（technology acceptance model，TAM）为基础，引入感知安全变量，构建了共享物流平台影响司机持续使用意愿的拓展的 TAM，以探究共享物流平台影响司机的持续使用意愿的作用机制。通过实证检验，本书能够在以下三个方面做出贡献：第一，与以往的影响用户参与共享物流的因素研究不同，本书立足于共享物流平台提供的功能支持，提出了共享物流平台影响司机持续使用意愿的三个外部变量，拓展了共享物流领域的理论研究。第二，通过引入感知安全变量，构建了司机对共享物流平台的持续使用意愿的拓展的 TAM，揭示了共享物流平台的功能支持对司机持续使用意愿的影响机制，丰富了共享物流领域的技术接受模型的相关研究。第三，有助于共享物流企业了解能够影响司机持续使用意愿的功能因素，据此对平台功能进行完善，为平台企业激励司机持续使用平台，提升司机黏性提供了指导。

5.4.2　理论背景与概念界定

（1）技术接受模型。TAM 能够用来揭示用户接受及使用某类信息技术时的影响因素及其影响机制。Davis 认为，用户感知到的信息技术的有用性和易用性会在用户决定接受和使用信息技术时发挥重要作用[342]。在 TAM 中，外部变量会对用户感知到的信息技术的有用性和易用性产生作用，进而对用户使用信息技术的意向产生作用，最终会对用户的实际使用行为产生作用[342]，如图 5-9 所示。其中外部变量包括系统设计特征、培训、计算机效能、用户在设计中的参与、实施过程的本质等[342]。感知有用性是指，用户认为使用某一项信息技术会对绩效提升发挥作用；感知易用性是指，用户认为某一项信息技术是容易使用的。用户感知到的有用性、易用性与用户使用信息技术的意向之间的正向关系在实证研究中得到了验证[343]。此外，众多学者同样利用技术接受模型，对用户持续使用信息技术的意愿进行了研究。持续使用意愿指的是，用户在未来使用某一项信息技术并且向别人推荐该项技术的意愿[344]。进一步来说，技术接受模型对用户持续使用意愿的解释效力已经在众多实证研究中得到了检验[345, 346]。基于此，本节基于技术接受模型的相关理论，构建了司机对共享物流平台的持续使用意愿模型。

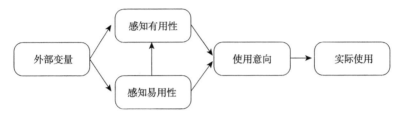

图 5-9　Davis 改进后的技术接受模型

（2）感知安全。本书中，感知安全是指用户相信平台能够保证其运费安全，保证其能够获得应得的报酬的程度。感知安全对于用户接受信息技术的影响程度已经在多个行业中得到了印证，如电子商务[347]、网上银行[348]等。用户的感知安全已经成为其决定是否接受新的信息系统的决定性变量。在传统的物流模式下，货主往往采取定期结算的方式支付司机运费，司机对于货主是否支付其运费没有丝毫的约束力度。并且在传统的物流模式中，货主的规模较小，资金实力往往较弱，现金流并不持续，这种小规模货主拖欠司机运费的情况比较多见，甚至会发生货主在司机配送完货物之后不兑付运费的现象。司机的运费安全无法得到有效的保证。同样，在共享物流背景下，司机不仅希望平台能够以简单、快捷的方式为其匹配到合适的货物，也希望自己能够及时地获得应得的报酬，不会被货主拖欠货款[348]。能否及时地获得运费成为除能否找到合适的货物外，司机决定是否继续使用平台的十分重要的因素。可见，共享物流未来的发展依赖于共享物流平台管理风险的能力，需要提升司机在使用平台时的感知到的安全程度。因此，本书引入感知安全来衡量司机使用平台时感知到的运费安全的程度，将其作为除感知有用性、感知易用性外，影响司机对共享物流平台的持续使用意愿的第三个决定性变量。

（3）信息管理。信息管理是指司机所能感受到的平台在匹配和管理订单方面提供的管理支持[4]。信息管理指共享物流平台借助云计算、大数据等先进的信息技术，向司机和货主提供信息发布、信息搜寻、精确匹配、流程管理等方面的管理支持，从而帮助司机快速匹配更多合适的物流任务，有助于司机提高物流配送效率[4]。信息管理的内容主要包括信息整合、智能匹配、路径规划和流程管理。具体说来，信息整合指平台收集货源和车源信息，并在对信息进行分类处理后帮助货主和司机发布信息，搜寻信息。智能匹配是指平台帮助司机找到匹配的货源。平台利用机器学习算法，通过计算司机和货源的各项参数（如货物类型、车型、时间、价格、司机位置、经验等），最终实现对司机和货主的交易的撮合。路径规划是指平台通过使用 GPS 为司机提供实时调度和最优的路线服务，通过收集、分析交通状况和道路数据来帮助司机重新规划路线以避免交通堵塞[290]。流程管理是指平台结合货主的要求和司机的时间，为司机制定时间安排，提供详细的流程指导。

（4）平台培训。平台培训是指共享物流企业指导司机如何正确使用平台，帮助司机熟悉平台各项功能的过程。鉴于共享物流平台的功能较多，大部分货运司机年龄较大，且受教育年限较短，并不熟悉平台 App 的使用，在开始时，司机使用平台的频率较低。这就使得共享物流企业对司机进行培训，指导司机使用平台 App 变得尤为重要且必要。平台培训的主要内容为，共享物流企业会分配专门的运营人员对司机进行培训，帮助司机学会如何使用平台 App 搜寻物流任务，如何上传车辆信息和路线信息，如何使用 App 与货主进行沟通，如何按照规定时间开行，如何利用平台挑选最为省时、省油的路线，完成物流订单后如何结算，如何使用平台的支付服务，如何提现等。除此之外，由于使用平台的司机用户较为分散，将其聚集在一处进行面对面教学的难度较大，一些共享物流企业还制作了在线视频培训课程，以保证分散在全国各地的司机可以随时了解平台的使用过程。

（5）支付管理。支付管理主要是指共享物流平台提供的交易结算功能。共享物流平台允许司机和货主在线上进行交易、支付、结算和对账。平台支持的交易结算流程为：货主在发布物流任务时需要提前将运费支付给平台，这笔货款暂时由平台合作的第三方金融机构监管。当司机将货物送达收货方，收货方将电子回单返给货主并进行确认后，平台就会把相应的货款支付给司机。可见，共享物流平台在货主与司机的运费结算过程中起到了中介的作用。共享物流平台通过与货主和司机分别结算，有助于减轻司机所遇到的运费安全风险。此外，共享物流平台同样也向司机用户和货主用户提供了在线对账的功能。具体表现在，平台的账单信息是全程透明的，司机和货主可以就账单信息进行实时沟通，随时随地跟踪自己的订单和账单，保证自己的运费安全。

5.4.3　理论模型与假设

1. 信息管理、感知有用性与持续使用意愿

感知有用性是指个体在接受和使用信息技术系统后所感知到的工作绩效增加

的程度[342]。本书中，司机的感知有用性是指，司机认为使用共享物流平台能够节省时间、提高收入、提高效率。本书认为平台提供的信息管理能够对司机的感知有用性发挥正向作用。第一，平台提供的智能匹配功能，能够帮助空置的车辆匹配到合适的订单，从而减少车辆空置率。具体说来，在返程时，平台能够提前为司机匹配合适线路的货源，有助于降低车辆绕行率和返程空驶率；同时，司机自己也能利用平台的资源池快速找到合适的货源，从而降低了寻找订单时耗费的时间成本和经济成本。并且，随着司机承担的物流任务增多，司机的收入也能够随之提高。第二，智能推荐路线的方式能够为司机提供最省时、省油的线路，从而帮助司机降低运输成本。并且在货主临时变更配送计划时，平台能够为司机提供应急响应支持，来帮助司机快速地调整配送方案，提高响应速率，从而减少了因变化造成的时间消耗，有助于提高物流运输效率。这些都能够提高司机对于平台的感知有用性。基于此，本书提出以下假设。

假设 5-12-1　信息管理与司机对共享物流平台的感知有用性之间有正向的作用关系。

在技术接受模型中，感知有用性是影响用户持续使用意愿的决定性变量之一[342]。TAM 理论在不同领域具有普遍的适用性，Martins 等[344]、Wu 和 Wang[349]已经证明了感知有用性会对用户的使用意向产生正向的显著影响。在共享物流模式中，司机十分重视平台是否能够帮助其更快地找到合适的物流任务，帮助其减少绕行和空驶，提高自身收入水平。因此，当司机发现共享物流平台可以帮助其快速寻找到匹配的货源，并且增加其收入时，司机对平台的持续使用意愿就会随之提升。反之，如果司机认为相比于之前熟悉的配货渠道，平台并不能为其带来更高的收入，也无法满足其寻找货物的要求，甚至无法保证货源的有效性和真实性时，司机持续使用平台的意愿就会降低，甚至会停止继续使用平台的服务。因此，本书认为感知有用性能够对司机的平台持续使用意愿发挥正向作用。根据前文所述，借助于平台提供的信息管理，司机能够感知到平台的有用性，进而提升了对于平台的持续使用意愿。因此本书认为，信息管理能够通过提升司机的感知有用性，来提升司机对平台的持续使用意愿。基于此，本书提出以下假设。

假设 5-12-2　感知有用性与司机对共享物流平台的持续使用意愿之间有正向的作用关系。

假设 5-12-3　感知有用性在信息管理和司机对共享物流平台的持续使用意愿的关系中发挥中介效应。

2. 平台培训、感知易用性与持续使用意愿

在本书的研究背景下，感知易用性是指司机在使用共享物流平台时感知到的

难易程度，能够被用来衡量和刻画司机使用共享物流平台完成物流任务所投入的时间及精力的多少。本书认为，平台培训能够提升司机的感知易用性。物流市场上的大部分货运司机年龄较大，受教育程度较低，对于新的手机 APP 的接触较少。这些司机更习惯于使用电话与货主及配货站进行沟通，并不熟悉 APP 的使用，甚至对于使用平台 APP 完成抢单任务存在着极强的排斥心理。共享物流企业通过对司机进行培训，能够帮助司机更全面地了解平台的各项功能，降低司机对于平台 APP 的排斥情绪。并且平台制作的教学视频有助于司机随时随地学习如何使用平台，节省了司机进行学习的时间，极大降低了司机使用平台的难度，从而提升了司机的感知易用性。基于此，本书提出以下假设。

假设 5-13-1 平台培训与司机对共享物流平台的感知易用性之间有正向的作用关系。

在 TAM 理论中，感知易用性是会对用户持续使用意愿发挥作用的另一个决定性变量[350]。如果平台的使用难度过大，司机继续使用平台的热情就会受到打击，就会产生对平台的排斥情绪，其持续使用平台的意愿也会随之降低；如果平台使用比较简单，司机不需要花费太多的时间和精力就可以掌握平台的基本功能，其使用平台的热情也会随之增加，进而持续使用平台的意愿就会增强。而且，众多实证研究也已经证实了感知易用性对用户持续使用意愿的正向作用[345, 346]。所以，本书认为，感知易用性对司机的持续使用意愿能够产生积极的作用。进而本书认为，平台企业通过向司机提供培训，降低了司机使用平台的难度，在提高了司机的感知易用性的基础上，提升了司机对平台的持续使用意愿。因此，本书提出以下假设。

假设 5-13-2 感知易用性与司机对共享物流平台的持续使用意愿之间有正向的作用关系。

假设 5-13-3 感知易用性在平台培训和司机对共享物流平台的持续使用意愿的关系中发挥中介效应。

3. 感知有用性、感知易用性与持续使用意愿

TAM 理论指出，用户持续使用意愿会受到用户感知到的信息技术的有用性和易用性的影响。其中，TAM 理论认为，感知易用性对用户的感知有用性能够形成正向作用，进一步，对用户的持续使用意愿形成正向作用[345, 346]。在用户使用共享物流平台的过程中，如果平台容易使用和操作，司机能够使用到平台的更多功能，开发平台更多的用处，从而能够享受到平台的功能支持为自身带来的更多的便利。例如，能够通过平台搜寻到更多的物流配送任务，避免返程空驶，从而提高自身的收入。这些都能够增加司机对共享物流平台有用性的感知，进而提升司

机对于共享物流平台的持续使用意愿。并且，感知易用性与感知有用性之间的关系在众多实证研究中也已经多次得到了印证。基于此，本书提出以下假设。

假设 5-14-1　司机对平台的感知易用性与其对平台的感知有用性之间有正向的作用关系。

假设 5-14-2　感知有用性在感知易用性和司机对平台的持续使用意愿间发挥中介效应。

假设 5-14-3　感知易用性与感知有用性在平台培训与司机对平台的持续使用意愿间发挥串联中介作用。

4. 支付管理、感知安全与持续使用意愿

传统物流活动中，司机与货主主要采取定期结账的模式。这些小规模货主由于资金周转问题，经常会拖欠司机运费，严重影响了司机的收入安全。共享物流模式中，平台分别承担了与货主和司机进行结算的责任。平台与司机的结算并不会受到货主与平台的结算情况所影响。平台作为独立的结算个体，为司机提供了灵活的结算周期，并且依靠自身的资金实力，能够保证在正常支付司机运费的前提下尽量缩短账期，给司机的运费支付提供了保障。可见，平台提供的运费支付模式转移了司机与货主结算的风险，保证了司机在完成订单后能够及时收到货款。在涉及钱货交易的过程中，运费支付安全是司机首先考虑的一个重要维度，司机能够按时获得报酬有助于加深司机对于平台支付安全的认知，其对平台的感知安全也因此得到提升。此外，平台的对账功能保障了订单的透明度，与传统物流相比，司机能够通过平台了解运费的结算与支付情况，这种信息透明也能提高司机的感知安全。基于此，本书提出以下假设。

假设 5-15-1　支付管理与司机对共享物流平台的感知安全之间有正向的作用关系。

之前的文献研究表明，感知安全会对用户对信息系统的使用意愿发挥作用[347]。在本书中，当司机感知到平台能够保证其获得应得的运费，货主拖欠其运费的可能性较小的时候，司机就更愿意使用平台下单；反之，如果司机认为平台并不能保证其获得运费，并且平台上的货主对于司机来说都是陌生的，司机便不愿意继续使用平台下单。因此，本书认为，感知安全能够正向作用于司机对平台的持续使用意愿。进一步，平台提供的支付管理对于司机的运费安全能够提供一定的保证，对于提升司机的感知安全有促进作用，从而能够提升司机对平台的持续使用意愿。基于此，本书提出以下假设。

假设 5-15-2　感知安全与司机对共享物流平台的持续使用意愿之间有正向的作用关系。

假设 5-15-3 感知安全在支付管理和司机对共享物流平台的持续使用意愿的关系间发挥中介效应。

综上所述，本书提出的理论模型如图 5-10 所示。

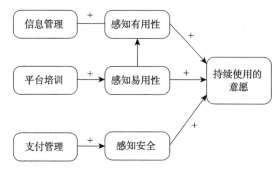

图 5-10　司机持续使用意愿模型

5.4.4　研究设计

1. 样本选择和数据收集

本书的样本来自国内两家大型物流公司。公司的情况已在 5.3.5 节进行了说明，样本选择与数据收集情况和 5.3.5 节相同。

2. 测量工具

信息管理量表采用的是上文设计的信息管理量表。此量表是共享物流研究领域的成熟量表，能够测量共享物流平台的信息管理能力，相对于其他研究领域（如供应链、物流领域）的量表而言，更为具体详细，能够全面且准确地把握共享物流平台信息管理的特征。并且该量表的开发过程符合 Churchill[323] 提出的量表开发的程序，其信度和效度也得到了验证。此量表共包括 6 个题项，例如，"我能够在平台上搜到货源信息"。该量表的 Cronbach's α 系数为 0.930。

感知易用性量表采用 Davis[342] 提出的感知易用性量表。此量表是学术界广泛认可的感知易用性量表，其信度和效度已经得到了多篇实证研究的检验[351]，能够满足本书的测量要求。该量表共包括 4 个题项，例如，"我发现这个平台用起来很简单"。量表的 Cronbach's α 系数为 0.969。

支付管理量表采用 Palvou 和 Gefen[352] 提出的支付管理的量表，结合共享物流平台的实际支付管理功能情况，形成了共享物流平台支付管理的量表。此量表是学术界广泛认可的支付管理量表，由 Palvou 和 Gefen 经过详细的文献分析、访谈和预测试过程而形成，能够测量公司利用平台管理支付过程的能力，符合本书所涉及的平台开展支付管理的情境，并且量表的信度和效度已经得到了验证，能够满足本书的测量要求。该量表共包含 4 个题项，例如"有平台的结算，货主无法拖欠运费"。该量表的 Cronbach's α 系数为 0.866。

感知有用性量表采用 Davis[342]提出的感知有用性量表，并且结合共享物流平台的实际效用，形成了司机对于共享物流平台的感知有用性量表。Davis 提出的感知有用性量表，其信度和效度经过了多篇实证研究检验[351]，是学术界广泛认可的测量感知有用性的量表。该量表共包括 4 个题项，例如，"使用这个平台能够提高我的收入"。量表的 Cronbach's α 系数为 0.877。

司机持续使用意愿量表采用 Venkatesh 等[342]的行为意愿量表。此量表是学术界广泛认可的持续使用意愿量表，其信度和效度已经得到了多篇实证研究的验证[351]，能够满足本书的测量要求。该量表共包括 3 个题项，例如，"我会继续使用这个平台"。量表的 Cronbach's α 系数为 0.813。

感知安全量表根据 Patel K 和 Patel H[353]使用的感知安全量表修订而成。该量表结合了网络平台的特殊性质，因此更加适合共享物流平台的研究背景，能够更加准确地测量本书所要求的司机使用共享物流平台时的感知安全。该量表共包括 3 个题项，例如，"我觉得在平台上完成操作的流程不存在风险"。量表的 Cronbach's α 系数为 0.870。

平台培训量表采用 Gangwar 等[354]提出的培训和教育量表。此量表由 Gangwar 等经过详细的文献分析、访谈和预测试过程而形成，是测量公司开展培训的能力的成熟量表，十分符合本书所涉及的共享物流平台开展培训的背景，并且量表的信度和效度已经得到了验证。该量表共包含 3 个题项，例如"平台公司会教我怎么用这个平台"。该量表的 Cronbach's α 系数为 0.919。

控制变量选择。该研究考虑了两个控制变量，即年龄和从事货运服务年限。一般情况下，年龄较大的用户对于新技术的接受程度较低。因而本书认为年龄对于用户持续使用平台的意愿会产生负面影响。从事货运服务年限越久，司机所积累的货源也就越稳定，一般来说，对于物流平台的依赖也就越小，因而会对用户持续使用平台的意愿产生负面影响。在利克特量表中，采用"您从事物流多久了"这一题项对司机从事货运服务年限进行评估。

5.4.5　数据分析与结果讨论

1. 验证性因子分析

本书利用 Mplus 7.4 软件对数据进行验证性因子分析。本书采用卡方与自由度的比值 χ^2/df、相对拟合指标 CFI、非标准拟合指标 TLI、近似误差均方根 RMSEA

和标准化残差方根 SRMR 来衡量模型的拟合度。测量结果如表 5-43 所示，其中 $\chi^2/df=1.652$，大于 1 小于 3；CFI=0.970>0.9，TLI=0.965>0.9；RMSEA=0.045< 0.08，SRMR=0.035<0.05。由此可见，测量模型的拟合度良好。

表 5-43　验证性因子分析

适配指标	临界值	结果
χ^2/df	$1<\chi^2/df<3$	1.652
CFI	>0.9	0.970
TLI	>0.9	0.965
RMSEA	<0.08	0.045
SRMR	<0.05	0.035

2. 效度和信度检验

（1）效度检验。效度检验通常包括内容效度和建构效度两个方面。关于内容效度方面，由于本书所使用的测量题项主要来自国际主流期刊上已公开发表过的论文中使用的量表，结合本书的特点并参考专家的意见进行适当修改，因此能够保证本书的量表具有良好的内容效度。建构效度则一般针对聚合效度和区别效度两方面进行检验。

Fornell 和 Larcker[355]的研究表明，在验证性因子分析的结果中，各个变量的聚合效度良好需要满足以下三个标准：第一，全部题项的标准化载荷均高于 0.5；第二，AVE 高于 0.5；第三，CR 高于 0.7。本书计算了各变量的信度、效度参数，如表 5-44 所示。其中，各题项的标准化载荷均高于 0.5，AVE 的范围为 0.593～0.889均高于 0.5，CR 的范围为 0.814～0.970 均高于 0.7。表 5-44 中的数据表明各个变量具有良好的聚合效度。

表 5-44　测量变量的信度和效度检验

变量	标准化载荷范围	CR	AVE	AVE 平方根	α 系数
信息管理	0.786～0.888	0.930	0.691	0.831	0.930
感知易用性	0.933～0.952	0.970	0.889	0.943	0.969
支付管理	0.713～0.872	0.869	0.624	0.790	0.866
感知有用性	0.753～0.836	0.879	0.645	0.803	0.877
持续使用意愿	0.745～0.798	0.814	0.593	0.770	0.813
感知安全	0.785～0.859	0.871	0.693	0.832	0.870
平台培训	0.880～0.896	0.920	0.792	0.890	0.919

区别效度的检验标准为：当各变量的 AVE 的平方根均高于变量之间的相关系数时，即可说明各变量之间具有一定水平的区别效度[355]。如表 5-45 所示，AVE

值的平方根最小为 0.770。如表 5-45 所示，各个变量之间的相关系数最大值为 0.613。各测量变量的 AVE 值的平方根均大于变量间的相关系数，由此保证了各变量间的较高的区别效度。

表 5-45　变量均值、标准差及变量间相关系数

变量	1	2	3	4	5	6	7	8	9
1 年龄	1								
2 从事货运服务年限	0.329**	1							
3 信息管理	0.021	0.093	**0.831**						
4 感知易用性	0.021	−0.110*	−0.017	**0.943**					
5 支付管理	0.032	0.075	−0.021	−0.007	**0.790**				
6 感知有用性	0.137*	0.148*	0.300**	0.262**	0.234**	**0.803**			
7 持续使用意愿	0.030	0.044	0.058	0.482**	0.246**	0.379**	**0.770**		
8 感知安全	−0.023	0.075	0.015	0.024	0.376**	0.105	0.361**	**0.832**	
9 平台培训	0.015	−0.076	0.031	0.613**	0.061	0.114*	0.407**	0.048	**0.890**
均值	2.651	2.620	4.731	4.680	5.628	4.965	5.438	5.231	5.130
标准差	0.808	1.334	1.398	1.746	1.084	1.167	0.994	1.196	1.489

注：样本量 N=321，对角线上加粗字体为每个变量的 AVE 值的平方根
$*P<0.05$，$**P<0.01$

（2）信度检验。一般采用 Cronbach's α 系数来衡量各个因子的信度（标准为 $\alpha>0.7$），如表 5-44 所示，各变量 α 系数的最小值为 0.813（持续使用意愿）大于 0.7，说明本模型各变量具有良好的信度。

3．共同方法偏差检验

鉴于本节只选取了单个数据源（即使用共享物流平台的司机）填写问卷，因此需要检查可能存在的同源方法偏差。本书使用了 Harman 的单因素测试进行检验。结果表明，因子分析得出的所有特征值大于 1.0 的因子，占方差的 75.126%。第一个因素占方差的 24.619%，低于 40% 的临界值，这表明同源方法偏差在可接受的范围之内[332]。

4．描述性统计分析

本书对实证数据进行了描述性统计分析，其结果列于表 5-45 中。如表 5-45 所示，感知有用性、感知易用性、感知安全与持续使用意愿之间的相关系数在 $P<0.01$ 的水平上是正的且显著的；信息管理与感知有用性之间的相关系数在 $P<0.01$ 的水平上是正的且显著的；平台培训与感知易用性之间的相关系数在 $P<0.01$ 的水平上是正的且显著的；支付管理与感知安全之间的相关系数在

$P<0.01$ 的水平上是正的且显著的。该描述性统计分析结果初步支持了本书提出的假设。

5. 假设检验

（1）直接效应检验。验证性因子分析的结果表明本模型拟合度良好，见表 5-43。本书使用 MPlus 7.4 软件进行结构方程模型检验，并构建了图 5-11 的路径分析示意图。本书将年龄和从事货运年限作为控制变量，导入模型中一起进行计算。路径分析结果如表 5-46 所示：第一，平台提供的信息管理和感知易用性对感知有用性的标准化路径系数是 0.340 和 0.286，均显著。因此，假设 5-12-1 和假设 5-14-1 得到了实证研究的支持，假设成立。第二，平台培训对感知易用性的标准化路径系数是 0.652 且显著。因此，假设 5-13-1 得到了实证数据的支持，假设成立。第三，支付管理对感知安全的标准化路径系数是 0.434 且显著，假设 5-15-1 得到了实证数据的支持，假设成立。第四，感知有用性、感知易用性和感知安全对司机的持续使用意愿的标准化路径系数分别是 0.265、0.474 和 0.388，均显著，假设 5-12-2、假设 5-13-2 和假设 5-15-2 均得到了实证数据的支持，假设成立。

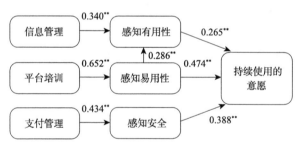

图 5-11　路径分析示意图

$**P<0.01$

表 5-46　路径系数和假设检验结果

假设	解释变量	被解释变量	标准化路径系数	标准误	Z	P 值	结果
假设 5-12-1	信息管理	感知有用性	0.340**	0.053	6.425	0.000	支持
假设 5-14-1	感知易用性		0.286**	0.053	5.417	0.000	支持
假设 5-13-1	平台培训	感知易用性	0.652**	0.036	18.333	0.000	支持
假设 5-15-1	支付管理	感知安全	0.434**	0.053	8.171	0.000	支持
假设 5-12-2	感知有用性	持续使用意愿	0.265**	0.055	4.829	0.000	支持
假设 5-13-2	感知易用性		0.474**	0.047	10.001	0.000	支持
假设 5-15-2	感知安全		0.388**	0.050	7.758	0.000	支持

$**P<0.01$

（2）中介效应检验。为了进一步探索共享物流平台提供的功能支持（即信息

管理、平台培训和支付管理）对司机持续使用意愿的影响机制，本书构建了感知
有用性、感知易用性和感知安全作为中介变量影响司机持续使用意愿的理论模型。
本书利用 Preacher 和 Hayes 提出的 Bootstrap 重复抽样 5000 次检验感知有用性、
感知易用性和感知安全在模型中的中介作用[335]。这种重复抽样的方法具有更为强
大的统计能力并且测试的结果更加稳定[337]。它可以同时检查多个中介效应，并对
整体中介效应进行测试[335]。如果 95%的置信区间不包含零，则可以认为中介效应
的点估计是显著的[518]。实证结果如表 5-47 所示，在 95%的概率水平下，假设 5-12-3、
假设 5-13-3、假设 5-14-2、假设 5-14-3、假设 5-15-3 的置信区间分别为[0.044,0.151]、
[0.219,0.401]，[0.035,0.137]，[0.023,0.088]，[0.111,0.252]，因此假设 5-12-3、假设
5-13-3、假设 5-14-2、假设 5-14-3、假设 5-15-3 均成立。

表 5-47　中介效应模型的路径系数

假设	中介路径	间接效应系数	双侧检验 P 值	95%置信区间		中介效果
				下界	上界	
假设 5-12-3	信息管理—感知有用性—持续使用意愿	0.090**	0.001	0.044	0.151	支持
假设 5-13-3	平台培训—感知易用性—持续使用意愿	0.309**	0.000	0.219	0.401	支持
假设 5-14-2	感知易用性—感知有用性—持续使用意愿	0.076**	0.003	0.035	0.137	支持
假设 5-14-3	平台培训—感知易用性—感知有用性—持续使用意愿	0.049**	0.002	0.023	0.088	支持
假设 5-15-3	支付管理—感知安全—持续使用意愿	0.168**	0.000	0.111	0.252	支持

$** \ P < 0.01$

本书从共享物流平台提供的功能支持的角度出发，以技术接受模型为理论框
架，引入感知安全变量，构建了基于 TAM 理论的司机对共享物流平台的持续使用
意愿模型。模型以共享物流平台提供的信息管理、平台培训和支付管理为自变量，
以感知有用性、感知易用性和感知安全为中介变量，以司机的持续使用意愿为因
变量，揭示了平台影响司机持续使用意愿的作用机制。

5.5　农产品共享物流的模块化服务模式

农产品共享物流模式有助于物流资源的供需匹配，能够促进物流敏捷性和物
流规范化的提升，最终实现农产品物流的降本增效，是新型城镇化背景下农产品
物流体系创新的重要方向。农产品共享物流模式是提升物流效率、实现农产品物
流服务需求和农产品物流服务供给匹配的重要途径。但是当前的农产品物流市场，
农产品物流需求呈现小批量、高频率的特点，这给农产品物流服务的执行增加了
难度。农产品共享物流仍旧需要一种有效的服务形式，来应对农产品物流服务需

求个性化、多样化、高频化的特点。柯颖和王述英的研究指出，模块化的模式具有柔性和开放性的特征，能够通过对模块进行多种组合，使企业灵活地响应市场需求的变化，与当前农产品物流面临的个性化、多元化、复杂的需求的状况十分契合。因此，本节将模块化应用到农产品物流领域构建了模块化服务模式，从而为农产品物流应对个性化需求的挑战提供了发展思路。

5.5.1　模块化服务模式的基本原理

1. 模块化服务模式的运作主体

农产品物流模块化服务模式，是农产品共享物流的一种应对个性化物流需求的服务模式，主要由两类主体（可以统称为农产品物流模块化服务模式的成员企业）协作实现：信息集成商（即农产品共享物流企业）与农产品物流服务商（简称物流服务商）。在此模式下，物流服务商作为独立的节点，彼此之间以复杂多样的关系联结为纽带，通过互补的资源发挥核心能力；并以模块化的服务供给方式，满足客户个性化的需求。农产品物流模块化服务模式的有序运行，本质上是依靠农产品共享物流企业与物流服务商的协同实现的。农产品共享物流企业为物流服务商提供及时的信息服务与科学决策数据，并负责协调各物流服务商的闲置资源，形成社会化协同，从而实现农产品物流服务的智能化、数据化协调与管理。

第一，农产品共享物流企业。农产品共享物流企业是农产品物流的模块化服务模式中的核心企业，在整个模块化服务模式中承担着指导、协调与管理的责任。

农产品共享物流企业的分工有两个方面：一方面，搭建共享物流平台。通过搭建共享物流平台，从而形成连接农产品供应商（包括农民、生产基地、农产品加工企业、农产品经销企业、农产品电子商务企业、从事农产品电子商务的商家等）、物流服务商及农产品需求方（包括购买农产品的组织和个人，既包括终端消费者也包括零售终端，如超市、生鲜便利店等）的大数据枢纽，通过挖掘信息，对农产品物流需求情况与物流服务商的物流服务能力进行分析与匹配，形成针对客户（指农产品物流服务的需求方，包括农产品供应商与农产品需求方）需求的物流配送与资源整合方案，指导、协调物流服务商向客户供给服务。另一方面，制定模块化服务模式运行的规则与标准。农产品共享物流企业应负责制定科学、合理的利益分配机制和惩罚机制，促进物流服务商之间的实质性合作；负责确定统一的信息标准与服务标准，保证节点企业之间信息交流的通畅性与服务的兼容性；对物流服务商开展服务质量监督与测评，为客户选择物流服务商提供科学依据。

第二，物流服务商。物流服务商是负责农产品包装、仓储、运输、配送等全部物流环节或部分环节的企业。通过与农产品共享物流企业合作，物流服务商将物流网络布局、物流设施、配送车辆等物流资源的存量、增量与使用情况，形成编码化的信息，上传至共享物流平台，在共享物流平台上实现资源整合，由农产品共享物流企业实施资源管理与调度，彼此之间则形成上下游的合作关系，在各自擅长的配送区域、服务环节发挥服务优势，共同为客户提供服务。

农产品物流模块化服务模式的有序运行，本质上是依靠农产品共享物流企业与物流服务商的协同运作实现的。农产品共享物流企业为物流服务商提供及时的信息服务与科学决策数据，并负责协调各物流服务商的闲置资源，形成社会化协同，从而实现农产品物流服务的智能化、数据化协调与管理。

2. 模块化服务模式的运作流程

农产品物流模块化服务模式的运作流程，是指在共享物流平台支持下，农产品物流模块化网络组织从接收订单到完成服务（即接收订单—分析订单—发布物流方案—提供模块化服务—完成服务，接收顾客反馈）的全过程。图 5-12 即为农产品物流模块化服务模式的运作流程。

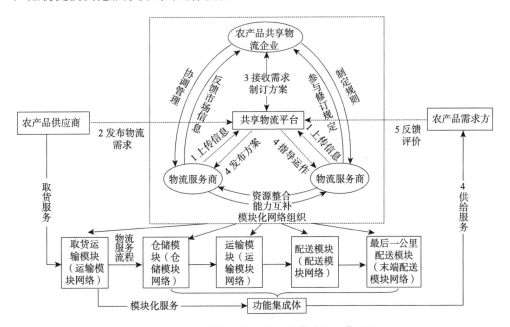

图 5-12　农产品物流模块化服务模式的运作流程

第一，物流服务商将自身的服务进行信息化编码，接入共享物流平台。物流服务商将自身服务首先进行模块化分解，分解成若干个服务模块；随后将服务模块的相关信息上传至共享物流平台，供农产品供应商选择合适的物流服务商进行参考。

第二，农产品供应商发布物流需求，并选择目标服务商。农产品供应商发布物流需求，并根据共享物流平台上提供的信息，选择适合自身需求的几个目标物流服务商。

第三，农产品共享物流企业接收物流服务需求，发布物流方案。农产品共享物流企业接收到农产品供应商的需求信息，根据所选物流服务商的服务能力，制订适宜的物流方案，向物流服务商发布服务计划。

第四，物流服务商接收农产品共享物流企业发布的物流方案，供给物流服务。根据农产品共享物流企业制订的物流方案，选中的物流服务商提供相应的服务模块，并在农产品共享物流企业的调配之下，形成密切的合作。通过各个环节服务模块的无缝衔接（即"取货—仓储—运输—配送—最后一公里配送"各环节的无缝衔接），为农产品需求方提供定制化的物流服务。

第五，农产品需求方评价物流服务，并反馈评价信息。农产品需求方根据物流服务商供给的物流服务，进行相应的服务评价，并通过共享物流平台，将评价信息进行反馈，为农产品共享物流企业选择物流服务商提供评价依据。

5.5.2　农产品物流模块化服务模型

1. 农产品物流服务的模块化供给模型

物流环节的模块化操作分为一体化物流服务的模块化解构、服务流程设计和服务模块的网络化集成三个阶段。①物流服务商首先进行一体化物流服务的模块化解构。将原来一体化的物流服务系统地进行分解，把其中具有相同或相似功能的单元分离出来并进行归并与简化[356]，使其成为半自律性的、具有完备功能的服务模块。农产品物流模块化网络组织中，所有物流服务商的服务模块在共享物流平台上进行汇总，最终形成服务模块的备选集。②农产品共享物流企业接收农产品供应商的需求信息并进行需求分析，根据需求分析进行服务流程设计，并将服务流程分解为具体的服务模块，向物流服务商发布服务计划。③按照农产品共享物流企业发布的功能需求与界面标准约束，农产品共享物流企业在物流服务商提供的服务模块备选集中选择最适宜的服务模块，并将选择出来的服务模块按照农产品供应商的需求进行集成，形成最终的物流服务集成体，向消费者提供完整的农产品物流服务。

农产品物流活动具有多样性。基于不同的流通方式，农产品物流活动的运作环节是不同的，不能够一概而论。由于篇幅限制，本书选择对于物流服务质量要求最高、物流配送最复杂、涵盖物流环节最为全面的生鲜电商物流作为代表，进行研究。

生鲜电商物流的代表性体现为：第一，生鲜农产品易腐烂，对于物流配送的及时性、稳定性有着极高的要求；第二，生鲜电商物流在消费端面向全国范围内极为分散且需求最为多样化的终端消费者，物流配送的复杂性最高；第三，生鲜电商物流能够涵盖农产品从集货、仓储、运输、城市配送、最后一公里配送的全部环节。生鲜电商的物流服务的模块化供给方式如图 5-13 所示。

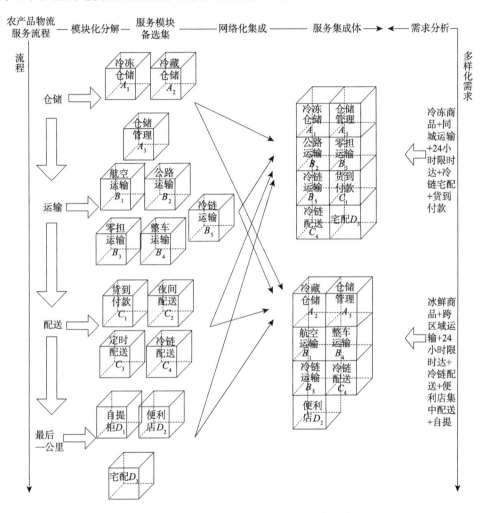

图 5-13　生鲜电商的物流服务的模块化供给模型

　　生鲜电商物流运作的过程可以总结为"集货与仓储—干线运输—配送—最后一公里配送"四个环节。商家根据农产品共享物流企业对其销售数据的分析与销售预测，将水果、海鲜、肉类等生鲜产品提前备货至模块化网络组织的冷链仓储中心进行集中仓储，并提供仓储、加工、包装等服务。消费者下单后，由仓储中心发货，经过干线运输、末端配送等环节，将生鲜产品配送至消费者指定地点。上述流程的模块化操作，需要每一个物流环节都进行模块化解构，具体如图 5-13

所示，①在仓储环节，模块化网络组织成员提供的仓储服务经过分解可以形成冷冻仓储、冷藏仓储、仓储管理等备选模块；②在运输环节，运输服务经过分解可以形成航空运输、公路运输、整车运输、零担运输、冷链运输等备选模块；③在配送环节，配送服务经过分解可以形成货到付款、夜间配送、定时配送、冷链配送等备选模块；④最后一公里配送可以分为自提柜、便利店及宅配等备选模块。各物流服务商将业务进行模块化分解后，由农产品共享物流企业根据物流需求，选择适当的服务模块进行整合，最终为消费者提供一体化的物流服务。如图 5-13 所示，根据分析后的需求"冷冻商品+同城运输+24 小时限时达+冷链宅配+货到付款"，可以在备选集中选择模块 A_1、A_3、B_2、B_3、B_5、C_1、C_4、D_3 进行组合，形成符合需求的物流服务集合体。比如，根据分析后的需求"冰鲜商品+跨区域运输+24 小时限时达+冷链配送+便利店集中配送+自提"，可以在备选集中选择模块 A_2、A_3、B_1、B_4、B_5、C_4、D_2 进行组合，形成符合该需求的物流服务集合体。通过模块的增加、替换、删除可以形成具有不同功能的模块组合，能够响应消费者需求的改变，实现服务供给与需求的精准对接。

2. "信息网络+物流网络"的集成模型

"信息网络+物流网络"的集成模型，是农产品物流服务的模块化供给模型运行的前提。农产品物流服务模块之间的衔接，物流资源的整合共享，物流服务商之间的协作配合，都是在信息网络的调度之下高效、有序地进行的。信息网络调度物流网络运作的过程，就是信息网络与物流网络的集成的过程，由此本书构建了"信息网络+物流网络"的集成模型。

以生鲜电商物流活动为例，"信息网络+物流网络"的集成模型如图 5-14 所示。

信息网络是指农产品共享物流企业掌握的包括商家（农产品供应商）、物流服务商和消费者（农产品需求方）的各项数据形成的大数据资源网络。物流网络是指农产品物流模块化网络组织中，各物流服务商提供的服务模块形成的资源网络。农产品共享物流企业搭建的共享物流平台是"信息网络+物流网络"的集成模型建立的技术基础。在共享物流平台的驱动之下，农产品供需双方及物流服务商之间能够实现有效的沟通，物流网络能够得到更为科学的规划，从而推动物流活动的高效进行。信息网络与物流网络的集成主要体现在以下三个方面：第一，客户需求信息与资源使用情况的分析，有助于物流方案（包括仓储方案与配送方案）的科学制订。通过分析资源的使用情况，农产品共享物流企业得以对物流服务商的服务能力形成整体把握，以形成契合客户需求的仓储方案与物流配送方案，从而协调规划仓储模块、运输模块、配送模块等之间的配合。第二，实时运作信息的传递，有助于物流服务模块的科学调度。物流服务商提供的物流服务模块是处

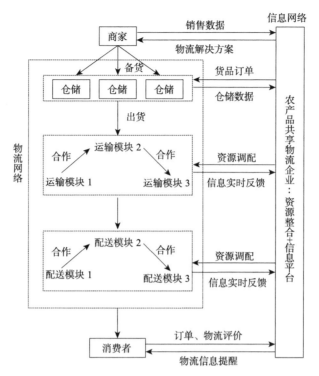

图 5-14　"信息网络+物流网络"的集成模型

于独立的分散状态的，但是集成化的农产品物流服务需要若干个不同功能的物流
服务模块的有效整合。只有当物流服务商之间形成有效的信息沟通时，物流服务
商之间的合作才能更为契合，物流服务模块才能够得到有效整合，实现物流服务
活动的顺畅进行（如图 5-14 所示，仓储模块—运输模块—配送模块的整合过程，
时刻都需要物流服务商之间的沟通，以实现彼此的协同合作）。第三，客户反馈信
息的收集，有助于对物流服务商的分类管理。物流服务完成之后，客户提出反馈
信息，对服务进行多方面的评价。客户的评价反馈，不仅能为物流服务商改善服
务功能、提升服务质量提供信息依据，也为以后的客户进行科学的选择提供了依
据。农产品共享物流企业能够根据客户的反馈信息，对物流服务商进行甄别，对
其提供的服务模块进行分类管理。

5.5.3　模块化服务模式的典型特性

1. 服务模块化

服务模块化是物流服务商响应客户多元化、个性化需求的有效途径。一方面，

物流服务商不再需要提供农产品物流全链路的服务，只需要专注于某一个或若干个优势环节（如只专注于干线运输或末端配送），为整个农产品物流服务提供服务模块即可，这符合当前我国物流服务商"小、散、多"的发展现实。另一方面，为客户提供的农产品物流服务，可以通过变换服务模块，而实现即时的改变，从而响应随时可能发生变化的客户需求和外部环境，这是服务模块化创造价值最为关键的环节，符合农产品物流质量提升、效率优化的重要诉求。

2. 信息整合化

信息整合主要体现为三个方面：一是农产品共享物流企业与物流服务商之间的信息整合。农产品共享物流企业制定系统规则、运行标准，并将其传递给物流服务商，以规范物流服务商的服务行为；物流服务商将实时的作业信息传递给农产品共享物流企业，为农产品共享物流企业优化物流配送方案提供信息依据。二是物流服务商之间的信息整合。在物流链上各环节物流服务商形成合作的过程中，物流服务商之间需要对在途运输信息、配送信息等进行共享与整合（如将实时路况、目的地信息等进行整合），以保证物流活动的有序进行。三是物流服务商与客户之间的信息整合。在农产品配送过程中，物流服务商通过共享物流平台，将农产品的订单状态信息、产品信息、货物在途状况信息等共享给客户，以保证客户对于整个物流活动的实时掌握。

3. 成员协同化

农产品物流模块化服务模式中，成员的协同关系是通过能力互补与资源互补而形成的。第一，成员之间的能力互补。农产品共享物流企业能够为物流服务商之间的合作提供平台支持，为物流服务商实现服务功能优化与技术升级提供需求分析，为农产品物流模块化服务模式的运作提供信息支持与管理基础；各物流服务商有着不同的物流服务能力，整个物流服务可以由若干个专业化的物流服务商来承担，其形成上下游环节的衔接，共同完成物流配送任务。

第二，成员之间的资源互补。农产品物流模块化服务模式中，各物流服务商往往具有不同程度的专用性资产。通过共享物流平台的连接，农产品共享物流企业能够在众多的资源中选择调度最为快捷、服务最为优质的物流服务商提供服务模块，实现物流服务与物流需求的高效匹配；同时，农产品共享物流企业能够协调物流服务商冗余的仓储容量、车辆、配送人员等关键资源供给其他合作伙伴使用，并对其进行价值补偿；而运力不足的物流服务商，也可以通过共享物流平台的分配借用合作伙伴的资源。

4. 平台开放化

借助信息技术的支持，共享物流平台能够打破物流的时空约束、拓展交易时间、加快交易速度、减少中间环节[356]，从而实现农产品物流服务交易空间和合作空间的无限拓展。这种开放的特征，在拓展了物流服务商的合作范围的同时，也聚集了更多的异质性的物流服务资源，从而形成更为丰厚的资源池。同时，共享物流平台能够在无限经济时空黏合大量的农产品物流服务供需双方，产生强烈的网络效应，在迅速传播客户需求的同时，也为客户提供了多种服务选择，使得客户可以在众多异质性的物流服务商中，选择更为符合的物流服务商。

5.5.4　模块化服务模式的价值创造

根据上文所述，农产品物流模块化服务模式有四个特性：信息整合化、服务模块化、成员协同化和平台开放化。这同时也是农产品物流模块化服务模式相较于其他模式的优势特征，更是农产品物流模块化服务模式发挥效能的属性动因。农产品物流模块化服务模式通过作用载体发挥作用，最终实现价值创造。因此，本书以"优势特征—作用载体—作用结果"为逻辑，对农产品物流模块化服务模式的作用机理进行深入分析，分析框架如表 5-48 所示。

表 5-48　农产品物流模块化网络组织的作用机理分析框架

优势特征	作用载体	作用结果
服务模块化	局部响应的服务方式 供需匹配的服务方式	提升物流运作效率 提升客户感知价值
信息整合化	实现信息共享 挖掘客户"长尾需求" 科学调配网络资源	降低客户搜寻成本 创造更多企业价值 提高物流运作效率
成员协同化	专业化的分工协作 形成互补的资源集合	实现企业规模经济 创造网络协同价值
平台开放化	开放的组织结构 建立稳固的成员关系	创造网络规模效应 降低成员交易成本

1. 服务模块化能够提升客户感知价值

农产品物流服务模块化能够通过模块整合的方式向客户供给物流服务。在系统设计层面，农产品共享物流企业通过共享物流平台接收到客户的订单，对客户的需求形成良好的把握，并且根据客户的需求制订个性化的物流服务方案，决定采取或增加、或删减、或更换服务模块的措施，对物流需求形成响应；在物流服务操作层面，则调度物流服务商的物流服务模块予以响应，实现物流服务功能的增加、减少和变更，形成物流服务的响应性变化。相比于一体化的物流服务供给模式，这种局部响应的物流服务供给模式，能够实现对市场需求变化的灵活响应，向客户供给相匹配的物流服务，为其提供定制化的服务体验。

2. 信息整合化能够提升物流的运作效率

借助共享物流平台的数据与信息管理，第一，农产品物流服务供需双方的信息不对称性会逐渐减弱，双方权利关系逐渐趋于平等，信息传递在供需双方之间成为平等的双向交互式，为双方实现价值交换、完成交易提供了信息基础，能够有效降低客户搜寻服务所需的成本与时间[357, 358]；第二，物流服务商可以直接面对客户，通过实时、频繁的交流与互动，更直观地洞察市场需求变化，关注到客户个性化的消费需求，有助于缩短物流服务商对于市场需求变化的响应时间；第三，农产品共享物流企业得以对以往物流服务商的表现、各个分段的报价、即时运力资源情况等，进行优化组合配置，形成科学的物流解决方案，优化物流配送路径，再利用农产品共享物流企业的社会运力资源对农产品进行配送，从而盘活网络资源存量，降低冷链运输空载率和冷库空置率，提升物流运作效率。

3. 成员协同化能够创造网络协同价值

一方面，农产品物流模块化服务模式中成员企业能够通过信息连接形成战略合作关系，通过专业化分工与合作，企业可以只专注于自身核心能力的打造与核心资产投资，而不必将物流资源分散在全部的服务流程上。这种基于核心能力的合作允许成员企业在遵循一定"游戏规则"的前提下，自由地与其他企业结成联盟，实现自身能力的价值最大化[359]。由此，农产品物流模块化服务模式的各成员主体，能够通过协同合作发挥各自的优势，进行服务能力的传递并沟通信息，各尽所能，从而产生协同效应。

另一方面，农产品物流模块化服务模式中，物流服务商掌握有异质性的农产品物流资源，能够提供多样化的物流服务模块。农产品共享物流企业通过搭建共享物流平台，利用信息技术，将物流服务商聚合在一起形成交流，从而形成了资源丰厚的资源池[360]，为各物流服务商掌握的异质性资源的交叉流动及服务模块的多样化组合提供了可能。各物流服务商通过资源互补，能够共同完成整个物流活动的价值创造过程，产生协同效应。

4. 平台开放化能够实现网络规模效应

一方面，农产品物流模块化服务模式的开放化，允许符合网络系统规则与标准的物流服务商接入共享物流平台，与其他物流服务商形成合作关系，与客户开展交易。并且信息技术的不断发展，为农产品物流模块化服务模式成员规模的不断扩大提供了信息管理服务。由此，农产品物流模块化服务模式的成员数量能够不断增多，网络规模能够不断增大，物流服务商能够获得的潜在资源得到不断丰富，从而实现直接和间接的网络规模效应，在提高农产品物流模块化服务模式提供异质性资源能力的基础上，为客户提供更丰富多样的服务产品[360]。

另一方面，丰富的异质性资源将进一步放大网络效应，吸引到更多的物流服务商参与到农产品物流服务的供应上来。更好的服务质量吸引更多的客户，客户的数量越多，农产品物流模块化服务模式中的资源的利用频率越高，同样资源创造的价值也就越大[361]，物流服务商的收益也会越高，从而形成良性循环，促进农产品物流模块化服务模式的长期可持续发展。

5.5.5　模块化模式与农产品物流的契合

新型城镇化背景下，信息技术在各个行业都有着广泛的应用。信息技术在农产品物流领域的应用，能够解决模块化服务模式与农产品物流特性不匹配的问题，能够满足农产品物流企业信息互通、资源共享、协同运作的合作需求，为农产品物流服务模块化供给的实现提供技术条件。因此本书认为，新型城镇化背景下，模块化服务模式与农产品物流的特性高度契合，能够有效应对农产品物流面临的矛盾与挑战。

1. 提升地理柔性，应对生产的区域性与消费的全国性并存的挑战

依托信息技术的连接，农产品物流系统中分散的物流服务商可以整合为一体实现彼此之间深层次的交流。在信息技术的支持下，物流服务商可以根据客户的个性化需求，克服供给与需求要素之间时间与空间上的距离，实现协作[362]。在这种服务模式下，物流服务商能够通过协作突破经济区位的有形疆界，在全国范围内配置农产品物流资源，应对生产区域性与消费全国性的矛盾。

2. 提升服务柔性，应对规模经济与服务定制化并存的挑战

模块化是指对标准化的产品或服务进行分解与归并，那些具有相同或相似功能的单元即成为模块。形成的模块可以分为通用模块和专用模块，通用模块具有标准和通用的特性，能够满足基础性的需求，适用于规模化的生产；专用模块是动态多样化的模块，具有灵活多变的特点，能够满足多样化的需求，是实现定制化的重要方式。农产品物流服务分解后形成的服务模块，同样可以分为通用模块与专用模块。通过对通用模块和专用模块进行多样化组合，便可以协调服务供给的规模化与需求的个性化之间的矛盾，实现服务供给的规模经济和服务模块不同

组合的范围经济。

3. 实现协同运作，应对专用投资高与物流组织规模小并存的挑战

模块化服务模式下，物流服务商能够通过信息连接形成战略合作关系，通过专业化分工与合作，企业可以只专注于自身核心能力的打造与核心资产投资，通过相互之间的合作共同供给服务。此外，得益于信息平台的信息联通和资源整合能力，物流服务商可以在平台的专业指导下，共享物流资源，因此可以保证自己不必进行大规模的投资也可以有充分的资源设施予以利用，从而能够调和农产品物流操作过程中专用投资较高而物流组织规模较小的矛盾。

4. 扩大资源可得性，应对客户要求物流服务高质量且低成本的挑战

在信息技术的支持下，模块化服务模式能够通过信息平台吸引更多的物流服务商形成业务联结，从而提升了平台上可用的农产品物流服务模块的丰富程度，给客户提供了更多的服务选择。具体说来，随着平台上的物流服务模块的不断丰富，客户可以在丰富的资源池中选择符合自身的服务需求的服务模块。客户的选择范围越广，客户可以选择到物流服务质量好且价格合理的服务模块的可能性就越高。也就是说，在这种情况下，客户获得的物流服务的质量可以得到可靠的保证，同时物流成本也能因为物流服务商之间的相互竞争而得到控制。因此，客户要求高质量且低成本的农产品物流服务的挑战可以得到有效应对。

第6章 新型城镇化下我国农产品物流现状评价

新型城镇化建设已全面铺开，其对我国农产品物流发展的影响也开始逐渐显现，经由第 4 章、第 5 章的分析可知，新型城镇化背景下我国农产品物流系统在宏观层面将逐渐形成三网协同的运作模式，在微观层面渐渐形成共享物流模式。面对系统未来的新形态，当前我国农产品物流仍存在较大的提升空间，需要对我国农产品物流发展现状进行全面分析，发现与未来新形态的差距具体表现在哪些方面，从而有针对性地制定发展战略及提升措施。

6.1 评 价 对 象

一般来说，对农产品物流发展现状的评价，主要是对农产品物流承担者的考量，大多是从成本、效率、服务等维度综合评判农产品物流企业的发展水平，然而本节的评价对象却与此有很大不同。本章在新型城镇化背景下评价我国农产品物流发展现状，其评价内容不仅限于农产品物流活动承担者，还包括农产品物流需求主体、系统影响者、流动要素与支撑要素、系统的结构和功能，综合而言，本章的评价对象为我国农产品物流系统整体。

6.2 评 价 标 准

评价对象解决的是对谁进行评价的问题，评价指标解决的是从哪些方面进行评价的问题，而评价标准旨在探讨各指标应该达到什么程度，换言之，评价所参照的是什么，离对标标的还有多少差距。评价标准能够反映出评价对象的发展意图是什么，因此，选择合适的评价标准对于评价结果的有效性至关重要。

甘红云、杨家其等构建了一个包含历史、标杆企业和客户要求的三维物流绩效评价体系，其中，历史标准侧重于企业发展积累，标杆企业标准侧重于企业在行业内的竞争力，客户要求标准关注的是企业市场价值的实现。戴恩勇和陈永红对此进行了细化，将物流绩效标准分为历史标准、计划标准、平均标准、行业先进标准和客户标准[363]。

本章对农产品物流发展现状的评价是为了弄明白当前我国农产品物流水平与新型城镇化下我国农产品物流系统的新形态还有多大差距，因此，本章所遵循的评价标准主要是学者所说的期望标准，即以新型城镇化下我国农产品物流系统的新形态为目标，关注实际发展与目标水平之间的差距。

6.3　指标设计原则

对于我国农产品物流发展现状的评价，既要以新型城镇化背景下我国农产品物流系统的新形态为标杆，又要遵循一般评价体系构建时所依据的科学原则，具体而言如下。

（1）系统全面原则。农产品物流是一个由不同主体、不同环节所构成的复杂开放的系统，评价指标的设计要能够涵盖全局，不仅包括农产品物流需求主体、农产品物流供给主体、流体、政策支持、人才支撑等要素，还要涉及系统的结构及功能，体现指标的全面性、系统性。

（2）协调兼顾原则。传统关于农产品物流发展现状的评价大多侧重于单个企业或者单个职能部门，评价指标可以不用考虑或者较少考虑其他企业的影响，而本章的评价对象为农产品物流系统，就需要评价指标设计时充分体现各环节和各主体的相互关系及相互影响，考虑主体间协作水平，同时指标的设计要兼顾社会效益与经济效益。

（3）目标传递原则。评价指标的设计必须是农产品物流系统发展目标的切实体现和进一步分解，必须让发展目标有效落地，必要时可以对目标进行二级、三级分解，分解时要注意不重复、广覆盖。

（4）易于判断原则。评价指标的设计要做到容易做出判断，舍弃那些看似有较高理论意义，但理解起来较难或者容易产生歧义的指标，要用通俗易懂的语言将所要评判的维度进行有效分解。

（5）典型特征原则。期望标准是本章进行现状评价的主要标准，因此指标设计时要重点考虑农产品物流系统新形态所具有的典型特征，尤其是在新型城镇化的影响下，系统发生的重大变革。

6.4　评价指标体系

遵循以上原则，本节基于上节有关农产品物流系统构成，从主体要素、流动要素、支撑要素、系统结构、系统功能五个层面构建了新型城镇化下我国农产品物流发展的评价指标体系（表 6-1）。

表 6-1　新型城镇化下我国农产品物流发展的评价指标体系

一级指标	二级指标	三级指标	考察重点
主体要素	农业生产经营者		规模化、品牌化、现代化
	农产品零售商		连锁化、服务便捷度、模式
	农产品批发商		专业化、规模、交易方式
	农产品物流企业		市场化、服务内容、规模
	农产品物流协会		规模、话语权、作用
	高校及科研机构		数量、专业设置
流动要素	流体		物理形态、品质
	流速		快慢
	载体	冷链设备设施	数量、配置、规模
		布局合理性	覆盖范围、利用程度
		路网建设水平	长度、多式联运、覆盖
支撑要素	物流技术		硬技术与软技术
	信息平台		数量、功能、覆盖率
	物流人才		数量、质量、专业
	政策法规	支持力度	金融、税收、资金
		标准化制定	完备程度、执行程度
		市场秩序监管	全面性、执行有效性
系统结构	主体关系		权力分配
	信息传递	共享率	信息不对称现象、利用效率
		准确率	信息失真
	环节衔接		环节转换效率
系统功能	时空效用		产品新鲜度、种类丰富度
	社会效用		食品安全、卖难买贵
	经济效益		增值能力

（1）主体要素。基于 4.1 节的分析，在新型城镇化的作用下，农产品物流系统主体要素中发生较大变化的有农业生产经营者、农产品批发商、农产品零售商、农产品物流企业、农产品物流协会和高校及科研机构。并且不同主体的变动方式有所不同，因此在判断指标发展时考察的重点有所差异。①对于农业生产经营者将重点考察其组织化、机械化和品牌化水平；②对于农产品批发商而言，重点考察其专业化程度、集聚功能强弱及交易方式的电子化程度；③对于农产品零售商主要考察其连锁化水平、提供服务的便捷度及商业模式的多样化水平；④对于农产品物流企业要考察其社会化、规模化、分工化水平及所提供服务的多元化水平；⑤对于农产品物流协会主要考察其规模、在行业所拥有的话语权及对于行业健康发展所发挥的作用大小；⑥对于高校及科研机构而言，主要考察农产品物流人才培养情况、相关专业设置及物流技术研发情况。

（2）流动要素。与主体要素选择的分析过程相类似，选择流体、流速和载体三个变化较大的因素来衡量流动要素发展水平。①对于流体而言，主要是考察农产品在流通过程中的清洁、包装、简易加工等物理形态及代表品质的标准化、品牌化水平。②对于流速就是考察其流通速度，也是衡量农产品物流发展水平的重要标志。③对载体的评价需要进一步分为三个方面，对于直接承载并运送农产品的载体而言主要考察其冷链装备水平；对于固定的交通基础设施来说，主要考察其路网建设情况，包括里程和衔接效率；对于在流通环节中起到节点作用的载体而言，重点考察其布局是否合理，考察其资源利用效率。

（3）支撑要素。新型城镇化下我国农产品物流系统运行的三网协同与物流体系的共享式创新都离不开物流技术、信息平台、物流人才、政策法规的大力支撑，因此物流技术、信息平台、物流人才、政策法规是支撑要素维度上待评价的重点。①对于物流技术而言，不仅要考察硬技术发展情况，还要考察软技术水平。②对于信息平台，一是考察其规模，考察平台的体量大小；二是考察平台所提供功能的完备程度，如信息查询功能、交易功能、实时监管功能、融资功能等；三是考察平台的范围，评估其所能够覆盖的相关利益者多寡。③对于物流人才的考察需要兼顾数量、质量和专业，既需要评价其人才数量，也需要判断其人才质量，还需要对其所拥有的技能型、管理型、战略型人才的结构情况进行考察。④对于政策法规需要从支持性、引导性和监管性三个方面来考察，通过判断在金融、税收、资金等方面的支持力度来考察支持性政策水平；通过评价标准化政策的完备程度及执行程度来考察引导性政策水平；通过评价监管政策的全面性及执行有效性来考察监管性政策水平。

（4）系统结构。由上文分析可知，农产品物流服务需求者间相互关系的变革、农产品物流服务提供者间相互关系的变革及流动要素间相互关系的变革是新型城镇化下我国农产品物流系统结构发生的最重要变化。其中就涉及主体关系、信息传递及环节衔接的变动，需要对这些因素进行考察。①对于主体关系而言，主要考察主体间权力分配情况，评估处于话语权主导地位的主体。②对于信息传递来说，需要从信息共享率和信息传递准确率两个方面来考察，一是考察信息获取的全面程度和信息的多次利用效率；二是考察信息传递过程中的失真情况。③对于环节衔接而言，需要考虑不同环节间的转化速度和质量，评判流程的一体化水平。

（5）系统功能。新型城镇化背景下，我国农产品物流在缓解农产品供需矛盾、提高农产品价值增值、保障农产品安全等方面的重要作用更加突出，需要从时空效用、社会效用和经济效益三个维度对系统功能进行考察。①对于时空效用主要通过考察农产品新鲜度及种类的丰富程度来评价；②对于社会效用而言，需要考察市场上卖难买贵现象发生及食品安全事故的发生频率和影响程度；③对于经济效益主要通过考察农产品物流所产生的经济利润。

6.5　评价方法选择

学者常用的评价方法主要有 AHP、网络分析法（analytic network process，ANP）、灰色关联度综合评价法、逼近理想解法（technique for preference by similarity to ideal solution，TOPSIS）和模糊综合评价法，这些方法各具特色，每种方法都有其特定的应用条件，而且针对同一问题，不同的评价方法可能会得到不同的结果，因此在选择具体评价方法时要综合考虑评价对象、评价指标、评价目标等方面的具体情况。另外，在评价中确定指标权重是一个非常关键的环节，而上述方法本身并不提供权重的具体确定方法，还需借助其他方式来确定指标权重。指标权重表示的是各评价指标对于评价对象的重要程度。

一般而言，权重的确定有定性方法和定量方法两种，定性方法又可以分为德尔菲法、专家打分法等，主要是经过反复征询、归纳、修改，最后汇总成专家基本一致的看法，其特点在于简单易行、操作性强，但因为专家打分的时候对各指标的认识程度不同而带有很大的主观性，使指标权重的信度降低。熵值法则是一种纯定量的权重确定方法，AHP 及 ANP 是定性和定量相结合、系统化、层次化的分析方法，同时具有定性色彩与定量计算方式，能够较为客观地运用专家智慧，兼具定性方法与定量方法的优点，尤其适用于那些指标体系中既有定量要素又有定性要素的复杂决策问题，其应用已遍及经济计划和管理、能源政策、行为科学、军事指挥、运输、农业、教育、人才、医疗和环境等领域。

鉴于本书的评价目标在于判断农产品物流当前发展水平与未来新形态的差距,考虑到评价指标难以量化,并且对指标水平的评判需要更多地借助专家的智慧,因此,本书将组合运用 AHP 和模糊综合评价法,第一阶段用 AHP 求出权重,第二阶段将权重结果用于模糊综合评价法。

6.5.1 AHP

美国运筹学家匹兹堡大学教授 Saaty 于 20 世纪 70 年代中期提出了 AHP。该方法是一种定性和定量相结合的、系统化、层次化的分析方法,在复杂问题的决策上表现出良好的有效性和实用性。由于其简单明了,适用于含有主观信息等不确定性和定性因素较强的场合,目前已经被广泛地应用于经济、管理、教育、农业、环境等领域。AHP 是在绩效评价中运用最普遍的方法之一。

AHP 的解题目标是求出各决策备选方案的排序或相对权重,其大体思路是将决策问题分解成包含目标层、准则层和方案层的层次结构,用求解判断矩阵特征向量的办法,得出每层各元素对上层某元素的优先权重,最后用加权和的方法递归求得各备选方案对目标的最终权重,最终权重最大的备选方案即为最优方案。在具体运用时可分为以下 4 个步骤。

第一步:建立层次结构模型。

层次结构模型一般分为三层,最上为目标层,最下为方案层,中间是准则层或指标层,在解决实际问题的时候依据复杂程度可出现更多中间层。同层元素从属于上层元素或对上层元素有影响,同时又支配下层元素或受到下层元素的影响。层次结构模型一般用图形化的层次结构来表示各元素之间的逻辑关系。

第二步:构造成对比较矩阵从层次结构模型的第二层开始,求出该层各元素相对于上层元素的相对权重。为此采用 AHP 1～9 标度法(表 6-2)和两两配对比较的方法构造判断矩阵。

表 6-2　AHP 1～9 标度法取值及含义

标度	含义
1	第 i 个元素与第 j 个元素相比影响相同
3	第 i 个元素与第 j 个元素相比影响稍强
5	第 i 个元素与第 j 个元素相比影响强
7	第 i 个元素与第 j 个元素相比影响明显强
9	第 i 个元素与第 j 个元素相比影响绝对强
2, 4, 6, 8	第 i 个元素与第 j 个元素相比影响介于上述两个相邻等级之间

设某层有 n 个元素，用 a_{ij} 表示第 i 个元素相对于第 j 个元素的比较结果

$\left(a_{ji} = \dfrac{1}{a_{ij}} \right)$，则 $A = \left(a_{ij} \right)_{n \times n} = \begin{pmatrix} a_{11} & a_{12} & \cdots & a_{1n} \\ a_{21} & a_{22} & \cdots & a_{2n} \\ \vdots & \vdots & & \vdots \\ a_{n1} & a_{n2} & \cdots & a_{nn} \end{pmatrix}$ 称为成对比较矩阵。

第三步：计算单排序权向量并做一致性检验。

因 $a_{ij} > 0$，$a_{ii} = 1$，所以矩阵 A 为正互反阵。定义正互反阵 A 中，若 $a_{ik} \times a_{kj} = a_{ij}$ 则 A 为一致阵。若成对比较矩阵是一致阵，对应于最大特征根 n（一致阵的最大特征根等于方阵的阶数）的归一化特征向量 $\{w_1, w_2, \cdots, w_n\}$，$\sum\limits_{i=1}^{n} w_i = 1$ 作为权重向量，w_i 表示下层第 i 个元素对上层某元素影响程度的权重。但因为矩阵 A 中 a_{ij} 的取值一般由专家打分确定，带有一定的主观性和随意性，所以多数成对比较矩阵不是一致阵，这种情况下取其最大特征根对应的归一化特征向量作为权重向量 W，即 $AW = \lambda W$，$W = \{w_1, w_2, \cdots, w_n\}$。

λ 比 n 越大表明矩阵 A 的不一致性越高，引起的判断误差也越大，因此，可用一致性指标 $\mathrm{CI} = \dfrac{\lambda - n}{n - 1}$（$n$ 为方阵 A 的阶数）表示矩阵 A 的不一致程度。为衡量 CI 的大小，引入随机一致性指标 RI（RI 的取值随 n 取值的不同而变化，可查表得到），定义一致性比率 $\mathrm{CR} = \dfrac{\mathrm{CI}}{\mathrm{RI}}$，一般情况下，当 $\mathrm{CR} < 0.1$ 时认为矩阵 A 的不一致程度在可接受的范围内，通过一致性检验，可用矩阵 A 的最大特征根对应的归一化特征向量作为权向量。

第四步：计算总排序权向量并做一致性检验。

层次总排序是指某层所有元素对于总目标相对重要性的排序权值，应从最高层开始逐次往下进行。设 A 层 m 个元素 $A_1, A_2, \cdots, A_m$ 对总目标的排序为 $a_1, a_2, \cdots, a_m$，B 层 n 个元素对上层 A 中元素 A_j 的层次单排序为 $b_{1j}, b_{2j}, \cdots, b_{nj}$（$j = 1, 2, \cdots, m$），那么 B 层的层次总排序为

$$B_1 : a_1 b_{11} + a_2 b_{12} + \cdots + a_m b_{1m}$$
$$B_2 : a_1 b_{21} + a_2 b_{22} + \cdots + a_m b_{2m}$$
$$\vdots$$
$$B_n : a_1 b_{n1} + a_2 b_{n2} + \cdots + a_m b_{nm}$$

即 B 层第 i 个元素对目标层的权值为 $\sum_{j=1}^{m} a_j b_{ij}$ 。

同样需要对总排序的一致性进行检验，设 B 层 $B_1, B_2, \cdots, B_n$ 对上层 A 中元素 $A_j(j=1,2,\cdots,m)$ 的层次单排序一致性指标为 CI_j，随机一致性指标为 RI_j，则层次总排序的一致性比率为

$$\text{CR} = \frac{a_1\text{CI}_1 + a_2\text{CI}_2 + \cdots + a_m\text{CI}_m}{a_1\text{RI}_1 + a_2\text{RI}_2 + \cdots + a_m\text{RI}_m}$$

一般情况下当 $\text{CR} < 0.1$ 时认为层次总排序通过一致性检验，此时可根据最下层的层次总排序做出最后决策。

6.5.2 模糊综合评价法

在现实世界中，许多事情都具有模糊性，无法给出清晰的界限和评价。模糊数学是利用数学工具来解决模糊事物方面的问题，美国自动控制专家 Zadeh 教授于 1965 年提出了模糊集合理论的概念，用于表达事物的不确定性，学者在此基础上不断发展，提出了模糊综合评价法。该方法以模糊数学为基础将不易划清界限、难以定量的问题定量化，利用模糊数学的隶属度理论对受到多种因素制约的事物或对象做出一个总体评价。其基本原理是首先确定被评价对象的因素（指标）评价集，其次分别确定各因素的权重及隶属度向量，得到模糊评判矩阵，最后把模糊评判矩阵与因素的权向量进行模糊运算并进行归一化，得到模糊综合评价结果，即用模糊数学对受到多种因素制约的事物或对象做出一个总体的评价。模糊综合评价法的优点在于数学模型简单、容易掌握、系统性强，对多因素、多层次的复杂问题评判效果比较好，已被广泛应用于各行各业，其具体运用步骤可分为以下 5 步。

第一步：确定评价对象的因素集和评语集。

这里的评价对象因素集在绩效评价中可以理解为评价指标的集合。设有 m 个评价指标，则记 $U = \{u_1, u_2, \cdots, u_m\}$，称为评价对象的因素（指标）论域。

评语集即每个评价指标可能取值的集合，用 $V = \{v_1, v_2, \cdots, v_n\}$ 表示。如 $V = \{好, 较好, 一般, 较差, 差\}$。

第二步：进行单因素评价。

建立隶属度函数（函数具体形式视具体问题而定，或由专家打分法直接得出），

确立指标集中各元素对评语集中各元素的隶属关系，一个被评价对象在某个指标 u_i 方面的表现通过模糊评判向量 $r_i = (r_{i1}, r_{i2}, \cdots, r_{in})$ 描述，该向量称为单因素模糊向量，所有单因素模糊向量构成了因素模糊评判矩阵：

$$R = \begin{pmatrix} r_{11} & r_{12} & \cdots & r_{1n} \\ r_{21} & r_{22} & \cdots & r_{2n} \\ \vdots & \vdots & & \vdots \\ r_{m1} & r_{m2} & \cdots & r_{mn} \end{pmatrix}$$

其中，$r_{ij}(i = 1, 2, \cdots, m; j = 1, 2, \cdots, n)$ 为某个被评价对象指标 u_i 对评语 v_j 的隶属度。

第三步：确定各指标的模糊权重向量。

一般情况下各指标的相对重要程度不同，所以指标的权重分配是 V 上的一个模糊向量，记为 $A = (a_1, a_2, \cdots, a_m)$，其中 $a_i \geq 0$，$\sum a_i = 1$，a_i 表示第 i 个指标所对应的权重。在实际问题中，权重向量 A 一般由专家打分法或 AHP 得出。

第四步：进行多因素模糊评价。

利用合适的合成算子将 A 与模糊关系矩阵 R 合成，得到被评价对象的模糊综合评价结果向量：

$$B = A \circ R$$

$$= (a_1, a_2, \cdots, a_m) \begin{pmatrix} r_{11} & r_{12} & \cdots & r_{1n} \\ r_{21} & r_{22} & \cdots & r_{2n} \\ \vdots & \vdots & & \vdots \\ r_{m1} & r_{m2} & \cdots & r_{mn} \end{pmatrix}$$

$$= (b_1, b_2, \cdots, b_n)$$

其中，"∘" 为合成算子；$b_j(j = 1, 2, \cdots, n)$ 由 A 与 R 的第 j 列运算得到，表示被评价对象从整体上看对 v_j 评语子集的隶属程度。常用的合成算子分成四种，在解决具体问题时可适当选取。

$M(\wedge, \vee)$ 算子：$b_j = \overset{m}{\underset{i=1}{\vee}}(a_i \wedge r_{ij}) = \underset{1 \leqslant i \leqslant m}{\max}\{\min(a_i, r_{ij})\}$，$j = 1, 2, \cdots, n$。

$M(\cdot, \vee)$ 算子：$b_j = \overset{m}{\underset{i=1}{\vee}}(a_i, r_{ij}) = \underset{1 \leqslant i \leqslant m}{\max}\{a_i r_{ij}\}$，$j = 1, 2, \cdots, n$。

$M(\wedge, \oplus)$ 算子：$b_j = \min\left\{1, \sum_{i=1}^{m} \min(a_i, r_{ij})\right\}$，$j = 1, 2, \cdots, n$。

$M(\cdot,\oplus)$ 算子：$b_j = \min\left(1, \sum\limits_{i=1}^{m} a_i r_{ij}\right)$，$\quad j = 1, 2, \cdots, n$。

第五步：对模糊综合评价结果进行分析。

对模糊综合评价结果向量 B 进行处理，计算出每个被评价对象的综合分值，按照综合分值的大小对被评价对象进行排序。一般采用以下两种方法。

第一：最大隶属度原则。$b_r = \max\limits_{1 \leqslant j \leqslant n} \{b_j\}$，$b_r$ 为综合分值。

第二：加权平均原则。$A = \dfrac{\sum\limits_{j=1}^{n} b_j^k \cdot j}{\sum\limits_{j=1}^{n} b_j^k}$，$A$ 为综合分值，k 取 1，j 为评语赋值。

6.6　综合评价结果

（1）评价对象因素集和评语集。如表 6-1 所示的评价指标建立因素集，记作

$$U = \{\text{农业生产经营者}, \text{农产品批发商}, \cdots, \text{经济效益}\} = \{u_1, u_2, \cdots, u_{24}\}$$

评语集按照绩效水平的高低分为五个等级，记作

$$V = \{\text{好}, \text{较好}, \text{一般}, \text{较差}, \text{差}\} = \{v_1, v_2, v_3, v_4, v_5\}$$

（2）隶属度函数。经极差变换后使得各指标值均在 0 到 1，用 1、0.75、0.5、0.25、0 分别代表评语集中的好、较好、一般、较差、差，即 $V = (1, 0.75, 0.5, 0.25, 0)$。选取正态型隶属函数 $\mu_a = e^{-\left(\frac{x-a}{\sigma}\right)^2}$ $(a = 1, 0.75, 0.5, 0.25, 0)$ 作为各评价指标对评语集的隶属函数[364]，其中 σ 表示评语集取值的标准差。

（3）单因素评价。按照隶属度公式计算各指标值对好、较好、一般、较差、差五个评语的隶属度并按照 $y_{ij} = \dfrac{x_{ij}}{\sum\limits_{j=1}^{n} x_{ij}} (1 \leqslant i \leqslant m = 24, \ 1 \leqslant j \leqslant n = 5)$ 进行归一化处理，建立因素的模糊判断矩阵 (R)。

$$R = \begin{pmatrix}
0.000 & 0.006 & 0.078 & 0.346 & 0.057 \\
0.293 & 0.428 & 0.230 & 0.046 & 0.003 \\
0.004 & 0.054 & 0.249 & 0.425 & 0.268 \\
0.038 & 0.077 & 0.201 & 0.288 & 0.396 \\
0.000 & 0.006 & 0.570 & 0.346 & 0.078 \\
0.402 & 0.449 & 0.132 & 0.016 & 0.001 \\
0.000 & 0.006 & 0.078 & 0.346 & 0.570 \\
0.078 & 0.006 & 0.570 & 0.346 & 0.000 \\
0.001 & 0.024 & 0.166 & 0.419 & 0.390 \\
0.024 & 0.109 & 0.376 & 0.334 & 0.156 \\
0.078 & 0.346 & 0.570 & 0.006 & 0.000 \\
0.006 & 0.078 & 0.570 & 0.346 & 0.000 \\
0.000 & 0.006 & 0.078 & 0.346 & 0.570 \\
0.000 & 0.006 & 0.078 & 0.570 & 0.346 \\
0.346 & 0.570 & 0.078 & 0.006 & 0.000 \\
0.000 & 0.006 & 0.078 & 0.346 & 0.570 \\
0.001 & 0.022 & 0.158 & 0.416 & 0.403 \\
0.044 & 0.067 & 0.219 & 0.400 & 0.270 \\
0.000 & 0.006 & 0.078 & 0.346 & 0.570 \\
0.002 & 0.030 & 0.185 & 0.359 & 0.424 \\
0.000 & 0.006 & 0.078 & 0.346 & 0.570 \\
0.002 & 0.030 & 0.185 & 0.359 & 0.424 \\
0.001 & 0.024 & 0.166 & 0.419 & 0.390 \\
0.000 & 0.006 & 0.078 & 0.346 & 0.570
\end{pmatrix}$$

（4）权重向量。鉴于本书所建立的评价指标具有明显的导向性，是以实现农产品物流系统的三网协同运行与农产品物流体系的共享式运作创新为主要目标的，对一级指标权重的分配也具有一定的导向性，所以本书一级指标的权重由分配直接得出，二级、三级指标的权重由 AHP 和一级指标所分配的权重综合得出。一级指标的权重分配分别为主体要素 0.200、流动要素 0.260、支撑要素 0.300、系统结构 0.140、系统功能 0.100。本节对 AHP 的应用相对简单，此处略去权重计算具体过程，直接给出最终权重的具体结果，如表 6-3 所示。

表 6-3　指标最终权重

一级指标	权重	二级指标	相对权重	三级指标	相对权重	最终权重
主体要素	0.200	农业生产经营者	0.290		1.000	0.058
		农产品零售商	0.070		1.000	0.014
		农产品批发商	0.145		1.000	0.029
		农产品物流企业	0.240		1.000	0.048
		农产品物流协会	0.140		1.000	0.028
		高校及科研机构	0.115		1.000	0.023
流动要素	0.260	流体	0.123		1.000	0.032
		流速	0.108		1.000	0.028
		载体	0.769	冷链设备设施	0.410	0.082
				布局合理性	0.380	0.076
				路网建设水平	0.210	0.042
支撑要素	0.300	物流技术	0.060		1.000	0.018
		信息平台	0.313		1.000	0.094
		物流人才	0.053		1.000	0.016
		政策法规	0.574	支持力度	0.102	0.018
				标准化制定	0.532	0.092
				市场秩序监管	0.366	0.063
系统结构	0.140	主体关系	0.314		1.000	0.044
		信息传递	0.422	共享率	0.400	0.024
				准确率	0.600	0.035
		环节衔接	0.264		1.000	0.037
系统功能	0.100	时空效用	0.404		1.000	0.040
		社会效用	0.414		1.000	0.041
		经济效益	0.182		1.000	0.018

记向量 A 作为模糊判断矩阵（R）的权向量：

$A = (0.058, 0.014, 0.029, 0.048, 0.028, \cdots, 0.035, 0.037, 0.040, 0.041, 0.018)$

（5）多因素模糊评价。选取 $M(\cdot, +)$ 算子对权重向量 A 和模糊判断矩阵（R）做合成运算，得到各被评价对象的模糊综合评价结果向量：

$B = A \circ R = (0.031\,18, 0.068\,159, 0.202\,046, 0.332\,729, 0.365\,81)$

（6）计算综合评价分值。最后对模糊综合评价结果向量 B 进行处理，计算出每个被评价对象的综合分值，本节采用加权平均法。将模糊评语集赋值，令

$V' = (10,8,6,4,2)$，分别代表好、较好、一般、较差、差五个等级，将向量 B 与 V' 相乘得到指标的综合评价分值：

$$G = BV'^{\mathrm{T}} = 4.131884$$

依照模糊评语集赋值规则，上述计算结果表明，相比于新型城镇化下我国农产品物流系统新形态，当前的农产品物流系统发展水平较差，需要做出较大改善。

第7章 新型城镇化下我国农产品物流发展战略

基于第 6 章的分析，可以将新型城镇化下我国农产品物流发展具有的优势、存在的问题和面临的机遇与挑战概括如下。

7.1 具备的优势

7.1.1 信息网络建设与应用持续推进

我国互联网的起步虽然较晚，但发展迅速，已经成为国际互联网的重要组成部分，成为最大的互联网用户群体。中国互联网络信息中心（China Internet Network Information Center，CNNIC）于 2016 年 1 月发布的第 37 次《中国互联网络发展状况统计报告》显示：截至 2015 年 12 月，我国互联网普及率达 50.3%，超过全球平均水平 3.9 个百分点，超过亚洲平均水平 10.1 个百分点。网民规模达到 6.88 亿人。同时，基础网络资源日益完善，自 2011 年全球 IPv4（Internet protocol version 4，国际协议版本 4）地址数已分配完毕后，我国 IPv4 地址总数基本维持不变，IPv6（Internet protocol version 6，国际协议版本 6）地址总数持续增长。截至 2015 年 12 月，我国互联网 IPv4 地址数达 3.37 亿个；IPv6 地址总数为 20 594 块/32，年增长 9.6%。我国互联网国际出口带宽为 5 392 116Mbps（megabits per second，兆比特每秒），年增长率为 30.9%。除 IP（Internet protocol）地址外，我国的域名总数、网站数量、网页数和网页字节等互联网资源数在大幅度增长。

互联网增长应用领域不断拓宽，形式日益丰富。中国互联网络信息中心的数据显示，截至 2016 年 12 月，全国使用互联网办公的企业比例为 95.6%。同时，我国个人互联网应用发展迅速，绝大多数应用的用户规模呈上升趋势。其中与移动通信技术结合并实践的即时通信、搜索引擎、网络新闻和社交等活动的用户量呈现井喷式发展，截至 2017 年 12 月，我国网民规模达到 7.72 亿人，普及率为 55.8%，超过全球平均水平（51.7%）4.1 个百分点，超出亚洲的平均水平（46.7%）9.1 个百分点。我国网民规模持续增长、互联网模式不断创新、线上线下服务融合加速及公共服务线上化步伐加快，成为网民规模增长推动力。

7.1.2　农产品市场体系建设初具规模

20 世纪 80 年代以来，我国加快推进农产品流通市场体制改革，经过几十年的发展，农产品流通体系已发展到较大规模，初步建立了包括批发市场、集贸市场、专业市场、零售网点和期货市场在内的，以城乡农贸市场为基础，批发市场为中心，连锁超市和直销配送为补充，产销区、集散地相结合的农产品市场流通体系。与此同时，在经济迅速发展和市场需求多样化的背景下，我国传统小农经济与市场碰撞过程中，具有产品聚集、价格调节、供求匹配及信息服务等多种机能和服务的农产品批发市场成为沟通产销的桥梁，在农产品流通体系中扮演着核心角色。

据全国城市农贸中心联合会的调查，我国 70% 以上的农产品都是通过批发市场进行流通，在部分大中城市，这一比例超过 80%。农产品综合和专业批发市场作为农产品流通的主要渠道，对保障城市供应、解决农产品卖难问题起着重要作用。国家统计局发布的数据显示，截至 2017 年 12 月，全国农产品批发市场数量达到 4469 家，包括 13 个国家级产地批发市场和 30 多个田头市场，市场交易额突破 5 万亿元，同比增长 8%。各地政府更加重视农产品批发市场的建设和完善，纷纷加大对交易市场投入，2020 年，全国亿元以上农产品交易市场达到 2500 家以上。

伴随着农产品批发市场的发展，农产品流通体系中的主体形式也更加多元。在 2015 年底时，全国农产品市场经纪人就达到 600 多万人，季节性工作者和兼职从业者共计 1000 万多人次。其中，取得专业执业资格证书的有 20 万人，建立了约 15 万个专业涉农合作组织和协会，以及 2600 多家农产品经纪组织，为农产品流通提供销售、信息咨询和技术指导等专业服务，有效提高了农民收入，提升了农产品生产、农产品加工、农产品销售的组织化水平。与此同时，农业产业化龙头企业在农产品流通链条中的地位越来越重要，农产品加工龙头企业和规模化流通企业逐步占据重要地位。目前，已形成了比较完善的农产品生产销售体系，可为农产品生产、加工、销售、仓储及运输等业务提供服务，大大促进了农产品流通。

7.1.3 拥有体量巨大的高频消费市场

民以食为天，我国 14 亿人口的农产品需求是农产品物流的强有力支柱。2011年蔬菜、水果产量分别达 67 700 万吨、23 100 万吨，分别约占世界总产量的 60%、30%，在 2012～2016 年，我国生鲜农产品产量由 11.6 亿吨增加至 12.81 亿吨，我国新鲜蔬菜、水果等生鲜农产品产量连续多年位居世界第一位，每年全国约有 4 亿多吨鲜活农产品进入流通领域，给我国农产品物流的发展带来了良好的市场基础。

与此同时，我国地域辽阔，不同地区光照、温度等气候资源及耕地、水资源等生态禀赋存在较大差异，使得农产品生产具有明显的地域性，如蔬菜主要集中在山东寿光，苹果主要集中在紧邻渤海湾的山东、辽宁等省区市，柑橘主要集中在广东、四川、广西等省区市，梨主要集中在河北、辽宁、山东等省区市。生鲜农产品区域性生产、全国性消费的突出特点，客观上形成了我国南菜北运、西菜东运，瓜果形成东西南北大互通的局面，为农产品物流的发展提供庞大市场。

7.1.4 政府高度重视与政策持续加码

在国家对"三农"问题的持续关注下，在物流业作为第三利润源泉的影响下，我国政府及相关部门围绕以下几方面展开积极探索：推进农产品产销衔接，完善市场供给应急保障和价格调控；加强农产品物流基础设施建设，鼓励发展冷链物流；加快推进农产品市场建设和改造升级，积极完善城市便民服务设施；提高农产品流通的组织化程度，加强对农产品流通组织的分类引导；支持农产品流通业发展，健全农产品和农村现代流通网络；加强农产品流通安全监管体系建设，完善农产品质量安全追溯制度；降低农产品流通费用，减轻流通产业的税费负担；支持农产品流通方式创新，加强农产品营销网络和服务体系建设；鼓励应用信息技术改造农产品流通业，加强农产品流通信息化建设；统筹规划农产品流通设施布局，突出加强了对公益性市场流通设施建设的支持；支持农产品流通组织创新，增强流通主体的竞争力；完善农产品市场和价格调控，加强市场监测预警体系建设等。并出台了一系列与之相关的支持政策和规范，在制度层面为我国农产品物流的快速发展提供了重要保障。

同时，地方政府积极响应国家政策号召，立足本地区实际情况加快出台更具针对性的农产品物流发展相关政策。例如，山西省制定出《山西省物流业发展中长期规划（2015—2020 年）》，明确提出要加快推进农产品物流等重点领域发展，支持一批鲜活农产品现代冷链物流中心建设，建设具有较大规模的农产品物流基地。江苏省出台《江苏省农产品冷链物流发展规划（2014—2020）》，以加快推动冷链物流行业健康规范发展，保障生鲜农产品和食品消费安全。

7.1.5　立体化综合交通体系逐渐完善

经过多年改革发展，多节点、网格状、全覆盖的综合交通运输网络已经初步形成，"五纵五横"综合运输大通道基本贯通。截至 2016 年底，我国已经建立了广覆盖的公路网，我国高速公路里程突破 13 万公里，居世界第一位，特别是农村公路里程将近 400 万公里，通达全国 37 684 个乡镇和 634 390 个建制村，通达率分别达到 99.9% 和 99.8%。同时，多层次铁路网络初步形成，铁路营业总里程达 12.4 万公里，居世界第二位，高速铁路里程超过 2.2 万公里，居世界第一位，高速铁路成为"中国创造""中国制造""走出去"的新名片。干支衔接的水运网也已初具规模，沿海港口整体处于世界先进水平，内河航道通航里程达 12.7 万公里，居世界第一位，生产性码头泊位 3.13 万个，其中万吨级及以上泊位 2221 个。民用机场体系基本成型，全国民航运输机场达 210 个，民航运营安全水平整体较高。邮政总体实现"乡乡设所、村村通邮"，快递年业务量居世界第一位。

上述已形成的最主要的铁路干线、公路干线和沿海及内河水运航线基本坐落在"五纵五横"综合运输大通道内。通道内的高铁营业里程约占全国高铁营业里程的 90%。国家高速公路基本建成。全国过亿吨港口和千万人次以上机场均在通道内。综合运输大通道内枢纽节点的设施规模也不断扩大，整体客货运输能力大幅提升。据有关统计分析，到 2016 年底，"五纵五横"综合运输大通道内主要干线铁路客运量超过 10 亿人次，约占全国铁路客运总量的 45% 以上；干线铁路货运量达 7.8 亿吨左右，约占全国铁路货运总量的 20%。通道内，主要国家干线公路承担的交通量占国家干线公路总交通量的比重达到 40% 左右，其中，高速公路约占 37%，国道约占 38%。"五纵五横"的综合运输大通道有效支撑了沿线经济社会发展，呈现"东西梯度、南北差异"的服务特征。

7.2　存在的不足

7.2.1　政府监管缺失，制度约束不足

从大的层面来讲，我国缺乏一个完整的关于农产品物流发展的政策体系。农产品流通体系建设的政策体系是为保障农产品流通体系建设的各种直接或间接的政策、法规、措施的总和，是一个完整体系。目前，我国农产品流通政策体系建设与发达国家相比存在很大差距：一是市场法规建设薄弱。目前我国调整和规范农产品市场与流通的法律法规十分薄弱，对农产品市场监管乏力，许多应有的法律法规并没有建立起来，一些已有的法律法规也很不完善，导致在实际工作中无法做到有法可依。二是流通管理部门规章制度不够健全。目前，农产品的生产管理、安全监管、分销零售等环节分属于不同的部门，而各部门之间又缺乏清晰的权责划分，权力和责任存在交叉与重复，"条块分割""各自为政""多头管理"的现象普遍存在，难以形成工作合力，宏观调控效果不佳。三是农产品市场规划和建设滞后。虽然农产品批发市场建设步伐加快，数量增长迅速，但是政府对农产品流通服务体系的建立运行尚缺乏整体统筹与宏观规划，人力、物力、财力的分散无序等问题愈发显得突出，大大制约了农产品物流产业发展。

从小的层面来说，国家在冷链物流上还没有一个具有法律约束力的强制标准可供执行。涉及冷链的生鲜农产品品种繁多，每一种产品都有特定的保鲜温度，这就要求每种产品在流通中的温度、时间等各不相同。但目前有关此类细化的运输温度标准、运输车辆制冷配置要求、冷库库内温度控制标准、系统性技术标准、能耗标准、作业操作标准、冷链物流行业管理规范与要求等都没有出台，国家在冷链物流上还没有一个具有法律约束力的强制标准可供执行，只有企业自己制定的一些标准，加上冷链运输跟踪监控体系的缺失，因此监管难度很大。

同时，政府提供公共产品方式有待完善，当前主管部门为公平起见，往往采取"撒胡椒面"方式对诸多地区给予补贴，但是每个地区的补贴数额较为有限，对实际投资来讲往往杯水车薪，而且申报审批过程烦琐，时效性较差，对项目建设本身的推动效果并不明显，最多起着鼓励和引导作用。因此，在建设流通公共支撑体系的过程中，需要重点考虑政府的作用，找到政府介入的恰当方式。

7.2.2　缺少统筹规划，资源失衡严重

由于缺乏国家层面的统筹规划，农产品物流基础设施重复建设与配套不足现象并存。国家层面统一规划的缺乏使得地方政府规划和企业主导建设的农产品批发市场、农产品物流园区等节点建设存在较大的随意性，结果导致各类农产品物流基础设施布局不合理，其中，东西部区域间的不平衡及城乡间的巨大差距是最突出的表现。以农产品批发市场为例，目前我国 70%的农产品批发市场分布在东部地区，中、西部地区分别仅占 20%和 10%左右，特别是对于西部农村而言，严重缺乏产地批发市场，不能够满足农产品集散销售的需要；而与之形成鲜明对比的是，在东部发达地区，农产品批发市场恶性竞争、重复建设的现象十分突出，部分地区甚至打着建设农产品批发市场的名号肆意圈地，影响了市场秩序，降低了资源利用的有效性。农产品批发市场的这些问题同样反映在其他农产品物流基础设施的建设上，现有的农产品物流园区往往缺乏与交通规划的有效衔接，导致多式联运效率低下；缺乏与城市建设的统筹，导致配套不足与交通拥堵问题并存；缺乏相互之间的分工协作，彼此间缺乏沟通协调，难以保证全国农产品流通的有效衔接。

城乡农产品物流资源的二元鸿沟现象更为突出。一方面，城市区域农产品物流技术的研发与应用快速发展，不断引进冷链运输车、自动化立体仓储等先进物流设备设施，广泛采用系统工程技术、物流规划技术、物流效率分析技术和物流评价技术，大力发展物联网、GPS 等物流信息技术，现代化物流作业技术不断成熟。另一方面，对于农村区域而言，农业技术的工作重点主要在生产领域，对产后预冷、包装、保鲜、加工、运输等后续物流技术处理方面投入相对不足，大部分农产品以初级形态或粗加工进入流通市场，包装简陋；农产品以常温物流或自然形态物流为主，储藏保鲜条件落后，运输手段简单传统，缺乏冷冻冷藏设备和技术；没有系统科学的物理管理系统；农产品物流信息化基础设施建设不足，对计算机网络等现代信息技术的把握能力不强。城乡农产品物流资源的严重失衡大大制约了我国农产品物流的发展，有碍一体化农产品物流的打造。

7.2.3　现代化建设落后，交易成本高

现代化建设的落后主要表现在两个方面，一是信息化建设落后，二是全程冷链建设落后，由此带来交易成本居高不下，严重制约了我国农产品流通的发展。

（1）就信息化建设而言，虽然商务部的新农村商网已经开通运营，而且我国

各级政府也在积极建设信息网络平台，陆续在全国 27 个省的 203 个县组织开展了农村商务信息服务试点，但是实施的结果却差强人意。截至 2015 年 6 月，我国农村网民仅有 1.86 亿人，占网民总数比重不到 30%（全国网民人数约 6.68 亿人）；而且农村地区的网络覆盖率不到 50%，与发达国家 80% 以上的覆盖率比较更是相差甚远，农村信息化建设任重而道远。与此同时，我国还缺乏一个全局的信息网络平台，缺少一个能够把政府、农户、市场和消费者联结起来的农村信息网络，缺乏一个能够保障上下游间实时、准确进行信息传递的通道，缺少对农民信息化应用水平的培训，最终导致了农产品流通的盲目性。

同时，缺乏统一的信息化建设要求和一致的信息化设计标准，导致企业与企业间的信息化程度也相差很大，很多企业不愿意花大价钱进行信息化改造，使得我国农产品物流的信息化硬件支撑不足，缺少支撑条形码技术、RFID 等现代自动化技术的载体，缺少自动化信息网络，结果导致企业相互之间的信息交换速度和信息准确性受到损害。

（2）就冷链建设而言，我国目前所拥有的 1000 多万平方米的冷库 80% 以上是多层土建结构，温控区间、技术含量与新型装备的立体式冷库相差甚远，而且冷库分布存在严重的城乡差异和东西差异。在陆运方面，生鲜农产品冷链运输只占运输总量的 20%；在铁路运输方面，60% 以上仍为加冰冷藏车。总的来说，我国生鲜农产品的预冷保鲜率和冷藏运输率分别为 30%、10%～20%，而发达国家这一数据分别为 80%～100% 和 80%～90%，在生鲜农产品运输效率和硬件设施等方面与发达国家相比还有比较大的差距（表 7-1）。

表 7-1　国内冷链物流建设情况与发达国家冷链建设情况对比

内容	国内情况	发达国家情况	备注
蔬菜产量	70 883.06 万吨（2012 年）	19 829.2 万吨	
水果产量	24 056.84 万吨（2012 年）	47 572.4 万吨	
冷藏能力	2411 万吨（2013 年）；人均冷库容量 0.056 平方米（中等冷库市场水平）	荷兰人均冷库容量 1.14 平方米；美国人均冷库容量 0.365 平方米；日本人均冷库容量 0.233 平方米	过度重视肉类冷链建设，忽视果蔬冷库建设；重视城市经营性冷库建设，忽视产地加工性冷库建设
冷藏运输能力	公路冷藏保温车 5.52 万辆；中铁特货机械保温车 1910 辆；铁路冷藏箱 200 只	美国的冷藏保温车 22 万辆；日本的冷藏保温车 12 万辆	2011～2013 年我国公路冷藏保温车保有量年均增速分别为 25.5%、27.3%、35.1%，公路运输占我国冷链运输量的 90%
冷藏运输率	不到 20%	80%～90%	
农产品加工率	20%～30%	90%～95%	我国普遍采用敞篷车运送，缺少冷藏运输设备
冷链管理水平	农产品流通环节冗长复杂；整个供应链交易信用度低；冷藏技术应用不广泛等	基本建立了适应各种冷藏品特点的高效冷链	我国还未建立起完善的冷链物流管理体系

同时，我国冷链物流技术的开发和推广也相对落后。生鲜农产品产后预冷、全程自动化低温控制分级，以及冷链加工、冷链运输等冷链技术没有得到广泛应用，部分农产品批发市场、配送中心等重要物流节点缺乏必要的冷藏保鲜设施，使得农产品冷链物流各环节间的协同性较差，农产品全程冷链的比例较低，导致我国生鲜果蔬在采摘、运输、储存等物流环节上的损失率达 20%以上，而发达国家的这一数据则大多控制在 5%以下。

此外，我国第三方冷链物流企业发展缓慢，大型冷链物流企业处于发展初期，很容易造成在农产品流通过程中的贮藏、运输、零售等某个运作节点或环节使生鲜农产品处于常温或高温的断链状态，对生鲜农产品品质造成不可逆的损害，使其他冷链环节的作用功亏一篑，从而影响企业进行冷链改造的意愿，不利于农产品冷链物流的整体发展。

7.2.4　物流人才匮乏，高端人才缺失

农产品物流具有典型的复合型的特点，这就要求农产品物流人才既需要掌握低温工程装备、信息技术等知识，又需要拥有物流供应链、项目管理方面的经验。而目前生鲜冷链物流从业人员，多是由传统物流经营活动临时改行而来，缺乏对冷链专业理论知识的系统学习。农村地区的农产品从业人员更是对农产品运输、存储、包装、保鲜等专业知识了解甚少，不会使用低温设备、信息化设备等现代化物流设备设施，成为制约我国农产品现代物流发展的重要原因。

从人才培养方面来看，高校及高职学校的物流人才较难满足农产品物流行业的需求。这是因为相关院校开设物流专业大多是通用型的，如港口业务、国际货代、公路运输、连锁经营、铁路运输等专业方向，极少有专门针对农产品物流的。在课程设置上，大多是从物流管理、物流工程、市场营销、商务经纪与代理等专业中选择一两门加入与农产品相关的课程，而缺乏系统的培养。专业课程内容、素质训练也不能很好地与职业标准对接，这便造成了农产品物流专业人才培养与企业需求的脱节，导致农产品物流人才培育只能按照"师傅带徒弟"的模式，培养速度较慢，培养人数有限，远不能满足迅速发展的现代冷链物流产业对人才的需求，也很难高质、高效地培养出既懂管理又懂技术的高素质复合型人才。

7.2.5　流通渠道冗长，损耗大效率低

目前，我国半数以上的农产品是经由农产品批发市场这一渠道流入市场的，

农产品物流模式以农产品批发市场为主，在这个模式中，农产品会经过生产者、产地市场、批发商、销地市场、零售商等多个环节才到达消费者手中，整个过程包含包装、加工、装卸、存储、配送等诸多操作，农产品通常需要在不同业务类型的企业间经手多次，带来多次重复性的装卸倒运，导致农产品损耗严重，物流效率低下。同时，在流通的主体中，农民经纪人、运销专业户、城镇职业零售商贩和季节性与临时性农民运销人员占据很大比例，上规模的流通企业较少。这部分主体不仅缺乏足够知名度与可信度，收集、了解生产与销售信息的能力较差，发育程度低，抵御市场风险的能力差，而且他们的主要目的是谋求自身利益最大化，会存在恶性竞争现象，造成农产品每经过一个物流环节就会经历一次产品涨价，最终使得加工、运输、仓储成本等物流成本都比较高。而且当前农产品仍以原始形态为主，全局的信息系统和服务网络不够完善，还未形成完整的农产品冷链物流体系，使得农产品的流通成本和流通损耗率居高不下。据统计，我国生鲜果蔬的流通成本占总成本的 30%～40%，而发达国家这一数据则在 10%以下；对于生鲜果蔬的损失率更是如此，我国生鲜果蔬在流通中的损失率达到25%～30%，而发达国家这一指标仅为 1%～2%。

7.2.6 服务功能单一，增值能力较差

长期以来，我国农产品流通的关注点多在于农产品生产和供给，对于农产品后续加工的重视程度明显不足，生鲜果蔬由于自身的易腐烂、不耐存储等特点，若不及时进行产后处理，则产后损失率较高，但目前，我国农产品产后加工率很低，加工比例不到25%，多数中小型农产品加工企业沿用传统方式，技术水平低、设备陈旧、工艺落后，难以有效满足消费者对农产品提出的安全卫生、新鲜营养的多元化需求，也影响了农产品的多级转化增值。

同时，占据农产品流通主导地位的批发市场大多都只是为交易的双方提供一个交易的场地，一般只是提供简单的运输和仓储服务，无法提供流通加工、信息处理、技术指导等增值服务，尤其是对于农产品物流一体化方案的设计等高端服务还比较缺乏，导致农产品物流产业链条短，影响了农产品价格形成、加工、包装功能的有效发挥，不利于提高农产品附加值，创造品牌效益，增加农民收益。此外，经济欠发达地区的批发市场甚至缺乏对农产品必要检测，无法保障农产品的质量安全。总的来说，目前我国农产品流通体系整体还存在着档次低、功能单一、交易手段单一、服务与管理落后等诸多不足。

7.3　面临的机遇

7.3.1　新型城镇化会带动基础设施建设

新型城镇化能够为农村地区农产品物流基础设施建设创造良好环境。一是完善交通基础设施，推进城乡基础设施一体化，统筹城乡基础设施建设，加快基础设施向农村延伸，强化城乡基础设施连接，推动水电路气等基础设施城乡联网、共建共享是城乡统筹的应有之义。同时，《国家新型城镇化规划（2014—2020 年）》明确指出加强中小城市和小城镇与交通干线、交通枢纽城市的连接，提高中小城市和小城镇公路技术等级、通行能力和铁路覆盖率，提升服务水平。由此，农村交通基础设施将得到快速发展，与城市交通网络在时间、空间和组织上的对接更加高效。

二是完善信息基础设施，新型城镇化、新型工业化、新型农业现代化和信息化的协调发展是新型城镇化推进的新路径，其中，信息化对于促进四化协调具有突出地位和不可替代的作用，由此，加强小城镇、农村互联网信息基础设施建设，缩小城乡之间的"数字鸿沟"内含于新型城镇化建设，是新型城镇化建设的重要组成部分。众多城市已将光纤宽带网络、通信基站、通信管道等通信信息网络基础设施建设纳入城乡建设总体规划，推进镇村网络的高速互联和城市网络的光纤覆盖，致力于建成城乡一体化的高速宽带信息网络。

三是提供经济支持，国家开始正式补贴运营商，支持运营商在农村地区和经济不发达地区进行宽带建设，2020 年实现约 5 万个未通宽带行政村通宽带、3000 多万农村家庭宽带升级，使宽带覆盖 98%的行政村，逐步实现无线宽带覆盖，预计总投入超过 1400 亿元。同时，中央财政对农村信息基础设施建设的投资具有引导和放大作用，引导社会资本参与其中。产城融合的发展理念带动了乡镇企业变革和小城镇非农产业发展，有利于小城镇形成自我生长的原动力。此外，大部分地区积极补贴农村宽带资费，降低农村居民网络使用成本，为农村信息基础设施建设提供经济支持。

如此一来，能够有效弥合城乡农产品物流基础设施建设的二元鸿沟，促进农产品物流从生产、运输、仓储到消费全过程所有环节的相互配合与协作，实现一体化发展。

7.3.2　人工智能持续创新带来技术机遇

基于物联网、大数据、云计算发展起来的大数据智能、群体智能等新一代人工智能技术将为智能化农产品物流系统平台提供技术支持。人工智能技术能够大大减少农产品物流中的许多不可控因素，通过大数据分析和机器学习可持续对农产品物流作业流程进行优化提升，为农产品物流过程中的运输、仓储、配送、质量控制方面变革提供了助力，为农产品物流发展提供了更多模式的探索，例如，京东在配套建设完无人机调度中心、研发中心等设施后，在 2017 年 6 月 28 日实现了无人机送货的常态化运行，可以实现无人机跨海送货；苏宁力推物流云仓。人工智能技术还能带来运输路径的优化，提高配送效率，以及提升服务质量。

未来，人工智能会进一步与农产品物流深度融合，变革系统运行模式和流通体系。一是智能设备重组物流生产要素，智能感知技术、机械臂、机器人、无人机等智能管理方式和智能硬件设备将在农产品物流运作各个环节广泛应用，带动农产品物流行业从人工分拣向自动化、智能化方向快速发展；二是智能计算尤其是智能物流云平台的建设将重构物流运作流程，实现对供应链、实体物流的数字化、智能化、标准化和一体化综合管理；三是催生全新的农产品物流生态，形成线上线下联动的农产品物流生态系统。

7.3.3　政府的积极推进带来新政策机遇

在"十二五"初期，党中央对冷链物流的发展就有了新的部署，国务院也明确提出各地要加快建设以冷藏和低温仓储运输为主的农产品冷链系统，同时，国务院、国家发展和改革委员会相继出台一系列促进农产品冷链物流发展的相关政策（表 7-2）。其中，2013 年中央一号文件《中共中央　国务院关于加快发展现代农业进一步增强农村发展活力的若干意见》有 7 项涉及冷链物流；2013 年 6 月 1 日开始实施的新版《药品经营质量管理规范》涉及冷链管理的就有 40 条（共 187 条）；2014 年中央对生鲜农产品物流进一步给予了政策性支持。政府的一系列政策对于我国农产品冷链物流的快速发展提供了良好的政策机遇。

表 7-2　鼓励农产品冷链物流发展的部分政策

颁布日期	发文机构	文件名称	主要内容
2009-03	国务院	《物流业调整和振兴规划》	要进一步加强农副产品批发市场建设，完善鲜活农产品储藏、加工、运输和配送等冷链物流设施，提高鲜活农产品冷藏运输比例

续表

颁布日期	发文机构	文件名称	主要内容
2009-12	国务院	《关于加大统筹城乡发展力度进一步夯实农业农村发展基础的若干意见》	发展农产品大市场大流通，完善鲜活农产品冷链物流体系，支持大型涉农企业投资建设农产品物流设施，健全农产品市场体系
2010-06	国家发展和改革委员会	《农产品冷链物流发展规划》	到2015年，由政府扶持新建和改扩建冷库容量达1000万吨，果蔬、肉类、水产品冷链流通率分别提高到20%、30%、36%以上，冷藏运输率分别提高到30%、50%、65%左右，流通环节产品腐损率分别降至15%、8%、10%以下
2010-09	国务院	《国务院关于进一步促进蔬菜生产保障市场供应和价格基本稳定的通知》	加强产地蔬菜预冷设施、批发市场冷藏设施、大城市蔬菜低温配送中心建设，加强产销地铁路专用线、铁路冷藏运输车辆建设，促进大批量、长距离蔬菜的铁路运输
2011-08	国务院	《关于促进物流业健康发展政策措施的意见》	把农产品物流业发展放在优先位置。大力发展农超对接、农校对接、农企对接。抓紧开展农产品增值税抵扣政策调整试点。加快建立主要品种和重点地区的冷链物流体系，进一步落实鲜活农产品配送车辆24小时进城通行和便利停靠政策
2012-08	国务院	《国务院关于深化流通体制改革加快流通产业发展的意见》	支持建设和改造一批具有公益性质的农产品批发市场、农贸市场、菜市场、社区菜店、农副产品平价商店以及重要商品储备设施、大型物流配送中心、农产品冷链物流设施等
2012-12	国务院	《中共中央 国务院关于加快发展现代农业进一步增强农村发展活力的若干意见》	健全覆盖农产品收集、加工、运输、销售各环节的冷链物流体系

7.3.4 生鲜电商迅猛发展带来市场机遇

生鲜电商自 2013 年萌芽以来发展迅猛，先有天猫、京东、苏宁易购、1号店等一线电商全面进军生鲜市场，后有顺丰优选、沱沱工社、田园易购等垂直电商跟进抢食，开在社区里的生鲜超市也如雨后春笋般蓬勃发展。未来，随着人们生活品质的不断提高，对食品安全性、口感和品质的进一步追求，加上移动支付、物联网等信息技术的进一步成熟，以及人们触网购物习惯的养成，生鲜电商市场将迎来重大发展机遇，2019年，中国生鲜电商行业市场交易规模达到 2796.2 亿元。推测至 2023 年，生鲜电商市场规模将达到 8000 亿元。如此一来，将会产生巨大的农产品冷链物流，尤其是承担电商最后一公里的农产品冷链配送的需求，进而为我国农产品物流带来市场机遇。

7.3.5　新型城镇化释放农产品物流需求

随着新型城镇化的进一步推进，城乡居民收入水平的提高，人们健康保健意识的加强，对生鲜农产品质量、新鲜度、安全等方面的要求越来越高，由于生鲜农产品季节性生产及产品的易腐性，其物流过程中运输、储存、包装及流通加工等环节均需在低温下进行，客观上促进了对生鲜物流需求的快速增长，推动生鲜农产品物流市场的高速发展。

同时，新型城镇化建设将充分释放农村转移人口对蔬菜、水果的需求，到2020年，新型城镇化的推进增加蔬菜和瓜果消费446.47万吨。第一，新型城镇化使得约1亿人从农村转移到城镇就业，改变了这部分人群对农产品自给自足的消费模式，带动果蔬人均年消费增加37.15千克，合计增长371.5万吨；第二，新型城镇化建设可实现约1亿农民工的市民化转换，促进这部分人口消费支出由城镇低收入层次上升为中等收入层次，消费能力增长率约为3.94%，带动新鲜果蔬消费量增加226.4万吨；第三，新型城镇化将带来城镇棚户区和城中村改造，实现约1亿"市民"的再城市化，对新鲜果蔬的消费需求大幅增加，从而带动了农产品物流的快速增长。

7.3.6　共享经济为资源统筹带来新机遇

共享经济，即将社会中各类分散、闲置的资源通过互联网这个平台聚集到一起，用户可以通过移动终端进行供求信息的匹配，这样人们之间就可以互相交换所需物品的使用权，既满足了自己的需求，又不需要为此付出很大的经济代价。近些年，共享经济在我国蓬勃发展，共享理念深入生活，众多的共享网站也如雨后春笋般涌现。尤其是"互联网+"行动计划和"大众创业、万众创新"的推进，共享模式成为众多创业者的重要选择，从在线创意设计、营销策划到餐饮住宿、物流快递、资金借贷、交通出行、生活服务、医疗保健、知识技能、科研实验，共享经济已经渗透到几乎所有的领域，深刻影响着国民经济和社会。根据《中国分享经济发展报告2017》预计，未来几年，分享经济仍将保持年均40%左右的高速增长，越来越多的企业与个人将成为共享经济的参与者和受益者。

共享经济在改变人们生活方式的同时也对产业发展产生了重要变革作用，有力地推进了产业创新与转型升级。共享经济借助移动互联网技术，促进人们分享闲置资源，再利用创造价值，实现资源更有效、更合理的利用，降低经济增长所带来的额外成本；同时，它还可以推进传统产业向高新技术产业转型，为社会创造更大的价值。

在共享商业模式的蓬勃发展与不断拓展中，车辆运力、货源信息、仓储空间、劳动者时间、农产品物流园区、农产品物流中心、农产品配送中心等农产品物流要素迎来资源深度融合与统筹优化的机遇。一是物流资源共享，借助信息公共平台实现货运卡车和货运资源的匹配，降低卡车回程空返率，或者以物流众包模式优化仓储资源配置。二是物流基础设施的共享，在农产品物流园区内，将个体劳动者、货主企业、农产品物流企业、政府办事机构、配套企业等集聚在一起，形成新的农产品物流生态圈。三是使用权和所有权的分离，企业分工走向协同共享，单个农产品物流资源共享，农产品物流基础设施集聚协同。

7.3.7　"一带一路"带来开放与交流机遇

"一带一路"倡议的推进为我国广泛吸收借鉴国外先进冷链物流技术和推动我国农产品物流走出国门在竞争中实现发展提供了机遇。一方面，通过进一步对外开放，我国能够获取先进的冷链物流技术，包括以微生物保鲜技术、超高压保鲜技术及复合生物保鲜技术，自动化冷藏、冷凝、气调、冷藏集装箱等先进的制冷技术，先进的危害分析和临界控制点（hazard analysis and critical control point，HACCP）技术、自动化测量温控技术、良好操作规范（good manufacturing practice，GMP）技术、无线射频及空间定位等技术，能够大大提高冷链物流管理的效率，同时也能提升生鲜农产品冷链安全和质量。

另一方面，"一带一路"倡议的主要内容是加强政策沟通、道路联通、贸易畅通、货币流通、民心相通。这"五通"之间紧密联系、相互促进，关联性和耦合性强。其中，道路联通、贸易畅通、货币流通同物流企业的主业经营密切相关，将给国内物流企业集群式"走出去"提供一次重大机遇。据悉，自2013年"一带一路"倡议提出以来，物流与"走出去"产业布局紧密结合，为我国农产品物流产业的高层次发展带来了机遇，推动我国和相关国家共建农产品物流系统，实现在竞争与合作中不断发展。

7.4　面对的挑战

7.4.1　现代化改造所需高投入的挑战

发展农产品物流所需要的投入是多方面的，既包括对道路、铁路、航线等运输基础设施的投入，又包括对农产品物流园区、农产品物流中心和配送中心等物流节点的投入，还包括信息化建设和冷链设备改造升级的投入。

冷链物流建立素有"两高一长"的说法，即设备投入高、运营成本高、回报周期长。很多中小型农产品物流企业在面对冷链改造的高额成本时，难免显得有心无力，即使企业下大力气进行冷链改造，力求为客户提供完备的全程冷链服务，但是行业监管不足，对冷链断链现象的治理不够严格，使农产品冷链物流行业整体尚未步入健康发展轨道，劣币驱逐良币的现象时有发生，"美味七七"和"本来便利"都是倒在冷链物流建设所带来的巨大成本压力上。虽然近两年地方政府非常重视农产品冷链物流的建设，政府给予资金支持新建了许多冷库，然而，冷库运营成本很高，尤其是用电费用比较大，成本问题依旧没有得到有效解决。同时，农产品物流企业的信息化改造涉及设备设施、业务流程、管理模式等方方面面，不仅前期投入大，在后期的应用中还需要持续支付一定的费用，使得一般企业难以承受。

7.4.2　平台型企业构建与监管的挑战

一方面，平台型企业作为一个资源整合与优化配置的主体，需要与服务提供者、服务需求者、政府、工商、交通、金融、保险等各类行业的多个部门间协调共商，以求尽可能多地获得与农产品物流相关的数据，同时还要保障平台数据与外部组织接口的兼容性，保持平台的开放性。

另一方面，对平台市场的监管和传统市场的监管也有很大的不同。平台型企业大多只是起到资源整合与统筹配置的作用，真正提供服务的主体往往不属于平台本身，这就使得平台型企业对于服务质量的管控难以有效进行，加上缺乏相应的法律法规，约束机制建设也不到位，同时全社会各相关平台也未能有效共享信息，无法实现相互协作，共同导致对平台型企业服务的监管缺失。

从资本市场的角度来看，对平台市场的监管和传统市场的监管也有很大的不同。在传统市场上，我们一般会特别防止市场被某个企业垄断。但是，平台市场则有所不同。正如 Rochet 和 Tirole 的研究所表明的，在一个垄断的平台市场上，最优的定价方式不是在买卖两个市场上简单地由边际收入和边际成本相等来确定。在平台市场上，最优的定价通常都是对一方收费，同时对另外一方补贴。对于竞争性的双边平台，定价的基本原理和垄断的平台定价非常相似，这也使得对平台型企业运营合法性的监管面临较大挑战。

7.4.3　网络安全与信息隐私保护的挑战

智慧农产品物流的核心就在于通过历史数据进行精准预判，因此，海量的数据是运营商进行用户分析、产品分析，预测市场走向，挖掘潜在市场的基础，虽然智慧农产品物流能够实现销售精准化，有效满足消费者多元化需求，但这也不可避免地将个人信息安全置于前所未有的威胁中，加剧了信息泄露的风险，加上大数据所采用的关联性抽取和集成使得该用户的多维度信息得以汇聚，进一步增加了其隐私暴露、个人信息被随意篡改和滥用的风险。与此同时，具有大规模且集中特征的大数据本身将成为黑客重点攻击的对象，更是加剧了网络安全管理的难度。

网络安全造成的用户数据泄露不仅使企业经济利益受损，而且有害企业的公众声望。微软报告显示，全球的企业和政府组织每年需要为网络攻击造成的损失支付 40 亿美元。IBM（International Business Machines，国际商业机器）公司的资料也显示，全球公司每年由数据泄露造成的平均损失从 350 万美元上升至 380 万美元，部分甚至上亿美元。此外，当企业发生数据泄露时，公众会对企业产生不信任感，这种不信任感会影响公众的选择，导致企业股价下跌、客户流失、高层震荡，甚至面临法律指控。例如，趣店发生用户数据泄露时，股价出现连续下跌，甚至一度出现开盘跳水 30%；雅虎邮箱曝出泄密事件后，大批用户弃用，正在商谈收购事宜的雅虎甚至一度难以卖出；美国征信巨头 EquiFax 发生 1.43 亿用户信息泄露后，面临一场美国波特兰联邦法庭的集体诉讼，赔偿金额高达 700 亿美元。

7.4.4　生态文明建设带来的绿色化挑战

我国生态环境脆弱，人均资源不足，发展与环境的矛盾十分尖锐，在追求经济社会发展时，人们越来越重视生态文明建设。农产品物流作为经济社会发展的重要环节，其绿色化发展是应有之义，与绿色制造、绿色消费共同构成了一个节约资源、保护环境的绿色经济循环系统，是生态文明建设的关键一环。同时，农产品是关系到人们身心健康的大问题，在其流通过程中做到不污染、不变质、低成本运行具有重要的社会效用。

农产品绿色物流是指农产品物流操作和管理的全程绿色化，既包括设备设施、能源利用的绿色化，又意味着物流资源利用的高效化，一般包括：①资源的集约高效，集约资源这是农产品绿色物流最本质的内容，通过整合现有资源，优化资源配置，减少资源消耗和浪费。②绿色运输，通过合理规划农产品物流节点和线路，缩短农产品运输路线和降低空载率，实现节能减排的目标。③绿色仓储，通过合理选址仓储，合理规划仓储规模，节约仓储成本。④绿色包装，通过使用环保材料、提高材质利用率、设计折叠式包装、建立包装回用制度提高农产品运输效率，降低包装浪费。⑤逆向物流，通过资源循环、替代和回用等方式实现对现有资源的充分利用。

　　然而，我国当前农产品绿色物流在上述五个方面仍十分落后：第一，农产品运输仍以燃油普通货车为主，造成大量的汽车尾气排放及噪声污染和拥堵问题；第二，对蔬菜缺乏必要的加工过程，大量的毛菜直接进城销售，产生大量垃圾；第三，生鲜果蔬在流通过程中损耗大，约占物流总成本的 70%；第四，农产品批发市场卫生条件差，农产品污染严重，品质难以保证；第五，在国际市场上，我国的农产品经常遭遇绿色壁垒的限制。因而，在生态文明建设的背景下，我国农产品物流的绿色化改造面临较大挑战。

7.4.5　市场不成熟引发恶意竞争的挑战

　　当前我国农产品冷链物流服务标准缺失，农产品物流企业竞争无序。一端是少数具备完备农产品冷链设施、能够提供良好农产品冷链服务的企业，但是价格相对较高；另一端是大量不具备冷链设施的小型农产品物流企业，价格相对低廉。客户对农产品冷链认识不足，往往选择后者，造成提供良好农产品冷链服务的企业经营困难，难以为继，而众多小型农产品物流企业为追求利润最大化常进行违规操作，在生鲜农产品运输过程中多用普通面包车，或为了节省成本，在运输中途关闭制冷设施，无法保证生鲜农产品品质和质量，甚至引发食品安全事件。农产品冷链物流市场监管机制的缺乏，使得市场竞争无序，劣币驱逐良币的现象时有发生，不利于农产品冷链物流行业的健康可持续发展。

7.4.6　需求复杂性增加带来的市场挑战

　　随着人们生活水平的提高，人们的生活方式和生活理念随之发生转变，人们对生鲜果蔬品种的需求更加多元，对品质的要求进一步提高；加上网购生鲜农产品的兴起使得用户可以突破时空限制，随时查看、下单农产品，逐渐地人们对于生鲜农产品配送的计时单位由一天进化到以 1 小时、30 分钟为单位，对网购生鲜农产品产生了"分钟级"配送的诉求；对生鲜农产品配送的精准性也提出了新要求，产生了指定时间送达的诉求；相比而言，对农产品物流服务体验的容忍度却越来越低。用户这种小众化、碎片化、随机化、快速性的物流诉求为企业开展农产品物流服务带来了较大挑战，需要企业借助大数据动态计算技术深入挖掘客户需求，合理选择配送节点和配送路径，将核心竞争力培育从体量和规模更多地转向服务针对性与反应敏捷性。

7.4.7　外资企业进入所带来的竞争挑战

一方面，发达国家自身的农产品冷链基础设施建设基本饱和，另一方面，国外冷链巨头纷纷意识到中国农产品冷链物流的巨大市场潜力，使得外资企业纷纷进军我国农产品冷链物流市场，加入我国农产品冷链基础设施建设。以美国冷链巨头英格索兰为例，该公司近些年已经在我国设立了 11 个生产厂和 3 个贸易公司，投资金额达到了 4 亿多美元，英格索兰下属子公司冷王与开利合资生产冷藏车与冷藏库，已占据国内车载冷机市场 70% 以上的份额。普菲斯也于 2009 年进入我国冷库市场，抢滩我国长江三角洲、珠江三角洲与环渤海地区的冷库市场。澳洲太古股份有限公司也积极与广东省食品进出口集团有限公司达成合作，合资成立了广东太古冷链物流有限公司。

此外，日本三井物产公司、美国美冷集团等也陆续进军我国冷链物流市场。虽然外资冷链巨头的进入在一定程度上有助于提升我国生鲜物流技术水平，优化我国农产品冷链物流产业结构，但是总体而言，这些具有丰富经验、技术先进、服务优良、资金雄厚的外资冷链巨头的介入会对我国原本脆弱的农产品生鲜物流产业带来较大冲击，尤其是我国的中小型农产品物流企业将面临较大的生存威胁，可能会出现对本国农产品物流企业的排挤和压制，导致外资企业拥有垄断地位并控制定价权，情况严重时还会影响国家经济安全。

7.5　战略类型选择

经过 7.1 节至 7.4 节的分析，本章得到了新型城镇化背景下我国农产品物流具有的 5 点优势、存在的 6 点不足、面临的 7 个机遇及面对的 7 个挑战，绘制得到如图 7-1 所示的 SWOT 战略矩阵。

	优势S	劣势W
机遇O　　　　劣势W 挑战T　战略类型	信息网络建设与应用持续推进 农产品市场体系建设初具规模 拥有体量巨大的高频消费市场 政府高度重视与政策持续加码 立体化综合交通体系逐渐完善	政府监管缺失，制度约束不足 缺少统筹规划，资源失衡严重 现代化建设落后，交易成本高 物流人才匮乏，高端人才缺失 流通渠道冗长，损耗大效率低 服务功能单一，增值能力较差
机遇O 新型城镇化带动基础设施建设 人工智能持续创新带来技术机遇 政府的积极推进带来新政策机遇 生鲜电商迅猛发展带来市场机遇 新型城镇化释放农产品物流需求 共享经济为资源统筹带来新机遇 "一带一路"带来开放与交流机遇	依靠优势，抓住机遇（SO） 增长型战略	利用机遇，克服劣势（WO） 扭转型战略
挑战T 现代化改造所需高投入的挑战 平台型企业构建与监管的挑战 网络安全与信息隐私保护的挑战 生态文明建设带来的绿色化挑战 市场不成熟引发恶意竞争的挑战 需求复杂性增加带来的市场挑战 外资企业进入所带来的竞争挑战	发挥优势，迎接挑战（ST） 多种经营战略	弥补短板，规避风险（WT） 防御型战略

图 7-1　新型城镇化下我国农产品物流发展的 SWOT 分析

为了更科学地确定总战略的类型及战略选择的顺序，本书将结合行业内部从业人士的经验智慧及相关专家的专业知识，对 SWOT 矩阵进行定量化转换，科学地确定总战略类型，以及 *SO*、*ST*、*WO*、*WT* 四种战略的选择顺序。

7.5.1　SWOT 量化模型

虽然 SWOT 分析能够厘清企业发展面临的内外部环境，对管理者制订战略规划提供良好的参考，但是仍是一种定性分析，不免存在主观性大的缺陷，针对这一问题，国内外学者尝试运用多种方法对此进行定量化改进，以期提高战略决策的科学性和精确性。学者将影响企业未来发展的内外部因素总结为外部战略因素综合矩阵和内部战略因素综合矩阵，再根据企业对各关键因素的有效反应程度对各关键因素进行评分，算出企业总的加权分数；部分学者借助 AHP，依据战略因素的重要性，对因素及备选战略进行科学匹配；部分学者将前景假设融入SWOT 分析模型得到战略制订的量化分析，使企业在战略决策过程中能对复杂因素进行系统分析；冯伟等将 SWOT 分析与主成分分析法相结合构建 SWOT 定量分析模型等[365]。

总的来说，国内外有关 SWOT 量化模型（或 SWOT 战略决策模型）的构建主要有如下几种方式：SWOT+IFE+EFE、SWOT+AHP 及 SWOT+主成分分析法等。本书将综合运用 SWOT 矩阵、IFE 矩阵、EFE 矩阵及 AHP，构建 SWOT+IFE+EFE+AHP 的战略选择量化模型。

7.5.2　SWOT 量化过程

SWOT+IFE+EFE+AHP 模型的求解过程如图 7-2 所示。

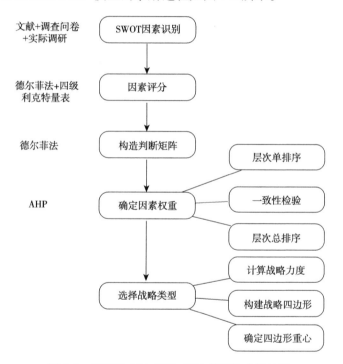

图 7-2　SWOT+IFE+EFE+AHP 模型的求解过程

SWOT+IFE+EFE+AHP 模型的求解过程主要包括五大步骤：第一是 SWOT 因素的识别，也即本章前面 4 节的内容；第二是对因素发展现状的评分，需要借助德尔菲法；第三是根据因素评分构建因素的判断矩阵；第四，运用 AHP 求解因素权重，包括了层次单排序、一致性检验和层次总排序；第五，绘制出战略四边形，确定四边形重心并计算各维度的战略力度，进而确定战略选择顺序。

由 7.1 节至 7.4 节的分析，已经识别出 S、W、O、T 各维度的因素，构建了

SWOT 战略矩阵，本节将从第二步因素评分开始研究。

1. 因素评分

分别对 S、W 和 O、T 的因素建立 IFE 模型与 EFE 模型，并根据五级利克特量表对其进行评分，最后结合德尔菲法，计算出平均量化值，见表 7-3。

表 7-3　S、W、O、T 维度因素评分

因素	维度	指标	评分
内部因素评价（IFE）	优势（S）	S_1：信息网络建设与应用持续推进	3
		S_2：农产品市场体系建设初具规模	2
		S_3：拥有体量巨大的高频消费市场	2
		S_4：政府高度重视与政策持续加码	4
		S_5：立体化综合交通体系逐渐完善	2
	劣势（W）	W_1：政府监管缺失，制度约束不足	4
		W_2：缺少统筹规划，资源失衡严重	2
		W_3：现代化建设落后，交易成本高	4
		W_4：物流人才匮乏，高端人才缺失	3
		W_5：流通渠道冗长，损耗大效率低	2
		W_6：服务功能单一，增值能力较差	1
外部因素评价（EFE）	机会（O）	O_1：新型城镇化带动基础设施建设	2
		O_2：人工智能持续创新带来技术机遇	3
		O_3：政府的积极推进带来新政策机遇	4
		O_4：生鲜电商迅猛发展带来市场机遇	2
		O_5：新型城镇化释放农产品物流需求	1
		O_6：共享经济为资源统筹带来新机遇	3
		O_7："一带一路"带来开放与交流机遇	2
	挑战（T）	T_1：现代化改造所需高投入的挑战	3
		T_2：平台型企业构建与监管的挑战	2
		T_3：网络安全与信息隐私保护的挑战	2
		T_4：生态文明建设带来的绿色化挑战	2
		T_5：市场不成熟引发恶意竞争的挑战	1
		T_6：需求复杂性增加带来的市场挑战	1
		T_7：外资企业进入所带来的竞争挑战	1

2. 判断矩阵建立

本书运用德尔菲法，通过专家咨询，按照 1～9 标度法（表 7-4），先对 S、W、O、T 四个维度的强度进行两两比较，随后对 S、W、O、T 四个维度下所含因素进

行两两比较，并以矩阵形式表示每层次中两两因素的相对重要程度，建立判断矩阵，通过三轮信息反馈取得一致结果，见表 7-5 至表 7-9。

表 7-4　1～9 标度法

标度	定义
1	表示两元素相比，同样重要
3	表示两元素相比，前者比后者稍微重要
5	表示两元素相比，前者比后者明显重要
7	表示两元素相比，前者比后者强烈重要
9	表示两元素相比，前者比后者极端重要
2，4，6，8	表示上述两个相邻等级的中间值
1，1/2，…，1/9	若因素 i 与因素 j 的重要性之比为 a_{ij}，那么元素 j 与元素 i 重要性之比为 $1/a_{ij}$

表 7-5　SWOT 两两比较判断矩阵（A）

A	S	W	O	T
S	1	3	2	2
W	—	1	1/2	1
O	—	—	1	2
T	—	—	—	1

表 7-6　优势判断矩阵（S）

S	S_1	S_2	S_3	S_4	S_5
S_1	1	3/2	3/2	3/4	1
S_2	—	1	1	1/2	1
S_3	—	—	1	1/2	1
S_4	—	—	—	1	2
S_5	—	—	—	—	1

表 7-7　劣势判断矩阵（W）

W	W_1	W_2	W_3	W_4	W_5	W_6
W_1	1	2	1	4/3	2	4
W_2	—	1	1/2	2/3	1	2
W_3	—	—	1	4/3	2	4
W_4	—	—	—	1	3/2	3
W_5	—	—	—	—	1	2
W_6	—	—	—	—	—	1

表 7-8 机遇判断矩阵（O）

O	O_1	O_2	O_3	O_4	O_5	O_6	O_7
O_1	1	2/3	1/2	1	2	2/3	1
O_2	—	1	3/4	3/2	3	1	3/2
O_3	—	—	1	2	4	4/3	2
O_4	—	—	—	1	2	2/3	1
O_5	—	—	—	—	1	1/3	1/2
O_6	—	—	—	—	—	1	3/2
O_7	—	—	—	—	—	—	1

表 7-9 挑战判断矩阵（T）

T	T_1	T_2	T_3	T_4	T_5	T_6	T_7
T_1	1	3/2	3/2	3/2	3	3	3
T_2	—	1	1	1	2	2	2
T_3	—	—	1	1	2	2	2
T_4	—	—	—	1	2	2	2
T_5	—	—	—	—	1	1	1
T_6	—	—	—	—	—	1	1
T_7	—	—	—	—	—	—	1

3. 因素权重确定

运用 AHP 计算各因素相对重要性。根据上述判断矩阵，确定各因素的权重，常用的计算方法有和法、根法、特征根法和最小平方法等方法，本节采用特征根法来计算权重向量。计算各判断矩阵的特征值和特征向量，并通过 CR 指标进行一致性检验，计算结果如表 7-10 所示。

表 7-10 各判断矩阵特征值、特征向量及一致性检验结果

判断矩阵	λ_{max}	归一化特征向量（W）	n	CR	一致性检验
A	4.0458	（0.4249,0.1438,0.2701,0.1613）	4	0.0172	通过
S	5.0198	（0.2146,0.1542,0.1542,0.3085,0.1685）	5	0.0044	通过
W	0.1438	（0.2500,0.1250,0.2500,0.1875,0.1250,0.0625）	6	0	通过
O	0.2701	（0.1176,0.1765,0.2353,0.1176,0.0588,0.1765,0.1176）	7	0	通过
T	0.1613	（0.2500,0.1667,0.1667,0.1667,0.0833,0.0833,0.0833）	7	0	通过

运用特征值方法对各组因素的优先权数进行计算，可知新型城镇化下我国农产品物流发展的优势、劣势、机遇和挑战的比较矩阵的一致性比例 CR 均小于 0.1，均通过一致性检验。另外 S、W、O、T 四个维度下各因素的层次总排序可以通过

其各自的层次单排序权值向量与 A 矩阵的归一化特征向量的乘积而得到，具体计算结果如表 7-11 所示。

表 7-11　层次总排序表

因素	S	W	O	T
1	0.0912	0.0359	0.0318	0.0403
2	0.0655	0.0180	0.0477	0.0269
3	0.0655	0.0359	0.0635	0.0269
4	0.1311	0.0270	0.0318	0.0269
5	0.0716	0.0180	0.0159	0.0134
6	—	0.0090	0.0477	0.0134
7	—	—	0.0318	0.0134

7.5.3　SWOT 量化结果

1. 战略因素总力度

$$战略因素总力度=\sum(因素评分\times因素权重)$$

将因素评分与因素权重相乘求和可以分别计算出总优势（S）、总劣势（W）、总机会（O）和总威胁（T）的战略因素总力度分别为：S=1.2030，W=-0.4493，O=0.7467，T=-0.3225。将四个点分别映射到坐标轴上，并依次连接，即可得到如图 7-3 所示的发展战略四边形。

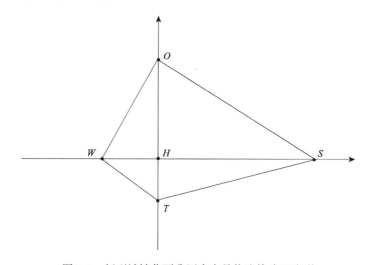

图 7-3　新型城镇化下我国农产品物流战略四边形

2. 战略三角形面积

分别计算图 7-3 中 $S_{\triangle SHO}$、$S_{\triangle SHT}$、$S_{\triangle WHO}$、$S_{\triangle WHT}$ 四个战略三角形的面积，可以得出四种组合战略（SO 战略、ST 战略、WO 战略、WT 战略）选择的优先次序。如图 7-3 所示，战略三角形面积的大小顺序为 $S_{\triangle SHO} > S_{\triangle WHO} > S_{\triangle SHT} > S_{\triangle WHT}$，所以新型城镇化下我国农产品物流战略选择顺序依次为增长型战略、扭转型战略、多种经营战略、防御型战略（表 7-12）。

表 7-12　新型城镇化下我国农产品物流总体战略选择顺序

项目	优势 S	劣势 W
机遇 O	增长型战略（1）	扭转型战略（2）
威胁 T	多种经营战略（3）	防御型战略（4）

3. 战略方位角区位

对于 SWOT 战略四边形而言，设其重心坐标为 $P(X, Y)$，则方位角 θ 为

$$P(X,Y) = \left(\frac{X_1 + X_2}{4}, \frac{X_3 + X_4}{4} \right)$$

$$\theta = \arctan \frac{Y}{X} = \arctan \frac{X_3 + X_4}{X_1 + X_2}, \quad 0 \leqslant \theta \leqslant 2\pi$$

根据方位角（θ）的大小，可以确定战略类型（表 7-13）。

表 7-13　战略地位对应表

第一象限		第二象限		第三象限		第四象限	
开拓型战略区		争取型战略区		保守型战略区		抗争型战略区	
类型	方位域	类型	方位域	类型	方位域	类型	方位域
实力型	$(0, \pi/4)$	进取型	$(\pi/2, 3\pi/4)$	退却型	$(\pi, 5\pi/4)$	调整型	$(3\pi/2, 7\pi/4)$
机会型	$(\pi/4, \pi/2)$	调整型	$(3\pi/4, \pi)$	回避型	$(5\pi/4, 3\pi/2)$	进取型	$(7\pi/4, 2\pi)$

图 7-3 中 SWOT 战略四边形的战略方位角 $\theta = \arctan(2.9607) = 0.396\pi$，战略象限角 θ 在 $(\pi/4, \pi/2)$ 区域内，位于机会型的开拓型战略区内。

4. 战略强度系数

战略强度系数 ρ 的大小反映了战略类型的实施强度，一般以 0.5 为分界点，$\rho > 0.5$ 采取开拓型战略，$\rho < 0.5$ 采取保守型战略，ρ 的计算公式如下：

$$\rho = \frac{U}{U+V}, \quad 0 \leqslant \rho \leqslant 1$$

其中，U 为战略正强度，$U = S \times O$；V 为战略负强度，$V = W \times T$。

　　对于图 7-3 中的 SWOT 战略四边形的战略强度系数 $\rho=U/(U+V)=(1.203 \times 0.7467)/(1.203 \times 0.7467+0.4493 \times 0.3225)=0.8611>0.5$，故应该采取积极的开拓型战略。

　　综合而言，新型城镇化下我国农产品物流既具有较强的内部优势，又面临较大的发展机会，整体来看新型城镇化下我国农产品物流应该紧抓发展机遇，采取积极的开拓型战略（图 7-4）。

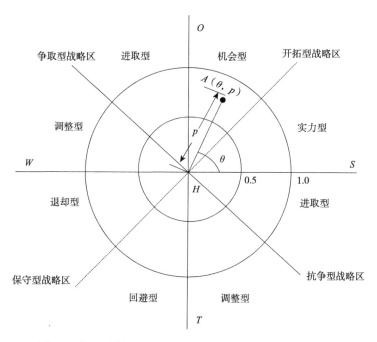

图 7-4　新型城镇化下我国农产品物流总体战略选择示意图

7.6　发展战略制订

7.6.1　基本原则

1. 遵从客观演化规律

　　任何事物都有其自身发展变化的客观规律性，农产品物流也不例外，农产品物流作为一个复杂开放的系统，其发展具有自组织演化特征，遵循序参量使役原理，即农产品物流发展演化的方式是由序参量的变动方向所决定的，外部力量必须通过内因才能起作用，而且外部调节必须以尊重事物发展的客观规律为前提，只有从客观实际出发，建立在客观规律上的思想才是正确的思想，只有符合农产品物流客观演化规律的战略，才是正确的战略。

2. 遵循经济效益原则

任何社会化的生产与经营都具有一定的经济属性，经济效益是一切经济组织开展经营活动最为直接的目的，农产品物流也不例外。经济效益是农产品物流发展的内在动力，经济积累是农产品物流实现健康可持续的基本条件。经济效益反过来还能够对系统发展形成正反馈，提升主体发展活力，激发主体创新发展能力。因而，战略制订要遵循经济效益原则。

3. 追求社会效益原则

有效缓解农产品供需矛盾、消除卖难买贵现象、解决食品安全问题、维持物价在合理范围波动是农产品物流的重要功能，农产品物流在保障社会稳定中发挥着重要作用，同时，农产品物流还是提高农民收入，保护农民的正当利益，激发农民生产积极性的必要手段，农产品物流战略要能够持续激发农产品物流在社会效益创造方面的积极作用。

4. 注重绿色发展原则

一方面，人们对环境保护的重视要求农产品物流尽可能减少尾气排放、减少产生的交通拥堵和噪声污染。另一方面，随着现代生活水平的提高，消费者对农产品消费观念渐渐发生改变，从吃得饱转变为吃得好，从数量追求转向对农产品的质量要求，强调农产品无公害、无污染，崇尚健康环保、安全快捷；消费结构也向绿色、天然及功能性和方便化发展。农产品物流的发展要以市场需求为导向，顺应消费者对农产品需求的变化，致力于给消费者提供更好质量、更多选择、更高价值、更有利于消费者身体健康的绿色农产品。

5. 服从统筹协调原则

任何事物的发展都不是孤立的，都或多或少地、直接或间接地受到其他事物的影响，农产品物流作为一个由物流资源产业化而形成的复合型产业，既属于生产性服务业，又不能脱离制造业独立存在，还与以信息产业为代表的第四代产业存在密切联系，涵盖了运输业、仓储业、装卸业、包装业、加工配送业、物流信息业等，制订战略规划时一定要立足全局与整体，充分考虑城乡之间、与农业生产之间、各个物流作业环节之间、不同物流主体之间、不同交通制式和多元化的基础设备设施之间的协同互动，致力于实现系统全局最优。

7.6.2　战略目标

以农产品物流系统在新型城镇化下的自组织演化趋势为主线，实现农产品物流的智能化、冷链化、绿色化和柔性化，缩小与发达国家的差距，力争利用 5～10 年时间完成我国由农产品物流大国到农产品物流强国的转变，使我国农产品物流的发展跻身世界发达水平。具体而言，这一战略目标包含以下内容。

1. 智能化

农产品智能物流指的是农产品物流借助 RFID、传感器、GPS 等物联网技术，依托信息处理中心和网络通信平台，实现农产品运输、仓储、包装、装卸搬运、流通加工、配送、信息服务等各个环节的自动化、可视化、可控化、智能化、网络化运作，强调物流过程数据智慧化、网络协同化和决策智慧化，以提高农产品物流的服务水平和管理效率，减少资源浪费。农产品智能物流在功能上，可以实现六个"正确"，即正确的货物、正确的数量、正确的地点、正确的质量、正确的时间、正确的价格；在技术上，可以实现农产品产地识别、运输流程跟踪、农产品特性监控的实时响应。

2. 冷链化

农产品冷链物流是指水果、蔬菜等生鲜农产品在采摘、加工、存储、运输直至消费的每一个环节始终处于符合生理需要的低温环境下，以保证农产品的品质、减少农产品消耗的一系列供应管理措施和方法。农产品冷链物流由冷冻加工、冷冻贮藏、冷藏运输及配送、冷冻销售四个方面构成，需要综合考虑经济性和技术性，并协调好各要素间的关系，做到"预冷—冷库—冷藏车运输—批发站冷库—超市冷柜—消费者冰箱"全程不断链，以保证农产品的品质和生理性能，保证冷链储运工具设备的数量与质量，保证冷链处理工艺水平及冷链包装条件和清洁卫生，保证现代化管理和快速作业，确保易腐的生鲜食品在加工、运输和销售过程中保值增值。

3. 绿色化

农产品绿色物流是指在农产品物流过程中抑制农产品物流造成的大气污染、交通拥堵、噪声污染等危害的同时，净化农产品物流环境，使农产品物流资源得到最充分利用，使农产品食品安全得到充分保障。农产品绿色物流包括物流作业环节和物流管理全过程的绿色化。从农产品物流作业环节来看，包括绿色运输、绿色包装、绿色流通加工、绿色的信息搜集和管理等。从农产品物流管理全过程来看，主要是从环境保护和节约资源的目标出发，改进农产品物流体系，既要考虑正向农产品物流环节的绿色化，又要考虑供应链上的逆向农产品物流体系的绿色化。农产品绿色物流是保证经济利益、社会利益和环境利益相统一的必要手段。

4. 柔性化

农产品柔性物流是指在面对消费者需求的多品种、小批量、多批次、短周期的情况下，通过改变自身的组织结构或者运作方式来应对外部环境变化和内部干扰，灵活地组织和实施农产品物流作业。柔性化涵盖了农产品物流系统的始末，贯穿从接收订单，到处理订单，再到仓储运输直至交付给客户的全过程。柔性化综合反映在资源获取、库存管理、运输调配、需求响应、物流成本、服务质量、路径优化等方面，是保证系统各个节点持续性运作的关键能力，是农产品电子商务发展的重要支撑，能够有效满足消费者的个性化农产品需求。

7.6.3 战略体系

基于上述原则与发展目标，本书构建出如图 7-5 所示的"一二三四七"战略体系，该体系具体内容包括实现一个目标，形成两种形式，打造三大节点，进行四项转变，实施七大战略。一个目标的具体内涵见 7.6.2 解析，在此不再赘述；两种形式即本书在第 4 章、第 5 章所提出的宏观上的三网协同与微观上的共享型创新

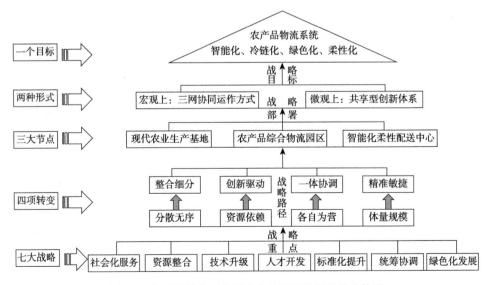

图 7-5　新型城镇化下我国农产品物流发展的战略体系

体系；三大节点即现代农业生产基地、农产品综合物流园区和智能化柔性配送中心；四项转变的具体含义将在 7.6.4 详细论述，在此不再展开；七大战略即 7.6.5 的战略重点。

7.6.4　战略路径

为了保障战略目标的达成，需要改变农产品物流系统要素重复建设与供给不足的状况，转变依靠大量投入资源驱动发展的方式，打破环节间各自为营的状态，转化体量和规模为王的观念，实现农产品物流要素的整合与细分，坚持市场需求导向，推进所有环节的一体化协调发展，注重服务的精准性和敏捷性。具体而言，要通过以下四条战略路径来实现。

1. 走"分散无序→整合细分"之路

当前我国农产品物流以自营模式为主，但参与的个体大多为中小型物流企业，加上大量小规模且分散的农户、个体运输户，农产品物流主体的数量虽多，但组织规模小、实力弱，普遍缺乏对冷链基础设施投入的实力和动力，缺少对信息化提升的能力，导致低端落后的运输和仓储设施重复建设现象严重，而现代化冷链运输车和冷藏设备严重不足，农产品物流资源的分布呈高度分散状态，内容庞杂无序，结构化程度低，亟须对此予以整合，通过培育第三方农产品物流龙头企业，将社会上众多的闲散农产品物流资源整合后再进行专业化细分，从而提供精细化、多元化、专业化的高品质服务。

2. 走"资源依赖→创新驱动"之路

农产品物流在我国仍属于以廉价低劳动力成本低廉为特征的传统劳动密集型产业，发展方式主要依靠土地、人员等传统资源的大规模投入，服务功能单一、服务质量较差、产业附加值较低，与发达国家所形成的资本密集型现代服务业差距较大，亟须转变产业发展模式，走创新驱动发展之路。创新驱动发展可以进一步细分为以信息技术、标准化技术和冷链技术为代表的技术创新；以诱导性激励机制和强制性约束机制为代表的制度创新；以变革生产关系为特征的组织创新；以及涵盖管理思想、管理理论、管理知识、管理方法、管理工具等内容的管理创新。

3. 走"各自为营→一体协调"之路

农产品物流是一个由农产品物流资源产业化而形成的复合型产业，既属于生产性服务业，又不能脱离制造业独立存在，还与以信息产业为代表的第四代产业存在密切联系，涵盖了运输业、仓储业、装卸业、包装业、加工配送业、物流信息业等，并且不同环节与模块在劳动生产率和价值增值能力等方面存在较大差异，农产品物流系统整体效益的提升离不开各个环节间的协同互动。然而当前各环节在进行技术改造、流程优化、组织重构等决策时各自为营，均从本环节效益最大化的局部最优思维出发，缺乏对环节间连接效率的考虑，导致环节间的信息沟通和技术连接存在较大障碍，致使系统整体运行成本较高，运行效率较低，需要基于全局最优的视角进行集成、协调和控制，实现农产品物流系统一体化协调发展。

4. 走"体量规模→精准敏捷"之路

在人们快节奏生活的背景下，消费者对于农产品物流的要求由快转变为精准，时间的稀缺使得人们无法专门分配时间来等快递，更多地希望在家做别的事情的同时，顺便收一下快递。对于农产品物流而言更是如此，农产品自身的易腐性也使得人们对于农产品配送精准性的要求更加严格。同时电子商务的发展使得农产品消费需求碎片化、消费场景多元化、消费时间和消费内容随机化，对农产品物流配送的敏捷程度提出更高要求。然而目前农产品物流行业仍盲目追求发展速度，致力于扩张布局，忙于扩大规模体量，忽视消费者需求的变化，无法满足消费者对分钟级配送、柔性化配送的诉求，亟须转变唯体量和规模优先的发展观念，确立农产品物流精准化、敏捷化的发展理念。

7.6.5　战略重点

在 SWOT 矩阵分析的基础上，明确各象限的发展重点，同时结合新型城镇化背景下我国农产品所要达成的智能化、冷链化、绿色化和柔性化目标，确立新型城镇化背景下我国农产品物流的七个战略重点，具体阐述如下。

1. 社会化服务战略

由第 4 章、第 5 章的分析可知，新型城镇化背景下农产品生产、批发与零售在空间和形式上将进一步发生分离，进而对农产品运输、搬运、仓储和配送等作业提出新的需求和要求，共享型的农产品物流体系凸显出信息处理环节在全局统筹规划上的重要意义，这些都离不开专业化的第三方农产品物流的发展。此处所说的第三方物流是广义上的概念，指的是部分或全部物流职能由商品供需双方以外的第三方专业物流企业承担的业务模式，包括了农产品的运输和仓储、信息管理、决策支持、技术咨询等内容。

2. 资源整合战略

新型城镇化下的农产品物流并不是对传统发展模式的全盘否定，而是对传统农产品物流的改造升级，并且这种改造和提升更多的是需要广义上的管理创新及技术创新来完成的，其中资源整合是一个很重要的手段。通过对不同来源、不同等级、不同内容、不同结构的农产品物流资源进行识别、选择、配置与有机融合，使其具有较强的柔性和系统性，创造出新资源，取得 1+1>2 的效果。通过资源整合达到内外部环境、流程与业务的协调，实现农产品物流系统内各行业、各企业及各种物流活动的有效衔接，实现与农产品物流需求的有效对接。

3. 技术升级战略

技术创新不仅是农产品物流发展模式转变的重点，也是农产品物流战略层和运营层的关键参量，还是农产品物流发展的重要推动力量，而且由第 4 章的分析可知，物流技术是我国农产品物流系统的序参量之一，对于系统发展演化的方向起到决定性的支配作用，为保障农产品物流系统新形态的有序形成和稳定，需要对包括冷链技术、绿色技术和信息化技术在内的技术进行改造升级与推广应用。加快"田园到餐桌"的全程冷链物流体系建设；加强农产品安全物流、农产品绿色物流和农产品逆向物流的打造；增强农产品物流信息化基础设施建设力度，并建立信息共享共建机制，提高信息传递效率。

4. 人才开发战略

人才是农产品物流系统高效运转的根本，是农产品物流发展最重要的资源和主要推动力，把人才开发提升到战略地位，制订适应于新型城镇化下农产品物流发展演化的人才培育计划、人才选拔方案和人员培训规划，营造有利于人力资源成长的良好氛围才能夺得农产品物流发展的制高点。人才开发战略所涉及的农产品物流人才包括负责规划制订的战略型人才、精通现代农产品物流商务活动的管理型人才、从事具体操作的技术技能人才，人才开发战略的重点涵盖从业资格认证制度的建设、在岗人员多层次培训体系的构建、高等教育的学科设置等方面。

5. 标准化提升战略

一方面，农产品物流涵盖农业生产、农产品流通、农产品消费再到废弃物回收再利用的综合大系统，系统的高度协调统一需要标准化的支持；另一方面，农产品物流系统不是孤立存在的，需要随时与其他经济社会系统进行物质、能量和信息的交换与传递，凸显出标准化和统一衔接点的重要意义。此外，农产品物流标准化还是我国农产品物流企业参与国际竞争的通行证，是消除贸易壁垒，促进农产品国际贸易发展的重要保障。标准化提升需贯彻农产品生产至消费全过程，涵盖制度、管理、组织、技术、人力资源和资本，重点关注农产品分类分级的标准制定、农产品包装的标准化管理、农产品物流作业操作的标准化章程及农产品物流信息的标准化建设。

6. 统筹协调战略

农产品物流作为一个融合了运输业、仓储业、货代业和信息业等的新兴复合型产业，具有跨地区、跨行业、跨部门和跨所有制运作的特征，并且不同环节对于资本、技术和人才的需求存在较大差异，环节间在劳动生产率和价值增值能力等方面也存在较大差异，在进行规划制订时要立足于系统层面，加强统筹协调。同时，农产品物流作为沟通城市与农村的桥梁，其发展需要与新型城镇化建设相协调，节点选址及建设规模要与城市群内的城市等级体系相适应。

7. 绿色化发展战略

资源约束日益趋紧、环境污染愈发严重、生态系统持续退化，面对这种严峻形势，必须树立生态文明新理念，一定要尊重自然、顺应自然和保护自然，走可持续发展道路。农产品物流作为贯穿生产、流通和消费的产业，其发展也必须将绿色化的理念贯穿全过程，将可持续发展理念融入农产品物流操作和管理，利用先进物流技术，规划并落实农产品包装、运输、仓储、加工等环节的绿色化，力求降低对环境的污染、减少资源消耗。

其中，资源整合战略与统筹协调战略是战略重点中的重点与难点。重中之重表现在其他五个重点战略的推进都离不开资源整合与统筹协调的支持，反之，落实好资源整合战略与统筹协调战略能够对农产品物流的社会化服务、技术升级、人才开发、标准化提升和绿色化发展形成较大的促进作用。重中之难表现在资源整合战略与统筹协调战略涵盖范围最广、涉及因素最多，战略实施的时间跨度较长，战略实施的效果内含于诸多发展变化中，难以被准确评估，不利于激发落实资源整合战略与统筹协调的动力，因此，第9章将对二者的具体实施策略展开研究。

7.6.6　战略部署

对于所有战略而言，若想取得成功都必须统筹规划，分步实施，逐次抵达。新型城镇化背景下我国农产品物流发展战略的有效落实也需要采取分步走的实施方式，整体战略部署主要分为三个阶段。

1. 第一步是规律探索与现状评估的准备阶段

此阶段的主要工作是探索农产品物流系统的客观演化规律,分析新型城镇化对农产品物流的作用机理,科学判断新型城镇化背景下我国农产品物流的发展演化,并以此为参照,评估当前农产品物流发展存在的不足,找出有待提升的方面。

2. 第二步是节点打造与体系建设的调整提升阶段

此阶段的主要工作是打造现代农业生产基地、农产品综合物流园区和智能化柔性配送中心三大节点,同时做好农产品物流标准化体系建设,健全农产品冷链物流的食品安全的立法监管,完善冷链物流基础设施设备体系,做好农产品现代物流理论、政策与技术的宣传贯彻,鼓励中小型农产品物流企业整合重组并建立现代企业制度,全面开展多层次的农产品物流人才培养工作,加大对农产品物流信息化的投入和改造,在该阶段后期开始尝试基于平台的共享物流模式,提供模块化农产品物流服务。

3. 第三步是网络化协同与国际化对接的快速发展阶段

此阶段的主要工作一方面是实现现代农业生产基地、农产品综合物流园区和智能化柔性配送中心三大节点的无缝衔接,实现线上电子商务与线下物流体系的充分融合,不断优化平台型共享物流模式促进其成熟稳定,实现城市群内农产品物流系统的三网协同运作。另一方面是培育一批具有国际竞争力和影响力的大型农产品物流集团,以及一批有相当规模效应的农产品物流产业集群,发展速度超过发达国家,缩短农产品在途损耗率、冷链覆盖率、精深加工水平、价值增值能力、农产品物流成本等指标与发达国家的差距,到 2028 年左右使我国农产品物流的发展进入世界发达水平行列,把我国由农产品物流大国建设成为农产品物流强国。

第8章 我国农产品物流的统筹优化与资源整合

通过第 7 章战略体系的研究可知，资源整合与统筹优化是新型城镇化背景下我国农产品物流发展战略体系能够顺利推进、最终目标得以实现的重点及难点。由此，本章将对资源整合与统筹优化两个战略的具体实施策略做进一步详细论述，以保证战略的有效执行。

由第 4 章的分析可知，在新型城镇化的作用下，农产品批发市场、农产品物流园区等农产品综合型物流节点将转移至城市群内具有良好交通区位的小城镇实现可持续发展，随之带来的是批发与零售空间距离的增大，由此凸显出农产品物流配送在连接批发与零售间的桥梁作用。同时，农超对接、农企对接、农产品电子商务等现代直销模式的发展进一步增加了对农产品物流配送的需求，导致农产品物流配送规模迅猛增长，日配送单量、配送节点数量均会随之呈指数级增长。

在农产品物流配送迎来重大发展机遇的大背景下，配送中心的科学选址与配送路径的合理规划具有更加重要的意义。对农产品物流配送中心进行科学选址、对配送路径进行合理规划，能够使配送中心到所服务的零售端总里程最少，配送更加便利，不仅能够减少零售端断货现象和车辆配送意外事件发生的概率，而且可以大幅缩短农产品物流配送中心的货品周转时间和零售端货品的周转期，从而减少了配送中心的库存货物数量，减少由此产生的库存成本，同时也能够减少生鲜农产品的损耗，有利于保障生鲜商品的品质。因此，8.1 节与 8.2 节将分别研究农产品物流配送中心的选址与农产品物流配送路径规划问题。

8.1　配送中心选址的统筹优化

8.1.1　优化原则与方法

农产品物流配送中心的选址是指在一个有多个可供选择的地区节点范围内，选择一个或者多个地点作为配送中心的决策过程。农产品物流配送中心优化的过程中，要注意三个方面内容：第一是避免重复建设导致的资源闲置；第二是要综合考虑物流成本，体现成本优势；第三是能够为本地区农产品物流需求者提供服务保障。因而，农产品物流配送中心节点优化的原则有：经济性、协调性及全局性。最佳的农产品物流配送中心选址应该是使农产品经过配送中心的集中、周转、分配，直到运送到需求端的整个过程成本最低、服务效率最高。学者对于配送中心节点优化方法的研究主要集中在模糊层次分析、GIS、成本权益比对法等。

8.1.2　节点的选址步骤

农产品物流配送中心的选址步骤如图 8-1 所示。

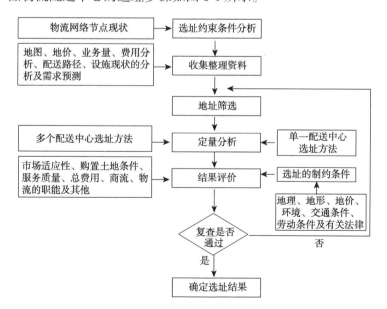

图 8-1　农产品物流配送中心选址的步骤

8.1.3　选址的模型构建

本节建模的目的在于从可供选择的地点汇集中筛选一定数目的候选地点作为农产品物流配送中心，以便使所建立的农产品物流配送中心与各零售端形成的配送系统总成本最小（图 8-2）。

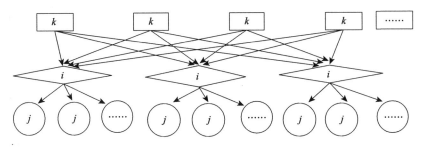

图 8-2　农产品物流配送中心的配送模式

k 为生产基地，i 为配送中，j 为零售商

其中，总成本包括建设或租赁农产品物流配送中心及相关设备的前期投入、配送中心的管理成本及运输成本等。农产品物流配送中心选址模型进行如下假设。

（1）农产品的运输费用是以重量来计价的。

（2）所要配送的基地农产品能够一次配送完毕。

（3）生产种植基地的生产能力能够满足零售端对所销售农产品的需求。

（4）企业只能在给定的候选地址里面选择新的农产品物流配送中心地点。

农产品物流配送中心选址的问题可转化为追求最小成本的问题，即运输成本、运营成本等成本总和最小，目标函数为

总成本函数=固定成本+运输成本+变动成本

此处的变动成本是指农产品物流配送中心在进行农产品运输时，所产生的管理费用。因此，在考虑变动成本时，需要引入一个参数 λ，使变动成本符合农产品配送的实际状况，变动成本函数变为 $\sum_{k=1}^{L}\sum_{i=1}^{M}\mu_i x_{ki}^{\lambda}$，参照魏光兴的研究[366]，变动成本的参数取 $\lambda=0.5$。

$$\min z = \sum_{i=1}^{M} f_i Y_i + \sum_{i=1}^{M}\sum_{j=1}^{N} c_{ij} x_{ij} + \sum_{k=1}^{L}\sum_{i=1}^{M} c_{ki} x_{ki} + \sum_{k=1}^{L}\sum_{i=1}^{M} Y_i \mu_i x_{ki}^{\lambda} \quad （8-1）$$

$$\text{s.t.} \sum_{i=1}^{M} x_{ij} \geqslant a_j, \ j = 1, 2, \cdots, N \quad （8-2）$$

$$\sum_{k=1}^{L} x_{ki} \leqslant b_i Y_i, \quad i=1,2,\cdots,M \qquad (8\text{-}3)$$

$$\sum_{i=1}^{M} Y_i \leqslant O \qquad (8\text{-}4)$$

$$\sum_{j=1}^{N} x_{ij} = \sum_{k=1}^{L} x_{ki}, \quad i=1,2,\cdots,M \qquad (8\text{-}5)$$

$$\sum_{i=1}^{M} x_{ki} \leqslant c_k, \quad k=1,2,\cdots,L \qquad (8\text{-}6)$$

$$Y_i = 0 或 1, \quad i=1,2,\cdots,M \qquad (8\text{-}7)$$

$$x_{ij} \geqslant 0, \ x_{ki} \geqslant 0, \ i=1,2,\cdots,M; j=1,2,\cdots,N; k=1,2,\cdots,L \qquad (8\text{-}8)$$

其中，z 为总成本函数；i 为农产品物流配送中心；j 为零售商（连锁超市）；k 为生产基地（种植基地）；Y_i 为物流配送中心是否被选建，如果是，其值为 1，否则为 0；f_i 为物流配送中心 i 运营的固定费用（包括基本的投资费和固定经营费），千元；c_{ij} 为从物流配送中心 i 至连锁超市 j 的配送费用，千元/吨；x_{ij} 为从物流配送中心 i 到连锁超市 j 的运输量；c_{ki} 为从生产基地 k 到物流配送中心 i 的配送费用，千元/吨；x_{ki} 为从生产基地 k 到物流配送中心 i 的运输量，吨；u_i 为物流配送中心 i 的货物流转单价（包括装卸费、机械损耗费、电费、管理费、人员工资福利等均摊），千元/吨；a_j 为连锁超市 j 的需求量，吨；b_i 为物流配送中心 i 容量，吨；c_k 为生产基地 k 的供货量，吨；M 为备选的物流配送中心的最大个数；N 为连锁超市的个数；L 为生产基地的个数；O 为可兴建的物流配送中心的最大个数。

函数的约束条件式（8-2）意味着农产品物流配送中心能够满足农产品零售商的配送要求；函数的约束条件式（8-3）表明农产品物流配送中心 i 的货物运进数量要小于仓库的容纳量；函数的约束条件式（8-4）显示能够选择的物流配送中心数量不能大于最大数量 O；函数的约束条件式（8-5）显示物流配送中心 i 的农产品出入数量要相等；函数约束条件式（8-6）显示生产基地 k 运输到物流配送中心的商品数量要小于它的生产数量。

8.2　配送路线选择的统筹优化

　　本节研究的农产品物流配送路线优化主要是指，农产品从大型物流中心向各个零售端配送的过程，这个过程一般为短距离运输，多采用公路运输，具有一定的灵活性。

　　农产品物流配送路线优化的目标需要统筹考虑综合成本最低、配送路径最短及时效性最好。农产品物流配送路线优化问题主要包括货物、网点、车辆、物流中心、配送路线、目标函数和约束条件等要素（表8-1）。

表8-1　车辆路径问题组成要素

组成要素	属性
货物	送达时间和地点，重量和体积，能否分批次配送
网点	货物数量，无时间限制，软时间窗约束，硬时间窗约束
车辆	最大装载量，最大行驶里程，停放位置
物流中心	单一配送中心，多配送中心
配送路线	方向，距离，费用，交通流量限制
目标函数	配送总里程最短，配送用时最少等
约束条件	对货物品种、数量的要求，配送时间要求，运力范围要求等

农产品物流配送路径优化问题可以简化为车辆路径优化问题（vehicle routing problem，VRP），即对一些已确定的终端零售商，通过合理地规划配送路线，安排车辆向各个终端零售商提供送货服务，最终使配送成本最低的过程。现实中，一般会对车辆的载重量和行驶距离（或时间）有一定约束，此类路径优化问题又被称为有能力约束的车辆路径优化问题（capacitated vehicle routing problem，CVRP），该方法的具体求解算法如下。

假设物流中心有 K（$k=1,2,\cdots,K$）辆车为 L（$i=1,2,\cdots,L$）个网点进行配送任务，$i=0$ 表示物流中心。每辆配送车的载重为 b_k（$k=1,2,\cdots,K$），每个网点需求量为 d_i（$i=1,2,\cdots,L$），车辆从 i 到 j 的配送成本为 c_{ij}（费用、距离等），目标函数是使得配送车辆最少，行驶路程最短。定义以下变量：

$$y_{ik} = \begin{cases} 1, & \text{客户}i\text{由车辆}k\text{配送} \\ 0, & \text{其他} \end{cases}$$

$$x_{ijk} = \begin{cases} 1, & \text{车辆 }k\text{从}i\text{访问}j \\ 0, & \text{其他} \end{cases}$$

带约束车辆路径优化问题的数学模型如下：

$$\min z = \sum_{k=1}^{K}\sum_{i=0}^{L}\sum_{j=0}^{L} c_{ij}x_{ijk} \tag{8-9}$$

$$\sum_{i=1}^{L} d_i y_{ik} \leqslant b_k, \ \ \forall k \tag{8-10}$$

$$\sum_{k=1}^{K} y_{ik} = 1, \ \ \forall i \tag{8-11}$$

$$\sum_{i=1}^{L} x_{ijk} = y_{jk}, \ \ \forall j,k \tag{8-12}$$

$$\sum_{j=1}^{L} x_{ijk} = y_{ik}, \quad \forall i, k \tag{8-13}$$

$$\sum_{i,j \in S \times S} x_{ijk} \leqslant |s| - 1, \quad s \in \{1, 2, \cdots, L\}, \quad \forall k \tag{8-14}$$

$$x_{ijk} = |0, 1|, \quad \forall i, j, k \tag{8-15}$$

$$y_{ik} = |0, 1|, \quad \forall i, k \tag{8-16}$$

式（8-10）确保每辆车所载货物不超过其最大载重量，式（8-11）确保每个网点都有货物需要配送，式（8-12）和式（8-13）确保网点能且仅能被一辆车服务，式（8-14）消除子回路，式（8-15）和式（8-16）表示变量的取值范围。

8.2.1　模型准备

现实条件下，对于农产品尤其是果蔬类农产品的物流配送而言，配送活动一般在超市等零售终端营业时间之前，也就是说，配送车辆在执行配送任务的过程中，不是仅仅将农产品送至零售店，而是有时间的限制，同时因为大多数果蔬类农产品的新鲜度对时间的要求较高，这样便产生了时间窗的概念及带有时间窗的车辆配送路径问题（vehicle routing problem with time window，VRPTW）。带有时间窗的车辆配送路径规划问题是在旅行商问题的基础上添加了一个时间窗的约束条件，要求在进行农产品物流配送路径规划时，一方面要考虑配送路线的成本，另一方面也要考虑对配送时间要求的惩罚成本。这是比较符合现实情况的，但也在一定程度上增加了农产品物流配送路径规划的难度。

为了将以上所描述的带时间窗的物流网络优化问题抽象为数学模型，本书建立如下的基本假设。

（1）不考虑交通堵塞的情况。

（2）每辆车配送任务确定后，不再变更。

（3）每个零售端对农产品的需求量已知。

（4）假定所运输的农产品的种类为单一种类。

（5）配送中心和各个零售端的地理位置是已知的。

（6）配送车辆都是同品牌同类型且最大载重量已知。

（7）每个零售端只能配送一次，不存在二次配送现象。

（8）农产品物流配送流向为单向，即单纯配送农产品。

（9）配送车辆在运输过程中所装载的农产品不能超过其最大载重量。

（10）假定配送车辆都是匀速行驶，即配送所花费的时间都只与配送路程有关。

（11）对于不按照先前规定的时间段内向客户配送货物的车辆会产生惩罚成本。

（12）有且仅有一个配送中心，车辆执行配送任务时都是从配送中心出发，完成配送任务后立即返回配送中心。

根据以上对农产品物流配送问题的描述和基本假设，现进行如下的变量定义和参数符号定义：b_i 为每辆车的载重量；d_i 为每个零售端的需求；p_e 为所配送的商品价值；K 为配送中心运输车数量；L 为所需配送的零售端数；p_i 为车辆配送的时间窗惩罚函数；S_i 为零售端 i 接收货物的时间上限；r_i 为零售端 i 接收货物的时间下限；T_{ijk} 为第 k 辆车从 i 到 j 的配送时间；T_i 为配送车辆到达零售端 i 的时间；C_{ijk} 为第 k 辆车从 i 到 j 的运输成本；p 为单位农产品销售价与进货价的差值；T_{sk} 为第 k 辆车开始配送货物 s 时执行配送任务的时间；m_i 为配送车辆提前到达零售端 i 时的惩罚系数；n_i 为配送车辆延后到达零售端 i 时的惩罚系数；V_{ik} 为车辆 k 到达零售端 i 时所装载农产品的总量；x_{ijk} 为若车辆 k 从 i 访问到 j，则 $x_{ijk}=1$，其他情况下为 0；y_{ik} 为若网点 i 由车辆 k 配送，则 $y_{ik}=1$，其他情况下为 0。

8.2.2　模型建立

1. 销售利润

在实际情况中，消费者对农产品的需求量会随着时间的推移而逐渐下降。本书引入传统的时变需求函数 $D(t) = \alpha e^{\beta t}$，其中 α 大于 0，β 小于 0，此公式反映了农产品的需求量与时间之间的函数关系，即农产品的需求量与时间成反比。则农产品的销售利润为

$$\sum_{k=1}^{K} p D(t) \tag{8-17}$$

2. 运输成本

本书假定配送车辆的运输成本只与配送路程成正比，则计算公式为

$$\sum_{k=1}^{K} \sum_{i=1}^{L} \sum_{j=1}^{L} C_{ijk} x_{ijk} \tag{8-18}$$

3. 货损成本

在农产品的运输过程中，随着时间的推移，农产品会产生一定的损耗，为此引入一个反映农产品数量变化的损耗比例函数 $\rho(t) = e^{\frac{\ln 2}{T} t} - 1$，用以描述配送过程

中农产品损耗的衰减规律。

此处为：$\rho_{ik}(t) = e^{\frac{\ln 2}{T_{sk}}T_i} - 1$，其中，$\rho_{ik}(t)$ 表示客户 i 由车辆 k 配送所产生损耗的函数，则货损成本为

$$\sum_{k=1}^{K}\sum_{i=0}^{L}\rho_{ik}(t)V_{ik}p_e \qquad (8\text{-}19)$$

4. 惩罚成本

每个配送车辆若没有在规定的时间窗内配送货物，则无论提前或延后配送，都会有一定的惩罚，此处惩罚函数假设为

$$p_i = \begin{cases} m_i(S_i - T_i), & T_i < S_i \\ 0, & S_i < T_i < r_i \\ n_i(T_i - r_i), & r_i < T_i \end{cases} \qquad (8\text{-}20)$$

则惩罚成本为

$$\sum_{i=1}^{L}p_i \qquad (8\text{-}21)$$

综上所述，基于农产品损耗的配送路径数学模型为

$$\sum_{k=1}^{K}pD(t) - \sum_{k=1}^{K}\sum_{i=1}^{L}\sum_{j=1}^{L}C_{ijk}x_{ijk} - \sum_{k=1}^{K}\sum_{i=0}^{L}\rho_{ik}(t)V_{ik}p_e - \sum_{i=1}^{L}p_i \qquad (8\text{-}22)$$

$$\sum_{i=1}^{L}d_i y_{ik} \leqslant b_k, \quad \forall k \qquad (8\text{-}23)$$

$$\sum_{k=1}^{K}y_{ik} = 1, \quad \forall i \qquad (8\text{-}24)$$

$$\sum_{i=1}^{L}x_{ijk} = y_{jk}, \quad \forall j,k \qquad (8\text{-}25)$$

$$\sum_{j=1}^{L}x_{ijk} = y_{ik}, \quad \forall i,k \qquad (8\text{-}26)$$

式（8-23）保证每个车辆的装载量不超过最大载重量；式（8-24）保证每个零售端都参与了配送过程；式（8-25）和式（8-26）保证每个零售端能且只能被一辆配送货车服务。

8.2.3　模型求解

目前常见的求解 VRP 模型的方法主要可以分为精确算法和启发式算法两大类。一些较大规模问题的求解，精确算法的计算量会很大，所以本书将采用启发

式算法。启发式算法又可以进一步分为传统启发式算法和现代启发式算法。本书将选取传统启发式算法中的节约算法和现代启发式算法中的遗传算法。

1. 节约算法

节约算法是现在用来求解 VRP 模型非常有名的一种启发式算法。1964 年 Clarke 在对车辆路径优化问题展开研究时，首次提出了此种算法[367]。1983 年 Solomon 将此算法进行改进，综合考虑装载量与时间窗两方面因素，用于求解带时间窗约束的车辆调度问题。节约算法的基本思想是把初始配送路线与较短配送路线的节约值进行排序，在保证不超出配送车辆最大装载的前提下，按顺序将相对应的待送网点插入路线中，直至所有网点都被安排在路线上为止。

2. 遗传算法

遗传算法（genetic algorithm，GA）是由美国密执安大学的 Holland 教授在 1975 年提出的。遗传算法仿效生物界中"物竞天择，适者生存"的演化法则，借用了一些生物遗传学术语，是一种自适应全局随机搜索算法。

遗传算法对于问题的求解是从特定的一组解开始，然后经过一系列迭代运算操作，将更满意的解替换原来的解。这样特定的一组解称为一个种群，记为 $P(t)$，t 为迭代步数。一般种群中解的个数在整个遗传算法的进化过程中是不变的，称之为群体规模，常记为 N。种群中的每个解都称为个体（染色体），记为 $x_1(t), x_2(t), \cdots,$ $x_N(t)$。在遗传算法的运算过程中，要采用交叉算子对当前解进行交叉操作，产生的新解称为当前解的子解，而当前解称为新解的父解。

遗传算法是一种"生成+检测"的迭代搜索算法，包括编码、初始群体、选择、交叉、变异和运行参数六个基本要素（图 8-3）。

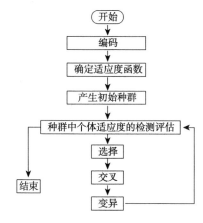

图 8-3　遗传算法步骤图

8.2.4 模型应用

1. 节约算法应用举例

假如农产品物流配送中心 P_0 负责 5 个农产品零售端 P_j 的农产品配送,其配送服务网络、配送中心和农产品零售端的距离及各个连锁超市之间的相互距离如图 8-4 所示。农产品物流配送中心有 2 吨车和 4 吨车两种货车可供调度,下面求出最优的农产品零售端配送方案。

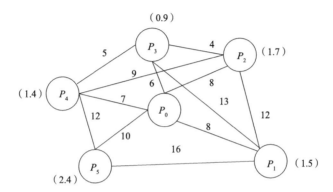

图 8-4 配送中心与连锁超市示意图

图中括号内的数字是农产品零售端的订货数量(单位:吨),直线上的数字是两个农产品零售端之间的距离(单位:公里)

第一步:首先要求出零售端相互之间的最短距离。如图 8-4 所示的农产品物流配送中心到各农产品零售端之间的距离,可以求出货车行驶里程最短的矩阵表,如表 8-2 所示。

表 8-2 配送车辆最短行驶里程矩阵表

项目	P_0	P_1	P_2	P_3	P_4	P_5
P_1	8					
P_2	8	12				
P_3	6	13	4			
P_4	7	15	9	5		
P_5	10	16	18	16	12	

第二步:在最短里程矩阵表中求出各农产品零售端之间的可以节约的行程,如表 8-3 所示。

表8-3　货车行驶路线节约路程矩阵表

项目	P_0	P_1	P_2	P_3	P_4	P_5
P_1	8					
P_2	8	4				
P_3	6	1	10			
P_4	7	0	6	8		
P_5	10	2	0	0	5	

第三步：将所节约的路程按照大小顺序进行排列，如表8-4所示。

表8-4　节约里程表

序号	1	2	3	4	5	6	7	8	9	10
路线	P_2P_3	P_3P_4	P_2P_4	P_4P_5	P_1P_2	P_1P_5	P_1P_3	P_2P_5	P_3P_5	P_1P_4
节约里程/公里	10	8	6	5	4	2	1	0	0	0

第四步：根据所节约的路程顺序排列表，重新组合成货车行驶路线图。

（1）初始解：如图8-5所示，从农产品物流配送中心 P_0 向每个农产品零售端送货。该配送业务共有 5 条车辆行驶路线，配送车辆在每个零售终端往返的行驶里程合计是 78 公里[(8+8+6+7+10)×2=78]，该业务要求配送中心安排 4 辆载重 2 吨的货车，1 辆载重 4 吨的货车来完成以上操作。

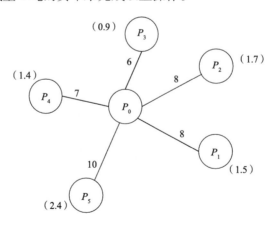

图 8-5　初始解

图中括号内的数字是农产品零售端的订货数量（单位：吨），直线上的数字是两个农产品零售端之间的距离（单位：公里）

（2）二次解：根据所节约的运行距离大小依次连接 P_2—P_3、P_3—P_4（图8-6），此时的送货路线有 3 条，总的行驶距离是 60 公里，此时要求安排 1 辆载重 2 吨的货车，2 辆载重 4 吨的货车。从图中能够看出，经过优化后的农产品配送路线 I，配载重量是 4 吨，行驶里程是 24 公里。

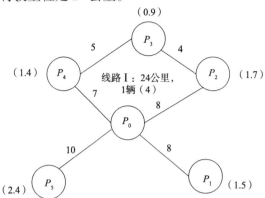

图 8-6　二次解

图中括号内的数字是农产品零售端的订货数量（单位：吨），直线上的数字是两个农产品零售端之间的距离（单位：公里）

（3）三次解：根据节约行程的多少排序。图中的相邻节点 P_4—P_5 与 P_1—P_2 都是可以连接至二次解的配送路线 I 中的，但是受到货车配载量及每次行驶里程这两个条件的约束，配送路线 I 已经不能再增添连锁超市，因此不能再连接 P_4—P_5 与 P_1—P_2，而是连接 P_1—P_5，最后组合成农产品配送路线 II（图 8-7），此时的行驶路线配载重量是 3.9 吨，行驶里程是 34 公里。该业务经过两次优化后的配送路线共有 2 条，配送车辆总的行驶里程是 58 公里，此时配送业务仅要求 0 辆载重 2 吨的及 2 辆载重 4 吨的货车，就可以完成。

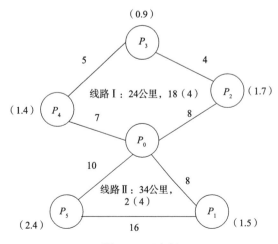

图 8-7　三次解

图中括号内的数字是农产品零售端的订货数量（单位：吨），直线上的数字是两个农产品零售端之间的距离（单位：公里）

配送线路 I：$P_0—P_2—P_3—P_4—P_0$。

运量：$Q_1 = q_2 + q_3 + q_4 = 1.7 + 0.9 + 1.4 = 4$(吨)。

安排一辆载重 4 吨的货车配送，可以节约行驶里程 S_A=10+8=18(公里)。

配送线路 II：$P_0—P_5—P_1—P_0$。

运量：$Q_2 = q_5 + q_1 = 2.4 + 1.5 < 4$(吨)。

安排一辆载重 4 吨的货车配送，可以节约行驶里程 S_B=2(公里)。

和最初的单独车辆配送方式相比较，货车总的节约行驶距离是：$\Delta S = S_A + S_B$=20(公里)。

2. 遗传算法的应用举例

本节将借助富迪公司连锁超市的数据举例说明遗传算法求解 VRP 模型的具体过程。富迪公司是一家以乡镇为主体的农村连锁超市经营公司，是我国"万村千乡市场工程"优秀试点企业。已成为江汉平原最大的农村连锁超市经营公司。现有员工 11 000 多人，门店 500 多家，分布于仙桃、荆州、天门、潜江、洪湖、监利、公安、江陵等江汉平原 11 个市县城乡，其中乡镇零售店占 80%，城区零售店占 20%，形成了以主物流配送中心为龙头、分公司调配中心为补充、大店和农村商贸服务中心为基础的三级物流配送体系。

富迪公司较早就开始了农超对接的探索，已形成三种主要的农超对接方式，即定点采购、批量收购及统购包销。现已有 50 多个农产品生产基地与超市对接，并且依靠公司所构建的三级物流配送体系，实现了农产品配送率达 100%。富迪公司物流园区拥有员工 400 多人，配送车辆 70 多辆，配送范围为所辖分公司的 6 家调配中心和分布于 10 多个县市乡镇的 500 多家连锁超市。为了更好地对所辖连锁超市进行优质配送，富迪公司物流园区对所有配送车辆安装了 GPS，实现了对配送商品的转运均采用托盘装载，在春节等高峰期，采取调用社会车辆的方式来弥补自有运力的不足。就目前发展情况来看，富迪公司在农产品配送过程中暴露出来的问题主要有以下几点。

第一，农产品的配送成本较高。与国内其他大型农产品物流企业相比，配送费用要高出 15%～20%。

第二，农产品配送路线安排不合理，货损率较高。配送线路的规划往往依靠之前的经验，没有经过科学合理的布局，造成农产品特别是生鲜农产品质量下降。

3. 富迪连锁超市农产品配送路径优化模型构建及求解

本书选取一个区县的 25 个连锁超市及 1 个物流配送中心为样本，展开研究。

现实情况下，对果蔬类农产品的配送一般在上午 6 点到上午 9 点这个时间段内完成，每个超市每天农产品的销量一般在 1～6 吨的范围。将超市网点及配送中心的地理位置呈现在坐标轴中，如表 8-5 所示，其中编号 1 为物流中心。

表 8-5 超市网点位置、需求量及服务时间限制

编号	X 坐标	Y 坐标	需求量/吨	时间窗上限/分	时间窗下限/分	服务时间/分
1	57	38	—	—	—	—
2	26	36	2	0	120	10
3	4	18	5	0	120	10
4	57	31	3	0	100	10
5	5	5	2	0	110	10
6	3	60	2	0	125	10
7	29	53	1	0	140	10
8	64	19	3	0	160	10
9	44	66	4	0	105	10
10	14	10	3	0	120	10
11	24	30	2	0	120	10
12	28	79	5	0	110	10
13	58	75	2	0	100	10
14	58	73	1	0	100	10
15	18	80	1	0	150	10
16	62	78	3	0	100	10
17	94	35	4	0	180	10
18	38	4	5	0	105	10
19	43	17	6	0	120	10
20	4	43	5	0	100	10
21	20	87	5	0	110	10
22	67	86	1	0	100	10
23	94	29	3	0	130	10
24	26	53	2	0	150	10
25	56	54	5	0	120	10
26	22	23	3	0	120	10

另外，本书在农产品配送过程中，对运输成本、使用成本、损耗成本的参数数值做了规定，如表 8-6 所示。

表 8-6　各参数数值

符号	名称	数值	单位
C_{ijk}	单位运输成本	1	元/（吨·公里）
C	车辆使用成本	20	元/辆
V	车辆的平均行驶速度	10	公里/小时
C_v	农产品损耗成本	3	元/小时
C_p	惩罚成本	50	元
V_t	车辆最大载重	25	吨
S	农产品毛利润	0.5	元/吨

　　本节对遗传算法进行了改进，以便用于求解本书中建立的路径优化的数学模型。改进后的遗传算法能够借助精英策略减少迭代次数，而且能够使用进化逆转操作，使得产生的子代个体能保存上一代的较多信息。

　　在 Matlab 环境下结合数学模型运用遗传算法对上述实例进行求解。模型中部分参数赋值如下：种群 n=100；迭代次数 t=200；交叉概率 P_c=0.9；变异概率 P_m=0.05。

　　运行 Matlab 程序，得出适应度函数值的变化，如图 8-8 所示。

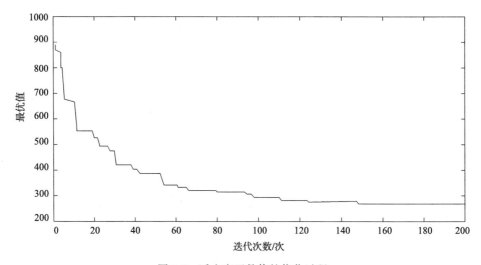

图 8-8　适应度函数值的优化过程

　　通过图 8-8 可以发现，种群适应度函数的值随着迭代次数的增加而不断下降，但是当迭代次数到达 145 次左右时，适应度函数的值便逐渐趋于稳定，不再发生变化，这说明已经得出问题的满意解。

此时，规划出车辆配送过程的最佳路线图，如图 8-9 所示。

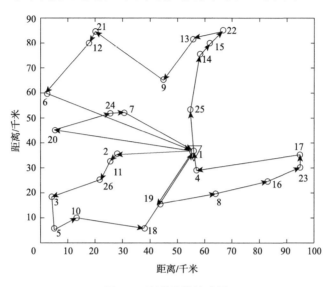

图 8-9　配送路线轨迹图

可得，共需 4 辆车来完成配送任务，最佳配送路线如下。

车辆 1：1—25—14—15—22—13—9—21—12—6—1。

车辆 2：1—7—24—20—1。

车辆 3：1—2—11—26—3—5—10—18—1。

车辆 4：1—19—8—16—23—17—4—1。

在按照上面的最优配送路径送货时，如果对式（8-22）进行计算，假设超市配送的商品能够全卖出去，这时的利润就是 36 558 元。

在进行路径规划之前，以往的配送路线如下。

车辆 1：1—4—8—16—23—17—1。

车辆 2：1—25—14—15—22—13—9—1。

车辆 3：1—21—12—1。

车辆 4：1—7—24—6—20—1。

车辆 5：1—2—11—26—3—1。

车辆 6：1—19—18—10—5—1。

配送路线轨迹图的仿真图如图 8-10 和图 8-11 所示。

图 8-10 优化前的配送点

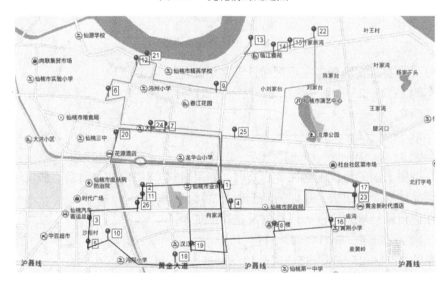

图 8-11 优化后的配送车辆路线图

使用图 8-11 配送路线执行配送任务时，对式（8-22）进行求解，经过测算，若将所配送的农产品全部销售完毕，所得的销售利润约为 36 126 元。

综上，对规划前后的配送路线进行对比，表明使用规划后的路径执行配送任务，可以在节省运力的同时，产出更多利润。

8.3　共同配送模式的统筹优化

由于货主的零散性和商品的多样性，共同配送成为物流配送的主要方式，共同配送对于经济效益和社会效益的提升作用也得到了学术界的广泛认可。农产品共同配送同样能够实现社会效益和企业经济收益的双赢，农产品共同配送在帮助农产品物流企业降低运营成本的同时能够减少物流对社会产生的外部不经济。然而农产品尤其是生鲜果蔬类农产品的易腐性，使得它们对温度较为敏感，需要在冷链运输的条件下才能够保证良好的品质，但是在实践中，第三方物流企业出于成本的考虑，在共同配送时通常将农产品与其他货物放在一起，运用常温普通货车运输，这就会导致农产品在途损耗较大，且农产品的口感和食品安全难以得到保障，倘若全部采用冷链运输车则会带来较高的运营成本。混搭配送技术能够很好地解决这一问题，混搭配送技术能够借助新的冷链保温制冷设备，如制冷剂、低温保温箱、冰袋、冰垫、冷藏隔帘、蓄冷温箱及低温柜等，使得需要保鲜冷冻储藏的食品能够和常温食品混装，利用普通厢式货车就能配送，有效地平衡了多种温度的食品精准配送要求与物流成本太高之间的矛盾，同时还能够降低配送门槛、优化配送资源、降低物流成本（节约燃油消耗和用车数量等从而降低了配送成本），确保了混搭配载商品的安全，减少了碳排放所造成环境污染，具有经济性、安全性、环保性等优势。

8.3.1　混搭配送模型及算法

1. 问题描述

针对混搭配载配送模式所建立的数学模型，相关参数符号的含义如下。

Q_{ijt} 表示的是农产品零售端 j 在时间 t 时的农产品 i 配送需求量。

B_i 表示的是单位农产品 i 每单位时间的库存成本。

a_m 表示的是在期间 m 使用的车辆数目。

f 表示的是普通车辆的固定成本。

n_m 表示的是在期间 m 从事混搭配送的托运人数量。

y_{ijt}^s 表示被农产品零售端 j 在一定的时间 t 所订购的农产品 i 离开物流配送中心的时间。

y_{ijt}^f 表示被农产品零售端 j 在一定的时间 t 所订购的农产品 i 能够到达物流配送

中心的时间。

$\overline{L}_m$ 表示的是在期间 m 配送货车平均的配载量。

$\overline{D}_m$ 表示的是每个托运人在期间 m 的平均托运容积。

$\overline{n}_m$ 表示的是在期间 m 托运人在相同车辆上从事配送的平均数量，其中，

$\overline{n}_m = \dfrac{\overline{L}_m}{\overline{D}_m}$。

$E(\Delta)$ 表示从农产品物流配送中心送货至农产品零售端的预计运行里程。

k 表示车辆行驶距离的权系数，是个恒定值，约为 1/2。

σ 表示每单位地区托运人的数量。

O 表示的是每单位行驶距离的燃料成本。

δ_τ 表示的是低温冷藏箱的装卸成本。

δ_Γ 表示的是低温保温箱的设备装卸成本。

$N_{rm\tau}$ 表示的是在期间 m 时低温冷藏箱在 r 温度范围内的数目。

$N_{rm\Gamma}$ 表示的是在期间 m 时低温保温柜在 r 温度范围内的数目。

V_m 表示的是运输车辆在期间 m 时的平均速度。

φ_τ 表示农产品在存放温度 r 限制范围内低温冷藏箱设备的单位时间的电力成本。

Φ_τ 表示农产品在存放温度 r 限制范围内保温设备柜的单位时间的电力成本。

θ_{ijt}^m 是个二元变量，取值 1 或 0，如果农产品零售端 j 在时间 t 时订购农产品 i 的货物配送中心启程时间是 m，则 $\theta_{ijt}^m = 1$，否则，$\theta_{ijt}^m = 0$。

b_{ijt} 表示的是二元变量，假如农产品零售端 j 在时间 t 订购农产品 i 不能在软时间窗内送到，那么 $b_{ijt} = 1$，否则 $b_{ijt} = 0$。

P_i 表示的是农产品 i 的价值。

d_{ij} 表示的是对农产品零售端 j 来讲，货物 i 的价值的惩罚比率。

λ 表示少于一定期限的延迟参数。

ρ_m 表示的是在时期 m 货车从配送中心至农产品零售端的平均运行时间。

S_{ijt} 表示农产品零售端 j 在时间 t 时订购农产品 i 时的时间窗上限。

ζ_i 表示的是配送农产品 i 的参数，$\zeta_i > 1$。

2. 模型构建

该配送模式在优化过程中产生了如下的主要成本：农产品的库存成本、运输成本、电力成本和惩罚成本等。现在分别描述如下。

1）库存成本

混搭配送中的库存成本指的是存储成本和温度控制成本。其中，存储成本受农产品的体积影响；温度控制成本受农产品的体积和温度控制所属范围的影响。因此，库存成本的公式可表示为

$$C_{\text{Inv}} = \sum_i \sum_j \sum_t q_{ijt} v_i B_i \left(y_{ijt}^s - y_{ijt}^f \right)$$

2）运输成本

运输成本包括使用车辆的固定成本和变动成本，低温冷藏箱和低温保温柜的装载及卸载成本等，其中，固定成本包括维修成本、折旧成本和驾驶员的费用等；变动成本受配送距离的影响；燃料成本是运输卡车行驶中所消耗的燃料成本。因此，运输总成本的公式可表示如下：

$$C_{\text{Tra}} = \sum_m \left\{ a_m f + \left[\frac{2E(\varDelta)\bar{n}_m}{n_m} + \frac{kn_m}{\sqrt{\sigma}} \right] O + \sum_r \left(\delta_\tau N_{rm\tau} + \delta_\Gamma N_{rm\Gamma} \right) \right\}$$

在上面公式中，低温冷藏箱和低温保温柜数量不仅依赖总的装载农产品体积，而且依赖装载农产品的利用能力，包括农产品的体积、形状和其他货物特性等。其中，$a_m f$ 为运输期间 m 的固定成本；$\left[\dfrac{2E(\varDelta)\bar{n}_m}{n_m} + \dfrac{kn_m}{\sqrt{\sigma}} \right] O$ 为在运输期间 m 的变动成本，$\left[\dfrac{2E(\varDelta)\bar{n}_m}{n_m} + \dfrac{kn_m}{\sqrt{\sigma}} \right]$ 为车队行驶的总里程；$\delta_\tau N_{rm\tau} + \delta_\Gamma N_{rm\Gamma}$ 为运输期间 m 的装卸成本，$\sum_r \left(\delta_\tau N_{rm\tau} + \delta_\Gamma N_{rm\Gamma} \right)$ 为在期间 m 温度变化范围是 r 的装卸总成本。

3）电力成本

电力成本是车辆行驶时的温度控制成本，它是由温度控制和设备的使用时间决定的，使用时间可由行驶距离和车辆行驶速度来估计，因此，电力成本的公式可以表示为

$$C_{\text{Ene}} = \sum_m \left(\varphi_r N_{rm\tau} + \varPhi_r N_{rm\Gamma} \right) \frac{\left[\dfrac{2E(\varDelta)\bar{n}_m}{n_m} + \dfrac{kn_m}{\sqrt{\sigma}} \right]}{v_m}$$

其中，$\varphi_r N_{rm\tau} + \varPhi_r N_{rm\Gamma}$ 为在期间 m 的温度控制成本；$\left[\dfrac{2E(\varDelta)\bar{n}_m}{n_m} + \dfrac{kn_m}{\sqrt{\sigma}} \right]$ 为货车运行里程，$\dfrac{\left[\dfrac{2E(\varDelta)\bar{n}_m}{n_m} + \dfrac{kn_m}{\sqrt{\sigma}} \right]}{v_m}$ 为温控装备的运行时间。

4）惩罚成本

运输车辆要在企业要求的时间范围内到达，否则，由于不能满足农产品零售商的需求而产生等待或延迟状况，相应地增加费用支出，降低配送过程整体效益。其目的在于求得满足所有农产品零售商时间需求的条件下，总成本最小的配送方案。所以，受软时间窗约束的惩罚成本函数公式可以写成：

$$C_{\text{Pen}} = \sum_m \sum_i \sum_j \theta_{ijt}^m b_{ijt} q_{ijt} p_i d_{ij} \left[\lambda \left(y_{ijt}^s \right) + \rho_m - s_{ijt} \right]^{\xi_i}$$

5）目标函数

扣除以上各项成本后可得农产品物流配送中心的利润。因此，混搭配送的目标函数模型为

$$\max \sum_i \sum_j \sum_t q_{ijt} v_i p_r - \left(C_{\text{Inv}} + C_{\text{Tra}} + C_{\text{Ene}} + C_{\text{Pen}} \right) \tag{8-27}$$

$$\text{s.t.} \quad p_r \leqslant \left(\psi_i - F_{ij} - R_{ij} \right) / V_i, \quad \forall r \tag{8-28}$$

$$\beta_m = \frac{\left[2E(\Delta) + \dfrac{k\overline{n}_m}{\sqrt{\sigma}} \right]}{v_m} \tag{8-29}$$

$$N_{rm\tau} V_\tau + N_{rm\Gamma} V_\Gamma \geqslant \sum_i \sum_j \sum_t \theta_{ijt}^m q_{ijt} v_i, \quad \forall m, r \tag{8-30}$$

$$\sum_r \left(N_{rm\tau} V_\tau' + N_{rm\Gamma} V_\Gamma' \right) \leqslant X\Omega^*, \quad \forall m \tag{8-31}$$

这里，C_{Inv}、C_{Tra}、C_{Ene}、C_{Pen} 的含义见上面的成本描述，优化模型中其他函数决策变量相关参数符号的含义如下。

q_{ijt} 表示的是运输车辆在时间 t 时给连锁超市 j 配送的农产品 i 的数量。

v_i 表示的是单位农产品 i 的容积。

p_r 表示的是温度变化 r 内的单位农产品的运输费用。

C_{Inv} 表示的是库存成本。

C_{Tra} 表示的是运输成本。

C_{Ene} 表示的是电力成本。

C_{pen} 表示的是惩罚成本。

ψ_i 表示的是销售农产品 i 的预期价格。

F_{ij} 表示的是连锁超市 j 销售农产品 i 的成本（不包括运费）。

R_{ij} 表示的是连锁超市 j 销售农产品 i 所能接受的最小利润。

V_τ 表示的是低温冷藏箱的配载容量。

V_Γ 表示的是低温保温柜的配载容量。

X 表示车辆的装载能力。

$\varOmega^*$ 表示的是期望创造最大利润的最优车队规模。

V_τ^r 表示低温冷藏箱的体积。

V_Γ^r 表示低温保温柜的体积。

该目标函数属于非线性规划问题，混搭配送的最大化利润受农产品物流配送中心和农产品零售商的供需关系及时间窗的影响，由此得到配送货车的最优时间安排，在上面的式子中，式（8-27）是通过研究配送的所用时间得到的目标函数的最大化利润。式（8-28）表示每个温度区间的商品所需运输费用的上限。式（8-29）表示的是旅行时间估计函数。式（8-30）表示低温冷藏箱和低温保温柜的总容量必须大于或等于每个期间每个温度范围内的货物体积。式（8-31）表示每个期间低温冷藏箱和低温保温柜的总体积必须小于或等于运输能力。另外，由于低温保温箱温度制定较为准确，且保温效果较好，可忽略在混搭配送中易腐货物的腐败成本。

3. 求解算法

本书将采用模拟退火算法求解混搭配送模型。退火过程是一种启发式算法的随机搜索，这种解法属于蒙特卡罗迭代计算法。退火过程受到冷却进度表（cooling schedule）的影响，这一过程中的重要参数有：初始值 t 和它的衰减因子 Δt、所有 t 值的迭代数量 L 及结束条件 S。模拟退火算法已经在理论上证明存在逐渐收敛的性质，而且带有很强的鲁棒性、隐含并行性和广泛的适用性，是一种具有最优解的全局优化算法。

结合本书研究内容，此处假定：最高温度 $t_0=1000$，是初始模拟退火过程的最初温度；最低温度 tau=1×10^{-5}，使用降温速率实施降温，如果 T 小于最低温度，就结束迭代输出目前状态，否则继续进行迭代；马尔可夫链长度的选择，也就是固定温度下最大迭代次数（链长）iter_max=1000；温度下降速率 cooling_rate=0.95，是模拟退火算法的冷却速率，冷却速率应该总是小于 1。

8.3.2　混搭配送模式的应用

本节仍以富迪公司为例，对上文建立的混搭配送模型进行实际应用，求解目标函数的成本费用和混搭配送商品的最佳配送时间。

1. 配送商品的信息和参数值

富迪公司拥有 16 个不同的连锁超市，本书假设一个工作日（24 小时）为整个研究期间，超市的时间窗是 6：00～20：00。假设存在时间窗约束及配送需求，假定从配送中心到超市的时间在 0.6 小时和 1.5 小时之间，在实践中，交货时间窗通常超过 3 小时，为了有效地解决这个问题，我们设置的可接受等待时间或迟到时间是 0.5 小时。本例中选取了 20 个种类 1000 余个单品的货物进行实证分析，货物的基本信息如表 8-7 所示。

表 8-7　货物的基本信息

编号	名称	温度范围	单位体积（V_i）/升	单位价格（P_i）/元	单位库存成本（B_i）/元	配送货物的参数（ζ_i）
1	生鱼片	超冷冻	2	95	0.008	2.20
2	冰淇淋	冷冻	10.5	6.5	0.007	1.05
3	冷冻馅料	冷冻	1.2	3.5	0.007	1.20
4	冷冻水饺	冷冻	12	25	0.007	1.20
5	冷冻蔬菜	冷冻	1.5	10	0.007	1.50
6	冷冻肉	冷冻	15	40	0.007	1.50
7	鲜鱼	冰温	20	70	0.006	2.00
8	鸭肉	冰温	17	40	0.006	1.70
9	鸡肉	冰温	18	50	0.006	1.80
10	羊肉	冰温	18	60	0.006	1.80
11	猪肉	冰温	18	50	0.006	1.80
12	牛肉	冰温	20	80	0.006	2.00
13	火腿	冷藏	13	5	0.005	1.30
14	豆腐	冷藏	15	6	0.005	1.50
15	鲜奶	冷藏	14	80	0.005	1.40
16	鲜果汁	冷藏	14	50	0.005	1.40
17	蔬菜	冷藏	16	50	0.005	1.60
18	巧克力	常温	10.5	15	0.004	1.05
19	饼干	常温	32	13.5	0.004	1.20
20	矿泉水	常温	22	12	0.004	1.20

　　与农产品混搭配送的商品可以分成五种不同的温度范围：超冷冻（-30℃ 以下）、冷冻（-30～18℃）、冰温（-2～2℃）、冷藏（0～7℃）和常温（22℃ 左右）。假设五种不同温度范围的食品编号分别是：超冷冻为 1，冷冻为 2，冰温为 3，冷藏为 4，常温为 5。通过数据采集和对温度控制设备的观察，可将相关参数值设定如表 8-8 所示。

表 8-8　与超市配送费用有关的参数值

符号	含义	参数值
X	代表的是货车的运能（单位：米^3）	16
f	代表的是单个货车的配送固定成本（单位：元）	20
δ_τ	每个低温冷冻箱的装卸成本（单位：元）	1.5
δ_Γ	每个低温冷藏柜的装卸成本（单位：元）	4.5
V_τ / V_τ^σ	冷冻箱容量/冷冻体积（单位：升）	90/194
$V_\Gamma / V_\Gamma^\sigma$	冷藏柜容量/冷藏体积（单位：升）	936/2118
Φ_τ	每个冷冻箱每小时的能耗成本（单位：元）（温度范围：1、2、3、4、5）	0.114、0.103、0.099、0.078、0.054
Φ_Γ	每个冷藏箱每小时的能耗成本（单位：元）（温度范围：1、2、3、4、5）	0.342、0.308、0.296、0.233、0.162

为了计算在上面各温度范围内混搭配送可接受的最高运输费用，本书收集了所有预期利润数据和与运输相关的成本，得出混搭配送当天送达的合理费用（温度范围：1、2、3、4、5）分别为：0.20 元/升、0.12 元/升、0.10 元/升、0.07 元/升、0.05 元/升。

2. 两种配送方式的运算结果对比

为了将混搭配送模式和单一配送模式进行对比，在此设定单一配送主要有五种成本：商品的库存成本、运输成本、腐烂成本、能耗成本和惩罚成本。现在分别描述如下。

1）库存成本

该项成本与混搭配送方式相同。因此，库存成本的公式可表示为

$$C_{\text{Inv}} = \sum_i \sum_j \sum_t q_{ijt} V_i B_i \left(y_{ijt}^s - y_{ijt}^f \right)$$

2）运输成本

运输成本包括使用车辆的固定成本和变动成本，商品的装载和卸载成本等，其中需要说明的是，$a_m f$ 是普通车辆运输期间 m 的固定成本；$a_o f_o$ 是冷链货车运输期间的固定成本。因此，运输总成本的公式可表示如下：

$$C_{\text{Tra}} = \sum_m \left\{ a_m f + a_o f_o + \left[\frac{2E(\Delta)\bar{n}_m}{n_m} + \frac{kn_m}{\sqrt{\sigma}} \right] O + \sum_r \left(\delta_\tau N_{rm\tau} + \delta_\Gamma N_{rm\Gamma} \right) \right\}$$

3）腐烂成本

容易腐烂的商品在配送过程中的损耗情况，与配送时间相关，损耗程度随着

配送时间的加长而递增。假设低温易腐商品的配送时间是 t^*，可得腐烂成本的计算公式是

$$S\left(t^*\right) = \sum_{n^*=1}^{N^*}\left(Q_0 - Q_0\, \mathrm{e}^{-\theta t_{n^*}}\right)$$

其中，N^* 为低温商品配送超市点的个数集合；t_{n^*} 为低温商品到超市点 n^* 的送货时间；Q_0 为在时间 $t=0$ 时易腐烂商品的无损耗数量；θ 为易腐烂商品的腐烂系数，一般取 0.01。

4）能耗成本

能耗成本是指冷链货车为了保持冷藏冷冻商品的低温而发生的制冷成本。能耗主要是由于制冷剂的耗费。另外，在开关冷链货车车门的过程中也会损耗一部分热量。因此，其公式表示如下，冷链货车的制冷成本：

$$C_{R1} = p_1\left(c_1\sqrt{S_W S_N}\,K\Delta T_1\right)\sum_{i=0}^{n}\sum_{j=0}^{n} t_{ij} + p_1\left(c_1\sqrt{S_W S_N}\,K\Delta T_2\right)\sum_{i=0}^{n}\sum_{j=0}^{n} t_{ij}$$

在超市门店装卸商品时，冷链货车打开车门时的热量损耗公式是

$$C_{R2} = p_1\left(c_1 S_V \Delta T_1\sum_{i=0}^{n}\sum_{j=0}^{n}\varepsilon_{ij}\right)\sum_{i=0}^{n}\sum_{k=0}^{v} y_{ik} + p_1\left(c_1 S_V \Delta T_2\sum_{i=0}^{n}\sum_{j=0}^{n}\varepsilon_{ij}\right)\sum_{i=0}^{n}\sum_{k=0}^{v} y_{ik}$$

其中，p_1 为冷链货车的制冷剂价格；c_1 为制冷剂保持不同温度的使用量；K 为冷链货车的传热系数；S_V 为冷链货车的车门面积；ΔT 为厢式货车的里外温差；ΔT_1 为冷藏货车的里外温差；ΔT_2 为冷冻货车的里外温差；ε_{ij} 为送货车辆服务超市时从 i 到 j 的时间；S_W 为冷链货车的外表面积；S_N 为冷链货车的内表面积；t_{ij} 为冷链货车从超市 i 到超市 j 的时间；y_{ik} 为第 k 辆货车装载第 i 个超市商品的数量。

5）惩罚成本

假设送货车辆要在超市要求的时间范围内到达，否则，由于不能满足超市的要求就会发生等待或延迟状况，相应地增加配送成本，降低物流配送的整体效益。所以，受软时间窗约束的惩罚成本函数公式可以写成：

$$C_{\mathrm{Pen}} = \sum_{m}\sum_{i}\sum_{j}\theta_{ijt}^{m} b_{ijt} q_{ijt} p_i d_{ij}\left[\lambda\left(y_{ijt}^{s} + \rho_m - s_{ijt}\right)\right]^{\xi_i}$$

因此，连锁超市商品单一配送的目标函数模型为

$$\max \sum_{i}\sum_{j}\sum_{t} q_{ijt} v_i \rho_r - \left[C_{\mathrm{Inv}} + C_{\mathrm{Tra}} + S\left(t^*\right) + \left(C_{R1} + C_{R2}\right) + C_{\mathrm{Ene}} + C_{\mathrm{Pen}}\right]$$

为了进一步凸显混搭配送模式在节约成本方面的优势，本书同时计算出单一配送模式的各项成本和总成本，预期利润及总成本的计算结果如表 8-9 所示。

表 8-9　单一配送商品的预期利润和总成本表

指标	项目	不考虑时间窗约束因素	考虑时间窗约束因素
配送商品的体积/升	超冷冻	450	320
	冷冻	41 610	30 556
	冰温	110 658	42 295
	冷藏	212 255	190 675
	常温	444 184	406 349
	总计	809 157	670 195
配送成本/元	库存成本	6 812.7	5 574.8
	惩罚成本	11 156.8	8 042.8
	运输成本 　其中：车辆成本 　　　　油耗成本 　　　　装卸费用	25 910.3 5 967 14 244.5 5 698.8	20 887.6 4 992 11 096.8 4 798.8
	能耗成本 　其中：制冷成本 　　　　开车门能耗	6 257.6 3 371.2 2 886.4	5 631.6 3 034 2 597.6
	腐烂成本	1 250.4	1 125.4
总成本/元		51 387.8	41 262.2
总收入/元		61 382.5	49 900.9
利润总额/元		9 994.7	8 638.7

采用混搭配送模式与采用单一配送方式的成本对比，如表 8-10 所示。

表 8-10　超市混搭配送与单一配送模式的成本对比（考虑时间窗）

指标	混搭配送	单一配送
库存成本/元	5 574.8	5 574.8
惩罚成本/元	6 702.3	8 042.8
运输成本/元	13 672.7	20 887.6
能耗成本/元	—	5 631.6
腐烂成本/元	—	1 125.4
电力成本/元	8 052.8	—
总成本/元	34 002.6	41 262.2
总成本优化率	17.59%	

表 8-10 直观显示出，相比于单一配送模式，采用混搭配送模式能够有效降低总成本。

8.4 企业物流资源的统筹优化

自物流园区产生以来，物流企业逐渐意识到物流园区在降低物流成本、集聚多元化物流服务等方面的好处，纷纷投入物流园区的建设中，物流园区一时间遍地开花。然而，在物流园区迅猛发展的背后，却同时面临着物流资源冗余与物流资源短缺的困境。统计数据表明，我国目前物流配送园区的空置率高达 60%，配送车辆的空驶率约达 44%，零售企业采用第三方物流模式的仅占约 22%[368]。同时，小型商业企业难以自建物流体系，面临物流资源短缺的难题，由此反映出我国物流资源配置的不合理，导致物流资源利用率低。同样地，农产品物流资源也存在着上述困境，具体表现为部分地区农产品物流设备闲置率较高、重复建设严重，部分地区缺乏必要的农产品物流基础设施及冷链设备。因此，对我国农产品物流资源，特别是企业的农产品物流资源，进行统筹优化是十分必要的。

8.4.1 资源优化配置方法选择

本书将选用灰色预测法来实现对农产品物流资源的优化配置。灰色系统理论是一种综合的思想，具有依赖信息少、预测精度高的优势，目前已在各个预测领域获得了广泛认可和大量应用。

GM（1，1）模型是灰色预测模型的典型代表。其原理在于：①按照时间的先后顺序将收集到的信息组合成序列，列出初始值；②对数值进行累加、累减、均值、级比等处理，生成一个新的序列；③再对数据进行差分或微分处理，转换成模型的基本形式；④结合矩阵或最小二乘法等较为成熟的理论，拟合得出时间响应函数式，并根据该函数表达式做出预测。通过对原始数据的累加生成和其他的运算方式，灰色预测模型在保证了数据规律性的同时消除了数据自身的波动性，因此被广泛应用于经济、工程等领域，GM（1，1）模型的构建如下。

设定非负原始序列 X^0 为

$$X^{(0)} = \left(x_{(1)}^{(0)}, x_{(2)}^{(0)}, \cdots, x_{(n)}^{(0)} \right), \quad x_{(k)}^{(0)} \geqslant 0, \quad k = 1, 2, \cdots, n$$

对其进行一次累加后，可以得到新序列 X^{-1}：

$$X^{(1)} = \left(x_{(1)}^{(1)}, x_{(2)}^{(1)}, \cdots, x_{(n)}^{(1)} \right)$$

$$x_{(k)}^{(1)} = \sum_{i=1}^{k} x_{(i)}^{(0)}, \quad k=1,2,\cdots,n$$

X^1 的相邻均值生成序列为

$$Z^{(1)} = \left(z_{(2)}^{(1)}, z_{(3)}^{(1)}, \cdots, z_{(n)}^{(1)} \right)$$

$$z_{(k)}^{(1)} = 0.5 \left(x_{(k)}^{(1)} + x_{(k-1)}^{(1)} \right), \quad k=1,2,\cdots,n$$

设白化微分方程为 $\dfrac{d_x^{(1)}}{d_t} + a x_{(k)}^{(1)} = b$，该方程是灰色微分方程 $x_{(k)}^{(0)} + a z_{(k)}^{(1)} = b$ 的影子方程。令 $\Delta t=1$，根据微分方程的求导定义 $\dfrac{d_x}{d_t} = \lim\limits_{\Delta t \to 0} \dfrac{\Delta x}{\Delta t}$，可以得到 $d_x = \lim\limits_{\Delta t \to 0} \dfrac{\Delta x}{\Delta t} d_t$，$d_x = x_{(k)}^{(0)} = x_{(2)}^{(1)} - x_{(1)}^{(1)}$，因此，白化微分方程可以转化为 $x_{(k)}^{(0)} + a x_{(k)}^{(1)} = b$，这就是灰色模型 GM（1，1）的原始形式。

在上面的公式中，为了使模型更加平滑，已对 X^1 进行了均值处理，如果令 $z_{(0)}^{(1)} = x_{(0)}^{(1)}$，由于累加序列的均值序列是 $z_{(k)}^{(1)}$，若用均值序列 $z_{(k)}^{(1)}$ 代替灰色模型 GM（1，1）中的 X^1，就可以求出均值 GM（1，1）的最终模型：$x_{(k)}^{(0)} + a z_{(k)}^{(1)} = b$。

假设灰色方程的相关参数为 $\hat{\alpha} = [a,b]^{\mathrm{T}}$，$Y = \left(x_{(2)}^{(0)}, \cdots, x_{(n)}^{(0)} \right)^{\mathrm{T}}$，$\beta = \left[-\dfrac{1}{2} \left(x_{(1)}^{(1)} + x_{(2)}^{(1)} \right), -\dfrac{1}{2} \left(x_{(2)}^{(1)} + x_{(3)}^{(1)} \right), \cdots, -\dfrac{1}{2} \left(x_{(n-1)}^{(1)} + x_{(n)}^{(1)} \right) \right]^{\mathrm{T}}$，在估计灰色方程的参数时，经常使用的方法是最小二乘法：$\hat{\alpha} = [a,b]^{\mathrm{T}} = \left(\beta^{\mathrm{T}} \beta \right)^{-1} \beta^{\mathrm{T}} Y$，将上式代入均值模型 GM（1，1），经过推导，就可以得到时间响应函数式：$\hat{x}_{(k+1)}^{(1)} = \left(x_{(1)}^{(0)} - \dfrac{b}{a} \right) e^{-a(k)} + \dfrac{b}{a}$，$k=1,2,\cdots,n$，这时将时间变量 k 代入可以得到拟合值 $\hat{x}_{(k)}^{(1)}$，再进行累减还原，就可以得到预测结果。

在上面的函数式中，假设 $x_{(0)}^{(1)} = x_{(1)}^{(0)}$，那么，$\hat{x}_{(k+1)}^{(1)} = \left(x_{(0)}^{(1)} - \dfrac{b}{a} \right) e^{-a(k)} + \dfrac{b}{a}$，$k=1,2,\cdots,n$，于是可得还原式 $\hat{x}_{(k+1)}^{(0)} = \hat{x}_{(k+1)}^{(1)} - \hat{x}_{(k)}^{(1)}$，$k=1,2,\cdots,n$，上式经过后验差检验合格后，所得的模型就可以用来进行预测，预测的结果为：$\hat{x}_{(k)}^{(0)} = \hat{x}_{(k)}^{(1)} - \hat{x}_{(k-1)}^{(1)}$。

8.4.2　企业销售物流需求预测

上一节重点介绍了物流资源优化配置的方法和模型，考虑到数据的可得性及历史数据积累的规模性，本节将继续选取富迪公司为例，具体阐述农产品物流企业该如何进行物流资源的优化配置。

富迪公司的连锁店铺具体包括七个部门：日杂、洗化、百货、副食品（含散货）、主食调料（含散货）、生鲜食品（含生鲜干货）、其他商品（药品，专供品等）。七个部门销售量的历史数据如表 8-11 所示。

表 8-11 富迪公司商品销售量（单位：亿元）

品类	2013 年	2014 年	2015 年	2016 年	2017 年
日杂	1.96	2.22	2.27	2.31	2.41
洗化	3.24	3.67	3.74	3.82	3.98
百货	2.51	2.84	2.90	2.96	3.08
副食品	3.12	3.53	3.61	3.68	3.83
主食调料	2.10	2.38	2.43	2.48	2.58
生鲜食品	10.72	12.13	12.39	12.65	13.17
其他商品	1.09	1.23	1.26	1.29	1.34
合计	24.74	28.00	28.60	29.19	30.39

在对原始数据处理的基础上，接下来将对潜在的销售物流进行总需求预测。以富迪公司 2013 年至 2017 年的统计数据为基础，建立灰色预测 GM（1，1）模型，利用 Matlab2009 计算得出时间响应函数是 $y=1025.67 \times \exp(0.026\ 824\ 3 \times t)-1000.93$，模型的详细数据如表 8-12 所示。

表 8-12 富迪公司商品销售物流需求的 GM（1，1）分析

项目	2013 年	2014 年	2015 年	2016 年	2017 年
原始序列	24.74	28.00	28.6	29.19	30.39
拟合序列	24.740 0	27.885 1	28.643 2	29.422 0	30.221 9
残差值	0	0.114 9	−0.043 2	−0.232 0	0.168 1
相对误差	0	0.004 1	0.001 5	0.007 9	0.005 5
时间响应函数	$X(k+1)=1\ 025.67 \times \exp(0.026\ 824\ 3 \times k)-1\ 000.93$				

如表 8-12 所示，拟合序列与原始序列之间的残差非常小，相对误差大小都不大于 0.8%，平均值仅为 0.38%，所以，模型可以通过残差检验。随后进行后验差检验分析，可以得到 $C=0.044\ 05$，$p=1$，相比第一精度级别的 $C \leqslant 0.35$，$p \geqslant 0.95$ 小很多，该模型的检验精度级别显示为 Max（p 的级别，C 的级别），$C=0.044\ 05 < 0.35$，所以，后验差检验通过。同时，$-a=0.026\ 8 < 0.3$，所以，该灰色模型 GM（1，1）是可以用于中长期预测的。

利用灰色模型 GM（1，1）进一步预测 2018 年、2019 年、2020 年、2021 年、2022 年的潜在销售物流需求量，其值分别为：31.0435 亿元、31.8875 亿元、32.7545

亿元、33.6450 亿元、34.5597 亿元（图 8-12）。

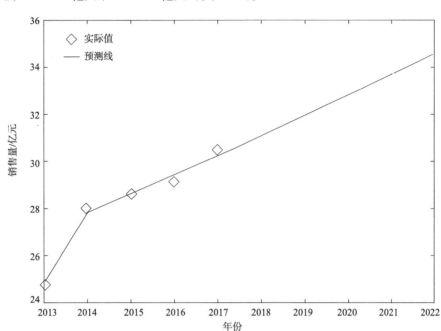

图 8-12　富迪公司销售预测图

8.4.3　企业供给物流能力分析

利用同样的数据处理方式，可得到各部门物流的所有计量指标（表 8-13）。

表 8-13　富迪公司供给物流需求量

品类	2013 年	2014 年	2015 年	2016 年	2017 年
日杂/车次	5230	5319	5352	5367	5396
洗化/车次	3851	4358	4332	4382	4412
百货/车次	2973	3364	3808	3309	3486
副食品/车次	7082	8015	8071	7966	7688
主食调料/车次	6185	6999	6922	6966	6334
生鲜食品/万吨	57.20	64.73	63.26	62.92	56.32
其他商品/车次	1022	1156	1109	1181	1142

表 8-13 中的数据的统计指标发生了变化，且在计量单位上也不统一，需要对该原始序列数据做进一步的处理。采用差分式处理方法，即把各年份的物流指标数据除以该品类在 2013 年的值，求得各品类的物流需求能力指数（表 8-14）。

表 8-14　富迪公司供给物流需求能力指数

品类	2013 年	2014 年	2015 年	2016 年	2017 年
日杂/车次	1.0000	1.0170	1.0233	1.0262	1.0317
洗化/车次	1.0000	1.1317	1.1249	1.1379	1.1457
百货/车次	1.0000	1.1315	1.2809	1.1130	1.1726
副食品/车次	1.0000	1.1317	1.1397	1.1248	1.0856
主食调料/车次	1.0000	1.1316	1.1192	1.1263	1.0241
生鲜食品/吨	1.0000	1.1316	1.1059	1.1000	0.9846
其他商品/车次	1.0000	1.1311	1.0851	1.1556	1.1174
合计	7.0000	7.8062	7.8790	7.7838	7.5617

由 Matlab 还可得到富迪公司 2013～2017 年的变化趋势图和 2018～2022 年的供给物流需求曲线图（图 8-13），此时便可以衡量富迪公司供给物流需求能力。经分析得出，富迪公司供给物流的需求能力呈先上升后下降的趋势，这是受 2014 年商业店铺扩展迅猛的影响，2014 年的供给物流需求也呈较大幅度上涨，随后速度放缓并有所下降。从图 8-13 中可以看出，2013 年到 2014 年增长较快，随后呈下降的趋势。

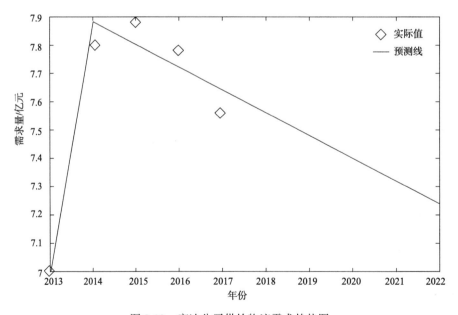

图 8-13　富迪公司供给物流需求趋势图

利用表 8-14 中处理过的数据，建立富迪公司供给物流的灰色预测 GM（1，1）模型，模型的具体信息如表 8-15 所示。

表 8-15　富迪公司供给物流需求能力指数的 GM（1，1）分析

指标	2013 年	2014 年	2015 年	2016 年	2017 年
原始序列	7.000 0	7.806 2	7.879 0	7.783 8	7.561 7
拟合序列	7.000 0	7.881 4	7.798 3	7.716 1	7.634 7
残差值	0	0.075 2	0.080 7	0.067 7	0.073 0
相对误差	0	0.009 6	0.010 2	0.008 7	0.009 7
时间响应函数	$X（k+1）=-747.386\ 7\exp（-0.010\ 601k）+754.386\ 7$				

从运行的结果来看，所得的相对误差依然很小，平均值仅为 0.76%，经过后验差检验可得 $C=0.0933$，$p=1$，表明前面所假设检验的小概率事件也没发生，因此，模型符合第一精度标准，模型的构建合理，时间响应函数是成立的，可用于进行结果预测，最终得出 2018 年富迪公司供给物流需求能力指数为 7.5542，2019 年指数为 7.4745。

8.4.4　物流资源优化配置对策

通过调查发现，富迪公司目前的物流车辆供给能力每年的已超过 54 750 车次，但是该公司现有的物流车辆利用率还不到 80%。同时，对前两节所得的富迪公司在 2013～2019 年物流的需求与供给数据进行进一步处理，可得富迪公司商品物流需求指数与供给指数（表 8-16）。

表 8-16　富迪公司商品物流需求指数与供给指数

指数	2013 年	2014 年	2015 年	2016 年	2017 年	2018 年	2019 年
物流需求指数	1.0000	1.1318	1.1560	1.1799	1.2284	1.2547	1.2890
物流供给指数	1.0000	1.1152	1.1256	1.1120	1.0802	1.0792	1.0678

通过以上分析可得出，不论是现在还是未来富迪公司都存在对设备、服务、技术等优势物流资源未充分利用的问题，需要从战略的角度做出新的调整，以便提高设备利用率，降低物流成本，增加企业利润。

综合考虑后，建议富迪公司未来应考虑开展第三方物流业务，利用其先进的物流技术、丰富的管理经验、较好的渠道关系、完善的物流设施及训练有素的员工为其他商业企业提供多元化、高附加值、高质量的服务，提供快速可靠的配送，在满足社会物流需求的同时提高本公司物流资源利用效率，增强管理柔性，实现品牌打造与推广（图 8-14）。

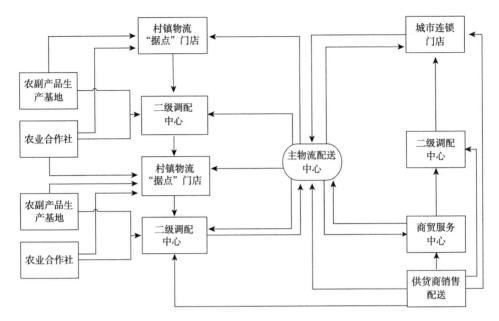

图 8-14　富迪公司的农超对接物流模式

8.5　农超对接模式的资源整合

自 2008 年商务部和农业部联手主导开展"农超对接"模式试点工作以来，农超对接模式凭借其在保障城乡居民食品安全、减少流通损耗、降低采购成本、实现农民持续稳定增收、推进现代农业和社会主义新农村建设等方面的重要作用，受到了广泛推崇，在全国范围迅猛掀起一场轰轰烈烈的"农改超"运动，农超对接发展迅猛。同时，由第 4 章的分析可知，在新型城镇化背景下，农超对接这种集缩短农产品供应链、加强供应链紧密度、降低流通成本、提高流通效率等优势为一体，实现农民、商家和消费者多赢的新型农产品流通模式，将成为重要的农产品现代直销模式。

农超对接是指农户和商家签订意向性协议书，农户向超市、菜市场和便民店直接供给农产品的新兴流通方式。农超对接的主要目的在于为优质农产品进入超市搭建平台，农超对接的本质是将现代流通方式和广阔农村相对接，将千家万户的农业小生产和千变万化的农产品消费大市场相对接，构建产销一体化链条，剔除农产品流通的中间环节，并将节省的利润回馈给农民和消费者。

8.5.1　农超对接物流模式及问题分析

由于不同零售商的经营理念、发展历史及竞争优势存在差异，农超对接的方式也日益多样化，主要有：①"超市+农业合作社+农户"模式，以家乐福为代表；②"超市+农业龙头企业+农户"模式，以麦德龙为代表；③"超市+农户"模式，以乐购为代表；④"超市+基地+农户"模式，以家家悦为代表（图 8-15）。

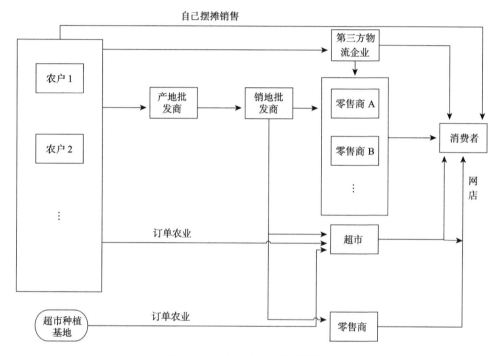

图 8-15　现在的农超对接流通模式

虽然农超对接模式有诸多好处，但从各地反馈的情况看，农超对接并非一帆风顺，而是存在诸多问题的，如契约履行率低、主体间利益分配不合理、风险共担机制不健全、超市利用强势主导权压价或提高进场门槛、形成新的利益剥削等。

与此同时，农超对接的物流体系运作模式还比较混乱，农超对接中各个节点的信息化建设程度存在较大差异，导致相互之间的连接并不顺畅，整个物流系统存在大量的信息孤岛，农产品物流数据缺乏统一标准，影响农产品物流信息的收集、编码和分析，无法发挥信息化对农超对接的促进作用，究其根本原因在于农超对接模式中的资源整合程度较低。因此，亟须推进农超对接的资源整合，从而有效消除信息孤岛，带动农业生产的信息集成，促进农产品流通全程信息化。

8.5.2 "互联网+"对农超对接模式的影响

互联网已经成为人们生产生活的重要组成部分，"互联网+"也逐渐成为我国发展的又一重要战略。将互联网融入农超对接模式具有重大利好，具体而言：第一，互联网+农超对接使得农产品产销之间的直接沟通成为可能，不但减少了交易成本，而且增强了农产品流通的透明度，有助于保障食品安全。第二，互联网的融入有利于提高农超对接的科技含量，推动农超对接的智能化发展。第三，互联网可以改变传统的农业生产方式和农产品零售方式，创新农超对接模式。第四，互联网的渗透能够有效提高农业生产端信息化水平，为农超对接的全程信息化奠定基础。第五，互联网的融合能够带动农村电子商务的发展，有利于解决"小农户与大市场"对接的矛盾，拓展农业生产与农产品零售对接的途径。第六，"互联网+"战略还能够为农超对接持续带来创新动力，实施"互联网+"战略以后，农超对接能够打破原有的封闭型、粗放型的发展方式，把原来分散的商流、物流和信息流进行有效整合，建立一种新的市场机制，从而实现信息共享、优势互补及合作共赢。第七，以物联网为代表的互联信息技术为农超对接中各个节点的实时沟通提供了技术支持，所有节点相互之间可以实现商流、交通流、信息流的结合，有助于农超对接的一体化发展。

8.5.3 基于"互联网+"的农超对接资源整合

为了推进农超对接的健康可持续发展，要紧抓"互联网+"的战略机遇，基于物联网搭建综合信息服务平台，对农超对接模式进行资源整合。围绕农产品生产基地，依托专业合作社和大型超市，建立农超对接综合信息服务平台，综合因特网、物联网和农产品物流信息网，实现农产品物流的产、供、销一体的信息资源共享。通过该平台，搜集农产品生产、流通、消费各个环节的状况，准确预测市场行情，及时整理发布有关农产品产量、农产品质量及农产品价格等市场信息，并适时建立农产品供应商评价机制和准入机制，减少降低农超对接的市场信用风险，畅通超市、合作社、农户及物流公司间的协调、沟通与反馈（图 8-16）。

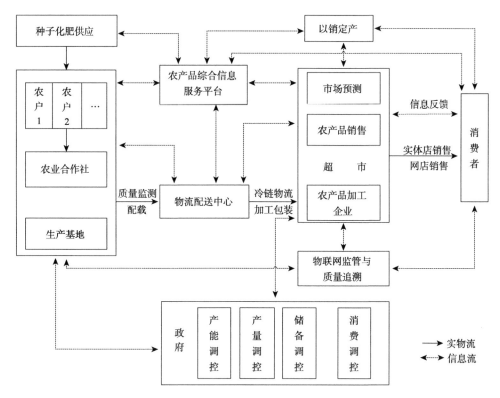

图 8-16　进行资源整合之后的农超对接模式

农产品综合信息服务平台的功能如表 8-17 所示。

表 8-17　农产品综合信息服务平台的功能

编号	功能模块	模块说明
1	新闻发布	提供多种信息，记录入库修改方式，支持静态发布，系统能够自动合成静态页面，具备能够调整记录显示先后顺序的功能，对于重大新闻要能满足在指定页面进行指定发布的要求
2	农副产品、农用物资供求信息发布	按照不同产品类别发布，能够进行分类检索，支持访问者用超文本标记语言（hyper text markup language，HTML）格式发布
3	在线投诉管理和答复	在线信息投诉，在线投诉信息管理
4	价格行情与市场预测发布	由管理员发布，具有公告宣传功能，管理员能够发布滚动文字公告
5	公告发布及广告宣传	广告发布支持图片与文字的组合编辑，管理员能自由发布广告
6	网站后台用户管理	添加用户账号、分配用户不同的管理权限、用户权限管理

其中，农产品生产经营信息服务系统的内容规划如表 8-18 所示。

表 8-18 农产品生产经营信息服务系统的内容

编号	一级栏目名称	二级栏目名称	栏目信息
1	供求信息	农副产品供求信息	农作物信息
			水产品信息
			畜牧产品信息
			苗木花费信息
		农用物资供求信息	
		农用机构供求信息	
2	村级信息站	某某村农副产品供求信息	
		某某村资讯	
3	种养大户	某类产品	大户介绍
		某类产品	
4	经纪人		经纪人介绍
5	农协组织		农协组织介绍
6	关于信福工程		信福工程简介
7	政策法规	法律法规	
		相关文件	
8	培训园地	某某信息	
9	新闻动态		国内及本地农村新闻
10	行情预测	某某产品	提供一周行情对比
11	商务信息助理		
12	农产展示	分类农用产品图片展示	
13	农副产品集散地		集散地介绍
14	涉农企业		企业相关情况介绍
15	致富案例		典型案例
16	法律咨询		解答用户相关法律咨询
17	物流热贴		
18	投诉建议		用户投诉和建议

　　政府要积极推广农超对接综合信息服务，并向农村合作社、农村种植大户、农产品生产基地等用户开放信息平台和应用接口，力争将农超对接综合信息平台建设纳入城市公共服务体系，并给予资金扶持，同时辅以洽谈会、展销会、展示会等手段，促进农超对接供需信息的顺畅传递，规范和降低农超对接门槛，有效缓解农户因缺乏市场信息而盲目种植、贱卖竞销的难题，提升和增强农超对接的抗风险能力。

8.6　要素整合效果评估模型构建

本章前面几节，从配送中心选址、配送路径优化、企业物流资源优化等角度探讨了农产品物流系统要素的整合方式，本节将重点研究整合的效果如何衡量这一问题，为此，本节以农产品物流配送中心的整合优化为例，构建农产品物流系统要素整合效果评估的数学模型。

8.6.1　参数描述

农产品物流配送中心整合优化指的是，把农产品物流相关的多个节点单位构建的供应链环节连接起来，实行整体规划，优化农产品配送流程和路线，实现农产品流通的合理衔接，整合农产品配送资源，统一制订配送计划、统一信息发布、统一交接标准、统一纠纷协调，强化作业管理，达到最佳的农产品配送效率。

在农产品物流系统配送节点整合时，既需要满足农产品零售商的送货要求，又要实现降低农产品物流成本的目标。因此，本节在构建农产品物流系统要素整合模型时将综合考虑效率最大化和成本最小化两个目标。假设农产品物流系统中有 I 处农产品物流配送点，J 处周转点，K 处交货点。对模型参数做如下的描述。

i 表示已知的农产品物流配送点，$i = 1, 2, \cdots, I$。

j 表示已知的周转物流节点，$j = 1, 2, \cdots, J$。

k 表示已知的交货节点，$k = 1, 2, \cdots, K$。

C_{ij} 表示等待运输的农产品从配送点 i 到周转物流节点 j 每单位运量的运输费，为已知参量。

C'_{jk} 表示等待运输的农产品从周转物流节点 j 向交货物流节点 k 运输单位运量的发送费，为已知参量。

U_{ij} 表示等待运输的农产品从周转配送地点 j 到交货地点 k 的配送数量。

U'_{jk} 表示等待运输的商品从周转物流节点 j 到交货节点 k 的配送数量。

V_j 表示周转配送地点 j 的每单位配送数量的可变费用。

θ 表示周转配送地点处理有关业务造成的费用增加系数，是已知参量，且 $0 < \theta < 1$。

F_j 表示周转物流节点 j 固定费用，是已知参量。

Y_j 表示通过周转物流节点 j 的运量，是决策变量。

t_{ij} 表示待运农产品从 i 到 j 的运输时间，是决策变量。

t'_{jk} 表示待运农产品从 j 到 k 的运输时间，是决策变量。

H_i 表示配送点 i 处理待运商品的能力，是已知参量。

P_j 表示周转配送地点 j 的业务能力。

W_k 表示交货地点 k 对需要配送商品的数量。

T_k 表示送货地点 k 所需要的配送时间，是送货地点对农产品物流配送的需求时间。

8.6.2　约束条件

为了更好地构建模型，需要设定以下的约束条件。

1. 配送点的配运能力

在配送农产品时，从配送地点 i 送出的农产品总量要小于或等于其最大送货能力数量 H_i，因此，配运能力的约束可以表示为

$$\sum_{j=1}^{J} U_{ij} \leqslant H_i , \quad i = 1, 2, \cdots, I$$

2. 周转物流节点的农产品平衡

在农产品物流系统中，进出周转配送地点 j 的农产品数量必须相等，因此，运进和运出周转配送地点的等待配送的农产品平衡约束等式是

$$\sum_{i=1}^{I} U_{ij} = \sum_{k=1}^{K} U'_{jk} , \quad j = 1, 2, \cdots, J$$

3. 周转物流节点的处理能力

在农产品物流系统中，如果有的周转配送地点在这次任务中没有送货任务量，就可以作为空闲的资源，要等到下次才能分配任务。因此，模型要做如下假设：

$$\sum_{i=1}^{I} U_{ij} \leqslant P_j r(Y_j)$$

其中，$i = 1, 2, \cdots, I$，$j = 1, 2, \cdots, J$；P_j 为周转物流节点的处理能力。

$$r(Y_j) = \begin{cases} 1, & Y_j > 0, \text{ 配送中心 } j \text{ 被选中} \\ 0, & Y_j = 0, \text{ 配送中心 } j \text{ 未被选中} \end{cases}$$

4. 配载车辆交货点的农产品需求数量

构建模型时，要满足配载车辆的交货地点对等待运输农产品的需求，因此应满足如下的约束条件：

$$\sum_{j=1}^{J} U'_{jk} = W_k , \quad k = 1, 2, \cdots, K$$

5. 模型要满足至少一个周转配送点被选

在安排任务时，要满足至少一个周转配送地点被选，否则，配载的农产品就不能运送到交货地点。因此，要做出下面的约束：

$$\sum_{j=1}^{J} r(Y_j) \geqslant 1$$

$$r(Y_j) = \begin{cases} 1, & Y_j > 0, \ 配送中心 \ j \ 被选中 \\ 0, & Y_j = 0, \ 配送中心 \ j \ 未被选中 \end{cases}$$

其中，$j = 1, 2, \cdots, J$。

6. 农产品的运输时间

配送中心完成农产品运输的时间不能超过农产品配送要求的时间。因此应满足如下的约束条件：

$$t_{ij} + t'_{jk} \leqslant T_k$$

其中，$i = 1, 2, \cdots, I$，$j = 1, 2, \cdots, J$，$k = 1, 2, \cdots, K$。

8.6.3　具体表达

在农产品物流系统资源整合模型中，需要综合考虑时间目标函数、成本目标函数及中转物流节点运营费用等因素，从而达到农产品物流需求的时间最少且农产品物流成本最低的目标，因此，农产品物流系统资源整合模型属于多目标函数问题，相关的目标函数描述如下。

1. 时间目标函数

此模型的时间目标函数包括农产品物流配送中心对农产品的备货时间和完成送货服务任务的时间。由于配送中心对农产品的备货所花费的时间很少，在实践中常常假设配送中心对农产品的备货时间等于零。配送中心总的送货时间包括配载农产品从配送地点 i 到周转配送地点 j 的时间，加上从周转配送地点 j 到交货地

点 k 的时间。因此，所求的时间目标函数可以表示为

$$\min f_1 = \sum_{i=1}^{I} \sum_{j=1}^{J} \sum_{k=1}^{K} \left(t_{ij} + t'_{jk} \right) \tag{8-32}$$

2. 成本目标函数

等待运输的农产品从配送地点 i 到周转配送地点 j 的运输费用是

$$\sum_{i=1}^{I} \sum_{j=1}^{J} C_{ij} U_{ij} , \quad i = 1, 2, \cdots, I , \quad j = 1, 2, \cdots, J$$

等待运输的农产品从周转配送地点 j 到交货地点 k 的运输成本是

$$\sum_{i=1}^{I} \sum_{j=1}^{J} C'_{ij} U'_{ij} , \quad i = 1, 2, \cdots, I , \quad j = 1, 2, \cdots, J$$

3. 周转物流节点的营运费用

在配送过程中，所有的农产品物流服务网络节点，其固定费用是一定会产生的，因此，营运总费用中要包含有固定费用 $\sum_{j=1}^{J} F_j$。并且所选中的周转配送地点，由于已经提供配送任务，因此，除了固定费用还要加上配送所产生的可变费用。因为这些可变费用的多少由该农产品物流配送中心提供配送任务的多少所决定，因此，模型要使用一个周转配送地点费用增加系数 θ，所以可变费用的表达式是 $\sum_{j=1}^{J} V_j \left(Y_j \right)^{\theta}$，其中，$j = 1, 2, \cdots, J$，$Y_j = \sum_{i=1}^{I} U_{ij}$。因此，此营运总费用是

$$\sum_{j=1}^{J} \left[V_j \left(\sum_{i=1}^{I} U_{ij} \right)^{\theta} + F_j \right] , \quad j = 1, 2, \cdots, J$$

在实践中，营运费用可以并入成本函数中，因此，最小的成本目标函数就可以表示为

$$\min f_2 = \sum_{i=1}^{I} \sum_{j=1}^{J} C_{ij} U_{ij} + \sum_{i=1}^{I} \sum_{j=1}^{J} C'_{ij} U'_{ij} + \sum_{j=1}^{J} \left[V_j \left(\sum_{i=1}^{I} U_{ij} \right)^{\theta} + F_j \right]$$

综合以上分析，可以得出农产品物流系统资源整合下的多目标规划模型如下：

$$\min f_1 = \sum_{i=1}^{I} \sum_{j=1}^{J} \sum_{k=1}^{K} \left(t_{ij} + t'_{jk} \right) \tag{8-33}$$

$$\min f_2 = \sum_{i=1}^{I} \sum_{j=1}^{J} C_{ij} U_{ij} + \sum_{j=1}^{J} \sum_{k=1}^{K} C'_{jk} U'_{jk} + \sum_{j=1}^{J} \left[V_j \left(\sum_{i=1}^{I} U_{ij} \right)^{\theta} + F_j \right] \tag{8-34}$$

$$\text{s.t.}\quad \sum_{j=1}^{J} U_{ij} \leqslant H_i \tag{8-35}$$

$$\sum_{i=1}^{I} U_{ij} = \sum_{k=1}^{K} U'_{jk} \tag{8-36}$$

$$\sum_{i=1}^{I} U_{ij} \leqslant P_j r(Y_j) \tag{8-37}$$

$$\sum_{j=1}^{J} U'_{jk} = W_k \tag{8-38}$$

$$\sum_{j=1}^{J} r\left(Y_j\right) \geqslant 1 \tag{8-39}$$

$$t_{ij} + t'_{jk} \leqslant T_k \tag{8-40}$$

其中，$i \in I$，$j \in J$，$k \in K$。

在上述多目标规划模型中，决策变量为 U_{ij}、U'_{jk}、t_{ij} 和 t'_{jk}；通常运输变量 U 与农产品物流配送时间 t 之间存在一定的对应关系，对应关系会随着运送方式的不同而变化。上面的式（8-33）是农产品物流配送时间最短的目标函数，式（8-34）表示农产品物流配送成本最低的目标函数。式（8-35）是农产品物流配送点的配运能力约束；式（8-36）表示进出周转物流节点的等待运输的农产品数量相同；式（8-37）表示周转物流节点处理能力的约束；式（8-38）表示交货地点需要的配送农产品数量；式（8-39）显示至少一个周转配送地点被选；式（8-40）表示时间约束条件。

第9章 新型城镇化下我国农产品物流政策研究

由前文分析可知，在新型城镇化的作用下，我国农产品物流系统运行模式和运作体系将发生质变，系统整体开始向新的有序结构演进。当前，大城市中心区域农产品批发市场的大量搬迁，C2B、F2C等农产品电子商务模式的快速发展及专门从事农产品冷链运输及配送的企业的异军突起也表明了系统正处于动荡期，越来越接近发生跃迁的分岔点。依据自组织理论，若能在此时通过相关措施优化外部控制参量以保障序参量的主导效应，就能够促进系统快速而稳定地演化到新的有序结构，反之，则会增加系统内耗，加大系统无序度，有可能导致系统崩溃。因此，政策的制定需要重点考虑以下几个方面。

9.1 政策制定依据

9.1.1 提升我国农产品物流系统的自组织能力

一个高级的自组织系统能够在不借助外力干预的情况下自行建立秩序，实现组织状态的迭代升级，因此，政策制定要进一步放大我国农产品物流系统的自组织特性，一是增强我国农产品物流系统的开放性，政策制定时要广泛借鉴水产品冷链物流、医药冷链物流等其他行业物流服务形式，以及发达国家成熟的农产品物流体系，努力为系统更大范围的对外联结创造条件，重点提高系统对外联结效率。二是保障我国农产品物流系统处于非平衡态，政策制定需要充分考虑不同地区的农业发展状况和社会经济发展水平，因地制宜地提出差异化农产品物流政策。三是强化因素间的非线性作用，政策制定要有助于加强系统内政府、企业、消费者和科研机构等主体的沟通与交流，促进各类要素形成相互依存、彼此制约的关系网络。四是支持并适当制造有益涨落，面对农产品物流系统的新兴形态，政策制定可适当超前，在行业内制造有益涨落，促进新业态孵化。

9.1.2　保障超序参量新形态的形成和稳定

超序参量作为主导系统演化的关键因素，其自身的快速、稳定转变对于系统整体演进具有重要意义。根据第 3 章的分析，在新型城镇化的作用下，社会空间结构再次成为我国农产品物流系统的超序参量，以"城市—小城镇—农村"三元协调的新形态主导系统演化。虽然这一城—镇—村三元结构初露端倪，但非常不稳定，呈现出明显的季节性和地域性差异，有碍其主导支配作用效果的长期性、稳定性和高效性。因此，我们需要创造条件，以他组织形式加速社会空间结构的自我跃迁。需要明确的是，社会空间结构的变革过程不仅具有地域空间上的意义，还将牵涉到地域结构、人口分布、产业结构、社会文明等方方面面，影响范围较为广泛、影响程度较为深远，这也意味着本次变革并非一蹴而就，而是需要花费较长时间，且一旦形成便难以在短时期内改变。

根据协同学理论，虽然系统发展主要由超序参量所主导，但超序参量自身的转变效果会受制于其他序参量的发展，并且随着系统演化的推进，超序参量自身的阻滞作用会逐渐凸显，系统将再次陷入发展困境，系统的无序性逐步凸显。届时需要新的超序参量来打破平衡，引领系统向更高级的有序结构演变。这就意味着在为超序参量变革配置资源的同时也要积极扶植其他非主导序参量，一方面是为了保障和促进超序参量及系统整体的演变，另一方面是为了使其能够在下一次超序参量换元时脱颖而出。基于第 3 章的分析可知，对于我国农产品物流系统来说，在新型城镇化的作用下，农业生产经营方式和物流技术成为次要序参量，因而，需要采取相应措施有针对性地对它们进行协同改进和提升。

9.1.3　保障系统整体新形态的形成和稳定

在新型城镇化的作用下，我国农产品物流系统的运行模式和农产品物流体系的运行方式都将发生重大变革，而这些变化是遵循农产品物流系统自组织演化特征的，是符合事物客观发展规律的，因而，政策制度要顺应这一客观趋势，从空间节点规划、组织结构安排、技术创新等方面保障我国农产品物流系统新形态的形成和稳定。

除此之外，政策的制定还应形成对促进战略落实的有效保障，持续缩小与发达国家农产品物流发展的差距。政策之间也要注重系统性，要按照"大物流"的思路，在制订农产品物流发展规划时注重与现有农产品物流发展政策的衔接，注重与其他产业政策的协同，注重多部门间的协调，形成统一指挥。

9.2　国际经验借鉴

欧美主要发达国家及日本的物流对其经济的促进作用十分明显。其在当今最先进和完善的物流理论指导下，均形成了符合自身国情的高效农产品物流体系，为我国农产品物流发展提供了许多值得借鉴的经验。

9.2.1　完善的农产品物流基础设施建设

美国拥有完善的交通运输网络体系，在进行农产品物流运输时，可以联合使用多种运输方式，十分便利。一些农产品收购站和仓库、加工厂还会建有专门的铁路线，以方便该地区农产品的运出与运进。除此之外，美国的农产品物流一直致力于自动化水平的提升，努力减少人员在物流运输过程中的参与程度。这主要体现在，物流的分拣和搬运环节基本上都是由专业的设施设备操作完成的，因此物流操作过程的机械化、自动化程度得到了一定程度的提高，进而有助于物流效率的提升[369]。为扶持物流产业发展，日本政府对于物流现代化建设也投入了大量的人力、物力和财力。具体说来，日本政府对大中城市、港口、主要公路枢纽的物流设施用地进行了详细的规划，并且投资在全国范围内进行了基础设施的建设和改善。这些基础设施的建设工程包括了高速公路网建设、新干线铁路建设、沿海港湾设施建设、航空枢纽港建设等[370]。此外，日本政府加大了对于流通过程中设施设备的投入程度，对于物流运输过程的机械化和自动化水平的提升有十分重要的作用。

9.2.2　物流主体组织化程度高

发达国家农产品物流主体组织化程度较高，企业化经营的农场、农产品批发市场与农民合作组织是主要参与农产品物流的主体。以美国为例，美国的农场规模较大，即便如此，其农户仍旧会组织起来进入市场。据统计，美国有150多万农场主参加了美国农场主联盟和美国农业局联合会，还有众多农户参加了不同类型的农业生产与销售合作社。这些产供销一体化的合作组织，能够将农产品生产、储存、加工、销售和运输等有关环节有机地结合在一起，是农产品物流实施的主导力量[371]。作为世界农业的发展标杆，日本的农业协会在农产品物流的发展过程中承担了十分重要的角色，支持着农民进入流通领域开展交易。日本的农业协会在农产品流通的整个过程都发挥了重要的作用。更重要的是，农业协会提高了物流主体的组织化程度[372]，不仅增强了单个农户在农产品物流组织体系中的谈判能力和市场竞争力，而且提高了整个物流体系的组织效率。

9.2.3　农产品物流服务的社会化程度高

当前西方各国的农产品物流社会化程度较高。一方面，物流市场上，能够为物流主体提供咨询服务的服务机构或公司较多，能够为物流链上的任一环节（如运输、储存、装卸搬运、包装、流通加工等）的优化和改进提供建议。日本的农业协会能够借助自身的网络优势，将农户生产的农产品聚集起来，统一销售、统一运输，在农产品产销中发挥了积极作用[370]。另一方面，在西方各国，第三方物流服务商的规模和服务范围越来越大。这些第三方物流企业具有先进的技术装备和管理手段，服务网络和信息系统健全，能够全面及时地了解客户的物流服务需求，从而为客户提供综合性的、高质量的农产品物流服务[371]。

9.2.4　政府政策支持及完备的法律法规

发达国家如美国、日本及欧盟国家，一直在不断完善本国物流方面的法律法规和宏观政策，主要体现在加强对物流基础设施建设的支持，通过法律法规的完善规范物流主体的市场行为、优化物流市场环境等[373]。例如，日本政府给予了农产品批发市场优惠政策的扶持，如贷款期限、税收上都向批发市场倾斜，通过支持农产品批发市场的建设，优化整个农产品流通体系。为了扶持物流产业发展，日本政府还在基础设施建设方面投入了大量的资金，并予以科学合理的规划。此外，美国政府在进行宏观调控时，并不会直接干涉农民的生产经营活动，而是会通过法律法规来对物流市场秩序进行规范，来对农产品物流发展的市场环境进行优化[374]。

9.2.5　采用先进的物流技术

美国一直十分重视先进技术在农产品流通过程中的应用。农产品采集之后可以直接运输到加工厂进行加工，能够有效降低生鲜农产品的损耗程度。并且农产品物流运输各环节（如装卸、搬运、运输、配送）的机械化、自动化程度较高，能够极大地提升农产品出厂之后的运输效率[375]。除此之外，美国农产品流通的发展有十分坚实的信息基础，农民了解市场的能力得到了极大的提升。日本农产品物流的发展也离不开物流技术的支持，这些先进的物流技术包括了农业信息技术、储运技术、包装技术等。为了保证高品质的农产品物流服务，荷兰鼓励农产品厂商采用先进的冷冻冷藏设施来降低农产品的损耗[376]。此外，荷兰的农产品流通过程的信息化程度较高。通过建立农产品物流供应链信息网络，农产品供应链条上的各主体都可以在网络上查询到实时的农产品价格变化、政策变化情况，增加了整个农产品供应链的信息透明度，同时也加强了各主体之间的信息沟通，对于降低农产品物流的不确定性，降低物流成本起到了十分重要的作用[375]。

9.2.6　仓储与运输紧密衔接

美国当前已经形成了仓储和运输紧密联系的储运体系[377]。美国农产品的流通销售已经形成了以大型连锁超市为主导的比较完善的直销体系，农产品的销售有着比较固定的地理区域。这样比较固定的生产—消费对接的农产品销售格局，使得美国政府在规划仓储设施的布局时比较容易，对于降低农产品物流费用有重要的支持作用[369]。美国的农产品运输则主要是由第三方物流企业来负责，这样有利于提升农产品物流的专业化水平。虽然运输和仓储的负责主体不同，但是美国运输和仓储环节的联动程度很高，由此保证了整个农产品物流过程的效率提升。

9.2.7　重视物流人才的培养

发达国家十分重视物流人才的培养，物流行业从业工作者专业化素质较高。德国非常重视对于物流从业人员的技能培训，已经形成了政府支持、企业参与的培训体系。通过支持物流专业技能培训机构的发展，对物流从业人员的理论知识水平和实践操作技能进行培养，以实现物流从业人员的素质的提高。荷兰同样也十分重视对物流从业人员的职业能力教育。荷兰要求物流从业人员在上岗之前必须取得政府颁发的职业能力证书。政府组织的职业能力测试主要是对物流从业人员的职业技能水平和理论知识水平进行考核，以此来测评参加人员是否可以获得职业能力证书[376]。法国对于物流从业人员的培训工作包括了对物流从业人员的岗前培训及服务过程中的在岗培训，对于提升物流劳动力的能力素质，提高农产品物流效率有着十分重要的促进作用[377]。

9.2.8　完善的物流金融市场环境

完善的物流金融市场环境，对于促进农产品物流有序发展有着十分重要的意义。

法国在完善物流金融市场环境方面做出的努力，为我国农产品物流金融市场的建设和完善提供了许多宝贵的经验。法国建立起了一种合作性和政策性相结合的农村信贷模式。这种信贷模式建立在了民间信用合作组织的基础上，能够为农产品物流主体提供贷款支持，很好地解决了农产品物流主体融资难的问题[378]。在政策性农村金融方面，德国政府同样建立了类似于法国的政策性金融机构与农村信贷体系，对于农产品物流主体提供了极大的资金支持，从而推进了农产品物流效率的提升。

9.3　政策体系构建

根据上文的研究，本节从基本管理政策、发展引导政策及具体扶持政策三个方面构建新型城镇化下我国农产品物流政策体系（图 9-1）。

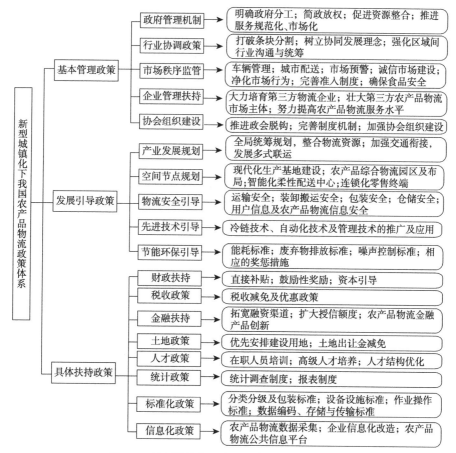

图 9-1　新型城镇化下我国农产品物流政策体系

9.3.1　基本管理政策

1. 政府管理机制

明确"政府引导、部门协调、企业主导、市场化运作"的农产品流通管理体制，建立政企分开、权责对等、执行顺畅、监督有力的农产品物流综合管理体系，进一步简政放权，简化审批程序，加强审批的透明度，加强审批事中、事后监管。政府应把主要工作放在不断完善农产品流通法律法规，促进农产品物流服务规范化、市场化和国际化，搭建农产品物流平台、建立产业信息平台等组织协调和公共服务方面，充分发挥政府的指挥、调度和协调作用，改变农产品物流资源分散无序、低水平竞争的现状，加速农产品物流资源的高效整合。

2. 行业协调政策

首先从农产品流通管理上打破条块分割、各自为政、多头管理的局面，农产品物流是典型的复合型产业，涉及多达 30 个管理部门，各地方管理体制也不尽相同，部门间协调难度大、政策落地难。需要参考能源和粮食管理体制状况，在政府序列设置国家农产品物流管理部门，统筹协调农产品的生产管理、产后加工、安全卫生、上市流通、零售消费等农产品物流发展工作；在各省市建立相应下级机构，承担相应职能，变当前以流通主体管理为中心的管理模式为以行为管理为中心的管理模式。

其次要树立协同发展理念。地方政府尤其是城市群内的核心城市要打破"一亩三分地"的思维定式，转变"一个中心"的发展理念，从城市群区域农产品物流整体发展出发，打破区域分割，取消各类不利于农产品物流发展的垄断政策，打破地区封锁，尤其是打破城市群内部地区之间的市场分割，鼓励农产品物流企业跨区域经营。

最后要加强区域间农产品物流行业沟通，建立区域产业链条上下游协同机制，促进农产品物流节点和相关企业间的实质性合作。加强城市间尤其是城市群内部区域间检验检疫、税收等部门沟通，消除地方保护主义和政策壁垒，出台互惠互通的政策；推进海关通关一体化，实现跨区域的"一证到底"；推动农产品物流信息一体化建设；共建共享农产品物流企业信用体系和网络交易平台；统一道路收费管理规范、农产品物流企业融资政策、农产品物流技术标准等；创新税收分配机制。可借鉴京津冀联合出台的 8 项冷链物流区域协同地方标准，基于区域农产品物流特点，再有针对性地出台地方标准。

3. 市场秩序监管

1）加强车辆管理

第一，对于以农产品配送、运输为主要业务的项目和企业的车辆，由有关部门对其进行协调管理，发放统一标识，为境内行驶的路线、停靠点等提供绿色通道；第二，针对此类车辆的车船使用税、运输管理费、工商管理费、公路费和车辆保险等费用予以优惠；第三，依据运输车辆的能源差异采取差异化的征税，对于在安全、环保、降噪方面采取措施且取得一定节能减排效果的、具有安全认证的农产品物流企业予以适当补贴，并重点扶持。

2）城市配送管理

一是依据城市的产业布局和居民的消费习惯，构建梯次化的农产品物流配送网络，并根据不同配送线路、不同车种、不同区域和不同时段进行分级分类的通行管理；二是整合利用现有商业、农产品零售终端和社区等资源，增强城市末端农产品配送服务能力，在用地紧张、交通问题突出的商业聚集区推行农产品共同配送、农产品混搭配送和农产品夜间配送方式；三是加快推广农产品配送标准和技术应用，支持专业农产品配送企业采用先进冷链物流技术和装备；四是面对农产品电子商务大发展的趋势，应推广网点自取、保险自提柜等网购配送方式，统筹解决最后一公里问题，对于新的农产品物流配送组织方式，政府有关部门要出台相应的配套支持政策。

3）强化市场预警

加强农产品市场监测和预警机制建设，增强农产品市场调控的弹性和差异性。在推进农产品批发市场、农产品物流园区、农产品配送中心等节点信息化改造的基础上，鼓励各节点间实现网络互联互通和信息共享共建。在调控农产品市场时，要以市场机制正常作用为前提，注意抓主放次，放宽容忍空间，同时注重调控的因类制宜，根据农产品的产品特性及在国计民生中的相对地位进行差异化调控。

4）建设诚信市场

开展农产品物流企业诚信评选，建立企业信用档案，并进行分类管理，实时监测农产品物流企业的运行状况，及时公布农产品物流企业信用等级，以市场化竞争的形式促进行业优胜劣汰，引导行业诚信经营，同时，设置相应的奖惩措施，加强执法力度，约束市场参与者自觉遵守职业道德，为诚信经营的企业创造良好的发展环境。

5）净化市场行为

以建立和完善统一开放、竞争有序的农产品流通市场体系为出发点，加强立法限制恶性竞争、不正当竞争和扰乱市场价格的行为；积极治理向货运车辆乱检查、乱收费、乱罚款、乱评比的现象；定期开展农产品物流市场专项整治行动；

倡导合法诚信经营，规范物流企业的经营行为；加强行业协会的监督服务功能。

6）完善准入制度

提高农产品物流行业的准入门槛，加强对农产品物流企业的经营资质、经营行为的监管和检查，如注册登记的第三方农产品物流公司必须具备开展业务所需的冷链设备和物流管理的信息化条件；对个体运输车辆实行挂靠管理制度，必须挂靠在有一定规模的物流企业进行归口管理。

7）确保食品安全

首先，加强农产品安全认证体系建立，可效仿中国台湾地区果蔬方面推行的吉园圃（good agriculture practice，GAP）和优良农产品（certified agricultural standards，CAS）认证，得到标章的农户必须接受相关部门的病虫害防治技术指导，形成长期的用药记录；其次，在主要的农产品生产基地、批发市场和大型零售终端设立农药残留检测站，对农产品实施快速检测，不合格的样品，一律销毁，并对生产者提出警告；再次，进入市场的果蔬产品要依据标准进行分级包装，包装上应注明农产品名称、产地、生产者（编号）、产品等级、供应市场等；最后，积极实施农产品质量安全检测的信息公开发布制度，发挥消费者的监督功能[379]。

4. 企业管理扶持

1）大力培育第三方物流企业

第一，创新物流理念，鼓励农产品物流业务外包，以行业协会为主体，开设与第三方物流有关的交流会、研讨会，使企业管理者充分认识到第三方物流的优势，转变企业"小而全"的传统思维理念，消除企业对供应链控制权失去控制的担忧，鼓励那些不具备综合农产品物流能力的企业将业务外包，优先支持那些已具备开展第三方物流条件的大型集团申请项目，树立第三方物流服务典型，形成龙头带动作用。第二，整合社会农产品物流资源，提高资源使用效率，加强农产品物流资源的整合力度，在遵循市场规律基础上，发挥政府作用，打破地区、部门各自为政、管理分散的局面，促进社会农产品物流资源进入市场，优化配置社会农产品物流资源，转变农产品物流资源闲置与紧缺并存的现状。第三，降低第三方物流企业退出门槛，鼓励更多企业加入，政府在进行大型农产品物流节点规划时注重与全国性物流骨干网络结合，减少企业运输费用，且从政府层面规划建设配套的综合运输网络和完善的信息服务平台，建设农产品物流节点，降低农产品物流企业固定成本，带动第三方农产品物流市场繁荣。

2）壮大第三方农产品物流市场主体

一是积极培育和引进国内外大型知名农产品物流第三方企业，通过加快推进行政审批制度改革、放宽行政审批权、简化工商登记审批流程、实行税收减免、资金扶持等措施消除体制性成本，减轻农产品第三方物流企业负担，培育本土第三方农产品物流企业龙头，同时，提高农产品物流领域对外开放水平，做好招大引强工作，推进与国际第三方农产品物流企业合作，消化吸收其成熟经验和管理方法，并进行本土化改造，因地制宜探索第三方农产品物流运作体制和模式。二是大力推动第三方农产品物流企业整合资源，鼓励现有的农产品第三方物流企业通过兼并、联合、战略联盟、建立伙伴关系等形式进行资产重组和业务整合，发展共同配送，将各自独特的物流资源整合为一体，丰富农产品物流服务类型，扩大物流服务的规模和地理区域，增强第三方企业提供一站式服务的能力。三是鼓励各类资本依法进入农产品物流领域，支持农产品物流企业兼并重组、上市融资，整合中小企业，优化资源配置，实现强强联合、优势互补，加快培育一批国际竞争力强的大型现代农产品物流企业[380]。

3）努力提高农产品物流服务水平

鼓励农产品运输企业向多式联运经营人、综合物流服务商转变，延伸农产品物流增值服务，以市场需求为导向开发多元化、个性化、柔性化的农产品物流增值服务，如废弃产品及各类包装物的回收，代收货款、垫付货款、质押贷款等物流金融增值服务及多种个性化增值服务，提高市场反应能力。

5. 协会组织建设

农产品物流行业协会发挥着关键性的承上启下的作用。向上将农产品物流企业在经营中遇到的需求与困难反映给政府，为政府制订行业改革方案、发展规划、产业政策、法律法规等涉及行业利益的决策时提供有效信息；向下传达和解析行业最新政策，帮助会员企业了解最新动态，引导企业发展；对内为协会会员提供专业培训和业务咨询，规范行业内部的竞争行为，协助制定行业的统一标准，净化行业竞争环境；对外作为行业发言人，与外部同业、立法机构、政府等部门进行博弈，保护和增加协会成员的合法合理权益。随着我国农产品物流市场化进程的加深，行业协会的地位与作用更加突出，结合农产品物流发展实际加快推进行业协会组织建设具有十分重要的意义。

（1）继续深化改革，大力推进政会脱钩。深入落实十八届三中全会所提出的"加快实施政社分开"，继续推进现有的农产品物流相关行业协会与原发起的行政主管单位分离，把行业协会推向市场、推向民间。首先要转变政府职能，政府在做好经济调节、市场监管、社会管理和公共服务基础上，将大量微观的、技术性和事务性的职能向协会转移，通过立法等形式明确转移内容，并制订切实可行的转移规划、具体方案，让行业协会承担起政府原来承担的部分服务职能，如行业统计、行业信息的发布、市场的整顿规范等；其次，重点推进协会与政府在人员、机构、职能、财务、党建等方面的实质性脱钩，在机构设置上规范综合监管关系，在职能划分上规范行政委托和职责分工关系，在资产财务上规范财产关系，在人员管理上规范用人关系，在党建、外事等事项上规范管理关系；最后，坚决取消不适应行业协会改革与发展的各种限制，为行业协会充分履行职责创造良好环境。

（2）完善制度机制，营造协会发展良好氛围。以自主办会、民主办会为基本原则，在此基础上，政府应给予政策上的引导和推动。第一，调整并简化审批程序，遵循备案制和核准制相结合的原则，积极调整包括行业协会内设机构、人事安排及重要活动的审批制度，并根据协会发展成熟度区别对待，对于新设及发展不成熟的协会可运行备案程序，待发展成熟时，再核准正式注册登记，获得法人资格；第二，加强监督管理机制，民政部门要有效负起主要监管责任，坚决控制随意设置和凭借行政权力设置的协会组织，行业协会登记管理机关和业务主管单位依据国家有关法律法规规定，履行指导、监督和管理职责，税务、物价等相关管理部门对会费缴纳进行有效监管，促进财务公开透明；第三，引入市场竞争机制，打破"一地一会"和"一业一会"限制，允许同一区域、同一领域成立相类似农产品物流相关协会组织，引入"一业多会"的竞争体制；第四，健全协会信用服务机制，制定协会行为规范、服务质量规范、服务标准等，建立异常协会名录管理和违法失信协会名单管理制度，创新失信行为惩戒措施，加大对违法主体行政处罚和信用约束力度；第五，建立和完善"费随事转"的工作机制，对行业协会承担政府授权、转移或委托的有关行业管理和行业服务职能给予必要的资金支持；第六，强化典型示范机制，选取组织健全、制度完善、服务突出的农产品物流相关行业协会进行表彰和奖励，及时总结它们的成功经验并通过座谈会、交流会等方式宣传，发挥协会组织典型的示范带头作用。

（3）加强协会组织建设，提升服务水平。一是要开展自律建设，建立和健全协会组织各项规章制度，形成一个系统性的运行机制，包括重大活动开展、重要人事任免和选举程序等，尤其是要加强会计核算和财务管理，强化协会组织的自我管理与自我约束，使日常活动有条不紊、有章可循；二是要加强专业人才队伍建设，创新人才引进制度，遵循"不求为我所有，但求为我所用"的原则，广泛吸引来自企事业单位、高等院校、科研机构等的各类人才，推动协会人员专职化和全员聘用制，形成一套科学有效的激励约束机制，从物质和精神两个方面提高会员的福利与地位；三是要加大正面宣传，加强与社会各界及有关部门的沟通联系，加大与国际同业组织的交流合作，提高社会认可水平，获得更多社会支持，进一步增强对专业人才的吸引力。

9.3.2　发展引导政策

1. 产业发展规划

1）全局统筹规划，整合物流资源

目前，政府和企业分别搭建了一些农产品物流信息资源共享平台，包括交通运输部与国家发展和改革委员会牵头，由相关部门参与共建了国家交通运输物流公共信息平台；中国国家铁路集团有限公司推出的中国铁路 95306 网站；阿里自建的菜鸟网络平台等。虽然各类物流平台为农产品物流的运输、仓储、配送和信息处理业务提供了便利，但是总体上看，不同平台之间数据标准不统一、接口不统一、设备标准不一致，导致信息难以在农产品供应链全局上实现共享，大大降低了农产品物流系统运行效率，也带来了一定程度的资源重复建设。因此，建议政府牵头，发挥协调与统筹作用，促进各类与农产品物流相关的平台对接，实现行业的资源共享。

2）加强交通衔接，发展多式联运

"空铁公水"整体协作，合理分工，构筑统一的立体交通网络和运输体系。在城市群之间，以横贯东西、纵贯南北、内畅外通的"十纵十横"国家综合运输大通道为依托，构建多向连通的综合运输网络；以高速铁路、高速公路、民用航空等为主体，构建服务品质高、运行速度快的综合交通骨干网络；以普速铁路、普通国道、港口、航道、油气管道等为主体，构建运行效率高、服务能力强的综合交通普通干线网络。在城市群内部，以普通省道、农村公路、支线铁路、支线航道等为主体，通用航空为补充，构建覆盖空间大、通达程度深、惠及面广的综合交通基础服务网络，尤其是加强县级城市之间的高速交通网络，改变当前单核集中向外辐射的模式，实现村级公路的全面互通和质量提升，保证城乡之间双向物流通道的顺畅、快捷。

交通体系规划要做到多方统筹协调，实现整体最优。首先是不同交通运输制式间规划的统筹，提升不同运输方式的一体化衔接和协作水平，统筹布局不同运输方式的枢纽站场，实现枢纽间畅通连接，加快不同交通方式间的转换衔接，推进多式联运；其次是交通体系与农产品物流节点设施建设间的统筹，保证交通体系规划与农产品物流规划的相辅相成，统筹设计交通网络建设与农产品仓储设施、物流园区、配送中心建设；最后是交通建设与生态文明建设的统筹，在交通网络建设中充分考虑对环境资源的影响，把绿色低碳理念融入交通体系建设，走科学发展与和谐发展的道路，推进循环低碳交通基础设施建设，采用先进的施工方式，把对土地资源的占用降到最低，加快发展新能源、信息技术、新材料，提高运输效能。

2. 空间节点规划

空间节点规划涉及农产品物流节点在时间维度上的发展变化与在空间维度上的布局变动，主要包括农业生产基地、农产品批发市场、农产品配送中心和农产品零售端四类。

在空间节点发展方面，一是要加快推进现代农业生产基地建设，提升农产品进入流通领域形态；二是要把批发市场作为重点，并优先支持服务于优势农产品产业带的产地中心批发市场和面向大城市、特大城市的销地中心批发市场；三是要鼓励农产品批发市场向规模化、专业化和电子化发展；四是整合重组城市周边的老旧仓库，改造升级成为智能化柔性配送中心；五是要因地制宜发展以规范化、连锁化、品牌化为特征的农产品零售终端。

在空间节点布局方面，要以长远眼光谋篇布局，以《全国农产品市场体系发展规划》为指引，充分考虑新型城镇化的主导作用，意识到其对人口结构、产业结构和社会结构的全方位重塑，优先选择城市群内部、地处大城市交叉区域的小城镇建设综合型农产品物流园区。同时，充分考虑用户消费场景，在各大商圈、社区等人群密集区投放生鲜自提柜，缩短交付时间，提升用户消费服务体验；鼓励农产品零售与其他社区商业业态功能集成，引导零售终端物流化，将原有利用零售店来展示和售卖，再从城市物流中心发货的格局，改变为零售端不仅承担展示、售卖功能，还承担周边小范围区域送货功能的格局。

3. 物流安全引导

农产品物流的操作安全引导政策，指政府出于公共安全目标制定的农产品物流活动的安全性执行准则，包括运输安全政策、装卸搬运安全政策、包装安全政策、仓储安全政策；同时"互联网+"在实现农产品物流资源有效整合和互联互通的同时，也增加了信息泄露风险，突出了信息安全政策的重要性。政府要完善网络法制，加强对农产品物流信息的管理；完善制度，制定相关法规政策，制定有奖举报政策，发挥社会大众的舆论监督作用；还要对违反安全规定的人员进行惩罚。

4. 先进技术引导

一是加大对冷链物流技术的扶持。全程冷链是确保农产品高质量运输的关键，同时也是降低我国农产品物流成本的重要举措。因此，有必要将冷链物流技术发展纳入国家发展规划和科技计划，予以重点关注；设立农产品冷链物流专项基金，加大国家对农产品冷链物流的科技政策性投入；重视农产品冷链物流平台建设，在国家工程项目建设中，给予优先支持。

二是加大对先进物流设备设施的推广应用。需要促进企业与高校、科研院所和咨询机构的合作交流，以市场需求为导向开发新型农产品物流装备和系统，同时政府以补贴、奖励的方式加大冷链技术、装卸技术，立体仓库、分段旋转货架、AGV、商品条码分类系统，采用条形码、EDI、RFID、GIS、GPS 等新技术的推广应用。

三是推动农产品第三方物流企业信息化建设，利用信息化改进第三方农产品物流企业的核心技术，广泛采用新兴信息通信技术和数字技术，实现物流与信息流的同步统一，提高数字化管理水平；扶持和培育一批以计算机网络技术进行物流运作与管理，实现企业间物流资源共享和优化配置的虚拟物流企业，提供集订单管理、仓储与分拨、运输与交付、退货管理、客户服务及数据管理与分析为一体的综合信息服务。

5. 节能环保引导

节能环保是社会进步和科技进步的一个发展趋势，也是农产品物流战略中一个重要的组成部分，具体包含农产品安全物流、农产品环保物流和农产品循环物流。第一，发展农产品安全物流，要在农产品物流过程中完善市场准入、食品安全管理和检验检疫环节；第二，发展农产品环保物流，采用环保的包装材料，采用适当的保温技术，采用新能源运输车辆，降低农产品损耗，降低尾气排放；第三，发展农产品循环物流，重点加强对包装物的回收和废弃物的处理，如农产品加工产生的副产品和消费后的剩余可以回收作为饲料。此外，对农产品物流活动各环节制定相应的能耗标准、废弃物排放标准、噪声控制标准和鼓励政策，激活市场引导优势，提升消费意识，以终端调控农产品绿色物流理念，使相关主体在进行农产品生产、加工及运输的设备配置时，均能够有所警示。

9.3.3　具体扶持政策

1. 财政扶持

立体化综合交通的打造、农产品物流节点建设及企业物流技术改造均离不开财政的大力扶持。政府重点在运输线路设施、供应链节点建设和信息设施三个方面加大资金投入，加大对农产品物流平台、农产品公共服务信息网络平台、农产品电子商务平台、农产品质量安全平台等的资金扶持力度[381]，进一步完善"双百市场工程""万村千乡市场工程""新网工程""农村商务信息服务工程"，设立覆盖全国的农产品物流发展促进基金，完善鼓励社会资本参与农产品流通体系建设的激励机制。

2. 税收政策

要切实减轻农产品物流企业税收负担。一是完善农产品物流企业营业税差额纳税试点办法，扩大试点范围并尽快全面推广；二是统一农产品仓储、配送和货运代理等环节与运输环节营业税税率；三是调整农产品物流企业的所得税；四是避免向部分农产品物流企业重复征税；五是适当减免农产品物流企业进口必需的设备关税；六是建立规范的财税管理机制。

3. 金融扶持

（1）创新农产品物流金融产品和服务。第一，发展农产品物流银行，加强政策性银行的金融支持，鼓励商业银行为更多的中小型农产品物流企业提供服务；第二，鼓励开发新型农产品物流金融产品，鼓励金融机构针对农产品电子商务、农社对接等农产品物流新模式所衍生出的金融服务需求，开发相应的保险业务、金融产品和服务；第三，发挥新型农村金融组织的补充作用，鼓励村镇银行、资金互助社、贷款公司同当地中小型农产品物流相关企业结合，形成稳定的同盟关系，借助此类金融组织对当地情况熟悉的优势，降低金融风险；第四，搭建多元集成的农产品物流金融服务平台，整合银行、保险公司、农村信用合作社、农产品物流企业、个人投资者、民间借贷组织等各类金融资源，形成一个多方参与的专业化农产品物流金融平台，在多方协作下，提高对市场风险敏感度，加快对市场需求反应速度，丰富质押物形式，同时政府应给予平台信息管理与政策优惠。

（2）多渠道培养复合型农产品物流金融人才。高素质人才是农产品物流金融业务发展的关键。一方面，持续提高农产品物流金融从业人员职业素养，鼓励农产品物流相关企业与银行联合开展金融业务培训活动，培训内容包括但不限于农产品质押物基本理化性质、分类分级标准、价格评估、质量鉴定等，提升农产品物流金融业务监管员的专业技能；另一方面，加强校企合作共建人才储备库，鼓励农产品物流企业、金融机构与高等院校和科研院所合作，给农产品物流金融专业学生提供实习机会，增强学生实践能力，扩充农产品物流金融的人才储备。

（3）加强农产品物流金融监督管理与风险防范。第一，不断完善农产品物流金融的政策法律制度，立足实际情况，借鉴国外成熟经验，制定专门针对农产品物流金融的法律法规，不断完善《中华人民共和国合同法》《中华人民共和国担保法》中关于农产品物流金融的条款，明确规定农产品物流金融融通仓、保兑仓等模式中所有参与方的权力与责任；第二，严把农产品物流仓单质押认证检测流程，从质押物权属的确认到质押物价值的变动，再到农产品质押物的分类分级认证都要严格遵守规范的操作流程；第三，建立农产品物流企业信用评价体系，立足于我国农产品物流企业规模小且分散的现实，参考国外信用风险等级体系，建立涵盖经营管理团队、流动资产、服务质量、技术含量、成长性等全面、系统的评价考核体系，严格审查企业资质，并持续关注融资企业经营状况，随时更新农产品物流企业信用等级。

（4）引导专业农产品物流企业参与物流金融。农产品具有区别于一般工业品的特殊属性，使得农产品物流金融的发展更加倚重第三方物流企业，需要农产品物流主体的积极参与。政府应引导和鼓励具有一定发展规模的第三方物流企业参与或者自主开展农产品物流金融业务；推进并扶持大型农产品物流企业上市，进行直接融资；鼓励行业协会和相关高等院校开展与农产品物流金融有关的专题培训，提升第三方物流企业开展物流金融业务运作管理水平。

（5）保障电子支付体系安全。随着移动互联和第三方支付平台的发展，电子支付逐渐取代了传统的现金支付模式，给农产品物流金融相关主体带来便利的同时也产生了许多安全隐患，凸显了完善电子支付安全体系的重要作用。首先，政府部门要尽快制定和完善网上支付相关的法律法规，加强对第三方支付机构的规范和监督，通过法律手段严厉打击危害网上支付安全的犯罪行为。其次，努力营造安全的网络支付环境，通过技术手段加强对网络犯罪的监控，加强安全技术防护措施，强化数据备份、身份验证、访问控制、病毒检测等安全技术手段；另外，加强商户、银行、第三方支付机构及监管机构的紧密配合，共同筑建安全支付系统。此外，要加强网络支付安全的宣传，提高用户网络安全意识，提高在线支付用户的维权意识，保障用户的合法权益。

（6）促进农产品物流金融向农产品供应链金融模式升级。农产品供应链金融是农产品物流金融的高级形式，该模式能够利用供应链中核心企业的资信能力缓解物流银行等金融机构与中小型物流企业间的信息不对称的问题，同时解决中小型农产品物流企业质押资源匮乏的难题。在一段时间内，我国农产品物流企业规模小、经济实力薄弱、布局分散的现实仍难以迅速改变，使得农产品物流金融向供应链金融的升级具有重要意义。政府需要加快农产品物流公共信息平台建设，实现各环节主体的互联互通，促进各方企业建立更紧密的战略合作关系。在监管方式上，改变传统静态质押监管为动态质押监管，对质押物进行实时动态评估。

4. 土地政策

第一，在编制土地利用规划和城市规划时，可优先考虑省级农产品物流园区内农产品物流项目和省重点农产品物流项目用地。一是强制规划。对国家统一规划的农产品物流园区等基础设施用地纳入城市总体规划，在用地指标上优先考虑，鼓励农产品物流企业进入园区集聚发展。二是用途管制。对农产品物流园区、农产品物流配送中心等仓储类节点用地应立法保护，不得随意变更用地性质和规模。不得因为地价升高，强制农产品物流用地无限度外迁。对新建农产品物流设施用地做出硬性规定，只能用于农产品物流服务活动，不得改变用途或转租。三是推行租地建库方式。地方政府不能将土地使用权一次性出让给农产品物流企业，而应采取租赁方式，即在适合建设农产品物流设施的地区统一规划建设物流园区，土地属国有，用途为农产品物流。企业可租地建库，政府可用租金调节供需。从源头上堵住借农产品物流名义圈占土地的现象，保证物流用地用于农产品物流。

第二，积极支持利用工业企业旧厂房、仓库和存量土地资源建设农产品物流设施或者提供农产品物流服务，涉及原划拨土地使用权转让或者租赁的，应按规定办理土地有偿使用手续。

第三，企业以原划拨土地自行改造为农产品物流中心（或园区），凡未涉及产权变更、转让的，免予缴纳土地出让金。

第四，企业对旧仓库等设施进行易地改造，新建农产品物流中心（或园区），政府将企业原有土地依法有偿出让取得的土地出让金，返还企业用以抵缴新建物流中心应缴的土地出让金。

5. 人才政策

首先，明确农产品物流人才的知识结构和素质要求，农产品物流产业既是一个跨行业、跨部门的复合产业，又是劳动密集型和技术密集型相结合的产业，所以发展农产品物流产业，不仅需要高级物流管理人才，更需要大量执行型与操作型人才，需要明确两类人才所需技能和素质。其次，提升农产品物流人才学历教育，农产品物流作为一门交叉学科，它与管理学、交通运输、运筹学、经济学等息息相关，要根据专业特点，按照"厚基础、宽口径、重能力、善创新"的原则科学合理构建课程体系，并通过内升外引的方式强化师资建设，同时创新人才培养方式，按照订单式培养计划，采用产学结合的方式共建农产品物流人才储备。最后，加强农产品物流人才非学历培训教育，加强对认证培训机构的监管，建立统一考核标准，杜绝无师资、乱收费现象，确保培训质量；对农产品物流培训市场进行细分，提高培训针对性；鼓励科研院所和高等院校充分利用教育资源开展短期培训；可参考我国香港地区设立"技能提升计划"和"持续教育基金"资助现职货运从业人员和有意入行人士接受训练。

6. 统计政策

进一步完善农产品物流业统计调查制度和信息管理制度，确立科学的农产品物流业统计调查方法和指标体系，认真贯彻实施社会农产品物流统计核算与报表制度。①应尽快建立农产品物流统计指标体系，建立相应的数据采集、分析和发布制度，完善农产品物流基础性数据的统计工作。②建立交通、商贸、统计等部门的协调机制，充分利用政府各行业主管部门建设的业务管理数据库获取农产品物流数据。③将农产品物流现代化统计调查与农产品物流企业评级、运输量调查、经济普查等工作进行融合，拓宽数据收集渠道。④在调查中充分利用基于网络与信息技术的"非主动"数据收集手段，充实统计内容，为农产品物流产业发展和农产品物流政策的制定提供数据支撑。

7. 标准化政策

一是理顺农产品物流标准化需求，参考国外农产品物流及相关标准，结合我国农产品物流的实际，研究农产品的生产、采购、运输、存储、装卸、搬运、包装、流通加工、配送、信息处理等标准；二是分门别类构建农产品物流标准体系，可以从内容上划分为基础标准、产品标准、方法标准、管理标准，可以从流程上划分为采购标准、商品化处理标准、分类分级标准、包装标识标准、贮藏标准、运输标准、销售标准等；三是对现有农产品物流标准体系的更新和完善，对现行标准中部分技术指标进行更新，针对农产品物流的冷链化、智能化发展，制定新标准；四是加强现有标准间的对接，消除现行标准间的交叉重复和标准体系结构不合理的现象。

8. 信息化政策

农产品物流信息化是农产品生产、储存、配送等各环节有机结合，实现一体化运作的基本保障。首先，发挥政府在农产品物流信息化建设中的引导作用，政府应制订合理科学的规划，牵头协调流通企业、工商税务、银行等多个相关单位，促进其信息化合作，共同搭建开放的农产品物流公共信息平台，同时政府要通过多元化的宣传渠道向农民传授现代化的物流知识与技术，提高农民的信息化意识；其次，加大农产品物流信息化基础设施建设力度，完善包括交通、通信、道路、仓储设施等物流基础设施和技术装备；最后，加强对农产品物流信息化人才的培养，充分利用国内各种教育培训资源和现代教育手段，开展农产品现代物流教育和短期培训，不断提高农产品物流从业人员对信息化设备的使用能力。

9.4　政策实施建议

9.3 节基于农产品物流发展的长期视角构建了完备的政策保障体系，倘若着眼于当前我国农产品物流在新型城镇化背景下发生的变革，本书认为政策实施建议重点在两个方面，一是保障我国农产品物流系统运行层面的三网协同；二是保障我国农产品物流运作层面的体系创新。下面重点论述"三网协同"与农产品共享物流的政策实施建议。

9.4.1　加快新型城镇化下我国农产品物流系统的三网协同

1. 我国农产品物流系统演化的自组织机制与序参量

新型城镇化是我国全面建成小康社会，实现现代化的必由之路，将引发我国人口格局、产业格局、社会格局的重大变革，改变农产品物流供需的时空匹配。本书在探索我国农产品物流系统演化规律的基础上，明确新型城镇化对我国农产品物流系统的作用机理，指出在新型城镇化作用下我国农产品物流系统将形成"天网+地网+人网"三网协同的运作模式，需要在农业现代化、小城镇建设、配送中心升级、线上线下融合、标准化体系建设等方面采取有力措施，保障新模式的形成与稳定。

我国农产品物流系统的纵向演化具有显著的自组织特征，其发展受到序参量主导。作为由若干相互联系、相互制约的要素组成的具有特定功能的有机整体，农产品物流系统随时与外界保持着物质、信息、能量的交换，具备开放性特征；系统内各主体之间存在着行政联结、功能联结、资本联结等多种联结方式，具有非线性特征；系统内部呈现出不同程度的非均匀和多样化的特点，表现为物流分工差异、分配差异、投资差异等，满足远离平衡态的条件；系统随着外部环境的变化和内部要素的发展而产生涨落，具备自组织演化的动力。

社会空间结构、农业生产经营方式和物流技术交替主导我国农产品物流的发展，是系统序参量。社会空间结构由乡村一元向城乡二元的转变，导致农产品生产与消费产生了时空矛盾，催生了真正意义上的农产品物流。农业生产经营方式包含农业生产经营组织形式、技术条件和权利结构三个方面内容，其由小农模式、集体模式、家庭承包模式的逐步转换，引起农产品物流模式依次经历了低级次的自由购销、统购统销、多段二元模式的变革。物流技术是物流活动中所采用的科学理论、管理方法，设施设备、通信技术的总称，物流技术由单点突破到集成创新的跃迁，推动以配送为中心，以连锁超市为末端，以专业化第三方物流为主体，以虚拟物流企业为支持，大量加工企业积极参与的现代农产品物流开始产生并发展起来。

2. 新型城镇化作为序参量主导我国农产品物流发展

新型城镇化具有九个新特征。城乡统筹的新理念，城市与农村的资源互补、优势互补，生产生活方式、文明形态的相互渗透；以人为本的新核心，一切工作均以民生作为出发点和落脚点；注重质量的新内涵，走生态宜居、文化传承、节约集约、和谐稳定的可持续发展道路；产城融合的新方式，坚持以产兴城、以城促产、产城相融；城市群为主的新形态，促进大中小城市和小城镇协调发展；"两横三纵"的新格局，"两横三纵"分布的 20 多个重点开发的城市群容纳 80%以上的中国人口；小城镇主导的新模式，依托小城镇解决 2.6 亿农民进城，同时破解"城市病"与"农村病"，打破城乡分割的二元格局；市场主导、政府引导的新动力，发挥市场对合理配置生产要素的决定性作用，政府只在城镇规划、公共服务、秩序维护、市场监管、环境保护等方面发挥宏观调控作用；四化同步的新路径，中国特色新型工业化、信息化、城镇化、农业现代化同步发展，推动信息化和工业化深度融合、工业化和城镇化良性互动、城镇化和农业现代化相互协调。

（1）新型城镇化意味着社会空间结构重塑，变分割的城乡二元结构为共生的城—镇—村三元结构。新型城镇化是产业、人口、土地、社会、农村五位一体的城镇化，是城镇化过程与城镇化结果的统一，在此过程中，社会的人口结构、地域空间结构、产业结构、社会文明结构和地域功能结构将发生重大变革，衍生出小城镇这一新的空间形态，重塑社会空间结构。小城镇居民具有亦工亦农的特征，是一个新的社会阶层；其空间密度介于分散型农村与聚团型城市；经济形态介于先进城市工业与农业，又具有工业和农业融合特征；社会文明形态联系着传统乡土文化与现代城市文明的两极，既保留了较多的传统农业文明，又渗透着商业社会的现代因子；是一个新的功能承载空间，同时承接大城市的产业转移、承担农村地区的产业升级、参与城市产业分工，以及对自然资源的适度开发与保护。

（2）新型城镇化蕴含着农业生产经营方式变革。新型城镇化在"统"和"分"两个层次上实现对农村基本经营制度的丰富和发展，形成以家庭承包户为基础，以专业大户、家庭农场、农民专业合作社、农业产业化龙头企业为骨干的农业生产经营组织体系。新型城镇化为先进农业生产技术的获取与应用创造条件。"农地集体所有权—承包权—经营权"的"三权分置"结构体系是新型城镇化对农村土地管理制度改革的具体体现，为建立灵活高效的农地经营权流转市场，进而高效利用农地提供了具有可操作性的制度指南。

（3）新型城镇化标志着物流技术的城乡一体化。新型城镇化建设为农村地区获取与应用物流技术创造良好环境，正向影响相关主体的技术采纳意愿，完善交通、信息基础设施建设，提供经济支持和人才储备，同时以人为本的核心理念倒逼农产品最初一公里进行物流技术改造，最终能够有效弥合物流技术的城乡二元鸿沟，促进物流技术在城市和乡村实现时间、空间和组织上的有效对接。

3. 新型城镇化作用下农产品物流系统的三网协同

（1）农产品物流数据、技术和设备构成天网，负责对实体物流活动的统筹规划。数据包括农产品物流服务需求信息，对取货时间、运输方式、保鲜制冷、送达时效等要求；农产品物流服务供给信息，物流设施、运输设备、配送车辆等资源和服务的拥有情况；农产品物流实时动态监控信息，对在途货运车辆的跟踪和了解，实时查询与监控农产品物流信息；服务质量反馈信息，客户对农产品物流服务的评价反馈，实现农产品物流的闭环管理；线上物流金融、人员培训、技术咨询、展示平台、结算体系等配套服务体系。技术主要是指云计算、RFID、互联网技术、GPS、数字集群通信技术等物联网先进技术。设备包括能够识别、采集并传输信息的智能物流设备。

（2）农产品物流节点、企业及通道形成地网，实现农产品实体从卖方到买方的场所转移。地网可进一步分解为三大节点、N 个企业、一张网络。一是位于农村地区的现代化农业生产基地，实现农产品生产的机械化、标准化和规模化，具备产地初加工能力；二是依托小城镇的农产品综合物流园区，由城市区域传统的农产品批发市场升级改造而来，具有低温仓储、检验检疫、流通加工、信息服务、交易展示和电子结算等多重功能；三是布局在城市郊区的智能化柔性配送中心，其特征是以信息流为核心，以自动化物流设备设施为基础，能够实现资源柔性化、库存柔性化、运输柔性化、交付柔性化、配货柔性化；四是负责农产品包装、加工、仓储、装卸、运输、配送等环节的 N 个企业。最后，由连接城市群的交通干线、城市群内部的城际公路、城市内部的市政道路构成一张综合运输网络。

（3）农产品物流最后一公里的线下实体服务体系组成人网，及时感知顾客需求，为服务决策提供支持。人网主要是指由快递员、生鲜连锁超市、生鲜自提柜、社区菜店构成的线下实体服务体系，是最贴近终极消费者的环节，能够对用户真实需求进行有效收集和及时反馈。

人网、天网、地网相互支持、协同互动共同打造我国农产品物流大生产+大流通+小配送的格局。人网好比人体组织的神经末梢，负责感知、收集并上传用户需求信息；天网堪比大脑，依托接收到的需求信息，合理配置物流资源，为客户提供定制化的农产品物流服务；地网类似于肢体，负责执行大脑发出行动信号，确保农产品物流服务最终落地。

4. 保障我国农产品物流系统新形态的政策措施

（1）加快农业现代化建设，提升农产品进入流通领域形态。扎实推进土地承包经营权确权登记颁证工作，完善土地流转交易平台配套政策，推进农村土地经营权有序流转至新型农产品生产经营主体，促进农业适度经营，打造地理标识品牌农产品。加快农业基础设施建设和农业标准化、机械化和信息化改造，完善产地分选、预冷、包装、集配等商品化处理功能，推进现代农业示范区建设。

（2）优先选择位于城市群内交通便利的小城镇，完善其基础设施建设，为综合农产品物流园区提供稳定的空间载体。在城市群内部，优先选择处于大城市交叉区域的小城镇建设综合型农产品物流园区，搞好园区三通一平、五通一平、七通一平建设，同时加强信息网络、支付结算系统等现代基础设施打造。健全小城镇的失地农民社会保障制度，实施转移人口技能培训，尤其是与农产品流通、加工有关的就业技能培训，全方位保障城—镇—村三元社会空间结构的形成和稳定，并为农产品物流在小城镇的稳定发展提供人力支持。

（3）整合重组城市周边的老旧仓库，改造升级成为智能化柔性配送中心。充分考虑城市区域传统批发仓储腾退下来的仓库库房、露天垛位等空间的价值，鼓励跨库整合，进行冷链系统改造和信息化改造，配备新能源冷链车，发展冷链共同配送，打造智能化柔性配送中心。

（4）鼓励电商平台与农业生产基地和生鲜农产品零售商合作，合理布局生鲜自提柜，推动线上线下融合。鼓励电子商务企业前向与新型农业经营主体建立长期稳定购销合同，后向与生鲜连锁超市、社区便民菜店、标准化菜市场等农产品零售业态深度合作，加快推进农超对接、农社对接，下沉农产品电商渠道。以一线、二线城市为试点，深挖消费者需求，在各大商圈、社区等人群密集区投放生鲜自提柜，缩短交付时间，提升用户消费服务体验。

（5）完善农产品物流设备、操作、信息的标准化体系建设，提高系统环节衔接效率。政府与行业协会协商建立行业统一的农产品分等分级标准、包装规格标准、产品编码标准、贮藏标准、运输标准、设备标准、作业操作标准、节点建设标准、质量检测标准等。政府尽快制定农产品物流信息技术标准和信息资源标准，并负责协调检验检疫、交通运输、工商管理、税务、金融等部门，加强相互之间信息的互联互通与共建共享。加大对虚拟农产品物流企业的培育，鼓励行业应用大数据、云计算等信息技术实现对农产品生产、流通和消费信息的准确获取和深度挖掘。

9.4.2　加快培育和促进农产品共享物流的发展

近年来，我国共享经济发展迅速，并已开始进入农产品物流领域，出现了冷链马甲、云鸟科技、海尔车小微和永康物流等一些专业化的农产品共享物流平台，实现了分散物流资源的整合利用，提高了整体物流效率和服务能力，对破解长期以来农产品物流存在的运输效率低、损耗严重、标准化规范化水平低等问题，以及为促进农产品物流提质增效，提供了新的解决思路和途径。

1. 农产品共享物流的主要创新特征

共享物流是利用现代信息技术，通过互联网平台将分散物流资源进行优化配置，提供高效物流服务的新型商业模式。通过对典型平台企业的调研，本书认为农产品共享物流的创新特征点主要有以下几个方面。

（1）利用互联网、大数据等现代信息技术对物流资源进行有效整合和调度。长期以来，我国鲜活农产品需求量大面广，生产较为分散，运输也主要依靠大量的小型物流公司、个体运输户等，冷链物流领域百强企业市场份额只占整个市场的 10%左右，农产品物流明显呈现碎片化特点。对此，农产品物流共享平台依靠新技术，将分散的海量货源和车源信息集中，开展线上资源整合，并利用智能算法撮合车货匹配和提供物流配送方案。如云鸟科技根据货主的配送区域、价格区间等具体服务需求，结合注册司机的配送经验、服务满意度、价格等历史数据，根据路程、拥堵、限行、停车等因素进行合理匹配，为客户快速地安排最合适的司机、车辆及最优配送方案，从而实现对车辆资源的合理利用和调度。

（2）依托互联网平台，实现对农产品物流的全程监控管理。如永康物流不仅为注册车辆装配了标准化的车载终端设备，利用卫星导航、GPS 对车辆位置、行驶轨迹及安全驾驶行为进行跟踪，实现对农产品物流全程的实时监控；还注重运用视频监控和温度传感器等技术，对在运的生鲜农产品进行温度、湿度监测，有效地防止冷链运输中出现"断链"，有利于减少农产品在途损耗。

（3）开展资质审核和构建激励约束机制，促进物流服务规范化、标准化。一方面，为了确保车货资源的可靠性和交易安全，平台普遍对注册司机和货主的身份信息、营业执照及驾驶证等资质信息进行严格审核，还会对注册的冷链车辆进行严格甄选，要求达到冷链运输的要求且具备各项合法手续。另一方面，多数平台企业都建立评价体系、信用体系等激励约束机制。例如，海尔车小微构建了车货互评机制，利用客户对司机的评价数据，结合司机行为数据实现了对司机的在线评级。对于评级低、服务差的司机，平台会在运费结算时对司机进行罚款，甚至停单警告。而对于评级高、服务好的司机，平台会为其优先提供订单和匹配价值更高的订单，并给予积分奖励，以不断激励司机优化物流服务行为。

（4）提供多样化供应链增值服务，有效支持物流主体发展。如冷链马甲，不仅为货主和司机提供在线结算服务，还推出了仓单质押、保理融资、融资租赁和冷链装备资源（冷藏车、冷库设备、制冷机组等）交易等金融服务，可以为车主、货主提供短期的资金周转。在保险方面，冷链马甲还推出了货运订单履约保证险、驾乘人员综合意外险、货运延误险、企财险、车辆保险、团体意外险等多种产品，为平台用户提供在线投保服务，并设立了快速理赔通道。

2. 发展共享物流对促进农产品物流提质增效具有重要作用

（1）共享物流有助于提升物流资源利用效率和降低成本。在互联网、云计算等新技术的支持下，共享物流平台能够收集、处理和共享海量的货源和车源信息，快速、高效地实现车货匹配和运输配送路径优化，实现对社会物流资源的合理调度，有效提升了物流资源的利用效率。如冷链马甲平台注册车辆的月行驶里程从 13 000 公里提高到了 25 000 公里。云鸟科技平台注册车辆的单车配送时间节约了大约 20%，客户的配送成本下降了 10% 以上。

（2）共享物流有助于提高运输时效和减少农产品损耗。借助于互联网平台和多样化实时监控技术，共享物流平台能够为货主提供对鲜活农产品物流全流程、全天候的可视化监控，在确保运输时效的同时，减少冷链"断链"对农产品质量的影响。如在海尔车小微平台的监管之下，注册承运司机给天猫提供服务的准时率达到了 95% 以上。

（3）共享物流有助于提升物流服务规范化水平。虽然近年来我国已经出台了一系列农产品物流标准，但在大量分散的中小物流企业和个体运输户中难以实施。共享物流平台具有信息处理的优势，能够根据历史数据对承运司机的服务表现进行合理评价，并建立相应的惩罚与激励机制，有助于引导承运司机改进物流服务行为，促进物流服务标准化、规范化水平逐步提高。云鸟科技推出司机评级机制以来，注册司机物流服务规范化程度提高了 41.9%，客户满意度始终保持在 99% 以上。

3. 加快培育和促进农产品共享物流发展的政策建议

由于物流企业散小、信息化水平不高、农产品共享物流模式尚处于探索阶段，为贯彻落实党的十九大提出的在共享经济等领域培育新增长点、形成新动能[①]，建议采取积极措施，加快培育和促进农产品共享物流的发展，以加快提升农产品物流现代化水平和实现提质增效。

（1）将农产品共享物流纳入相关政策试点的支持范围。有关部门应尽快建立农产品共享物流平台企业联系制度，加强对农产品共享物流的跟踪研究和经验总结，适时出台发展农产品共享物流的实施方案，务实推进共享经济健康快速发展。

（2）系统推进农产品共享物流平台信息互联共享。推动政府部门相关信息与数据的开放共享，整合汇集农业、交通、商务等部门的路网、车辆、运输主体、农产品生产与经营业户、批发零售企业等数据，提升农产品共享物流平台的大数据资源聚合能力和分析应用能力，进一步提高农产品物流资源的整合和利用效率。

（3）支持农产品共享物流平台开展信用体系建设。支持农产品共享物流企业发挥数据和技术优势，从服务质量、社会信用、客户评价等多维度，建设农产品物流信用评价体系。推进农产品共享物流平台之间、农产品共享物流平台与相关

---

① 《习近平：决胜全面建成小康社会 夺取新时代中国特色社会主义伟大胜利——在中国共产党第十九次全国代表大会上的报告》，http://www.gov.cn/zhuanti/2017-10/27/content_5234876.htm[2021-12-13]。

部门之间的信用信息联动共享，加快完善守信共同激励、失信联合惩罚机制。

（4）支持农产品共享物流平台推广应用先进物流技术。加大对共享物流平台企业及农产品物流企业的技术改造和装备投资的政策支持力度，鼓励大数据、卫星定位、物联网、二维码、RFID、全程温度自动监测、视频监控等先进技术在农产品物流活动中的融合应用，加快提升农产品物流现代化水平和农产品安全可追溯管理。

（5）完善金融扶持政策。鼓励金融机构结合农产品共享物流发展需求，创新金融产品和服务，支持共享物流平台企业拓展结算支付、融资增信等增值服务。鼓励社会资本进入农产品共享物流领域，为共享平台企业和创投机构牵线搭桥，推进项目与资本对接。

第 10 章　结论与创新

10.1　主　要　结　论

1. 我国农产品物流演化是一个自组织过程，社会空间结构、农业生产经营方式和物流技术是我国农产品物流系统的 3 个序参量

农产品物流是一个复杂开放的系统，不仅包括流通过程中的仓储、运输等作业环节，还包括系统运作的起点——农业生产，以及系统运作的终点——农产品消费。系统要素之间时刻存在着竞争与合作，要素发展具有差异性和非均衡性，且会随着内外部环境变化而发生涨落，满足自组织演化条件，因而其发展演化遵循序参量使役原理。本书从序参量的核心本质出发，全面梳理我国农产品物流系统从无到有、从小到大的发展历程，明确划分出系统演化的五个阶段，对比分析系统在不同发展阶段下的差异化表现，归纳总结出能够代表我国农产品物流系统特征的 9 个状态参量。在此基础上，应用解释结构模型厘清状态参量间的层次结构与作用关系，求解得出社会空间结构、农业生产经营方式和物流技术是主导我国农产品物流系统演化的 3 个序参量。其中，社会空间结构代表着人口分布、经济发展、产业结构、生活方式等特征在空间区域的综合表现；农业生产经营方式蕴含着农业生产组织形式、技术条件、权利结构三个方面的内容；物流技术具有广义含义，是指物流活动中所采用的自然科学与社会科学方面的理论、方法，以及设施、设备、装置与工艺的总称。

2. 社会空间结构、农业生产经营方式和物流技术三者交替成为超序参量，依次主导我国农产品物流系统的演化

虽然我国农产品物流系统有 3 个序参量，但是在不同时期，只有涨落程度最大的序参量才会成为超序参量，主导系统演化，并且超序参量自身的变化过程决定着系统变革的效率和程度。具体而言：社会空间结构由乡村一元到"城—乡"

二元的转变，导致农产品生产和消费分离，产生了农产品供需的时空矛盾，从根本上引发了真正意义上的农产品物流的产生，并决定了城市成为承接农产品物流作业中除农业生产之外环节的空间载体；农业生产经营组织形式、技术条件和权利结构不断变化，使农业生产经营方式自身在短期内经历了由小农模式到集体模式，再到家庭联产承包模式的转变，从而主导我国农产品物流依次经历了低级次自由购销、统购统销和以多段二元模式为主的多元化发展历程；物流技术由点状突破到集成创新与应用的跃迁，带动以配送为中心，以连锁超市为末端，以专业化第三方物流为主体，以虚拟物流企业为支持，大量加工企业积极参与的农产品现代物流的产生和发展。此外，虽然起主导支配作用的超序参量只有一个，但其他序参量并非一成不变，而是会遵循超序参量主导的方向变化，与超序参量形成匹配，一边保持系统整体的协同效应，加速系统向新的有序结构演化，一边为自身在下一次超序参量换元时脱颖而出积蓄能量。

3. 新型城镇化与农产品物流之间是协同共促的

一方面，新型城镇化所带来的农村劳动力转移和土地管理制度改革有助于土地的集约高效利用，促进农业生产的规模化、现代化，提升农产品产地物流现代化水平；城市群为主的新形态促进原本分散在城市内部的农产品中转物流转移到城市群周边专业的农产品物流园区，实现农产品物流的范围经济和规模经济，"两横三纵"的城市群格局也为农产品物流园区的合理布局提供了思路；新型城镇化所引起的消费升级促使农产品配送的"田间到餐桌"形式占比进一步提高，农产品配送物流更加精准。另一方面，农产品物流的发展有助于解决部分农业转移人口的就业问题，保障社会稳定转型，强化以人为本的核心；农产品物流集聚到小城镇发展能够增强小城镇自身造血能力，促进产城融合，确保城镇化质量，是小城镇健康可持续发展的重要支撑；农产品物流是提高农产品价值增值的关键环节，从而可以提高农业经济水平，缩小城乡发展差距，助力城乡统筹；农产品物流的发展离不开信息化、工业化的支持，其发展有利于推动信息化和工业化深度融合，促进工业化和城镇化良性互动，推进城镇化和农业现代化相互协调，实现中国特色新型工业化、信息化、城镇化、农业现代化同步发展。

4. 新型城镇化与农产品物流之间是内在耦合的

第一，社会空间结构、农业生产经营方式和物流技术是新型城镇化与我国农产品物流之间的耦合要素。一方面，社会空间结构、农业生产经营方式和物流技术是我国农产品物流系统的序参量，表征着我国农产品物流系统的发展状况。另一方面，新型城镇化将对社会空间结构、农业生产经营方式和物流技术的表现形态产生重要影响，一是变革社会空间结构由"城—乡"二元转变为"城—镇—村"

三元；二是改变农业生产经营组织形式，变革农业生产经营权利结构及农业技术的获取与应用；三是促进物流技术在农村地区的推广应用，实现物流技术的城乡一体化。第二，在二者的耦合作用下，农产品物流系统会发生超序参量换元。新型城镇化使得社会空间结构这个导致农产品物流产生的根本原因在维持长时间稳定后将再次发生变动，成为发生涨落最大的序参量，对系统演化具有最大的支配作用，代替当前发挥主导作用的物流技术成为新时期我国农产品物流系统的超序参量，并以"城—镇—村"三元协调的形态带领系统向新的有序结构演进。第三，农产品物流发展对二者耦合度产生重要影响。通过建立新型城镇化与农产品现代物流产业系统耦合的系统动力学模型，发现农产品物流服务水平努力程度对二者耦合度的影响相对较小，农产品现代物流管理水平和物流基础设施水平对二者耦合度的影响较大。

5. 新型城镇化背景下农产品物流系统宏观上形成三网协同的运作模式

在新型城镇化的作用下，我国农产品物流系统的要素、结构和功能均将发生不同程度的变革。对于主体要素而言，新型城镇化所带来的主要影响在于提高农产品生产经营者，加工制造者和批发商的组织化、规模化、品牌化水平；推动农产品零售商向生鲜超市、农产品社区配送站及虚拟网络销售平台转变；促进专业的第三方物流企业及第 n 方虚拟农产品物流企业快速发展，并改变农产品物流服务运营商的空间布局。对于流动要素而言，新型城镇化带来的最主要影响在于变革了农产品物流节点的空间布局，使得以配送中心为代表的流通型农产品物流节点与以农产品物流园区（批发市场）为代表的综合型农产品物流节点发生空间分离，综合型农产品物流节点将逐渐转移到小城镇实现可持续发展。对于系统结构而言，新型城镇化促使农产品物流服务提供者之间形成一种基于合作协议的网络组织，促进以农产品电子商务为代表的现代直销模式快速发展，改变了商流的主导地位。对于系统功能来说，一方面，新型城镇化将重塑农产品物流系统基本功能的空间结构，导致农产品物流系统七大基本功能的空间布局呈圈层式分布；另一方面，新型城镇化赋予农产品物流系统以吸纳农村转移人口、缩小城乡差距、保障社会健康可持续发展的新功能。

届时，物流数据、技术和设备构成天网，负责全局的统筹管理；运输线路、物流节点和物流企业构成地网，在城市群这个地域单元内，依托农村、小城镇与城市三类空间载体，形成三位一体的运行模式，实现农产品实体从卖方到买方的场所转移，确保农产品物流服务最终落地；农产品物流最后一公里的线下实体服务体系组成人网，负责感知、收集、上传用户需求信息并及时做出响应。天网、地网、人网三者相互支持、协同互促，共同打造我国农产品物流"区域化大生产+全国性大流通+柔性化敏捷配送"格局。

6. 新型城镇化背景下共享物流是我国农产品物流体系创新的主要路径

本书通过收集访谈数据和文本资料，利用扎根理论，对四个具有农产品物流业务的案例企业的共享物流模式进行了深入研究。研究结果明确了农产品共享物流平台的管理能力，并且提出共享物流平台的管理能力在农产品共享物流价值创造的过程中发挥了重要的作用。具体而言，共享物流平台为农产品共享物流发展提供了三类管理，包括信息管理、激励约束和监控管理，创造了包括物流成本降低、物流效率提升、客户满意度提升等在内的物流价值。进一步采用扎根理论，本书提出了平台管理能力创造农产品物流价值的三个理论路径：农产品物流资源供需匹配、农产品物流敏捷性和农产品物流规范化。在共享物流平台的支持下，农产品共享物流有助于促进分散资源与分散需求的精确匹配，能够提升司机提供农产品物流服务的敏捷性和规范性，进而创造农产品物流价值。因此，本书得出，农产品共享物流能够提升农产品物流效率，降低农产品物流成本，是农产品物流体系创新的重要路径。

7. 农产品共享物流有助于促进农产品物流行业降本增效

依托扎根理论、组织信息处理理论、委托—代理理论和强化理论，本书构建了农产品共享物流创造价值的理论模型，并通过问卷调查收集数据，利用结构方程模型，对提出的理论模型进行了实证检验。研究结果显示，第一，共享物流平台的信息管理能力，通过促进农产品物流资源供需匹配和农产品物流敏捷性，最终提升了农产品物流绩效，农产品物流资源供需匹配和农产品物流敏捷性均在平台信息管理和农产品物流绩效的关系中起到了中介效应；第二，共享物流平台的激励约束机制，通过提升农产品物流规范化，促进了农产品物流绩效的提升，司机的农产品物流规范化在平台的激励约束机制与农产品物流绩效之间发挥中介效应；第三，共享物流平台的监控管理能力，通过提升农产品物流规范化，提高了农产品物流绩效，司机的农产品物流规范化在平台的监控管理能力与农产品物流绩效之间发挥着中介效应。实证研究结果表明，共享物流平台在农产品共享物流的价值创造过程中发挥了十分重要的作用，有助于农产品物流行业降本增效。

8. 模块化服务模式是农产品共享物流应对个性化物流需求的创新路径

模块化服务模式对于调和农产品物流面临的挑战，推进农产品现代物流升级具有重要作用，是农产品共享物流应对个性化物流需求的创新路径。本书结合信息技术和模块化理论，首先，明确了农产品物流模块化服务模式的主体构成和基本运作流程；其次，提出了模块化供给模型和"信息网络+物流网络"集成模型，对于农产品物流模块化的服务供给方式和集成性的协作方式进行了深入研究；再次，研究了农产品物流模块化服务模式的基本特征，指出农产品物流模块化服务模式具有信息整合化、服务模块化、成员协同化和平台开放化的特点；最后，揭示了农产品物流模块化服务模式的价值创造机理，明确了其响应个性化物流需求，提升物流服务质量的内在理论机制。因此，本书认为，模块化服务模式是农产品共享物流应对个性化物流需求的重要路径，对于提升客户满意度和物流服务质量有现实意义。

9. 信息管理、平台培训和支付管理是农产品共享物流平台影响司机持续使用意愿的三大要素

以技术接受模型为理论框架，本书引入感知安全变量，构建了基于 TAM 理论的司机对共享物流平台的持续使用意愿模型。实证分析的结果表明，第一，信息管理通过正向影响司机对平台的感知有用性，提高了司机的持续使用意愿。平台的信息整合、智能匹配、路径规划和流程管理等功能有助于降低司机在搜寻合适的货源时，所花费的时间和经济成本，有助于其物流服务效率的提升，能够提高司机的收入水平，从而提高司机感知到的平台的有用性，进而提高司机的持续使用意愿。第二，平台培训通过正向影响司机对平台的感知易用性，提高了司机对平台的感知有用性，最终提高了司机的持续使用意愿。平台提供的培训服务，能够降低司机使用平台的难度，提高司机的感知易用性，进而提升司机对平台的持续使用意愿。此外，感知易用性有助于司机简便、快捷地使用平台完成搜寻任务，在给司机带来更多益处的同时，能够提高司机的感知有用性，从而提高司机的持续使用意愿。第三，支付管理能够正向影响司机的感知安全，进而提高持续使用意愿。平台通过向司机提供支付管理功能，能够保证司机获得应得的运费报酬，从而大大降低了司机被拖欠货款的风险，提高了司机在使用平台进行交易时的感知安全，进而促进了司机持续使用意愿的提升。

10. 相比于新型城镇化下我国农产品物流发展新趋势，当前的农产品物流存在较大改善空间

基于对新型城镇化下我国农产品物流未来发展趋势的科学判断，本书对当前我国农产品物流系统发展水平进行了评价，结果表明，当前的农产品物流系统发展还存在诸多问题，具有较大的提升空间。第一，本书明确了以农产品物流系统为评价对象，以新型城镇化下我国农产品物流系统的新形态为参照，确立了面向未来发展趋势的评价标准；第二，综合考虑本书中评价对象、评价标准的特殊性与一般评价体系构建时所遵循的科学原则，确定了系统全面、协调兼顾、目标传递、易于判断和典型特征的五条指标设计原则；第三，构建了包含主体要素、流动要素、支撑要素、系统结构和系统功能五个维度，共计 24 个因素的评价指标体

系；第四，借助从业者的实践经验和专家的专业知识，综合运用 AHP 和模糊综合评价法，计算得出当前我国农产品物流系统的综合得分为 4.131 884，处于较差等级，意味着相比于新型城镇化下我国农产品物流系统的新形态，当前的农产品物流系统发展水平有较大提升空间。

11. 新型城镇化背景下我国农产品物流应紧抓机遇选择积极的开拓型战略

本书通过构建 SWOT 量化模型，客观指出了新型城镇化背景下我国农产品物流应选择的战略类型及战略顺序。本书逐一分析了新型城镇化背景下我国农产品物流发展具备的优势、存在的不足、面临的机遇与挑战，构建了传统的 SWOT 战略分析矩阵，包括 5 点优势、6 点不足、7 个机遇和 7 个挑战；在此基础上，结合 IFE 矩阵、EFE 矩阵及 AHP，构建了 SWOT+IFE+EFE+AHP 的战略选择量化模型，共计 25 个指标。随后，采用调查问卷的方式，借助专家的专业知识和丰富经验，得到指标评分；运用 AHP，建立指标判断矩阵，求得指标最终权重；将二者综合考虑，得出 S、W、O、T 四个维度的因素总力度，据此绘制出发展战略四边形。通过比较战略三角形面积大小，得出新型城镇化下我国农产品物流战略选择顺序依次为增长型战略、扭转型战略、多种经营战略、防御型战略；通过计算战略方位角（为 0.396π），确定了机会型的战略区位；通过计算战略强度系数（0.8611 > 0.5），确定了开拓型的战略强度。综合而言，新型城镇化下我国农产品物流应紧抓机遇选择积极的开拓型战略。

12. 新型城镇化背景下我国农产品物流的战略体系可以概括一个目标、两种形式、三大节点、四项转变和七个战略

结合实际需要，本书首先提出了新型城镇化下我国农产品物流发展战略制定的五项原则，即遵从客观演化规律、遵循经济效益原则、追求社会效益原则、注重绿色发展原则及服从统筹协调原则。在此基础上，明确了农产品物流智能化、冷链化、绿色化和柔性化的战略目标；设计了农产品物流的四条战略路径，也即农产品物流需要实现的四项转变，由分散无序向整合细分转变，由资源依赖向创新驱动转变，由各自为营向一体协调转变，由体量规模向精准敏捷转变；明确了新型城镇化背景下我国农产品物流的七大战略重点，即社会化服务战略、资源整合战略、技术升级战略、人才开发战略、标准化提升战略、统筹协调战略及绿色化发展战略。其中，资源整合战略与统筹协调战略是战略重点中的重点与难点，尤其需要对农产品物流配送中心选址和配送线路选择进行统筹优化；需要探索混搭配送技术在共同配送中的创新应用；需要着重提高企业物流资源优化配置效率；需要紧抓"互联网+"契机推动农超对接模式发展；需要促进农产品物流系统要素整合。

13. 以企业为着眼点，通过对比分析企业供给物流资源和需求物流资源，能够实现对农产品物流系统资源的统筹优化

农产品物流资源一直存在着短缺与冗余并存的困境。一方面，实力强大的农产品物流企业斥巨资兴建冷藏仓库，购买冷链运输设备，但设备设施的利用率较低；另一方面，为数众多的中小型农产品物流企业难以负担起冷链仓储和冷链运输所需的设备设施，市场存在较大的冷链物流资源缺口，导致农产品物流资源短缺与冗余并存，造成系统整体的资源利用率较低。本书从企业着手，借助灰色系统理论和 GM（1，1）模型，科学预测企业的销售物流需求和供给物流需求，统筹安排农产品物流系统资源。同时，以富迪公司为例，详细论述了物流需求（物流供给）模型的假设、建立、检验和求解过程，并给出了具体的资源优化配置对策，即利用富迪公司冗余的物流资源，开展农产品第三方物流服务。

14. 在农产品配送中，采取与其他商品混搭配送的方式可以有效地降低农产品配送成本

农产品消费具有小规模、多频次的特征，不同种类农产品对温度和包装的要求存在较大差异，若分别采用不同类型的运输设备进行配送，则会导致农产品配送成本过高。考虑到大量农产品零售企业同时销售其他多种商品的现实情况，本书提出了农产品混搭配送的资源整合模式，即利用可以混装低温和常温食品的配载装备，如制冷器、制冷板及蓄冷保温箱等温控设施，提供并保持配送低温物品所需要的温度条件，使用普通货车对不同温度的食品进行混装配载配送。随后，综合考虑库存成本、惩罚成本、运输成本、能耗成本、腐烂成本等，建立了混搭配送模型，进一步借助模拟退火算法，结合实际案例，证实了混搭配送模式在整合系统资源及降低农产品配送成本中的有效性。因此，采取混搭配送模式，可以有效地解决中小超市农产品物流配送的高成本、低效率问题，并为物流企业使用普通车辆同时对生鲜农产品和其他商品进行配载配送提供了新的可行方案。

15. 基于"互联网+"的农超对接资源整合模式，可以有效解决农超对接存在的瓶颈问题

农超对接模式集缩短农产品供应链、加强供应链紧密度、降低流通成本、提高流通效率等优势为一体，能够实现农产品生产、流通、销售和消费等环节的共赢，是一种具有广阔发展前景的现代直销模式。然而，现行的农超对接模式普遍存在违约率高、利益分配不合理、风险共担机制不健全等问题，经本书分析得出，造成上述问题的根本原因在于信息传输渠道不畅、信息传递不及时。与此同时，

以物联网为代表的新一代信息技术为农超对接中各个节点的实时沟通提供了技术支持，使消除信息孤岛成为可能。进而，本书从产销对接、生产方式和销售方式变革、市场机制创新等角度分析了互联网对农超对接模式的影响，在此基础上，提出了基于"互联网+"的农超对接资源整合模式，并明确了促进该模式健康可持续发展的工作重点，即完善农产品流通的物流基础设施、制定农产品质量安全标准和全程可追溯体系、培育农超对接中的组织主体、基于物联网搭建综合信息服务平台、在"互联网+"背景下充分整合农超对接的节点。

16. 新型城镇化背景下我国农产品物流政策制定的重点在于保障系统运行的三网协同、保障物流体系的共享式创新及保障农超对接模式的资源整合

本书充分考虑我国农产品物流自组织演化特征及新型城镇化下我国农产品物流演化趋势，并以此为政策制定出发点，在充分借鉴国内外发达国家农产品物流发展经验的基础上，从基本管理、发展引导和具体扶持三个层面构建了涵盖 18 个方面的政策体系，确保我国农产品物流的长期可持续发展。同时，针对新型城镇化下我国农产品物流的发展与变革，本书进一步明确了当前政策制定的重点。

一是保障系统宏观运行层面的三网协同。这就需要构建涵盖农产品分类分级、农产品包装、农产品设备设施、农产品物流作业操作规范、农产品物流信息化在内的农产品物流标准化体系；搭建包括电子政务模块、农产品物流资源管理模块、农产品物流交易模块、农产品物流信息查询模块、决策支持服务模块的农产品物流公共信息平台；加快农产品物流企业进行冷链技术和信息技术改造；完善城市群之间及城市群内部的综合交通体系，提高节点衔接效率；加快推进现代农业生产基地建设；选择具有区位优势的小城镇建设农产品综合物流园区；整合重组城市周边的老旧仓库，改造升级成为智能化柔性配送中心；发展第三方物流企业，促进农产品物流服务社会化。二是保障系统微观运作层面的共享体系创新。需要政府在农产品物流标准化建设的基础上，加快推进农产品物流领域共享物流试点工作；系统推进农产品物流平台信息互联共享；支持共享物流企业开展对农产品物流承运商的信用体系建设；支持共享物流企业采用先进信息技术加强物流环节监管；抓紧开展农产品物流服务模块化试点工作。三是保障农超对接模式的资源整合。需要政府在完善农产品物流基础设施、制定农产品质量安全标准和全程可追溯体系、培育对接主体、整合农超对接节点、完善农超对接综合信息服务平台等方面予以大力支持。

10.2　主 要 创 新

1. 首次从新型城镇化视角深入系统地探讨我国农产品物流发展

现有的关于我国农产品物流该如何发展的研究多是在对国外发达国家农产品物流进行分析的基础上，找出我国农产品物流与之存在的差距，继而提出我国农产品物流有待加强的方面，所得结论固然有一定指导意义却难免空泛，政策保障重点不够突出，政策缺少着力点，影响了我国农产品物流政策的有效性。究其根本原因在于缺少对我国特殊国情的充分考虑，尤其是对于新型城镇化这一重大战略背景的考虑。新型城镇化作为新时期我国最大的结构调整，不仅关系到几亿农民的生活改善，还将对我国的农业生产、人口分布、产业格局等一系列问题产生重大影响，而农产品物流作为沟通农产品产销、解决农产品供需矛盾的关键环节，其发展与农产品生产、消费者分布、社会空间结构息息相关。因此，从新型城镇化的视角出发，研究我国农产品物流的发展不仅是必要的，而且具有十分重要的现实意义。

由此，本书从新理念、新核心、新内涵、新方式、新形态、新格局、新模式、新动力和新路径九个方面对新型城镇化的本质内涵进行了全面剖析和深刻解读，洞悉了我国农产品物流发展的现实背景，在此基础上，探索我国农产品物流的发展变化。这一研究不仅为探讨我国农产品物流发展提供了新的研究视角，而且有助于增强农产品物流政策措施的针对性和精准性。

2. 构建了一个宏观与微观、长期与短期相结合的新型城镇化下我国农产品物流发展的分析框架

当前以新型城镇化为背景探讨我国农产品物流发展的研究大多集中在分析新型城镇化对农产品物流基础设施的完善作用，以及新型城镇化对农产品消费规模的扩大作用。新型城镇化作为影响现代化全局的大战略，事关我国经济、社会、人口等方方面面，对我国农产品物流发展的影响不仅仅表现为完善物流基础设施和通信设备、扩大农产品消费规模、提高消费层次等浅显层面；还将影响我国农产品物流系统内部的要素形态、要素结构及系统的功能实现等更深层面；同时，在新型城镇化的背景下，我国农产品物流的系统运行模式、物流运作体系，以及发展战略和政策保障重点均会发生变化，这些都是非常有意义的研究主题，却鲜有学者进行探讨。

针对这一研究不足，本书以新型城镇化与我国农产品物流之间的协同关系和

耦合机制为切入点，依托自组织理论、强化理论、组织信息处理、委托—代理理论、模块化理论，综合运用解释结构模型、ArcGIS 地理统计分析法、系统动力学模型、结构方程模型、模糊综合评价法、定量 SWOT 分析法及智能优化算法和动态模型预测法，依次研究了新型城镇化下我国农产品系统的宏观运行模式和微观运作体系；分析了新型城镇化下我国农产品物流的发展水平；探讨了新型城镇化下我国农产品物流的宏观发展战略及农产品物流资源的统筹优化与整合；最后从长期和短期两个角度，分别研究了我国农产品物流的政策保障体系和政策保障重点，从而为新型城镇化下我国农产品物流的研究构建了一整套分析框架，所得结论不仅丰富了新型城镇化下我国农产品物流发展的研究内容，而且所构建的分析框架能够为其他研究提供范式借鉴。

3. 识别出社会空间结构、农业生产经营方式和物流技术是我国农产品物流系统的序参量，三者交替成为主导我国农产品物流演化的超序参量

目前关于我国农产品物流系统演化阶段的划分尚未达成一致意见，对于演化主导因素判别的研究非常少，并且研究大多以改革开放为起点，以某个单一环节为对象，所得结论均落脚于政策、制度等外部因素，缺乏对系统整体的考虑和对系统内部深层次原因的挖掘。造成这一研究不足的根本原因在于对农产品物流系统的内涵界定和特征分析没有一个清晰的认识。

因此，本书在科学界定农产品物流系统内涵的基础上，从农产品物流演化的自组织特征入手，既考虑到农产品物流模式的变化，又考虑到单一环节的发展，同时将时间跨度拓展至农产品物流起源，借助比较归纳法和解释结构模型方法，明确得出社会空间结构、农业生产经营方式和物流技术交替成为超序参量，分别引领我国农产品物流经历了物物交换、传统物流、计划物流、市场物流和现代物流五个阶段的变迁与发展。该结论不仅拓展了自组织与序参量理论的应用对象和研究范围，而且清晰刻画出我国农产品物流系统从无到有、从小到大的演化进程，从系统的本质层面深化了对我国农产品物流的认识与理解，有助于更好地利用规律指导实践。

4. 揭示出新型城镇化与我国农产品物流的协同关系与耦合机制

现有关于新型城镇化与我国农产品物流相互影响的研究中，大多是从新型城镇化促进农产品物流发展的单方面作用来讨论，研究结论也多停留在新型城镇化能够改善农村物流基础设施、促进农产品消费等浅层层面，缺少关于新型城镇化对我国农产品物流内在作用机理的探讨。同时，尽管有少部分学者意识到了农产品物流发展会反作用于新型城镇化建设，但缺乏对其作用方式的详细分析。此外，尚未有学者从新型城镇化与农产品物流间作用强度变化的视角进行分析。

由此，本书首先基于农产品物流全过程，分析了新型城镇化对农产品产地物流、农产品中转物流和农产品配送物流的影响。其次立足于新型城镇化的本质内涵，分析了农产品物流对城乡统筹、以人为本、产城融合、小城镇发展、"四化"同步等方面的促进作用。最后，重点研究了新型城镇化与我国农产品物流的耦合机制：第一，找到了二者之间的耦合要素，即社会空间结构、农业生产经营方式和物流技术，也是我国农产品物流系统的三个序参量；第二，揭示出新型城镇化对我国农产品物流的作用机理，即激发社会空间结构成为系统新的超序参量从而引发农产品物流系统实现超序参量换元，系统在"城—镇—村"三元社会空间结构的主导下向新的有序结构演进；第三，通过建立新型城镇化与农产品物流系统耦合的系统动力学模型，解析了农产品物流发展对二者耦合度的影响，即农产品物流服务水平努力程度对二者耦合度的影响相对较小，农产品现代物流管理水平和物流基础设施水平对二者耦合度的影响较大。本书不仅弥补了现有研究不够深入的不足，也为探索其他因素之间的作用关系提供了思路和方法上的借鉴。

5. 推演并论证了新型城镇化下我国农产品物流系统运行的三网协同模式

在今后相当长的一段时期内，新型城镇化仍将是我国经济社会发展的重要战略之一，因而在探讨我国农产品物流发展演化时需紧密结合新型城镇化建设，并充分考虑新型城镇化对社会空间结构、农业生产经营方式及物流技术的变革作用，考虑其对我国农产品物流系统超序参量的换元作用。然而现有的关于农产品物流发展趋势的研究缺乏对新型城镇化这一战略背景的充分融合，鲜有意识到由新型城镇化引发的社会空间变革对未来农产品物流空间格局的重大影响。

针对以上不足，本书延续系统化的思维方式，深入探讨新型城镇化对我国农产品物流系统的影响，细致分析在城—镇—村三元协调的社会空间结构的主导下，在新的农业生产经营方式和城乡一体化的物流技术的作用下，我国农产品物流系统要素、结构和功能的变化，特别是依托杜能圈理论重点分析了城—镇—村三元协调的社会空间结构对农产品物流节点空间布局的变革，得出以农产品物流园区为代表的综合型物流节点将转移到城市群内具备一定产业基础和区位优势的小城镇实现可持续发展，并以北京农产品物流系统的空间变迁为例，借助 ArcGIS 分析和系统动力学模型对此进行了实证检验。最终得出，在新型城镇化的作用下，我国农产品物流系统将形成"天网+地网+人网"协同互促的运行模式，共同打造我国农产品物流"区域化大生产+全国性大流通+柔性化敏捷配送"的格局，同时结合新发地、北京地区其他八大农产品批发市场及农产品社区零售终端的发展变化，证实了这一模式的现实性。

6. 提出并论证了新型城镇化背景下农产品共享物流平台的价值创造机理，验证了农产品共享物流在降本增效方面的有效性

共享经济作为一种新的经济模式正迅速崛起，各行各业均展开了共享式创新的积极探讨和实践，对于农产品物流而言，也有少数学者开始探索农产品共享物流模式的可行性，尝试从理论上论述共享模式对于农产品物流降本增效的有效性，但对于农产品共享物流的具体运行机制和实际价值创造能力缺乏深入研究。

鉴于此，本书基于对典型农产品物流企业实地调研的基础上，阐明了农产品共享物流的具体运作机制，提出了共享物流平台支持农产品共享物流发展的三类管理支持。同时，本书构建了农产品共享物流、创造价值的理论框架，并利用结构方程模型对其进行了实证检验。通过定性研究和定量研究相结合，揭示了农产品共享物流价值创造的理论机制。并且在实证检验时，对共享物流领域的信息管理、物流资源供需匹配、激励约束、监控管理、物流规范化这五个新概念进行了量表编制工作。该结论不仅拓展了农产品物流体系创新的理论研究内容，而且丰富了共享物流价值创造的理论研究，同时为共享物流的理论研究提供了新的测量工具，为农产品共享物流的后续深入研究打下了基础。

7. 将模块化理论应用于农产品物流领域，提出了农产品物流模块化服务形式，为农产品共享物流有效应对个性化物流需求指明了方向

经过本书的研究，论证出农产品共享物流是新型城镇化下我国农产品物流体系创新的主要方向。与此同时。随着新型城镇化的深入，国民消费水平持续提高，对农产品物流的个性化需求也逐渐得到释放，小时达、当日达、次日达、指定时间送达等多元化物流需求日益旺盛，那么，农产品共享物流该如何应对这种个性化物流需求呢？这是一个值得探讨的问题，但尚未有学者对此展开深入分析。

本书创造性地将模块化理论应用于农产品物流服务的实际运作中，阐明了农产品物流模块化服务形式的运作机理；结合信息技术价值创造的相关理论内容，通过逻辑推理，揭示了农产品物流模块化服务形式的价值创造机理；构建了农产品物流模块化服务模式的供给模型和集成模型；论证了农产品物流模块化服务形式的价值创造机理。该结论不仅为农产品共享物流应对个性化物流需求指明了方向，而且通过将信息技术的价值创造机理与模块化的价值创造机理相结合，对模块化理论形成了补充。

8. 构建了影响司机持续使用共享物流平台的意愿的模型，为共享物流平台企业的可持续发展提供了理论指导

一方面，本书提出了共享物流平台影响司机持续使用意愿的重要因素。当前的相关研究，多侧重于主观规范、社会影响等主观因素，并没有涉及由平台企业所主导的、能够作用于用户持续使用意愿的本质因素，即共享物流平台所能提供的功能支持因素。本书从共享物流平台提供的功能支持的视角，提出了信息管理，平台培训和支付管理这三个能够影响司机持续使用意愿的因素，不仅丰富了共享物流平台领域的相关理论研究，而且从共享物流平台的本质入手，强调了平台在吸引并留住司机用户方面所能发挥的重大作用。另一方面，本书以 TAM 理论为基础，引入感知安全变量，结合共享物流平台的管理功能，构建了共享物流平台领域的拓展的技术接受模型。当前的相关研究忽略了用户的感知安全对于其持续使用意愿的决定性影响，不足以对共享物流平台影响司机持续使用意愿的作用机制进行全面且深入的解释。本书通过引入感知安全变量，构建拓展的技术接受模型，更为全面地揭示了共享物流平台影响司机持续使用意愿的理论机制，补充并丰富了技术接受模型在共享物流平台领域的应用研究。

9. 构建了面向未来演化趋势的我国农产品物流发展评价指标体系

虽然目前已有大量关于农产品物流发展评价的研究，学者也从农产品物流技术发展、农产品物流组织发展、农产品物流经济效益、农产品物流运作效率等方面建立了多元的评价指标体系，并用于评价农产品物流企业、区域农产品物流及我国农产品物流产业整体的发展水平。但是学者在建立指标体系时要么是从自身发展的纵向角度，考察当前发展相比于过去取得的进步；要么是从与竞争对手对比的横向角度，评估相比于其他地区、其他企业而言本地区或本企业的发展水平。总的来说，现有的评价指标设计缺乏对所要实现的发展目标的考虑，未能体现以目标为导向的发展理念，所得评价结果难以形成对现实发展的准确判断和对决策制定的有效指导。

针对这些不足，本书同时考虑要素个体发展水平及要素间连接的效率，选取农产品物流系统为评价对象，以期望目标作为评价标准，立足于我国农产品物流系统要素、系统结构和系统功能在新型城镇化下所将形成的新形态，构建了面向未来演化趋势的农产品物流发展评价指标体系，并借助 AHP 和模糊综合评价法，科学判断出当前我国农产品物流系统发展现状与系统未来新的有序形态之间的差距大小。该结论不仅使我们对我国农产品物流的发展有了更客观的认识，为今后的战略制定和企业决策提供了更科学参考，也为其他产业的现状评价提供了思路和方法上的借鉴。

10. 定量确立了新型城镇化下我国农产品物流的战略类型和战略选择顺序

尽管已有少部分学者对我国农产品物流发展所具有的优势、存在的不足及面临的机遇与挑战进行了研究，但是在进行 SWOT 分析的过程中缺乏对新型城镇化这一战略背景的结合，未能充分考虑新型城镇化对我国农产品物流产生的影响。此外，学者在对我国农产品物流进行完 SWOT 战略分析后，却未指出该选择何种战略类型，没有明确战略的执行强度是多大。

针对以上不足，本书充分考虑新型城镇化对我国农产品物流的影响，并在传统 SWOT 战略分析的基础上，引入 IFE 矩阵和 EFE 矩阵，借助 AHP，构建了 SWOT+IFE+EFE+AHP 战略选择量化模型，定量求得新型城镇化下我国农产品物流在优势（S）、劣势（W）、机遇（O）、挑战（T）四个维度上的因素总力度；通过计算战略三角形面积，定量确定了新型城镇化下我国农产品物流战略选择顺序，依次为增长型战略、扭转型战略、多种经营战略、防御型战略；通过计算战略方位角，定量确定了机会型的开拓战略；通过计算战略强度系数，定量确定了积极的战略执行力度。最终以定量的方式确立了新型城镇化下我国农产品物流应紧抓发展机遇，采取积极的开拓型战略。该结论不仅提高了我国农产品物流战略决策的科学性，而且丰富了战略研究理论，也为其他企业的定量战略制定提供了参考。

11. 首次建立了新型城镇化下我国农产品物流发展的战略体系

学者大多认同我国农产品物流要向全程冷链化、信息化、绿色化升级；诸多学者也提出要加大农产品物流资源的整合力度，强化农产品物流主体的协同共促，提高农产品物流的精准度；还有少部分学者提出可以将共享物流模式应用于农产品物流体系构建。但现有的关于农产品物流发展的研究普遍缺乏对我国经济社会战略背景的考虑，尤其是对新型城镇化这一战略背景的考虑，而且现有研究多是从发展目标、发展重点、发展路径等单一视角出发，所得结论缺乏系统性，需要从战略高度层面进行提炼总结，将其转化为指导实践的一整套体系。

本书首先基于我国农产品物流系统的自组织演化特征，确立了战略体系制定的基本原则，即遵从客观演化规律、遵循经济效益原则、追求社会效益原则、注重绿色发展原则及服从统筹协调原则；其次，基于我国农产品物流系统在新型城镇化背景下的发展演化，确立了智能化、冷链化、绿色化、柔性化的战略目标；再次，基于我国农产品物流发展现状与战略目标的差距，设计了四条战略路径，即走"分散无序→整合细分"之路，走"资源依赖→创新驱动"之路，走"各自为营→一体协调"之路，走"体量规模→精准敏捷"之路；最后，明确了七大战略重点，即社会化服务、资源整合、技术升级、人才开发、标准化提升、统筹协调及绿色化发展，并给出了战略体系实施的三个阶段。该结论对于指导我国农产品物流发展具有良好的实践意义。

12. 建立了适用于农产品与其他不同温度商品混搭配送的优化模型, 验证了混搭配送模式对于降低农产品配送成本的有效性

农产品消费具有多品类、小批量、高频次的特征, 使得混搭配载配送成为农产品配送的重要方式, 混搭配载配送能够提高货车的装载量, 减少车辆空驶率。然而, 当前的农产品混搭配送实践尚处于探索阶段, 配送业务不确定性较高, 运输过程也未考虑农产品对温度、包装等要求, 农产品尤其是生鲜农产品品质难以保证。同时, 学者对于配载配送问题的研究主要集中在同温度货品的共同配送上, 缺乏对低温商品和常温商品进行混搭配送的研究, 针对生鲜农产品与其他商品混搭配送的研究更是寥寥无几。针对这一不足, 本书以农产品物流系统整体的优化为出发点, 以降低农产品配送成本为落脚点, 以统筹车辆装载利用率的配载环节为切入点, 综合考虑农产品配送的库存成本、运输成本、能耗成本和惩罚成本等, 建立了适用于农产品与其他不同温度商品混搭配送的优化模型, 并采用模拟退火算法, 利用富迪公司数据, 对比分析了混搭配送与单一配送下的物流成本, 实证检验了农产品混搭配送模式可以有效平衡多种温度农产品对精准配送要求与物流成本太高之间的矛盾, 并为物流企业使用普通车辆对生鲜农产品及其他商品进行配载配送提供了新的可行方案。

13. 基于"互联网+"构建了农超对接模式的资源整合架构, 并以配送中心整合为例建立了整合效果的评估模型

农超对接能够实现农户、商户、消费者等多方共赢, 属于国家积极倡导的现代直销模式之一, 学者对此也进行了广泛研究。现有研究主要集中在对农超对接模式的提炼、对农超对接发展困境的分析, 以及对其路径优化和资源整合问题的探讨。然而, 随着互联网在生产要素配置地位中的不断凸显, "互联网+"逐渐成为一种新的经济形态, 对农产品生产、种植、加工、运输、储藏和销售等各个环节均产生了重要影响, 变革了农产品产销对接方式。因此, 在探索农超对接的资源整合问题时, 有必要充分结合"互联网+"的大背景。但是现有研究对于如何利用物联网、大数据等新一代信息技术进行资源统筹优化还缺乏系统性的分析, 对于整合的效果也缺少相应的评估方法。鉴于此, 本书基于农超对接发展所面临的重点难点问题, 探讨了农超对接资源整合所需的技术支撑, 找到了"互联网+"与其技术诉求的契合点, 进一步分析了"互联网+"对农业生产方式、农产品销售模式、产销对接机制等的变革, 进而构建了"互联网+"背景下农超对接资源整合架构, 明确了相应的推进重点, 并以农产品物流配送中心的整合优化为例, 构建了要素整合效果的评估模型, 为信息时代下农超对接的资源整合指明了方向, 为评估农产品物流系统的资源综合效果提供了启发。

10.3　研 究 展 望

在本书研究过程中，作者广泛查阅国内外文献资料，努力尝试各种方法深究新型城镇化与我国农产品物流内在联系，并为我国农产品物流未来发展提出有益建议。但由于我国农产品物流发展的特殊性，且新型城镇化是基于我国特殊国情所做出的现实选择，真正践行的时间也只有短短几年，因而，国内外可以直接借鉴的成果较少，加上缺乏翔实的数据资料，本书的研究还存在一些局限和不足，有待于进一步深入研究。

（1）在识别我国农产品物流系统序参量部分，本书以定性分析为主，立足于序参量的本质，借助解释结构模型，厘清状态变量间层次关系，进而通过假设检验的方式得出系统序参量。随着对复杂系统研究的深入及大数据分析方法的完善，今后的研究可以借助数据抓取、NK 模型等工具进行定量求解。本书对我国农产品物流系统中变革最显著的空间布局进行了验证，今后的研究可以进一步对系统内其他要素、要素结构等的变革进行实证检验。

（2）本书在分析北京地区农产品物流系统空间布局演化时，主要选取农产品批发市场为代表进行了空间变迁分析，未充分考虑小型配送节点及农产品末端零售节点，主要原因在于数据的局限性，一方面，我国农产品物流配送发展较晚，缺乏一定的数据积累；另一方面，农产品零售末端形式过于多样，没有统一标准，且变动较快，导致信息登记不准确、更新不及时。随着大数据、GPS 等信息技术的发展，农产品物流节点信息逐步完善，上述难题将得到解决，在今后的研究中，可以拓展研究对象范围，以同样方法研究农产品流通型物流节点、农产品零售终端或者是不同类型农产品物流企业的空间变迁，更全面地描绘出北京地区农产品物流系统空间布局的演化地图。

（3）关于农产品物流共享平台的研究，研究样本来自国内几家具有农产品共享物流业务的物流企业，虽然能够支持本书提出的研究假设，但是由于样本只来自国内的几家企业，无法完全代表我国所有的农产品共享物流企业。因此，研究结论的普适性有待增强，未来的研究可以通过收集更多企业的样本数据，对研究结论进行检验。

参 考 文 献

[1] 王俣含，邬文兵，张明玉. 新型城镇化对我国农产品物流发展的作用机理——基于序参量识别视角[J]. 贵州社会科学，2018（7）：143-150.

[2] Rai H B，Verlinde S，Macharis C. Shipping outside the box. Environmental impact and stakeholder analysis of a crowd logistics platform in Belgium[J]. Journal of Cleaner Production，2018，202：806-816.

[3] Rai H B，Verlinde S，Merckx J，et al. Crowd logistics：an opportunity for more sustainable urban freight transport？[J]. European Transport Research Review，2017，9（3）：1-13.

[4] Devari A，Nikolaev A G，He Q. Crowdsourcing the last mile delivery of online orders by exploiting the social networks of retail store customers[J]. Transportation Research Part E：Logistics and Transportation Review，2017，105：105-122.

[5] 魏宏森，曾国屏. 系统论的基本规律[J]. 自然辩证法研究，1995，11（4）：22-27.

[6] 何明珂. 物流系统论[M]. 北京：高等教育出版社，2004.

[7] 夏春玉. 现代物流概论[M]. 北京：首都经济贸易大学出版社，2004.

[8] 宋晋. 利用物流信息技术实现快速响应[J]. 中国储运，2007（4）：75-76.

[9] 童藤. 金融创新与科技创新的耦合研究[D]. 武汉：武汉理工大学，2013.

[10] 董志学. 中国汽车产业与信息技术产业耦合发展研究[D]. 北京：首都经济贸易大学，2016.

[11] Gredel D，Kramer M，Bend B. Patent-based investment funds as innovation intermediaries for SMEs：In-depth analysis of reciprocal interactions, motives and fallacies[J]. Technovation，2012，32（9/10）：536-549.

[12] 吴勤堂. 产业集群与区域经济发展耦合机理分析[J]. 管理世界，2004（2）：133-134，136.

[13] 郭凤城. 产业群、城市群的耦合与区域经济发展[D]. 长春：吉林大学，2008.

[14] 谭伟. 社会保障与区域经济的耦合时空变异特征研究[J]. 湖北社会科学，2011（2）：56-59.

[15] Skinner B F. Science and Human Behavior [M]. Oxford：Macmillan，1953.

[16] Skinner B F. The Behavior of Organisms：An Experimental Analysis[M]. Cambridge：B F Skinner Foundation，2019.

[17] 钟力平. 斯金纳的强化理论及其应用[J]. 企业改革与管理，2008（2）：70-71.

[18] Villere M F，Hartman S S. Reinforcement theory：a practical tool[J]. Leadership & Organization Development Journal，1991，12（2）：27-31.

[19] 庄素珍. 强化理论、双因子理论和三因素模式对顾客满意影响之研究[D]. 广州 : 暨南大学, 2009.

[20] Nicolis G，Prigogine I. Self-organisation in non-equilibrium systems：from dissipative structures to order through fluctua-t[J]. John Wiley & Sons，1977，110（50）：13394-13404.

[21] Haken H. Information and Self-Organization：A Macroscopic Approach to Complex Systems[M]. Berlin & New York：Springer Science & Business Media，2006.

[22] Vicsek T，Zafeiris A. Collective motion[J]. Physics Reports，2012，517（3/4）：71-140.

[23] Zhao X，Hu B. Modeling and simulation of voluntary employee turnover using catastrophe theory：a case study on a manufacturing enterprise in China[J]. International Journal of Modeling Simulation & Scientific Computing，2015，6（4）：1550036.

[24] Lai S K，Han H Y，Ko P C. Are cities dissipative structures？[J]. International Journal of Urban Sciences，2013，17（1）：46-55.

[25] Radford M. Prediction，control and the challenge to complexity[J]. Oxford Review of Education，2008，34（5）：505-520.

[26] Liening A. Synergetics—fundamental attributes of the theory of self-organization and its meaning for economics[J]. Modern Economy，2014，5（8）：841-847.

[27] Tschacher W，Haken H. Intentionality in non-equilibrium systems？ The functional aspects of self-organized pattern formation[J]. New Ideas in Psychology，2007，25（1）：1-15.

[28] Bruineberg J, Rietveld E. Self-organization, free energy minimization, and optimal grip on a field of affordances[J]. Frontiers in Human Neuroscience，2014，8：599.

[29] Haken H，Peper C E，Beek P J，et al. A model for phase transitions in human hand movements during multifrequency tapping[J]. Physica D：Nonlinear Phenomena，1996，90（1/2）：179-196.

[30] Tian Z，Zhang Z，Gao R. Optimization in e-commerce market network based on value order parameter[J]. Information Technology and Management，2016，17（2）：187-197.

[31] Haken H. Advanced Synergetics：Instability Hierarchies of Self-Organizing Systems and Devices[M]. Berlin & New York：Springer Science & Business Media，2012.

[32] 温馨. 基于序参量原理的组织战略变革过程研究[D]. 沈阳：东北大学，2009.

[33] 胡晓鹏. 从分工到模块化：经济系统演进的思考[J]. 中国工业经济，2004（9）：5-11.

[34] Caminati M. Knowledge growth，complexity and the returns to R&D[J]. Journal of Evolutionary Economics，2006，16（3）：207-229.

[35] 陈向东. 模块化在制造企业知识管理战略设计中的应用——我国航空企业国际转包生产的模块化战略分析[J]. 中国工业经济，2004（1）：36-42.

[36] Brusoni S，Prencipe A. Unpacking the black box of modularity：technologies，products and organizations[J]. Industrial & Corporate Change，2001，10（1）：179-205.

[37] 郝斌，任浩，Guerin A M. 组织模块化设计：基本原理与理论架构[J]. 中国工业经济，2007（6）：80-87.

[38] 郭岚，张祥建. 基于网络外部性的价值模块整合与兼容性选择[J]. 中国工业经济，2005（4）：103-110.

[39] 罗珉. 组织新论：网络经济条件下的组织管理新范式[M]. 成都：西南财经大学出版社，2005.

[40] 纪雪洪，陈荣秋，唐中君. PC 行业的模块化与整合研究[J]. 中国工业经济，2004（10）：91-96.

[41] Baldwin C Y，Clark K B. Design Rules：the Power of Modularity[M]. Cambridge：MIT press，2000.

[42] 曾楚宏，林丹明. 论企业边界的两重性[J]. 中国工业经济，2005（10）：73-80.

[43] 刘茂松，曹虹剑. 信息经济时代产业组织模块化与垄断结构[J]. 中国工业经济，2005（8）：56-64.

[44] 柯颖，王述英. 模块化生产网络：一种新产业组织形态研究[J]. 中国工业经济，2007（8）：2-9.

[45] 汪涛，万健坚. 西方战略管理理论的发展历程、演进规律及未来趋势[J]. 外国经济与管理，2002，24（3）：7-12.

[46] Williamson O E. Transaction-cost economics：the governance of contractual relations[J]. Journal of Law & Economics，1979，22（2）：233-261.

[47] Zeckhauser R J. Principals and Agents：the Structure of Business[M]. Boston：Harvard Business School Press，1985.

[48] Ross S A. The economic theory of agency：the principal's problem[J]. American Economic Review，1973，63（2）：134-139.

[49] 刘有贵，蒋年云. 委托代理理论述评[J]. 学术界，2006，24（1）：69-78.

[50] 吴小节，曾华，汪秀琼. 多层次情境嵌入视角下的委托代理理论研究现状及发展[J]. 管理学报，2017（6）：936-946.

[51] Steinle C，Schiele H，Ernst T. Information asymmetries as antecedents of opportunism in buyer-supplier relationships：testing principal-agent theory[J]. Journal of Business-to-Business Marketing，2014，21（2）：123-140.

[52] Akerlof G A. The market for "lemons"：quality uncertainty and the market mechanism[J]. Quarterly Journal of Economics，1970，84（3）：488-500.

[53] Wilson C. The nature of equilibrium in markets with adverse selection[J]. Bell Journal of Economics，1980，11（1）：108-130.

[54] Pavlou P A，Liang H，Xue Y. Understanding and mitigating uncertainty in online exchange relationships：a principal-agent perspective[J]. MIS Quarterly，2007，31（1）：105-136.

[55] Jensen M C，Meckling W H. Theory of the firm：managerial behavior，agency costs and ownership structure[J]. Journal of financial economics，1976，3（4）：305-360.

[56] 王海萍. 物流外包合作关系的理论框架研究[J]. 经济问题探索，2012（1）：61-67.

[57] Eisenhardt K M. Agency theory：an assessment and review[J]. Academy of Management Review，1989，14（1）：57-74.

[58] Knight K，McDaniel R R. Organizations：an Information Systems Perspective [M]. Cambridge：Wadsworth Publishing Company，1979.

[59] Thompson J D. Organizations in Action：Social Science Bases of Administrative Theory[M]. Piscataway：Transaction publishers，2003.

[60] Tushman M L，Nadler D A. Information processing as an integrating concept in organizational design[J]. Academy of Management Review，1978，3（3）：613-624.

[61] Melville N，Ramirez R. Information technology innovation diffusion：an information requirements paradigm[J]. Information Systems Journal，2008，18（3）：247-273.

[62] Premkumar G, Ramamurthy K, Saunders C S. Information processing view of organizations: an exploratory examination of fit in the context of interorganizational relationships[J]. Journal of Management Information Systems, 2005, 22（1）: 257-294.

[63] Venkatraman N. The concept of fit in strategy research: toward verbal and statistical correspondence[J]. Academy of Management Review, 1989, 14（3）: 423-444.

[64] Crowell J F. Report of the Industrial Commission on the Distribution of Farm Products[M]. Washington: US Government Printing Office, 1901: 32-34.

[65] Shepherd G. Decentralization in agricultural marketing-causes and consequences [J]. Journal of Marketing, 1942, 6（4）: 341-348.

[66] Chandra C, Kumar S. Supply chain management in theory and practice: a passing fad or a fundamental change? [J]. Industrial Management & Data Systems, 2000, 100（3）: 100-114.

[67] Cameron N. Grain chain event: lessons to learn [J]. Proquest Agriculture Journals. 2006, 142（8）: 12-14.

[68] Ahumada O, Villalobos J R. Application of planning models in the agri-food supply chain: a review[J]. European Journal of Operational Research, 2009, 196（1）: 1-20.

[69] Gigler J K, Hendrix E, Heesen R A, et al. On optimisation of agri chains by dynamic programming[J]. European Journal of Operational Research, 2002, 139（3）: 613-625.

[70] Frank S D, Henderson D R. Transaction costs as determinants of vertical coordination in the US food industries[J]. American Journal of Agricultural Economics, 1992, 74（4）: 941-950.

[71] Srimanee Y, Routray J K. The fruit and vegetable marketing chains in Thailand: policy impacts and implications[J]. International Journal of Retail & Distribution Management, 2012, 40（9）: 656-675.

[72] Christina C, Panagiota S. Potentials and pitfalls of contract farming through agricultural cooperatives in Greece[J]. Revista Galega de Economía, 2018, 27（1）: 111-122.

[73] Yan B, Yan C, Ke C, et al. Information sharing in supply chain of agricultural products based on the Internet of Things[J]. Industrial Management & Data Systems, 2016, 116（7）: 1397-1416.

[74] Smith K, Lawrence G, MacMahon A, et al. The resilience of long and short food chains: a case study of flooding in Queensland, Australia[J]. Agriculture & Human Values, 2016, 33（1）: 45-60.

[75] Mor R S, Singh S, Bhardwaj A, et al. Technological implications of supply chain practices in agri-food sector: A review[J]. International Journal of Supply & Operations Management, 2015, 2（2）: 720-747.

[76] Stevens G C, Johnson M. Integrating the supply chain … 25 years on[J]. International Journal of Physical Distribution & Logistics Management, 2016, 46（1）: 1-31.

[77] Bourlakis M, Maglaras G, Gallear D, et al. Examining sustainability performance in the supply chain: The case of the Greek dairy sector[J]. Industrial Marketing Management, 2014, 43（1）: 56-66.

[78] Sumardi A, Rira D, Damang K, et al. Determinant factors of supply chain performance: case at seaweed business in Takalar Regency, South Sulawesi Province of indonesia[J]. International Journal of Economic Research, 2017, 14（10）: 89-99.

[79] Wysocki A F, Peterson H C, Harsh S B, et al. Quantifying strategic choice along the vertical coordination continuum: implications for agri-food chain performance[J]. International Food & Agribusiness Management Review, 2006, 4 (2): 149-166.

[80] Dinu M D. Supply chain performance within agri-food sector[J]. Ekonomika Poljoprivrede, 2016, 63 (3): 919-928.

[81] Mo R S, Kaler J S. Eradication of productivity related problems through lean principles in integrated manufacturing environment[J]. International Journal of Lean Thinking, 2013, 4 (1): 71-88.

[82] Mili S. Benchmarking agri-food value chain performance factors in South Mediterranean Countries[J]. Proceedings in Food System Dynamics, 2017: 48-60.

[83] Mighell R L, Jones L A. Vertical Coordination in Agriculture[M]. Washington: Farm Economics Division, Economic Research Service, US Department of Agriculture, 1963.

[84] Li S, Wu W, Xia Y, et al. How do crowd logistics platforms create value? An exploratory case study from China[J]. International Journal of Logistics. Research and Applications, 2019, 22(5): 501-518.

[85] Manthou V, Matopoulos A, Vlachopoulou M, et al. A conceptual framework for supply chain collaboration: empirical evidence from the agri-food industry[J]. Supply Chain Management: an International Journal, 2007, 12 (3): 177-186.

[86] Lambert D M, Enz M G. Issues in supply chain management: progress and potential[J]. Industrial Marketing Management, 2017, 62: 1-16.

[87] Mehdi M. Evaluating the effectiveness of a "whole of chain" approach in rural industry development in developing countries: a case study of Pakistan mango industry[J]. Pakistan Mango Industry, 2012, 32 (4): 773-775.

[88] Bao L, Huang Y, Ma Z, et al. On the supply chain management supported by E-commerce service platform for agreement based circulation of fruits and vegetables[J]. Physics Procedia, 2012 (33): 1957-1963.

[89] Zailani S, Jeyaraman K, Vengadasan G, et al. Sustainable supply chain management (SSCM) in Malaysia: a survey[J]. International Journal of Production Economics, 2012, 140(1): 330-340.

[90] Hobbs J E, Kerr W A. Costs of monitoring food safety and vertical coordination in agribusiness: What can be learned from the British Food Safety Act 1990? [J]. Agribusiness, 2010, 8 (6): 575-584.

[91] Verdouw C N, Wolfert J, Trienekens J, et al. Reference process modelling in demand-driven agri-food supply chains: a configuration-based framework[J]. Towards Effective Food Chains Models and Applications, 2010: 225-250.

[92] Reddy C M, Malliyala S, Naresh Y, et al. Good cold chain management practices[J]. Journal of Pharmacy Research, 2012, 10: 5043-5047.

[93] Dabbene F, Gay P, Tortia C. Traceability issues in food supply chain management: a review[J]. Biosystems Engineering, 2014, 120 (3): 65-80.

[94] Manos B, Manikas I. Traceability in the Greek fresh produce sector: drivers and constraints[J].

British Food Journal，2010，112（6）：640-652.

[95] Ding M J, Matanda M J, Parton K A, et al. Relationships between quality of information sharing and supply chain food quality in the Australian beef processing industry[J]. International Journal of Logistics Management，2014，25（1）：85-108.

[96] Mladenow A, Bauer C, Strauss C. "Crowd logistics"：the contribution of social crowds in logistics activities[J]. International Journal of Web Information Systems, 2016, 12（3）：379-396.

[97] Kontio A. Crowdsourcing goods deliveries in multi-sided markets-a multiple case study[D]. Helsinki：Aalto University，2016.

[98] Carbone V, Rouquet A, Roussat C. The rise of crowd logistics：a new way to Co-create logistics value[J]. Journal of Business Logistics，2017，38（4）：238-252.

[99] Wang Y, Zhang D, Liu Q, et al. Towards enhancing the last-mile delivery：an effective crowd-tasking model with scalable solutions[J]. Transportation Research Part E：Logistics and Transportation Review，2016，93：279-293.

[100] Boyer K K, Prud'Homme A M, Chung W. The last mile challenge：evaluating the effects of customer density and delivery window patterns[J]. Journal of Business Logistics，2009，30（1）：185-201.

[101] Zito P, Salvo G. Toward an urban transport sustainability index：an European comparison[J]. European Transport Research Review，2011，3（4）：179-195.

[102] Paloheimo H, Lettenmeier M, Waris H. Transport reduction by crowdsourced deliveries–a library case in Finland[J]. Journal of Cleaner Production，2016，132：240-251.

[103] Archetti C, Savelsbergh M, Speranza M G. The vehicle routing problem with occasional drivers[J]. European Journal of Operational Research，2016，254（2）：472-480.

[104] van Cooten C. Crowdsourced delivery the traditional delivery method reinvented[D]. Eindhoven：Eindhoven University of Technology，2016.

[105] Chen C, Pan S, Wang Z, et al. Using taxis to collect citywide E-commerce reverse flows：a crowdsourcing solution[J]. International Journal of Production Research，2017，55（7）：1833-1844.

[106] Punel A, Stathopoulos A. Modeling the acceptability of crowdsourced goods deliveries：Role of context and experience effects[J]. Transportation Research Part E：Logistics and Transportation Review，2017，105：18-38.

[107] Castillo V E, Bell J E, Rose W J, et al. Crowdsourcing last mile delivery：strategic implications and future research directions[J]. Journal of Business Logistics，2018，39（1）：7-25.

[108] Ha T, Esper T L, Hofer A R. Designing crowdsourced delivery systems：The effect of driver disclosure and ethnic similarity[J]. Journal of Operations Management，2018，60：19-33.

[109] 郭捷, 王嘉伟. 基于 UTAUT 视角的众包物流大众参与行为影响因素研究[J]. 运筹与管理，2017，26（11）：1-6.

[110] 邱洪全. 基于 TAM 模型的众包物流大众参与行为影响因素[J]. 中国流通经济，2018，32（4）：110-119.

[111] Benoit S, Baker T L, Bolton R N, et al. A triadic framework for collaborative consumption（CC）：

Motives，activities and resources & capabilities of actors[J]. Journal of Business Research，2017，79：219-227.

[112] 郭丽华. 我国农产品现代物流系统分析[J]. 科技与管理，2006，8（5）：25-27.

[113] 吴勇民，杜文龙，樊雪梅. 国内外鲜活农产品物流系统比较及启示[J]. 商业时代，2008（2）：11-13.

[114] 朱自平. 我国农业产业化历程中农产品物流问题研究[D]. 天津：天津大学，2009.

[115] 李思聪. 我国农产品冷链物流协同发展动因及对策研究[D]. 天津：天津大学，2014.

[116] 秦丽英. 浅析农产品物流系统的模式和要素[J]. 河北企业，2013（2）：48-49.

[117] 贺盛瑜，马会杰. 农产品冷链物流生态系统的演化机理[J]. 农村经济，2016（10）：114-117.

[118] 兰洪杰，康彪. 食品冷链物流系统要素分析[J]. 物流技术，2010，29（21）：16-19.

[119] 宋伯慧. 基于大物流要素理论的物流系统研究[D]. 北京：北京交通大学，2013.

[120] 赵艳丽，嵇国平. 我国农产品流通体系建设的现状、问题和新思路[J]. 物流科技，2004（9）：83-85.

[121] 杨为民. 中国蔬菜供应链结构优化研究[D]. 北京：中国农业科学院，2006.

[122] 陈茂强. 基于快速反应的农产品供应链管理研究[J].商业时代，2008（19）：86-87.

[123] 陈永平. 我国农产品物流组织网络运营模式探讨[J]. 商业时代，2009（25）：25-26.

[124] 吕健. 农产品物流发展面临的问题与对策[J]. 铁道货运，2009（1）：14-16.

[125] 张景良. 加快我国农产品物流发展的对策[J]. 中国市场，2009（6）：54-55.

[126] 李碧珍. 我国农产品物流模式演进分析[J]. 当代中国史研究，2008（3）：83-88.

[127] 姜鹏. 京郊蔬菜流通效率问题研究[D]. 北京：中国农业科学院，2014.

[128] 毕玉平，陆迁. 生鲜农产品物流模式演化的关键要素分析研究[J]. 经济问题，2010（8）：70-73.

[129] 胡华平. 农产品营销渠道演变与发展研究[D]. 武汉：华中农业大学，2011.

[130] 赵晓飞，李崇光. 农产品流通渠道变革：演进规律、动力机制与发展趋势[J]. 管理世界，2012（3）：81-95.

[131] 钟诚，罗小凤. 农产品物流模式的演化要素及其选择研究[J]. 海峡科学，2017（5）：68-71.

[132] 李泽华. 我国农产品批发市场的现状与发展趋势[J]. 中国农村经济，2002（6）：36-42.

[133] 黄薇. 改革开放后我国农产品批发市场变迁研究[D]. 北京：北京工商大学，2008.

[134] 马增俊. 中国农产品批发市场发展现状及热点问题[J]. 中国流通经济，2014（9）：8-12.

[135] 孙本川. 农产品批发物流市场的系统布置规划与方法[D]. 重庆：重庆大学，2016.

[136] 周洁红，金少胜. 农贸市场超市化改造对农产品流通的影响[J]. 浙江大学学报（人文社会科学版），2004，34（3）：45-52.

[137] 邓涛. 生鲜农产品零售业态变革研究[D]. 武汉：华中农业大学，2006.

[138] 董晓霞，毕翔，胡定寰. 中国城市农产品零售市场变迁及其对农户的影响[J]. 农村经济，2006（2）：87-90.

[139] 张赞，张亚军. 我国农产品流通渠道终端变革路径分析[J]. 现代经济探讨，2011（5）：71-75.

[140] 马子红，谭文珍，谢霄亭. 我国农产品加工业的空间结构调整与产业转移[J]. 生产力研究，2015（2）：43-46.

[141] 邱莹. 北京市食品冷链物流时空演化研究[D]. 北京：北京交通大学，2016.

[142] 黄祖辉, 刘东英. 论生鲜农产品物流链的类型与形成机理[J]. 中国农村经济, 2006（11）: 4-8.

[143] 祁春节, 蔡荣. 我国农产品流通体制演进回顾及思考[J]. 经济纵横, 2008（10）: 45-48.

[144] 哈乐群. 我国农产品流通渠道变革[J]. 山东省农业管理干部学院学报, 2010, 27（4）: 47-49.

[145] 彭芬, 张明玉, 孙启萌. 我国农产品物流模式发展动力机制研究[J]. 管理现代化, 2009, 163（3）: 40-42.

[146] 夏春玉, 梁守砚, 张闯. 农产品流通渠道的维度: 基于政治经济分析框架的研究[J]. 经济管理, 2010（10）: 96-105.

[147] 王海元. 鲜活农产品流通模式变迁的驱动力及发展方向[J]. 改革与战略, 2017, 33（7）: 115-117.

[148] 刘刚. 鲜活农产品流通模式演变、动因及发展趋势研究[J]. 农业经济, 2015（1）: 119-120.

[149] 隋博文. 多重视角下的农产品流通模式研究: 基于文献综述的考量[J]. 广西经济管理干部学院学报, 2015（3）: 34-38.

[150] 王志国. 生鲜农产品冷链物流协同路径及实现机制研究[J]. 物流科技, 2015, 38（3）: 50-52.

[151] 王志国. 生鲜农产品冷链物流发展战略构想[J]. 物流技术, 2016, 35（3）: 5-10.

[152] 施先亮. 我国农产品物流发展趋势与对策[J]. 中国流通经济, 2015, 29（7）: 25-29.

[153] 洪岚. 我国城市农产品流通主要特点及发展趋势[J]. 中国流通经济, 2015（5）: 20-26.

[154] 刘联辉, 文珊. 我国农产品物流系统模式革新趋势及其构筑策略[J]. 农村经济, 2006（5）: 111-113.

[155] 石岩然, 孙玉玲. 生鲜农产品供应链流通模式[J]. 中国流通经济, 2017, 31（1）: 57-64.

[156] 耿晓光. 农超对接模式下农产品物流网络优化问题研究[D]. 北京: 北京交通大学 2017.

[157] 卢奇, 洪涛, 张建设. 我国特色农产品现代流通渠道特征及优化[J]. 中国流通经济, 2017, 31（9）: 8-15.

[158] 李慧. 山东省农产品物流节点布局研究[D]. 太原: 太原理工大学, 2014.

[159] 杨蕾. 京津冀都市圈农产品物流系统优化研究[D]. 保定: 河北农业大学, 2011.

[160] 黄修贤. "环首都一小时鲜活农产品流通圈" 物流园区布局研究[D]. 北京: 北京交通大学, 2017.

[161] 龚树生, 梁怀兰. 生鲜食品的冷链物流网络研究[J]. 中国流通经济, 2006, 20（2）: 7-9.

[162] 刘丽欣, 励建荣. 农产品冷链物流发展模式与政府行为概述[J]. 食品科学, 2008, 29（9）: 680-683.

[163] 魏国辰. 生鲜农产品冷链物流体系发展探讨[J]. 商业时代, 2009（2）: 24-25.

[164] 杨宝宏, 宋茜茜. 农产品冷链物流经营模式创新之路[J]. 生产力研究, 2013（12）: 25-26.

[165] 王新娥, 王学剑. 基于 TPL 的新疆农产品冷链物流体系构建研究[J]. 湖北农业科学, 2014（5）: 1214-1218.

[166] 樊洪远. 我国 B2C 电子商务生鲜农产品冷链物流研究[J]. 安徽农业科学, 2014（22）: 7653-7655.

[167] 赵志田, 杨坚争. 电商环境下农产品物流理论架构、检验与发展策略——来自浙江丽水的数据[J]. 中国流通经济, 2014（6）: 108-113.

[168] 张劲松. 电子商务环境下物流模式分析及其问题研究[J]. 情报杂志, 2006, 25（11）: 11-13.

[169] 王静. 我国农产品产销困境下建立物流链支撑体系对策研究[J]. 思想战线, 2012, 38（1）: 71-75.

[170] 张冲. 电子商务物流发展模式分析[J]. 中国商论, 2014（12）: 100-101.

[171] 张滨, 刘小军, 陶章. 我国跨境电子商务物流现状及运作模式[J]. 中国流通经济, 2015 (1): 51-56.

[172] 张京卫, 张兆同. 发达国家农产品物流发展分析及启示[J]. 农业经济, 2007 (7): 71-73.

[173] 何飞, 黄体允, 李英艳. 电子商务下农产品物流体系研究[J]. 市场论坛, 2009 (9): 40-42.

[174] 王冠宁. 电子商务生态圈中的农产品物流问题与对策[J]. 湖北农业科学, 2014, 53 (17): 4248-4249.

[175] 王娟娟. 基于电子商务平台的农产品云物流发展[J]. 中国流通经济, 2014 (11): 37-42.

[176] 杨聚平, 杨长春, 姚宣霞. 电商物流中"最后一公里"问题研究[J]. 商业经济与管理, 2014 (4): 16-22.

[177] 韩增林, 李亚军, 王利. 城市物流园区及配送中心布局规划研究——以大连市物流园区建设规划为例[J]. 地理科学, 2003, 23 (5): 535-541.

[178] 邓爱民, 周艳辉. 论长株潭城市群物流园区规划建设[J]. 财经理论与实践, 2009, 30 (1): 85-88.

[179] 常浩, 彭志忠. 关于城市物流园区规划设计的研究——以济南市物流园区规划建设为例[J]. 中国商贸, 2012 (20): 131-132.

[180] 王婧, 高爱国. 生命周期论与物流园区发展战略选择[J]. 科技进步与对策, 2007, 24 (1): 91-93.

[181] 吴文征, 鞠颂东. 基于非合作博弈的我国物流园区协同发展探讨[J]. 中国流通经济, 2010, 24 (12): 26-29.

[182] 戴勇. 低碳物流园区的运营优化研究[J]. 中国科技论坛, 2013, 1 (11): 144-150.

[183] 黄福华, 蒋雪林. 生鲜农产品物流效率影响因素与提升模式研究[J]. 北京工商大学学报(社会科学版), 2017, 32 (2): 40-49.

[184] 贺盛瑜, 马会杰. 农产品物流体系发展的问题与对策——以四川为例[J]. 农村经济, 2015 (8): 94-97.

[185] 王静. 建立现代农产品物流与农村经济的可持续发展结构——基于西方发达国家农产品物流分析[J]. 学术论坛, 2015, 38 (10): 57-61.

[186] 孟志兴, 王广斌. 我国农产品物流渠道分析及对策建议[J]. 中国流通经济, 2012, 26 (4): 30-33.

[187] 许金立. 基于供应链战略协同的农产品物流运行机制研究[D]. 北京: 北京交通大学, 2012.

[188] 邬文兵, 王俣含, 王树祥, 等. 我国农产品物流系统自组织演化研究——前提、诱因、动力和路径[J]. 经济问题探索, 2017 (12): 42-49.

[189] 夏文汇. 电子商务平台下农产品物流运作模式研究[J]. 农村经济, 2003 (7): 5-6.

[190] 孙炜, 万筱宁, 孙林岩. 电子商务环境下我国农产品供应链体系的结构优化[J]. 工业工程与管理, 2004 (5): 33-37.

[191] 谭涛, 朱毅华. 农产品供应链组织模式研究[J]. 现代经济探讨, 2004 (5): 24-27.

[192] 李晓锦. 加速专业物流体系建设, 催生新型的农产品流通模式[J]. 现代情报, 2004 (12): 169-170.

[193] 何劲. 欧美国家蔬果市场运作模式对中国大中城市"农改超"的启示[J]. 世界农业, 2006 (11): 13-16.

[194] 靳俊喜. 农产品"农超对接"模式发展的机理与政策研究[D]. 重庆: 西南大学, 2014.

[195] 柳春岩. 基于农村商贸流通业的农产品供应链——商贸流通业城乡协调发展战略研究[J]. 中国市场, 2007 (12): 56-60.

[196] 王中军. 国外农产品物流的经验简述[J]. 世界农业，2007（4）：8-9.

[197] 佟姗姗. 果蔬农产品物流模式探析[J]. 全国商情：经济理论研究，2009（4）：44-45.

[198] 李小雪，唐立新. 基于品牌战略的农产品供应链管理研究[J]. 物流工程与管理，2009（5）：65-66.

[199] 王忠杰，徐晓飞. 面向双边资源整合的服务创新模式[J]. 计算机集成制造系统，2009，15（11）：2216-2225.

[200] 刘江鹏. 基于供应链整合的农产品物流模式研究[J]. 物流工程与管理，2010（12）：89-91.

[201] 何旭. 基于战略联盟的农产品物流研究[J]. 中国商贸，2010（17）：54-57.

[202] 施海霞. 黑龙江省农产品物流运作模式的选择[J]. 中国新技术新产品，2010（2）：208.

[203] 梁连玉. 基于供应链整合的农产品流通模式研究[J]. 企业技术开发：下半月，2010（8）：2.

[204] 彭芬. 农产品市场与基地对接机制研究[D]. 北京：北京交通大学，2009.

[205] 战书彬，李秀丽. 基于精益思想的山东半岛农产品物流体系构建[J]. 安徽农业科学，2009（4）：1801-1804.

[206] 何忠伟，桂琳，刘芳，等. 北京生鲜农产品物流配送业的发展趋势与质量安全[J]. 北京社会科学，2010（4）：43-47.

[207] 宿长海，宋晓露. 大连市农产品物流模式优化问题研究[J]. 当代经济，2010（4）：100-101.

[208] 范亚俊，李静宜. 农产品流通的资源整合：胶东半岛个案[J]. 重庆社会科学，2012（12）：71-76.

[209] 胡际权. 中国新型城镇化发展研究[D]. 重庆：西南农业大学，2005.

[210] 杨重光. 新型城市化是必由之路[J]. 中国城市经济，2009（11）：9-11.

[211] 牛文元，李倩倩. 中国新型城市化战略的认识[J]. 科学对社会的影响，2010（1）：14-20.

[212] 李小建，罗庆. 新型城镇化中的协调思想分析[J]. 中国人口·资源与环境，2014，24（2）：47-53.

[213] 单卓然，黄亚平. "新型城镇化"概念内涵、目标内容、规划策略及认知误区解析[J]. 城市规划学刊，2013（2）：16-22.

[214] 沈清基. 论基于生态文明的新型城镇化[J]. 城市规划学刊，2013（1）：29-36.

[215] 徐选国，杨君. 人本视角下的新型城镇化建设：本质、特征及其可能路径[J]. 南京农业大学学报（社会科学版），2014（2）：15-20.

[216] 张占斌. 新型城镇化的战略意义和改革难题[J]. 国家行政学院学报，2013（1）：48-54.

[217] 曾志伟，汤放华，宁启蒙，等. 新型城镇化与城市规划思变[J]. 中外建筑，2011（4）：61-62.

[218] 张红利. 我国传统城镇化的反思和新型城镇化的内涵要求[J]. 生态经济（中文版），2013（11）：83-86.

[219] 张荣天，焦华富. 中国新型城镇化研究综述与展望[J]. 世界地理研究，2016，25（1）：59-66.

[220] 尹鹏. 吉林省新型城镇化发展的特征、机制与路径研究[D]. 长春：东北师范大学，2016.

[221] 费孝通. 小城镇 大问题[J]. 江海学刊，1984（1）：6-26.

[222] 谢扬. 城市化要大中小并举[J]. 财经界，2000（5）：49-50.

[223] 秦待见. 走中国特色城镇化道路要充分发挥小城镇的作用[J]. 中国特色社会主义研究，2008（3）：96-99.

[224] 陆仰渊. 论中国新型城镇化的路径选择[J]. 现代经济探讨, 2015 (8): 15-19.

[225] 张正河. 小城镇难当城市化主角[J]. 中国软科学, 1998 (8): 14-19.

[226] 蔡继明, 周炳林. 小城镇还是大都市: 中国城市化道路的选择[J]. 上海经济研究, 2002(10): 22-29.

[227] 宋林飞. 中国特色新型城镇化道路与实现路径[J]. 甘肃社会科学, 2014 (1): 1-5.

[228] 孙中伟. 农民工大城市定居偏好与新型城镇化的推进路径研究[J]. 人口研究, 2015, 39(5): 72-86.

[229] 蔡之兵, 张可云. 大城市还是小城镇? ——我国城镇化战略实施路径研究[J]. 天府新论, 2015 (2): 89-96.

[230] 刘厚莲. 人口城镇化、城乡收入差距与居民消费需求[J]. 人口与经济, 2013 (6): 63-70.

[231] 周少甫, 范兆媛. 新型城镇化与城乡收入差距对居民消费的影响[J]. 城市问题, 2017 (2): 27-32.

[232] 范兆媛, 周少甫. 新型城镇化对经济增长影响的研究——基于空间动态误差面板模型[J]. 数理统计与管理, 2018, 37 (1): 146-154.

[233] 张宗益, 伍焰熙. 新型城镇化对产业结构升级的影响效应分析[J]. 工业技术经济, 2015(5): 101-109.

[234] 张华东. 中部地区产业结构演进与新型城镇化互动关系研究[D]. 南昌: 南昌大学, 2017.

[235] 彭冲, 陈乐一, 韩峰. 新型城镇化与土地集约利用的时空演变及关系[J]. 地理研究, 2014, 33 (11): 2005-2020.

[236] 王世进. 新型城镇化对我国碳排放的影响机理与区域差异研究[J]. 现代经济探讨, 2017 (7): 103-109.

[237] 胡雪萍, 李丹青. 技术进步、新型城镇化和就业——基于省际面板数据的经验分析[J]. 华东经济管理, 2015, 29 (12): 62-66.

[238] 陈燕. 新型城镇化战略对城市居住空间分异影响研究[J]. 南京社会科学, 2014(12): 23-29.

[239] 谢锐, 陈严, 韩峰, 等. 新型城镇化对城市生态环境质量的影响及时空效应[J]. 管理评论, 2018, 30 (1): 230-241.

[240] 杨钧. 中国新型城镇化发展对农业产业结构的影响[J]. 经济经纬, 2016, 33 (6): 84-89.

[241] 李玲. 新型城镇化背景下农产品直销模式研究[J]. 农业经济, 2016 (2): 117-119.

[242] 李圣军. 城镇化对农产品消费的影响[J]. 农业展望, 2014 (10): 62-66.

[243] 智敏. 城镇化影响农产品流通的机理与途径分析——以陕西为例[J]. 西安文理学院学报 (社会科学版), 2013, 16 (5): 61-64.

[244] 梁雯, 王欣. 城镇化与农产品流通关系研究——以安徽省为例[J]. 物流科技, 2016, 39 (6): 1-5.

[245] 杨军, 王厚俊, 杨春. 我国城镇化对农产品物流效率的影响[J]. 农业技术经济, 2011 (10): 63-68.

[246] 胡佳. 城镇化趋势下农产品物流发展研究[J]. 物流技术, 2015, 34 (14): 72-74.

[247] 皇甫军红. 城镇化背景下社区农产品配送问题简析[J]. 山西农业科学, 2013, 41 (9): 1010-1012.

[248] 邱昭睿. 基于城镇化进程的农产品流通模式优化研究[D]. 天津: 天津师范大学, 2014.

[249] 郎庆喜, 陈艳红, 赵冰, 等. 城乡统筹背景下的农产品物流模式研究——以安徽省为例[J]. 安

徽农业科学，2015（13）：300-303.

[250] 周晓晔，刘英，马菁忆. 城镇化背景下农产品物流发展模式研究[J]. 沈阳工业大学学报（社会科学版），2016，9（6）：544-550.

[251] 黄祖辉，刘东英. 我国农产品物流体系建设与制度分析[J]. 农业经济问题，2005（4）：49-53.

[252] 陶友之. 实施新型城镇化重点在"镇"[J]. 社会科学，2014（3）：52-55.

[253] 刘勤. 多维区域物流网络系统及协同运作研究[D]. 武汉：武汉大学，2012.

[254] 李永亮. Z公司电子商务管理平台优化研究[D]. 南京：南京师范大学，2018.

[255] 王道平，李锋，程蕾. 我国农产品物流模式的实证研究——基于各省市的聚类分析法[J]. 财经问题研究，2011（2）：108-113.

[256] 盖地，杜静然. 会计准则变迁的自组织演化机理研究[J]. 会计研究，2010（6）：77-83.

[257] 沈华嵩. 经济系统的自组织理论[M]. 北京：中国社会科学出版社，1991.

[258] 王海燕，孟秀丽，于荣，等. 食品质量链协同系统中的序参量识别研究[J]. 系统工程理论与实践，2017，37（7）：1741-1751.

[259] 温馨，赵希男，贾建锋. 基于GPEM主旋律分析的系统序参量识别方法研究[J]. 运筹与管理，2011，20（3）：168-175.

[260] 吴丁娟，孙延明，丁绒. 转型升级背景下制造企业两化融合演化模型——基于主成分选取序参量的方法[J]. 系统工程，2016（9）：44-51.

[261] 张省. 基于序参量的知识链知识协同机制研究[J]. 情报理论与实践，2014，37（3）：21-24.

[262] 骆玲利. 试论农产品流通[J]. 湖南农业科学，2010（1）：135-137.

[263] Warfield J N. Toward interpretation of complex structural models[J]. IEEE Transactions on Systems, Man, and Cybernetics, 1974（5）：405-417.

[264] Jing S, Xia Y, Li Z. Analysis on the factors influencing the international technology transfer based on ISM model[J]. International Journal of Economics and Finance, 2016, 8（3）：206-213.

[265] Gupta A, Sahu G P. Factors influencing adoption of relationship marketing practices for overall growth of firm: an ISM-based model validation[J]. International Journal of Electronic Customer Relationship Management, 2013, 7（1）：21-44.

[266] 邵明伟. 从生产方式到经营方式：农业经营方式内涵的重新分析[J]. 经济问题，2009（11）：71-73.

[267] 伍山林. "三权分置"让农村土地"活"起来[J]. 人民论坛，2017（8）：52-54.

[268] 行刘璐. 新型城镇化下农产品物流的关键影响因素及推进策略研究[D]. 北京：北京交通大学，2018.

[269] 邓卫. 关于小城镇发展问题的思考[J]. 城市规划学刊，2000（1）：67-70.

[270] 马永红，李欢，王展昭. 区际产业转移与区域创新系统耦合研究——基于系统动力学的建模与仿真[J]. 科技进步与对策，2015（1）：29-35.

[271] 胡波，王姗，喻涛. 协同发展视角下的首都特大城市地区分圈层空间布局策略[J]. 城市规划学刊，2015（5）：68-74.

[272] Duranton G, Puga D. From sectoral to functional urban specialisation[J]. Journal of Urban Economics, 2005, 57（2）：343-370.

[273] 魏后凯. 大都市区新型产业分工与冲突管理——基于产业链分工的视角[J]. 中国工业经

济，2007（2）：30-36.

[274] 谢如鹤. 物流系统规划原理与方法[M]. 北京：中国市场出版社，2004.

[275] 常疆，廖秋芳，王良健. 长沙市区地价的空间分布特征及其影响因素[J]. 地理研究，2011，30（10）：1901-1909.

[276] 贾卫丽. 农产品物流对农民增收效应的实证分析[J]. 惠州学院学报，2010，30（1）：71-75.

[277] Nie Q，Xu J，Man W，et al. Detrended fluctuation analysis of spatial patterns on urban impervious surface[J]. Environmental Earth Sciences，2015，74（3）：2531-2538.

[278] Decraene J，Monterola C，Lee G K K，et al. A quantitative procedure for the spatial characterization of urban land use[J]. International Journal of Modern Physics C，2013，24（1）：1-15.

[279] 徐振宇，赵烨. 我国大城市农产品批发市场交易的演进趋势——以北京为例[J]. 北京工商大学学报（社会科学版），2010，25（6）：17-21.

[280] 王绍飞. 北京市农产品消费市场特性分析[J]. 商场现代化，2017（16）：6-7.

[281] Gummesson E. Qualitative Methods in Management Research[M]. Thousand Oaks，CA：Sage，2000.

[282] Eisenhardt K M，Graebner M E. Theory building from cases：opportunities and challenges[J]. The Academy of Management Journal，2007，50（1）：25-32.

[283] 陈向明. 扎根理论的思路和方法[J]. 教育研究与实验，1999（4）：58-63.

[284] 丁鹏飞，迟考勋，孙大超. 管理创新研究中经典探索性研究方法的操作思路：案例研究与扎根理论研究[J]. 科技管理研究，2012，32（17）：229-232.

[285] 何雨，石德生. 社会调查中的"扎根理论"研究方法探讨[J]. 调研世界，2009（5）：46-48.

[286] Strauss A，Corbin J. Basics of Qualitative Research[M]. Beverly Hills：Sage publications，1990.

[287] Silverman D. Doing Qualitative Research：a Practical Handbook[M]. London：Sage Publications，2000.

[288] Miles M B，Huberman A M，Saldana J. Qualitative Data Analysis：a Methods Sourcebook[M]. Thousand Oaks，CA：Sage Publications，2014.

[289] Corbin J，Strauss A. Basics of Qualitative Research：Techniques and Procedures for Developing Grounded Theory[M]. Thousand Oaks，CA：Sage Publications，2008.

[290] Zhang M，Xia Y，Li S，et al. Crowd logistics platform's informative support to logistics performance：scale development and empirical examination[J]. Sustainability，2019，11（2）：451-469.

[291] Christopher M . The agile supply chain：competing in volatile markets[J]. Industrial Marketing Management，2000，29（1）：37-44.

[292] Aulakh P S，Gencturk E F . International principal-agent relationships[J]. Industrial Marketing Management，2000，29（6）：521-538.

[293] Liu H，Ke W，Wei K K，et al. The impact of IT capabilities on firm performance：the mediating roles of absorptive capacity and supply chain agility[J]. Decision Support Systems，2013，54（3）：1452-1462.

[294] Chan A T L，Ngai E W T，Moon K K L. The effects of strategic and manufacturing flexibilities and supply chain agility on firm performance in the fashion industry[J]. European Journal of Operational Research，2017，259（2）：486-499.

[295] Jiang B. The effects of interorganizational governance on supplier's compliance with SCC: an empirical examination of compliant and non-compliant suppliers[J]. Journal of Operations Management, 2009, 27 (4): 267-280.

[296] Kent J L, Mentzer J T. The effect of investment in interorganizational information technology in a retail supply chain[J]. Journal of Business Logistics, 2003, 24 (2): 155-175.

[297] 王询. 委托人兼代理人的偏私性激励及其制度化[J]. 财经问题研究, 2014 (10): 3-11.

[298] 曾伏娥, 陈莹. 分销商网络环境及其对机会主义行为的影响[J]. 南开管理评论, 2015, 18 (1): 77-88.

[299] 吕鸿江, 吴亮, 周应堂. 信任与惩罚机制匹配的知识网络交流效率研究: 基于整体网络结构的分析[J]. 科研管理, 2018, 39 (8): 151-160.

[300] 张正堂, 刘宁, 丁明智. 领导非权变惩罚行为对员工组织认同影响的实证研究[J]. 管理世界, 2018, 34 (1): 127-138.

[301] Cable D M, DeRue D S. The convergent and discriminant validity of subjective fit perceptions[J]. Journal of Applied Psychology, 2002, 87 (5): 875-884.

[302] Swafford P M, Ghosh S, Murthy N. Achieving supply chain agility through IT integration and flexibility[J]. International Journal of Production Economics, 2008, 116 (2): 288-297.

[303] Sreedevi R, Saranga H. Uncertainty and supply chain risk: The moderating role of supply chain flexibility in risk mitigation[J]. International Journal of Production Economics, 2017, 193: 332-342.

[304] Lai K, Wong C W Y, Lun Y H V, et al. Shipping design for compliance and the performance contingencies for shipping firms[J]. Transportation Research Part E: Logistics and Transportation Review, 2013, 55: 74-83.

[305] 叶飞, 张婕, 吕晖. 供应商机会主义行为对信息共享与运营绩效的影响[J]. 管理科学, 2012, 25 (2): 51-60.

[306] Bowersox D J, Close D J, Stank T P, et al. How supply chain competency leads to business success[J]. Supply Chain Management Review, 2000, 4 (4): 70-78.

[307] Hotrawaisaya C, Chandraprakaikul W, Suthikarnarunai N. The logistics collaboration in supply chain of orchid industry in thailand[J]. Review of Integrative Business and Economics Research, 2014, 3: 147-156.

[308] Boon-Itt S, Yew Wong C. The moderating effects of technological and demand uncertainties on the relationship between supply chain integration and customer delivery performance[J]. International Journal of Physical Distribution & Logistics Management, 2011, 41 (3): 253-276.

[309] Zacharia Z G, Nix N W, Lusch R F. An analysis of supply chain collaborations and their effect on performance outcomes[J]. Journal of Business Logistics, 2009, 30 (2): 101-123.

[310] Liu H, Ke W, Wei K K, et al. The impact of IT capabilities on firm performance: the mediating roles of absorptive capacity and supply chain agility[J]. Decision Support Systems, 2013, 54(3): 1452-1462.

[311] Srinivasan R, Swink M. Leveraging supply chain integration through planning comprehensiveness: an organizational information processing theory perspective[J]. Decision Sciences, 2015, 46 (5): 823-861.

[312] Ellram L M, Cooper M C. Supply chain management, partnership, and the shipper-third party relationship[J]. The International Journal of Logistics Management, 1990, 1 (2): 1-10.

[313] Blome C, Schoenherr T, Rexhausen D. Antecedents and enablers of supply chain agility and its effect on performance: a dynamic capabilities perspective[J]. International Journal of Production Research, 2013, 51 (4): 1295-1318.

[314] Cao M, Zhang Q. Supply chain collaboration: impact on collaborative advantage and firm performance[J]. Journal of Operations Management, 2011, 29 (3): 163-180.

[315] Braunscheidel M J, Suresh N C. The organizational antecedents of a firm's supply chain agility for risk mitigation and response[J]. Journal of Operations Management, 2009, 27 (2): 119-140.

[316] Sanchez L M, Nagi R. A review of agile manufacturing systems[J]. International Journal of Production Research, 2001, 39 (16): 3561-3600.

[317] van Hoek R I, Harrison A, Christopher M. Measuring agile capabilities in the supply chain[J]. International Journal of Operations & Production Management, 2001, 21 (1/2): 126-148.

[318] 徐红梅, 王华, 张同建. 斯金纳强化理论在隐性知识转化中的激励价值阐释[J]. 情报理论与实践, 2015, 38 (5): 51-54.

[319] Provan K G, Skinner S J. Interorganizational dependence and control as predictors of opportunism in dealer-supplier relations[J]. Academy of Management Journal, 1989, 32(1): 202-212.

[320] 杨建华, 高卉杰, 殷焕武. 物流服务提供商联盟的关系治理和机会主义——基于正式控制视角[J]. 软科学, 2017, 31 (1): 124-129.

[321] Khan M, Hussain M, Saber H M. Information sharing in a sustainable supply chain[J]. International Journal of Production Economics, 2016, 181: 208-214.

[322] Nunlee M P. The control of intra-channel opportunism through the use of inter-channel communication[J]. Industrial Marketing Management, 2005, 34 (5): 515-525.

[323] Churchill G A. A paradigm for developing better measures of marketing constructs[J]. Journal of Marketing Research, 1979, 16 (1): 64-73.

[324] Daugherty P J, Richey R G, Genchev S E, et al. Reverse logistics: superior performance through focused resource commitments to information technology[J]. Transportation Research Part E: Logistics and Transportation Review, 2005, 41 (2): 77-92.

[325] Jeffers P I. Embracing sustainability: Information technology and the strategic leveraging of operations in third-party logistics[J]. International Journal of Operations & Production Management, 2010, 30 (3): 260-287.

[326] Astakhova M N, Beal B D, Camp K M. A cross-cultural examination of the curvilinear relationship between perceived demands-abilities fit and risk-taking propensity[J]. Journal of Business Research, 2017, 79: 41-51.

[327] Lai F, Li D, Wang Q, et al. The information technology capability of third-party logistics providers: a resource-based view and empirical evidence from China[J]. Journal of Supply Chain Management, 2008, 44 (3): 22-38.

[328] Paswan A K, Hirunyawipada T, Iyer P. Opportunism, governance structure and relational norms: an interactive perspective[J]. Journal of Business Research, 2017, 77: 131-139.

[329] 王杰群. CEO 服务型领导行为对组织有效性和中层管理者的影响[D]. 北京：北京交通大学，2017.

[330] Fabrigar L R，Wegener D T，MacCallum R C，et al. Evaluating the use of exploratory factor analysis in psychological research[J]. Psychological Methods，1999，4（3）：272.

[331] Swafford P M，Ghosh S，Murthy N. The antecedents of supply chain agility of a firm：scale development and model testing[J]. Journal of Operations Management，2006，24（2）：170-188.

[332] 王俣含. 新型城镇化背景下我国农产品物流系统演化研究——基于超序参量换元的视角[D]. 北京：北京交通大学，2019.

[333] Gerbing D W，Anderson J C. An updated paradigm for scale development incorporating unidimensionality and its assessment[J]. Journal of Marketing Research，1988，25（2）：186-192.

[334] Hu L，Bentler P M. Cutoff criteria for fit indexes in covariance structure analysis：conventional criteria versus new alternatives[J]. Structural Equation Modeling：a Multidisciplinary Journal，1999，6（1）：1-55.

[335] Preacher K J，Hayes A F. Asymptotic and resampling strategies for assessing and comparing indirect effects in multiple mediator models[J]. Behavior Research Methods，2008，40（3）：879-891.

[336] Sobel M E. Asymptotic confidence intervals for indirect effects in structural equation models[J]. Sociological Methodology，1982，13：290-312.

[337] Malhotra M K，Singhal C，Shang G，et al. A critical evaluation of alternative methods and paradigms for conducting mediation analysis in operations management research[J]. Journal of Operations Management，2014，32（4）：127-137.

[338] Zhao X，Lynch Jr J G，Chen Q. Reconsidering baron and Kenny：myths and truths about mediation analysis[J]. Journal of Consumer Research，2010，37（2）：197-206.

[339] Frehe V，Mehmann J，Teuteberg F. Understanding and assessing crowd logistics business models–using everyday people for last mile delivery[J]. Journal of Business & Industrial Marketing，2017，32（1）：75-97.

[340] 闵海强. 基于 TAM 的物流信息交易平台使用影响因素模型与实证研究[D]. 成都：电子科技大学，2014.

[341] 俞丹枫. 基于 TAM 的行业物流信息平台访问因素研究[D]. 上海：同济大学，2008.

[342] Davis F D. Perceived usefulness，perceived ease of use，and user acceptance of information technology[J]. MIS Quarterly，1989，13（3）：319-340.

[343] Legris P，Ingham J，Collerette P. Why do people use information technology? a critical review of the technology acceptance model[J]. Information & Management，2003，40（3）：191-204.

[344] Martins C，Oliveira T，Popovič A. Understanding the Internet banking adoption：a unified theory of acceptance and use of technology and perceived risk application[J]. International Journal of Information Management，2014，34（1）：1-13.

[345] Kim G S，Park S B，Oh J. An examination of factors influencing consumer adoption of short message service（SMS）[J]. Psychology & Marketing，2008，25（8）：769-786.

[346] Tsai H T，Chien J L，Tsai M T. The influences of system usability and user satisfaction on

continued Internet banking services usage intention: empirical evidence from Taiwan[J]. Electronic Commerce Research, 2014, 14（2）: 137-169.

[347] Boakye K G, Prybutok V R, Ryan S D. The intention of continued web-enabled phone service usage: a quality perspective[J]. Operations Management Research, 2012, 5（1）: 14-24.

[348] Damghanian H, Zarei A, Siahsarani Kojuri M A. Impact of perceived security on trust, perceived risk, and acceptance of online banking in Iran[J]. Journal of Internet Commerce, 2016, 15（3）: 214-238.

[349] Wu J H, Wang S C. What drives mobile commerce?: an empirical evaluation of the revised technology acceptance model[J]. Information & Management, 2005, 42（5）: 719-729.

[350] Venkatesh V, Davis F D. A theoretical extension of the technology acceptance model: four longitudinal field studies[J]. Management Science, 2000, 46（2）: 186-204.

[351] Venkatesh V, Thong J Y L, Xu X. Consumer acceptance and use of information technology: extending the unified theory of acceptance and use of technology[J]. MIS Quarterly, 2012, 36（1）: 157-178.

[352] Pavlou P A, Gefen D. Building effective online marketplaces with institution-based trust[J]. Information Systems Research, 2004, 15（1）: 37-59.

[353] Patel K J, Patel H J. Adoption of Internet banking services in Gujarat[J]. International Journal of Bank Marketing, 2018, 36（1）: 147-169.

[354] Gangwar H, Date H M, Ramaswamy R. Understanding determinants of cloud computing adoption using an integrated TAM-TOE model[J]. Journal of Enterprise Information Management, 2015, 28,（1）: 107-130.

[355] Fornell C, Larcker D F. Evaluating structural equation models with unobservable variables and measurement error[J]. Journal of Marketing Research, 1981, 18（1）: 39-50.

[356] 曹虹剑, 张建英, 刘丹. 模块化分工、协同与技术创新——基于战略性新兴产业的研究[J]. 中国软科学, 2015（7）: 100-110.

[357] 朱瑞博. 模块生产网络价值创新的整合架构研究[J]. 中国工业经济, 2006（1）: 98-105.

[358] Vargo S L, Lusch R F. Evolving to a new dominant logic for marketing[J]. Journal of Marketing, 2004, 68（1）: 1-17.

[359] 李海舰, 陈小勇. 企业无边界发展研究——基于案例的视角[J]. 中国工业经济, 2011（6）: 89-98.

[360] 程立茹. 互联网经济下企业价值网络创新研究[J]. 中国工业经济, 2013（9）: 82-94.

[361] 孙耀吾, 旷冶. 软件平台开放度对主导企业绩效影响研究——基于平台吸引力的调节作用[J]. 科学学与科学技术管理, 2016, 37（5）: 44-54.

[362] 朱瑞博. 模块化、组织柔性与虚拟再整合产业组织体系[J]. 产业经济评论, 2004（2）: 119-133.

[363] 戴恩勇, 陈永红. 物流绩效管理[M]. 北京: 清华大学出版社, 2012.

[364] 李爽. 农产品共享物流平台的价值创造机理研究[D]. 北京: 北京交通大学, 2020.

[365] 冯伟, 王修来, 张丽丽. 基于主成分分析法的 SWOT 定量测度模型[J]. 统计与决策, 2009（22）: 50-52.

[366] 魏光兴. 物流配送中心选址的一个离散模型研究[J]. 重庆交通学院学报, 2006, 25（4）:

124-128.

[367] Clarke G，Wright J. Scheduling of vehicles from a central depot to a number of delivery points [J]. Operations Research，1964（12）：568-581.

[368] 李小花. 连锁超市物流配送模式存在的问题及对策浅析[J]. 物流工程与管理，2009，31（11）：78-79.

[369] 边胜男. 美国农产品物流的发展及对中国的启示[J]. 世界农业，2010（12）：21-23.

[370] 朱自平，和金生. 我国农产品物流发展的现状与亟待解决的问题[J]. 现代财经-天津财经大学学报，2009，29（2）：27-30.

[371] 郑远红. 国外农产品物流模式对我国的借鉴[J]. 农业经济，2013（3）：111-113.

[372] 贾会棉，曹印革，路剑. 美日农产品物流发展经验及对我国的启示[J]. 物流科技，2006（7）：78-81.

[373] 康贤刚. 我国农产品物流体系的重构与运作模式创新研究[J]. 湖北社会科学，2012（1）：87-90.

[374] 孙剑，李崇光. 美国和日本主要农产品营销渠道比较[J]. 世界农业，2003（3）：33-35.

[375] 胡振虎，夏厚俊，万敏. 国外农产品物流产业发展的主要经验[J]. 生态经济（学术版），2006（2）：242-245.

[376] 唐步龙. 荷兰农产品物流的发展对中国的启示[J]. 商场现代化，2008（1）：97-98.

[377] 许金立. 基于供应链战略协同的农产品物流运行机制按研究[D]. 北京：北京交通大学，2012.

[378] 尹超. 城乡商贸物流服务网络资源优化研究[D]. 北京：北京交通大学，2019.

[379] 吴小丁，范苗苗. 台湾生鲜农产品流通中的农民团体作用及公共政策[J]. 商业时代，2012（22）：23-24.

[380] 于娟. 物流业进一步降低制度成本的着力点和政策建议[J]. 宏观经济管理，2018(5)：42-47.

[381] 孙涛. 我国农产品现代流通服务体系的构建及公共政策建议[J]. 现代经济探讨，2011(12)：62-66.